Robert M. Zoske

# Sophie Scholl:
# Es reut mich nichts

Porträt einer Widerständigen

Ullstein

Besuchen Sie uns im Internet:
www.ullstein.de

**Wir verpflichten uns zu Nachhaltigkeit**
- Klimaneutrales Produkt
- Papiere aus nachhaltiger
  Waldwirtschaft und anderen
  kontrollierten Quellen
- ullstein.de/nachhaltigkeit

Das Titelzitat »Es reut mich nichts« entstammt einem Brief
Sophie Scholls an Fritz Hartnagel, Ulm, 10. Mai 1938
(Briefwechsel S. 51) und Gestapo-Vernehmung, 20. Februar 1943
(BArch R 3018/1704 und R 3017/34635).

MIX
Papier
FSC  FSC® C083411

Ungekürzte Ausgabe im Ullstein Taschenbuch
1. Auflage Oktober 2021
© Ullstein Buchverlage GmbH, Berlin 2020 / PropyläenVerlag
Umschlaggestaltung: zero-media.net, München nach einer Vorlage
von Morian & Bayer Eynck, Coesfeld
Titelabbildung: Werner Scholl (gemeinfrei, starb 1942)
Satz: LVD GmbH, Berlin
Gesetzt aus der Sabon
Druck und Bindearbeiten: CPI books GmbH, Leck
ISBN 978-3-548-06530-4

*für beatrix*
*immer*

*Allein in der Tat ist die Freiheit.*
Dietrich Bonhoeffer

# INHALT

Prolog 11

Endspiel 13

1. Tochter 24

2. Hitlermädchen 37

3. Konfirmandin 58

4. Schülerin 66

5. Geliebte 80

6. Kindergärtnerin 136

7. Arbeitsmaid 175

8. Briefpartnerin 201

9. Studentin 219

10. Rebellin 238

11. Märtyrerin 264

Nachspiel 289

Epilog 299

Dank 303

Anhang 307

Dokumente 308
Quellen und Literatur 367
Anmerkungen 376
Bildnachweis 443
Personenregister 444

# PROLOG

»Ich bin nach wie vor der Meinung, das Beste getan zu haben, was ich gerade jetzt für mein Volk tun konnte. Ich bereue deshalb meine Handlungsweise nicht und will die Folgen, die mir aus meiner Handlungsweise erwachsen, auf mich nehmen.«[1]

Diese Sätze sagt Sophie Scholl nach ihrer Verhaftung am 18. Februar 1943, sie stehen im Vernehmungsprotokoll der Geheimen Staatspolizei. Vier Tage später werden Sophie und ihr Bruder Hans sowie Christoph Probst wegen Hochverrats zum Tode verurteilt und hingerichtet. Das Todesurteil gegen die in einem zweiten Prozess angeklagten Willi Graf, Kurt Huber und Alexander Schmorell wird zwei Monate später gefällt. Sie alle zählen zum inneren Kreis der »Weißen Rose«, deren Entschlossenheit wir bewundern, deren mutiges Handeln wir erinnern. Gemeinsam stellten sich die Widerstandskämpfer dem verbrecherischen NS-Regime entgegen.

Gleichwohl hat allein Sophie Scholl durch die Unbeugsamkeit und Unbedingtheit, mit der sie zu ihren Taten stand – sich nicht distanzierte oder strafmildernde Umstände erbat –, eine fast ikonische Bedeutung erlangt. Jeder meint die Szene zu kennen, in der sie noch im Angesicht der Gefahr die Flugblätter in den Lichthof der Universität hinunterstößt. Es scheint, als wäre diese junge Frau zur Heldin geboren. Doch der Mensch Sophie, wie er uns aus den Quellen entgegentritt, hatte viele Facetten, von denen die todesmutige Gefangene, wie sie am Ende vor dem Volksgerichtshof steht, nur eine von vielen ist.

Vor allem war es ein langer, zum Teil schmerzhafter Entwicklungsprozess, den Sophie Scholl durchleben musste. Ihre Briefe und ihr Tagebuch machen deutlich, weshalb für die junge Kindergärtnerin und Studentin, die sich viele Jahre aus tiefster Überzeugung im Bund Deutscher Mädel engagierte, der Freiheitskampf immer unausweichlicher wurde, warum sie schließlich bereit war, ihr Leben einzusetzen. Sie dokumentieren die philosophischen, religiösen und politischen Prämissen, die aus einem begeisterungsfähigen, mitunter naiven Mädchen eine kritische und charakterstarke Frau werden ließen. 1942 schrieb sie: »Habe ich geträumt bisher? Manchmal vielleicht. Aber ich glaube, ich bin aufgewacht.«[2]

Dieses Buch will dem »Aufwachen« der Widerständigen nachspüren, will jenseits der Klischees eine Persönlichkeit zeichnen, die nicht nur Mut, sondern auch Unsicherheit und Zögerlichkeit kennt, die blind vertraut und erst langsam erkennt, dass ihre Ideale missbraucht worden sind. Es geht darum, den ganzen Menschen zu zeigen, der im öffentlichen Gedenken oft geglättet und überhöht zur Darstellung kommt. Erst wenn wir diese differenzierte Sicht wagen, können wir Sophie Scholls Vermächtnis als das bewahren, was es ist: ein lebendiges Zeugnis für die Sehnsucht nach Freiheit und die immense Kraft, die aus diesem Antrieb erwachsen kann.

# ENDSPIEL

Die Gewaltanstrengung, die der NS-Staat unternimmt, um die Widerstandsbewegung auszulöschen, ist ungeheuerlich. Ein akribisch aufeinander abgestimmter Beamtenapparat setzt sich in Gang, unerbittlich ist sein Räderwerk.

Paul Giesler, geschäftsführender Gauleiter von München-Oberbayern, kontaktiert noch am Freitag, 19. Februar 1943, den Chef der Partei-Kanzlei der Nationalsozialistischen Deutschen Arbeiterpartei (NSDAP), Reichsminister Martin Bormann, in Berlin.[1] Er informiert ihn, dass die »Täter« der »Flugzettelverteilung und Strassenverschmierungen [...] 4 Studenten und eine Studentin« seien. Da die Männer Soldaten sind, bittet er darum, »eine Weisung des Führers herbeizuführen dahingehend, dass das Reichskriegsgericht das Verfahren gegen die 4 [Soldaten]Studenten sofort an den Oberreichsanwalt beim Volksgerichtshof abzugeben hat«, wo der Prozess gegen die »weibliche Zivilperson« stattfindet. Eine »schnelle Aburteilung« sei »unerlässlich, [...] da die Straftaten zu einer starken Beunruhigung der Zivilbevölkerung Süddeutschlands geführt haben«. Auf die »beschleunigte Durchführung des Verfahrens durch den Volksgerichtshof« werde er »selber hinwirken«. Auf dem Schreiben ist vermerkt, dass »Gauleiter Giesler« fernmündlich »um 17 Uhr« mitteilt, Generalfeldmarschall Keitel,

der Chef des Oberkommandos der Wehrmacht, habe die Ent-
lassung der Studenten aus der Armee veranlasst. »Der Gauleiter bittet, die Aburteilung in den nächsten Tagen hier und die
Vollstreckung alsbald darauf vorzunehmen.« Abgezeichnet ist
die Notiz vom Generalstaatsanwalt beim Oberlandesgericht
München, Artur Helm, der seit Monatsbeginn im Amt ist.

Am selben Tag erhält der Reichsanwalt beim Volksgerichtshof in Berlin, Albert Weyersberg, einen Anruf des Münchner
Generalstaatsanwalts. Helm bittet ihn, im Laufe der »freundlichen Besprechung […] möglichst sofort einen Beauftragten
hierher zu entsenden, der die rasche Abwicklung der Angelegenheit sicherstellt«. Bei der »Angelegenheit« handelt es sich
um einen Prozess wegen Hochverrats. Angeklagt sind zunächst
die bereits festgenommenen zwei Studenten und eine Studentin: Hans Scholl, Christoph Probst und Sophie Scholl. Sie hätten staatsfeindliche Flugblätter verbreitet und wehrkraftzer-
setzende Parolen an Münchner Hauswände geschrieben; im
Wesentlichen seien sie geständig. Im Anschluss an das Telefonat wird Weyersberg von Oberreichsanwalt Ernst Lautz beauftragt, die Anklage vor dem Volksgerichtshof zu vertreten.

Auch im Führerhauptquartier betrachtet man die Münchner
Vorgänge mit Sorge. Am späten Samstagnachmittag informiert Heinrich Himmler im »Werwolf« genannten Bunkerbau
beim westukrainischen Winniza Adolf Hitler über »Flugblätter in München«. Sehr wahrscheinlich beschließen die beiden
mächtigsten Männer des Reiches die sofortige Beseitigung der
Studenten.[2] Bereits achtundvierzig Stunden nach dieser Unter-
redung – vier Stunden nach der Urteilsverkündung – erfolgen
die Hinrichtungen.

Außer dem Reichsanwalt reisen drei weitere Juristen und
eine Justizvollzugskraft aus Berlin nach München: Erster
Staatsanwalt Adolf Bischoff, Sachbearbeiter dieser Strafsache,
Justizoberwachtmeister Gustav Rosemund und Landgerichts-
direktor Martin Stier, der Beisitzer. Den Vorsitz des Gerichts

hat der Präsident des 1. Senats des Volksgerichtshofs, Roland Freisler.

Hauptaufgabe von Reichsanwalt Weyersberg ist es, im Laufe des Sonntags die Verteidiger zu bestellen, die Anklageschrift fertigzustellen, sie vor Gericht vorzutragen und als Vollstreckungsbeamter der Todesurteile zu amtieren. Für die Antragsschrift der Staatsanwaltschaft muss er die Ermittlungen der Geheimen Staatspolizei (Gestapo) lesen und zusammenfassen.[3] Die Akten zum »Hauptverhandlungstermin 22. II 43 – Oberreichsanwalt beim Volksgerichtshof. Strafsache gegen Scholl und 2 Andere« haben einen Umfang von mehreren Hundert Seiten.

Die zehnseitige Anklageschrift ist gründlich, exakt und wohlüberlegt formuliert. Es entsteht der Eindruck, der Verfasser könne sich der Argumentation der Flugschriften nicht entziehen – besonders wenn er die angeprangerten Gräueltaten als »Berichte« bezeichnet, also ihren Tatsachencharakter noch unterstreicht:

> Im Sommer 1942 wurden in München durch die Post sogenannte »Flugblätter der Weissen Rose« verbreitet. Die Hetzschriften enthalten Angriffe gegen den Nationalsozialismus, insbesondere gegen seine kulturpolitischen Bestrebungen, sie enthalten ferner Berichte über angebliche Greueltaten des Nationalsozialismus, nämlich die angebliche Ermordung der Juden und die angebliche Verschleppung der Polen.

Als gebürtiger Kölner ist Weyersberg betroffen über die Bombardierung der Domstadt wenige Tage zuvor am 15. Februar. Obwohl ihm nur wenige Stunden Zeit zur Formulierung bleiben, gibt er daher die entsprechende Flugblattpassage wieder:

> Ferner enthalten die Flugblätter die Aufforderung, durch passiven Widerstand »das Weiterlaufen der atheistischen Kriegs-

maschinerie zu verhindern«, ehe es zu spät sei und ehe die letzten Städte gleich Köln ein Trümmerhaufen seien und die Jugend des Volkes irgendwo für die »Hybris eines Untermenschen« verblutet sei.

Er paraphrasiert ausführlich das fünfte Flugblatt[4], als spiegelten sich darin seine eigenen Ängste. In seiner komprimierten Zusammenfassung werden die Forderungen des Flugblattes sehr eindringlich:

Indes strömten aber im Osten die Armeen unaufhörlich zurück, werde im Westen die Invasion erwartet und übertreffe die Rüstung Amerikas alles in der Geschichte seither Dagewesene. Hitler könne den Krieg nicht gewinnen, sondern nur noch verlängern [...] Das deutsche Volk, das blindlings seinen Verführern ins Verderben gefolgt sei, müsse sich jetzt von dem nationalsozialistischen Untermenschentum trennen und durch die Tat beweisen, dass es anders denke. Der nationalsozialistischen Propaganda dürfe man nicht glauben, die dem Volk den Bolschewistenschreck in die Glieder gejagt habe, dürfe man nicht glauben [sic], und nicht glauben, dass Deutschland mit dem Sieg des Nationalsozialismus auf Gedeih und Verderben verbunden sei.

Der rheinische Katholik reiht aneinander: »nicht glauben« – »nicht glauben« – »nicht glauben«.

Über Sophie Scholl referiert Weyersberg, sie habe bereits im Sommer 1942 an »politischen Unterhaltungen« teilgenommen, bei denen sie mit ihrem Bruder Hans Scholl zu der Überzeugung kam, dass der Krieg für Deutschland verloren sei. Sie teilte dabei die Ansicht ihres Bruders, dass durch Herstellung von Flugschriften Propaganda gegen den Krieg gemacht werden müsse.

Sie sei »an der Herstellung und Verbreitung der Flugblätter

geständlich beteiligt«. Der Jurist übernimmt die (unzutreffende) Aussage Sophie Scholls, sie habe an der Abfassung des fünften Flugblatts mitgewirkt. Dagegen fasst er korrekt ihre weiteren Aktivitäten zusammen, aus denen deutlich wird, wie unentbehrlich sie bei der zweiten Flugblattaktion war:

> Ferner beteiligte sie sich am Einkauf von Abzugspapier, Briefumschlägen und Matrizen und stellte zusammen mit ihrem Bruder die Abzüge dieser Schrift her. Auch unterstützte sie ihren Bruder beim Schreiben der Anschriften der Postsendungen. Ferner fuhr sie im Auftrag ihres Bruders mit dem Schnellzuge nach Augsburg und warf dort die bereits vorbereiteten Briefe in verschiedene Briefkästen ein. Ausserdem beteiligte sie sich an der Verbreitung der Schriften in München, indem sie Flugblätter in Telefonzellen und parkenden Autos ablegte. Auch an der Herstellung und Verbreitung der Studentenflugblätter [Flugblatt 6] war die angeschuldigte Sophia Scholl beteiligt. Sie begleitete ihren Bruder auch an die Universität, wurde dort beim Verstreuen der Flugblätter beobachtet und zusammen mit ihm festgenommen.

Zwar sei sie nicht an den nächtlichen »Schmieraktionen« beteiligt gewesen, sie habe sich aber für zukünftige Aktionen »als Frau zur Tarnung« angeboten. Sie habe zudem gewusst, dass ihr Bruder »für die Herstellung der Hetzschriften erhebliche Geldbeträge verwandte«. Da er sich aber für deren Verwaltung nicht interessierte, habe sie darüber Kasse und Buch geführt. Weyersberg stellt die Beteiligung Sophie Scholls so dar, dass sie zunächst zwar auf Anweisung ihres Bruders gehandelt habe, bald darauf aber auch eigeninitiativ tätig geworden sei. Sein Resümee lautet: »Die Angeschuldigte Sophia Scholl hat bei der Verfassung, Herstellung und Verbreitung der Hetzschriften mitgewirkt.« Gemessen am damaligen Wissensstand ist die Anklageschrift eine zutref-

fende Kurzfassung des Widerstands, den die drei Angeklagten geleistet haben.

Tag und Nacht arbeitet Weyersberg mit Energie und großer
Akkuratesse an diesem Dokument. Das ist umso überra-
schender, weil das Todesurteil von vornherein feststeht. Auf
Hochverrat steht in der Rechtsprechung der NS-Justiz die
Todesstrafe. Warum also zeigt der Beamte ein derart großes
Engagement? Die Antwort findet sich in seiner Personalakte:
Sie gibt nicht nur Auskunft über die Karriere eines preußi-
schen Advokaten, sondern erlaubt auch Rückschlüsse auf sei-
nen Charakter.[5]

Albert Emil Rudolf Weyersberg, geboren am 19. Juli 1887
in Köln-Ehrenfeld, katholisch, ledig, glaubt 1933, die Zeichen der Zeit zu erkennen. Der Jurist bei der Reichsanwaltschaft in Leipzig setzt alles auf die NSDAP-Karte und tritt am
1. Mai in die Partei Adolf Hitlers ein. Im Laufe des Jahres
wird er Mitglied in sechs weiteren Gruppierungen der neuen
Bewegung, unter anderem beim nationalsozialistischen
Rechtswahrerbund, dem Reichsluftschutzbund und der
Volkswohlfahrt. Zudem ist er förderndes Mitglied der
Schutzstaffel (SS).

Mit einer Verzögerung von drei Jahren zahlt sich Weyersbergs Loyalität aus. 1934 wird ein politischer »Volksgerichtshof« (VGH) als Sondergericht eingerichtet, ab 1936 gilt er als
ordentliches Gericht. An diese Einrichtung, die sich ausschließlich mit der Aburteilung von Hoch- und Landesverrat
befasst, wird Weyersberg ab 1. April 1936 als Oberstaatsanwalt versetzt. Zum 1. November 1938 erfolgt seine Ernennung zum Reichsanwalt. Damit ist er mit einundfünfzig Jahren einer von zunächst drei, später fünf Juristen dieser Position
im Deutschen Reich.

Von Weyersbergs Persönlichkeit zeugen mehrere zwischen
1926 und 1935 ausgestellte »Befähigungsnachweise«. Sie sind
inhaltlich von großer Kontinuität, erhalten aber mit der

Machtübernahme durch die Nationalsozialisten eine spezifische Komponente.

Der Generalstaatsanwalt der Generalstaatsanwaltschaft Köln, Otto Rust, hebt schon 1926 nicht nur die Urteilskraft, sondern auch den Fleiß, die Sorgfalt und die Umsicht des knapp 39-Jährigen hervor.

> Staatsanwalt Weyersberg ist ein gut beanlagter Beamter mit scharfem Blick und gesundem Urteil. Mit guten Rechtskenntnissen ausgestattet, hat er sich Dank seinem ernsten Streben, sich fortzubilden, in den letzten Jahren überraschend gut entwickelt. Aeußerst fleißig, sorgfältig und umsichtig bearbeitet er mit sehr anerkennenswertem Erfolg schwierige Sachen auch größeren und größtem Umfangs.

1932 attestiert Oberreichsanwalt Karl August Werner in Leipzig Weyersberg wiederum »eisernen« Fleiß, Sorgfalt, Interesse, »peinlichste« Gründlichkeit sowie besondere Arbeitsfreude und Hilfsbereitschaft. Wichtig für kommende Aufgaben ist die Feststellung, er habe »gezeigt, daß er auch große Sachen von politischer Tragweite und verwickelter Art sachgemäß und mit Takt zu bearbeiten weiß«.

Seine politische Zuverlässigkeit ist es schließlich, mit der sich der fleißige und pflichtbewusste Beamte ein Jahr später, 1933, für die angestrebte Beförderung empfiehlt:

> Landgerichtsdirektor Weyersberg besitzt auch die charakterlichen Eigenschaften für das von ihm erstrebte Amt [eines Oberstaatsanwalts]. [...] Er ist von vornehmer Gesinnung und besitzt ein ausgeprägtes nationales Empfinden. Dementsprechend ist er zum neuen Staat durchaus bejahend eingestellt. Er ist persönliches Mitglied des Bundes Nationalsozialistischer Deutscher Juristen und hat seinen Beitritt zur Nationalsozialistischen Deutschen Arbeiterpartei erklärt. Durch seine

mehrjährige Verfolgung der hochverräterischen kommunistischen Umtriebe hat er sich besondere Verdienste erworben.

Als die Reichsanwaltschaft in Leipzig eine neue Abteilung zur
Bearbeitung »politischer Straftaten« einrichtet, übernimmt
Weyersberg die Leitung.

Die Berufung des Juristen zum Reichsanwalt 1938 markiert
nicht nur den Höhepunkt seiner Berufskarriere, sondern auch
das größtmögliche Maß an Übereinstimmung von Fähigkeit
und Gesinnung. Insofern ist es ihm, dem preußischen Beamten, im Februar 1943 eine innere Pflicht, die Anklageschrift
gegen die »Weiße Rose« sorgfältig, gewissenhaft, ja penibel
abzufassen. Dass daraus nur die Todesstrafe folgen kann, ist
ihm und allen Beteiligten klar. Selbst wenn die Verhandlung
keine Farce gewesen wäre – kein »Affentheater«[6], wie es Hans
Scholl im Gerichtssaal vernehmbar sagte –, es also zu ausführlichen Zeugen- und Beschuldigtenvernehmungen und zu wirklichen Plädoyers der Verteidiger gekommen wäre, hätte das
Urteil nach damaligem Recht nicht anders lauten können.

Nachdem Weyersberg die Anklageschrift fertiggestellt hat,
lässt er sie am Sonntag, dem 21. Februar, über die Verwaltung
des Hausgefängnisses der Geheimen Staatspolizei, Staatspolizeileitstelle München, Brienner Str. 50, den drei Angeschuldigten zustellen. Die Uhrzeit zur Hauptverhandlung am nächsten
Tag trägt er handschriftlich ein: »10 Uhr vorm.«. Die Beschuldigten können bis »8 Uhr vorm. Einwendungen gegen die An-
ordnung der Hauptverhandlung erheben und Beweisanträge
stellen«.

Am Montag tritt der 1. Senat des Volksgerichtshofs um zehn
Uhr zur Verhandlung zusammen. Die Juristen aus Berlin erhal-
ten noch richterliche Unterstützung aus München: Franz
Breithaupt ist SS-Gruppenführer und Generalleutnant der
Waffen-SS. Als Chef des Hauptamtes SS-Gericht in München
leitet er die oberste Verwaltungsinstanz für die SS- und Polizei-

gerichtsbarkeit, deren Rechtsprechung nicht der allgemeinen Kriegsgerichtsbarkeit der Wehrmacht unterliegt. Max Köglmaier und Hanns Bunge sind SA-Gruppenführer, Ersterer ist zugleich Staatssekretär im bayerischen Innenministerium. Die fünf Richter und der Reichsanwalt sind hoch dotierte staatliche Entscheidungsträger; ihre Bezüge übersteigen das durchschnittliche Einkommen aller Versicherten um das Fünf- bis Sechsfache.

Als die Angeklagten den Sitzungssaal betreten, sieht Reichsanwalt Weyersberg die drei jungen Leute, die ihn in den vergangenen Tagen so intensiv beschäftigt haben, das erste Mal. Auf »Form[blatt] III 30« wird die »öffentliche Sitzung« protokolliert. Danach tagt der 1. Senat des Volksgerichtshofs. Als erster Zeuge wird »Hausschlosser Jakob Schmied« aufgerufen. Doch Weyersberg verzichtet auf seine Vernehmung, da die Angeklagten geständig sind. Er teilt dem Handwerker aber mit, »dass er an Gerichtsstelle zu verbleiben und des Aufrufs jederzeit gegenwärtig zu sein habe«. Nachdem die Angeklagten sich zu ihrer Person geäußert haben, trägt der Reichsanwalt die Anklage vor; die Flugblätter 1, 3–6 und der Entwurf zu Flugblatt 7 werden verlesen »und zum Gegenstand der Hauptverhandlung gemacht«.

Die Angeschuldigten erklären sich zur Sache – ihre Worte werden nicht festgehalten.[7] Als die Beweisaufnahme abgeschlossen ist, stellt der Reichsanwalt den Antrag, wegen Vorbereitung zum Hochverrat, Feindbegünstigung und Wehrkraftzersetzung die Todesstrafe und die Aberkennung der bürgerlichen Ehrenrechte auf Lebenszeit zu verhängen.[8] August Klein, der Verteidiger der Geschwister, beantragt für Hans Scholl »ein gerechtes Urteil« und für Sophie Scholl eine »milde Strafe«; Rechtsanwalt Dr. Ferdinand Seidl ersucht für Christoph Probst ebenfalls eine »milde Strafe«. Im Gerichtssaal sind auch Magdalene und Robert Scholl. Als die Verteidiger ihre nichtssagenden Plädoyers beendet haben, versucht der

Vater vergeblich, zu Wort zu kommen, die Eltern werden sofort des Saales verwiesen.[9] Nach diesem kleinen Tumult haben die Angeklagten das letzte Wort – es wird nicht protokolliert. Der »Vorsitzer« schließt die Verhandlung, das Gericht zieht sich zur Beratung zurück. Die fünf Richter und der Reichsanwalt formulieren das Urteil. Weyersberg notiert und korrigiert handschriftlich:

> Der Präsident verkündete das folgende Urteil:
> Im Namen des deutschen Volkes.
> Die Angeklagten haben im Kriege in Flugblättern zur Sabotage der Rüstung und zum Sturz der nationalsozialistischen Lebensform unseres Volkes aufgerufen, defätistische Gedanken propagiert [(Einfügung:) und den Führer aufs gemeinste beschimpft] und dadurch den Feind begünstigt und unsere Wehrkraft zersetzt. Sie werden deshalb mit dem Tode bestraft. Ihre Bürgerehre haben sie für immer verwirkt.

Später ergänzt er auf dem Blatt: »Schluss der Sitzung 12$\frac{45}{}$«. Das Gremium ordnet anschließend noch an, dass der sichergestellte Abziehapparat und die Schreibmaschine zugunsten des Reiches eingezogen werden. Der Beschluss trägt die Unterschriften von Freisler, Stier, Köglmaier, Bunge, Breithaupt.

Am Montag hält sich Justizminister Thierack »zufällig« in München auf. Ihm wird das von den Eltern Scholl eilends angefertigte Gnadengesuch vorgelegt – er lehnt es sofort ab. Später, am 2. August 1943, erklärt das Justizministerium dieses ungewöhnliche Vorgehen damit, dass »sich der Herr Minister zufällig in München aufhielt und sich wegen der Eigenart des Falles über die an sich gegebene Zuständigkeit des OKW. [Oberkommando der Wehrmacht] hinwegsetzen zu können glaubte«. Der Weg zur Hinrichtung ist somit frei. Der als Gauleiter fungierende Paul Giesler plant eine öffentliche Hinrichtung. Da man sich aber der propagandistischen Wirkung dieses barbarischen Aktes nicht sicher ist, erfolgen die Morde hinter Gefängnismauern.[10]

Unverzüglich trifft der Erste Staatsanwalt Bischoff die nötigen Vorbereitungen in der Justizvollzugsanstalt Stadelheim. Als Leiter der Strafvollstreckung eröffnet Reichsanwalt Weyersberg – in Ausübung seiner Beamtenpflicht – gegen 16 Uhr den drei Studenten nacheinander, dass der »Reichsminister der Justiz [...] beschlossen habe, von seinem Gnadenrecht keinen Gebrauch zu machen, sondern der Gerechtigkeit freien Lauf zu lassen«, und dass ihre Hinrichtung um 17 Uhr stattfinden werde. – Noch am Abend trifft beim Oberreichsanwalt am Volksgerichtshof ein Telegramm ein: »Heute ohne Zwischenfall verlaufen = = Weyersberg +«.

Es waren Beamte wie Weyersberg, die dafür sorgten, dass Sophie Scholl und die Widerstandskämpfer der »Weißen Rose« ermordet werden konnten. Tausende willfährige Deutsche bedienten beflissen und eifrig das Räderwerk der NS-Justiz.[11]

# 1. Tochter

Als Sophie Scholl am 9. Mai 1921 in Forchtenberg im Hohenloher Land geboren wurde, befand sich die Partei Adolf Hitlers in einer schweren Krise. Der Agitator hatte die Nationalsozialistische Deutsche Arbeiterpartei (NSDAP) verlassen, weil er Fusionsverhandlungen mit anderen rechtsnationalen Parteien kategorisch ablehnte. Um ihn zurückzugewinnen, trug ihm der leitende Parteiausschuss am 12. Juli 1921 sämtliche Machtbefugnisse an:

> Der Ausschuß ist bereit in Anerkennung ihres ungeheuren Wissens, Ihrer, mit seltener Aufopferung und nur ehrenamtlich geleisteten Verdienste für das Gedeihen der Bewegung, Ihrer seltenen Rednergabe, Ihnen diktatorische Machtbefugnisse einzuräumen und begrüßt es auf das freudigste, wenn Sie [...] die Stelle des ersten Vorsitzenden übernehmen.

Am 29. Juli 1921 stimmten auf einer außerordentlichen Mitgliederversammlung in München 553 der 554 Anwesenden für Hitler. Der Beschluss wurde von »nicht endenwollendem Beifall« begrüßt.[1]

Der Weg Sophie Scholls in den Widerstand und der Aufstieg Hitlers zum Diktator sind untrennbar miteinander verbunden.

Ab Herbst 1942 war Sophie Scholl entschlossen, den »Führer« mit allen Mitteln zu beseitigen, er ließ die Studentin 1943
hinrichten.[2]

Sophia Magdalena Scholl wurde am 10. Juli in der Forchten-
berger Michaelskirche – benannt nach dem Schutzpatron
Deutschlands – evangelisch getauft. Sie war nach Inge (*1917),
Hans (*1918) und Elisabeth (*1920) das vierte Kind von
Magdalene (»Lina«, *1881) und Robert Scholl (*1891). 1922
folgten Werner und 1925 Thilde, die aber, an Masern und
Lungenentzündung erkrankt, nur neun Monate alt wurde.
Roberts uneheliches Kind Ernst Gruele (*1914), dessen leibli-
che Mutter kurz nach der Geburt starb, war als »Pflegesohn«
in der Familie mit dabei, ohne wirklich dazuzugehören.[3]

Der Verwaltungsfachmann Robert Scholl war seit 1920 Bürgermeister (»Stadtschultheiß«) in dem 850-Seelen-Ort. Davor
hatte er ab 1917 in Ingersheim, heute Teil von Crailsheim, als
Ortsvorsteher gearbeitet. Dort wurden auch die beiden ältes-
ten Kinder geboren.

Lina Scholl war 1904 in das Diakoniewerk Schwäbisch-Hall
eingetreten, um Diakonisse zu werden. Nach fünfjähriger
Ausbildung zur Krankenschwester wurde sie 1909 eingeseg-
net. Was sie damals gelobte, wurde zur Leitlinie ihres Lebens:
»Was will ich? Dienen will ich. Wem will ich dienen? Dem
Herrn Jesu in Seinen Elenden und Armen. Und was ist mein
Lohn? Ich diene weder um Lohn noch um Dank, sondern aus
Dank und Liebe; mein Lohn ist, daß ich darf!«[4] Diese innere
Haltung hat sie auch ihren Kindern nahegebracht.

Der Sanitäter Scholl lernte Lina im Frühjahr 1915 im Reser-
velazarett Ludwigsburg kennen. Dort versah der Waffenver-
weigerer seinen Militärdienst. In der zehn Jahre älteren Diakonisse fand er nicht zuletzt eine Mutter für seinen kleinen
Sohn Ernst.

Mit der Heirat legte Lina ihren Beruf nieder. Fortan waren
die Rollen klar verteilt: Die Erziehung der Kinder lag haupt-

sächlich in den Händen der Mutter, der Vater ging ganz in seinem Beruf auf. Die fröhliche Pietistin gab an ihre Kinder Gottvertrauen und Opferbereitschaft weiter, der skeptische Kulturprotestant lehrte sie politisches Bewusstsein und liberales Denken.

Im Frühjahr 1916 fielen zwei von Roberts Brüdern an der Westfront. Noch im selben Jahr schrieb der überzeugte Pazifist:

> Was hat denn der Christengott, das Christentum, mit dem deutschen Sieg zu tun? Sind nicht in allen Ländern wahre Christen? Hätte Christus geantwortet, wenn man ihn gefragt hätte »Was sollen wir tun, wenn uns unsere Regierung – oder unser Vaterland – gegen einen Feind sendet?« Hätte er etwa gesprochen: ›Haltet Euch tapfer und tötet möglichst viele Feinde, damit ihr den Sieg davontraget!‹ Nach meiner Überzeugung hätte er gesagt: »Ihr dürft nicht töten, eher müsst ihr Euch Arme und Beine weghacken lassen, als dass ihr die Waffe gegen jemanden gebraucht.«[5]

Als politisch denkender Mensch hatte Robert Scholl nicht nur den *Hohenloher Boten*, sondern auch die *Frankfurter Zeitung* abonniert.

Die große Politik war in der kleinen Provinz stets präsent. Am Familientisch analysierte der Vater die schwierigen Zeiten: 1921, vier Tage vor Sophies Geburt, belastete eine Konferenz der Siegermächte des Ersten Weltkriegs Deutschland mit der exorbitanten Summe von 132 Milliarden Goldmark. Eine Hyperinflation annullierte die Ersparnisse von Millionen Menschen. Im August wurde rund hundertfünfzig Kilometer südwestlich von Forchtenberg in Bad Griesbach im Schwarzwald der Finanzminister Matthias Erzberger ermordet. Es war der Beginn einer Reihe politisch motivierter Anschläge und Gewaltakte durch Selbstjustiz, sogenannter Fememorde. Im Juni 1922 töteten Nationalsozialisten Außenminister Walther

Rathenau. Im Januar 1923 besetzten französische Truppen
das Ruhrgebiet. Im November scheiterte ein blutiger Putsch-
versuch Hitlers in München. Seit 1923 zogen die Nationalsozialisten mit dem antisemitischen, gewaltverherrlichenden
und rachsüchtigen Kampflied durch die Straßen: »Deutschland, erwache! Sturm, Sturm, Sturm! [...] Wehe dem Volk, das
heute noch träumt, Deutschland, erwache!«[6]

Das war die Welt, in die Sophie Scholl hineingeboren wurde.
In den neun Jahren, in denen sie in Forchtenberg lebte, schloss
sie, soweit bekannt, keine engeren Freundschaften. Ihr Leben
war – und blieb es im Wesentlichen auch später – auf die Familie konzentriert.

Inge Scholl beschrieb die ersten Jahre in Forchtenberg rückblickend so:

> Sophies Kinderlandschaft war das kleine Kocherstädtchen,
> das am Hang des Kochertales gelegen war, im Norden Würt-
> tembergs, wo man nicht mehr reines Schwäbisch, sondern
> Hohenlohisch-Fränkisch spricht. [...] Am Fuss des Städtchens
> zieht sich der stille, blinkende Fluss träumend hin, der allein
> schon eine Welt von Herrlichkeiten für ein Kind bietet. Sophie
> liebte das Wasser so sehr, wie nur ein Kind es lieben kann, und
> lernte schon mit sechs Jahren schwimmen. [...] Hand in Hand
> mit ihrem ein Jahr jüngeren Bruder Werner unternahm sie die
> kleinen Streifzüge und Abenteuer in der Welt, ohne viel Auf-
> sehen und Geschrei davon zu machen. Dabei wurde sie in
> ihrem Spielhöschen mit ihrem glänzend glatthaarigen, dun-
> kelbraunen Pagenkopf, dem ebenmäßigen, stillen Gesichtchen
> und dem energischen, aufrechten Gang für den Jungen gehal-
> ten, während man den vor Übermut und Lebenslust sprühen-
> den, bildhübschen, blonden Lockenkopf ihres Brüderchens
> für das Mädelchen ansah. [...] Sie] war ein sehr stilles, inner-
> liches Kind. Mit einer starken Intensität versenkte sie sich ins
> Spiel und ging völlig darin auf.[7]

Eine Freundschaft, die für Sophie zeitlebens prägend werden sollte, rührte allerdings noch aus frühen Kindertagen her, nämlich die zu Lisa Remppis. Die Familie wohnte im selben Haus, in dem Sophies Tante Elise einen Delikatessenladen führte, im rund fünfzig Kilometer entfernten Städtchen Backnang. Dort lernten sich die beiden Mädchen kennen. Mit elf trug Lisa in Sophies Poesiealbum ein: »Der beste Brand ist sinnlos, wenn er in sich selbst verglüht. Lisa. Ulm, den 16. 4. 35.«[8] – Was sie wohl dachte, als sie Jahre später von dem Urteil gegen Sophie hörte? War alles sinnlos geworden?

Obwohl sie immer an verschiedenen Orten wohnten, blieben Sophie und Lisa über viele Jahre eng befreundet. Vor allem Sophie litt unter der räumlichen Trennung. Häufig äußerte sie den Wunsch nach mehr Gemeinsamkeit: »Manchmal ist mir, besonders wenn ich versuche, an Dich zu schreiben, als lägen nicht nur so und so viel km zwischen uns. Oder macht dieses Gefühl nur die Entfernung aus? Ich habe es bei andern Menschen nicht, vielleicht weil ich nie so nahe mit ihnen gestanden bin.«[9] Mit achtzehn sehnte sie sich so sehr nach der Freundin, dass sie den Wunsch verspürte, mit ihr zusammenzuziehen: »Wenn Du fertig bist in der Schule können wir vielleicht eine Zeitlang zusammen studieren.« Sophie suchte bei Lisa Geborgenheit: »Denn das Wesentliche dran ist ja das zusammenleben. Ich wollte das könnten wir.« Ein so offensiv vorgetragenes Bedürfnis nach Nähe findet sich in ihren Briefen sonst nirgends, auch nicht in denen an ihren späteren Freund Fritz Hartnagel.

Deutlich wird die Bedeutung, die Lisa zukam, auch an Sophies Reaktion auf ihre Verlobung: Als die Freundin ihr nur eine gedruckte Verlobungsanzeige ohne persönlichen Gruß schickte, war sie tief gekränkt.[10] Die Sehnsucht aber blieb: Noch 1942, mit einundzwanzig Jahren, wünschte sich Sophie, Lisa im Dunkeln bei sich zu haben: »Wenn Du heute nacht bei mir schlafen würdest, das wäre besser.«[11] Sophie liebte Lisa und glühte für sie.

Anfang der Zwanzigerjahre hielt in Forchtenberg unter der Leitung des neuen Bürgermeisters Robert Scholl der technische Fortschritt Einzug: Im Frühjahr 1921 löste das Postauto die Pferdekutsche ab, 1922 erhielt der Ort eine Kanalisation, im Juni 1924 wurde die neue Bahnstrecke eingeweiht, und im Herbst 1927 kam Dr. Ferdinand Dietrich – der spätere NSDAP-Kreisleiter und Freund Robert Scholls – als Stadt- und Distriktsarzt nach Forchtenberg.[12]

Sophie besuchte mit ihrer Schwester Elisabeth (»Liesl«) die Kleinkinderschule, die von einer Diakonieschwester geleitet wurde. Das Erzählen biblischer Geschichten war selbstverständlich. Lina Scholl ging sonntags aus Überzeugung in den Gottesdienst, der Vater erfüllte damit eine Standespflicht; die Kinder besuchten regelmäßig den Kindergottesdienst, den zuweilen die Mutter leitete.

Der Kontrast zwischen den in der Familie gelebten Werten und der Weltsicht des künftigen Diktators, wie er sie 1926 in seiner Schrift *Mein Kampf* formulierte, könnte nicht größer ausfallen:

> Juden waren und sind es, die den Neger an den Rhein bringen, immer mit dem gleichen Hintergedanken und klaren Ziele, durch die dadurch zwangsläufig eintretende Bastardisierung die ihnen verhaßte weiße Rasse zu zerstören, von ihrer kulturellen und politischen Höhe zu stürzen und selber zu ihren Herren aufzusteigen [...] Der völkischen Weltanschauung muß es endlich gelingen, jenes edlere Zeitalter herbeizuführen, in dem die Menschen ihre Sorge nicht mehr in der Höherzüchtung von Hunden, Pferden und Katzen erblicken, sondern im Emporheben des Menschen selbst [...][13]

Viele belächelten die Suada des Demagogen; seinen eliminatorischen Antisemitismus und neurotischen Rassenwahn nahm man nicht ernst. Doch Hitler meinte es todernst: Zwar nannte

er in *Mein Kampf* keine konkreten Taten, aber der Leser
konnte schon zu diesem frühen Zeitpunkt erkennen, dass
Juden und »Neger« für ihn kein Existenzrecht hatten. Der Sie-
geszug der »weißen Rasse« war sein erklärtes Ziel. Er stieß
dabei auf offene Ohren, denn die antisemitische und national-
istisch-rassistische Weltsicht war eine wesentliche Verständi-
gungsgrundlage nicht nur der Führungseliten.

Von Sophie Scholl gibt es vier eigene Erinnerungen an die
Forchtenberger Zeit. Sie alle sind Teil einer 1937/38 für die
Schule angefertigten Jahresarbeit.[14] Ihr frühester Rückblick
schilderte das Ritual des Samstagbades. Darin beschrieb sie
eine Gewohnheit, die noch bis in die Siebzigerjahre häufig an-
zutreffen war: Einmal wöchentlich, meist samstags, wurde in
der Familienwanne gebadet. Inge als die Älteste der Geschwister genoss bei den Scholls das Privileg, schon am Freitag ins
Wasser zu dürfen, »damit nicht all unser Dreck zusammen-
kam«. Einen Tag später stiegen die »vier Kleinen« jeweils zu
zweit in den Bottich. Mit feiner Ironie schreibt Sophie: »Unsere Mutter hatte uns die überaus wichtige Aufgabe gestellt,
uns selbst zu waschen. Dies erfüllte uns mit ernstem Eifer; wir
wußten wohl, welche Verantwortung wir trugen.« Kleine Ri-
valitäten waren beim gemeinsamen Baden inbegriffen, denn
jede(r) versuchte, »in den Besitz des größten Schwammes zu
kommen [...], das Badewasser schmeckte durch ihn ausge-
zeichnet«. Vor dem Einschlafen gab es noch eine heiße Zu-
ckermilch, ein Honigbrot und eine Märchenerzählung der
Mutter.

Als Sophie in ihrer Jahresarbeit im Frühlingsmonat Mai angekommen war, erzählte sie über »das schönste Fest« überhaupt – eine Hochzeit. Leider könne sie nur mit einer Kinderhochzeit im Kindergarten aufwarten, doch es sei alles dabei
gewesen: Bräutigam, Braut, Hochzeitsgäste, Brautjungfern,
Brautführer, Bänder und Blumengirlanden. Sophie war die
Braut und »in meinem Leben nimmer schöner gewesen, als

damals im Brautschleier und Kranz aus Maßliebchen«. Nach dem Hochzeitsmahl gab es ein »wildes Versteckspiel«, bei dem zwar der Bräutigam seinen künstlichen Bart verlor, »aber trotzdem war es eine überaus herrliche Hochzeit gewesen«.

Am 1. Mai 1928, acht Tage vor ihrem siebten Geburtstag, wurde Sophie in die evangelische Volksschule eingeschult. Religion war Grundbestand des Fächerkanons. Sophie Scholl wurde also frühzeitig zu Hause, in der Vor- und der Grundschule und in der Kirche protestantisch sozialisiert.

Später hat man die erwachsene Frau als schweigsam, zurückhaltend, sogar schüchtern beschrieben.[15] Umso intensiver suchte man nach Hinweisen, die schon in ihrer Kindheit auf das Besondere, Außergewöhnliche ihrer Persönlichkeit verwiesen. So soll sie vehement dagegen protestiert haben, dass ihre Schwester Elisabeth an ihrem Geburtstag wegen einer schlechten Leistung in die letzte Klassenreihe zurückgesetzt wurde. Inge wiederum erzählte die Version, Elisabeth habe damals »ihre erste und einzige ›Tatze‹ verabreicht« bekommen, also einen Schlag auf die Handfläche. Das habe bei der kleinen Sophie einen »stummen, nicht enden wollenden Tränenstrom« der Empörung ausgelöst: »Ein solcher Mißklang des Seins erfüllte Sophielein mit dem ganzen Weltschmerz, dessen ihr von Gerechtigkeit und Harmonie ergriffenes Seelchen fähig war.« Auch wurde berichtet, Sophie habe sich schon als Grundschülerin selbstsicher mit den Worten charakterisiert: »Die Brävste bin ich nicht, die Schönste will ich gar nicht sein, aber die Gescheiteste bin ich immer noch.«[16] Es bleibt zu konstatieren: Außer in der Scholl'schen Familiensaga gibt es keinen Hinweis, dass Sophie sich als Kind in irgendeiner Weise vor anderen auszeichnete.

Auch an das Osterfest in Forchtenberg erinnerte sich Sophie in ihrem Schulaufsatz. Im Hause Scholl war in der letzten Passionswoche bis Karfreitag alles geputzt und aufgeräumt. Der österliche Frühstückstisch war bunt mit Blumen, Leckereien und kleinen Geschenken geschmückt, und der große Osterspaziergang führte zur Burgruine, wo versteckte Geschenke auf ihre Entdeckung warteten. Es wurde viel gespielt. Sicher wird die Familie auch in die Kirche gegangen sein, Sophie erwähnte den Gottesdienstbesuch allerdings nicht. Im letzten Satz erinnerte sie an den säkular-symbolischen Sinn der Feiertage: »Die Osterfreude am Sieg alles Lebens wird uns jedes Jahr reich und frei machen.«

In weiten Teilen Deutschlands bekam das Osterfest inzwischen eine völlig neue Bedeutung. So dichtete etwa Heinrich Anacker 1933 in *Deutsche Ostern*:

> Hört ihr die Osterglocken frohlocken?
> Auch Deutschland erlitt sein Golgatha,
> und ward ans Kreuz geschlagen -
> nun hat das Bittre, das ihm geschah,
> herrliche Frucht getragen.[17]

Anackers Verse führten nicht nur exemplarisch den Missbrauch der biblischen Botschaft vor Augen. In seinen Zeilen kam auch die weitverbreitete Aufbruchsstimmung im Land zum Ausdruck. Die NSDAP hatte am 30. Januar 1933 die Macht übernommen.

Sophie ließ der Schilderung des Osterfests die Beschreibung eines Erntedankfeuers in Forchtenberg folgen. Beim Schreiben sprang sie förmlich in ihre Erinnerung hinein: »Das war früher, als wir noch kaum in der Schule waren«, lautete der erste Satz. Auf einem abgeernteten Kartoffelfeld entzündeten die Kinder das Kraut. Sie schrien, lachten und sangen um das mächtig qualmende Feuer herum und legten »ein paar Kartoffeln in den schwelenden Haufen«. Die Kinder hatten ihren Spaß: »Sie schmeckten nachher nach Rauch und Erde, aber wir versicherten uns, daß dieser Geschmack ganz köstlich wäre und etwas anderes als der fade Milchbrei daheim.«

Es war eine fröhliche Sophie, die aus diesen Jahren berichtete. Doch die Geborgenheit, die die Heranwachsende in der großen Familie erfuhr, ließ Krankheit und Tod nicht außen vor. In der Nacht vom 4. auf den 5. Januar 1926 starb Thilde, die jüngere Schwester. Bis zu ihrer Aussegnung und Bestattung zwei Tage später wurde die Kleine in der Wohnung aufgebahrt.

Im Dezember 1929 stand Robert Scholls Wiederwahl zum Bürgermeister an. Sie endete für ihn mit einem Debakel, er unterlag dem Gegenkandidaten mit 176 zu 299 Stimmen. Mit seinen Modernisierungen hatte er sich nicht nur Freunde gemacht, zudem wenig Kontakt zur Bevölkerung gesucht. Er galt als überheblich. Seine Gegner hatten auch auf die »sittliche Verfehlung« in Gestalt des unehelichen Sohnes Ernst Gruele hingewiesen.

Robert Scholl und seine Familie sahen sich dadurch auf schlimmste Weise verleumdet. Es folgte ein nervenaufreibender juristischer Kleinkrieg. Auch die achtjährige Sophie wird die Stimmung als bedrohlich empfunden haben. Die acht Scholls rückten noch enger zusammen.

Robert übergab die Amtsgeschäfte am 9. März 1930, verließ die Rathauswohnung aber erst am 13. Juni 1930 – nach Androhung einer Räumungsklage durch den Gemeinderat. Er hatte sich im Frühjahr erfolgreich in Stuttgart auf den Posten des Geschäftsführers einer Genossenschaft der Maler und Lackierer beworben. Als Wohnort wählte die Familie Ludwigsburg, wo sich die Eheleute fünfzehn Jahre zuvor kennengelernt hatten. Ernst Gruele blieb für eine Schlosserlehre bei seinem Lehrherrn. In der Garnisonsstadt mit rund 30 000 Einwohnern, rund zwölf Kilometer nördlich der Landeshauptstadt gelegen, sollte die Familie allerdings nicht einmal zwei Jahre bleiben.

Sophie ging ab Juni 1930 in die Evangelische Mädchenvolksschule. Im Januar 1932 schmückte ihr Eintrag das

Poesiealbum einer Freundin. Als hätte die Mutter ihr das vor-
gesprochen, malte sie in Schönschrift:

> Lass nie den frohen Mut Dir rauben. / Und halte fest an Dei-
> nem Glauben / In guten, wie in schlimmen Tagen, / So wirst
> die Last du leichter tragen. / Ein fester Stab ist kindlich
> Gottvertrau'n![18]

Der Vater bildete sich in Abendkursen in Stuttgart weiter. Im
Herbst 1931 bewarb er sich erfolgreich als Wirtschaftsprüfer
und Steuerberater um die Teilhaberposition in einem Steuerbüro in Ulm. Sophie wechselte zwar noch in Ludwigsburg an
die Realschule, aber im März zog die Familie in den Norden
Ulms, in die Kernerstr. 29, Teil eines Villenviertels am Rande
des Michelsberges.[19]

Im April 1932 begann für Sophie der erste Schultag an der
Mädchenoberrealschule. Inge Scholl schrieb im März 1947,
damit sei für Sophie auch die »Zeit der Freundinnen« gekommen, doch sie habe das distanziert, »mit Interesse, jedoch
nicht ohne Abstand« wahrgenommen: »Eine einzige Freundschaft, die schon in frühester Kindheit geschlossen wurde, begleitete sie durch ihr ganzes Leben.« Gemeint ist Lisa Remppis. Inge betonte: »Zu Freunden aber wurden ihr in dieser Zeit
mehr und mehr ihre Geschwister.«[20]

Mit dem Wohnortwechsel von Ludwigsburg nach Ulm
zogen die Scholls in eine der Hochburgen der nationalsozialistischen Bewegung. Seit 1930 war die NSDAP dort die stärkste
Partei. Die 1922 gegründete Ortsgruppe zählte rund tausend
Mitglieder und hatte mit dem *Ulmer Sturm* ein eigenes Kampf-
blatt, das beständig gegen Mitbürger jüdischen Glaubens
hetzte. Die braunen Truppen waren durch Aufmärsche, Ge-
waltaktionen der SA und mehrere Auftritte Hitlers bereits vor
der Machtübernahme präsent. Schon 1929 war die Albert-
Einstein-Straße in Fichte-Straße umbenannt worden und die

Stadtverwaltung begann, Miet- und Lieferverträge mit Juden
zu kündigen. Bei der Reichstagswahl am 5. März 1933 übertraf die NSDAP in Ulm mit 45 Prozent der Stimmen den
Reichsdurchschnitt um gut ein Prozent. Einen Tag später veranstaltete die Partei einen Fackelzug, am 7. März zogen Angehörige von SA, SS und Stahlhelm zum Rathaus, hielten Reden
und hissten dort und an anderen öffentlichen Gebäuden Ha-
kenkreuzfahnen. Am 13. März stimmte die Mehrheit des Ge-
meinderats für seine Selbstauflösung, die sozialdemokratischen Politiker der SPD zwang man noch vor dem Verbot der
Partei zum Mandatsverzicht. Bereits am 15. März wurde Hitler zum Ehrenbürger ernannt.[21]

Ein Untersuchungsausschuss entfernte im selben Jahr
– wegen angeblicher Korruption – zahlreiche Beamte aus ihren
Ämtern, darunter den jüdischen Museumsdirektor und den
liberal gesinnten Oberbürgermeister. Die Stadt war ab 1933
nicht nur administrativ fest in nationalsozialistischer Hand,
die breite Mehrheit der Bevölkerung begrüßte und trug den
neuen Staat. Wer anders dachte und das öffentlich vertrat, war
in Gefahr, im Konzentrationslager Fort Oberer Kuhberg inhaftiert zu werden, das seit November 1933 bestand.[22]

Insgesamt war 1933 das Jahr der institutionell herbeigeführ-
ten nationalsozialistischen Revolution: Am 30. Januar wurde
Adolf Hitler vom Reichspräsidenten Paul von Hindenburg
zum Reichskanzler ernannt. Im Februar brannte der Reichstag. Die Reichstagsbrandverordnung setzte die Bürgerrechte
der Weimarer Verfassung außer Kraft.

In dieser Zeit des Umbruchs erhielt an einem Sonntagnach-
mittag im Herbst 1933 Robert Scholl Besuch von Richard
Scheringer, einem alten Bekannten.[23] Der hatte noch 1930 als
Leutnant der Reichswehr mit zwei Kameraden in Ulm für die
Nationalsozialistische Deutsche Arbeiterpartei geworben. Da
das Innenministerium die Mitgliedschaft in der NSDAP als
Hochverrat einstufte, wurde Anklage auf Vorbereitung zum

Hochverrat erhoben. Adolf Hitler trat im Prozess als Zeuge vor dem Reichsgericht in Leipzig publikumswirksam auf und beschwor die Legalität seiner Bewegung. Die drei Offiziere wurden aufgrund ihrer politischen Agitation zu achtzehn Monaten Festungshaft verurteilt. In der Gefangenschaft wurde Scheringer Kommunist, ein KPD-Abgeordneter verlas 1931 sein Bekenntnis zum »wehrhaften Proletariat« im Reichstag. Weitere Haftstrafen folgten. Scheringer kannte die Familie Scholl durch die Mutter seiner Lebensgefährtin Marianne Heisch, die mit Lina Scholl befreundet war.

In seiner 1979 erschienenen Autobiografie behauptete Scheringer später, Robert Scholl habe an jenem Sonntag in Ulm »empört« die Nazis eine »Rotte von Verbrechern« genannt. Man habe darin übereingestimmt, der Diktator müsse weg, wenn man auch nicht wüsste, wie. Als er auf die »kommunistische Volksrevolution gegen Hitler« verwies, habe Scholl erwidert, es komme »gar nicht darauf an, wo die Kräfte herkommen, die dagegen sind«, allein der Erfolg sei wichtig, über alles andere könne man später reden. In ihrer Frontstellung seien sie sich einig gewesen, sonst aber seien »Gegensätze oder Unterschiede« aufgetreten, da Scholl ein »ziviler, streng nach der Legalität orientierter Mensch« gewesen sei, »dem Machtfragen nie geläufig« gewesen seien – was wohl bedeutet, dass er Gewaltanwendung ablehnte.

Für Scheringer war »die ganze Familie [schon 1933] gegen die Nazis eingestellt«. Die jahrelange Begeisterung für und die Teilhabe der Schollkinder an der nationalsozialistischen Bewegung erwähnte er nicht.[24]

# 2. HITLERMÄDCHEN

Robert Scholl sei ein Demokrat und von Anfang an gegen Hitler eingestellt und damit ein Vorbild für seine Kinder Inge, Hans, Elisabeth, Sophie und Werner gewesen. Diese Behauptung hat auch Inge Aicher-Scholl nach dem Krieg kolportiert. Allerdings hatte sie in den Fünfzigerjahren gute Gründe, ihren Vater und ihre Familie als überzeugte Demokraten hinzustellen.

Die älteste Scholltochter gehörte zu den Mitbegründern der Hochschule für Gestaltung (HfG) in Ulm. Das permanent unterfinanzierte Projekt war substanziell auf Unterstützung aus Amerika angewiesen. 1952 hatte der amerikanische Hochkommissar für Deutschland John Jay McCloy eine Million Mark zur Gründung der HfG bereitgestellt; die Mittelvergabe erfolgte aus dem vom Geheimdienst Central Intelligence Agency (CIA) koordinierten McCloy-Fonds. Eine weitere Million gaben Privatpersonen, Wirtschaftsverbände und staatliche Stellen der Bundesrepublik.[1] Im Zuge der Entnazifizierung und Umerziehung der Deutschen (Reeducation) suchten die Amerikaner unter den Besiegten nach Vorbildern, die geeignet schienen, sich für den Aufbau der jungen Demokratie zu engagieren.

Der Kalte Krieg hatte neue Gegensätze aufbrechen lassen.

Im Osten schürte man Ressentiments gegen die »amerikanischen Imperialisten«, im Westen wuchs die Angst vor dem Kommunismus stalinistischer Prägung. So geriet auch die Erinnerung an die Geschwister Scholl im Kampf der Ideologien zwischen die Fronten: Stilisierte man sie in der DDR zu Heroen des sozialistischen Antifaschismus, machte man sie in der BRD zu Leuchten einer liberalen Demokratie. Diese Grundeinstellungen sollten Sophie und Hans angeblich von ihrem Vater übernommen haben.

Wie Robert Scholl tatsächlich dachte, zeigt ein Brief aus dem Jahr 1960, worin er sich zum Nationalsozialismus äußert. Darin wird deutlich, dass er sehr wohl begründete Zweifel hegte – allerdings nicht aus einer demokratischen Überzeugung heraus, sondern weil er Massenbewegungen generell ein tiefes Misstrauen entgegenbrachte. Schließlich hatte er erlebt, wie leicht eine Menschenmenge zu manipulieren war. Die Deutschen hatten Hitler gewählt, ihn zwölf Jahre lang unterstützt und waren ihm 1945 selbst noch in den Untergang gefolgt.

> Ich halte unsere Massendemokratie für eine völlige Illusion. [...] Im Dritten Reich haben etwa 98 % bewusst die damaligen Gangster anerkannt, etwa 1 % hat ihnen mit Widerwillen aus Angst zugestimmt und nur etwa 1 % waren mutige Gegner.[2]

Bis zur Ermordung seiner Kinder zählte Robert Scholl offenbar nicht zu dem einen Prozent »mutiger Gegner«, sondern muss eher jenen zugerechnet werden, die »mit Widerwillen aus Angst [zustimmten]«. Im August 1936 bestätigte ihm das NSDAP-Gauamt in Stuttgart politische Zuverlässigkeit: Er stehe »vorbehaltlos zum Volk, zum Führer und zur heutigen Staatsform«, und er wies auf dem Briefpapier seiner Kanzlei werbewirksam auf seine Mitgliedschaft im Nationalsozialistischen Rechtswahrerbund (NSRB) hin.[3]

Persönlich verband Robert Scholl ab 1927 eine lebenslange

Freundschaft mit dem führenden Nationalsozialisten Dr. Ferdinand Dietrich.[4] Der Forchtenberger Arzt trat 1931 in die NSDAP und später in zahlreiche weitere NS-Verbände ein. Bei der SA brachte er es bis zum Standartenführer, im Parteigefüge bis zum Oberbereichsleiter. Am 14. Februar 1933 wurde er Kreisleiter für den hohenlohischen Oberamtsbezirk Öhringen – mit bis zu fünfundzwanzig Mitarbeitern. Damit war er »für die gesamte politische, kulturelle und wirtschaftliche Gestaltung aller Lebensäußerungen nach nationalsozialistischen Grundsätzen verantwortlich«.[5]

Um die NS-Ideologie durchzusetzen, arbeitete Dietrich mit Einschüchterungen, Drohungen, Gewaltanwendungen, Entfernungen Missliebiger aus dem Amt, Verfolgung politisch Andersdenkender und Folterungen. Der »überzeugte Antisemit« organisierte Zerstörungen jüdischen Eigentums und Deportationen von Juden; als »Eugeniker« verantwortete er Zwangssterilisationen von Kranken und Behinderten. »Einzelne Akte der Mitmenschlichkeit« könnten nicht ungeschehen machen, dass Dietrich »als Funktionsträger in verantwortlicher Position den NS-Terror aktiv begünstigt und gefördert hat«, so der Historiker Thomas Kreutzer. Der Arzt wurde 1945 festgenommen und inhaftiert. 1948 verurteilte die Spruchkammer Ludwigsburg ihn als »Hauptschuldigen« unter anderem zu dreieinhalb Jahren Arbeitslager. Die Haftzeit wurde angerechnet und Dietrich freigelassen. Robert Scholl hat sich 1946 in einer Stellungnahme und 1950 vor der Berufungskammer Stuttgart für seinen Freund eingesetzt und ihn als »Idealisten« bezeichnet, der kein »intoleranter, bösartiger Fanatiker« gewesen sei, zwar »ein überzeugter Nationalsozialist«, aber »stets Mensch geblieben«. Das erste Urteil wurde daher mangels ausreichender Schuldbeweise aufgehoben und das Verfahren eingestellt. Dietrich war rehabilitiert.

Robert Scholl, der angebliche Demokrat und Nazigegner der ersten Stunde, hatte sich in den Dreißigerjahren mit den

neuen Machthabern arrangiert und blieb auch nach dem Krieg
in einer Täter-Opfer-Beziehung ein Freund des obersten und
übelsten Nationalsozialisten des Kreises Öhringen.

Erst allmählich wuchs seine Distanz zum Regime – was jedoch nicht bedeutete, dass er ein überzeugter Anhänger der
Weimarer Republik gewesen wäre. Vielmehr trauerte er noch
Jahrzehnte später der 1918 abgeschafften Monarchie hinter-
her:

> Wir hatten in Süddeutschland bis 1918 unter der konstitutio-
> nellen Monarchie eine vorzügliche Regierung und Verwal-
> tung. [...] Durch sie würde [gäbe es sie heute noch] jeder
> Schaumschlägerei, Demagogie und Charakterlosigkeit ein
> starker Riegel vorgeschoben.[6]

Auch nach 1945 konnte sich Scholl nur schwer mit der Demokratie anfreunden. In dem erwähnten Brief aus dem Jahr 1960
lehnte er diese Staatsform sogar grundsätzlich ab:

> Ich halte die heutige Formaldemokratie für falsch und schäd-
> lich. Ohne sie wäre Hitler wahrscheinlich nicht an die Macht
> gekommen.

Im Juli 1932 war die NSDAP bei den demokratischen Reichs-
tagswahlen – mit weitem Abstand vor der SPD – die stärkste
Partei geworden. Da keine Regierung zustande kam, stand im
November erneut ein Urnengang an – und wieder siegte (wenn
auch mit Verlusten) die NSDAP. Der vom Volk direkt ge-
wählte Reichspräsident Paul von Hindenburg ernannte daraufhin den Vorsitzenden der stärksten Reichstagsfraktion am
30. Januar 1933 zum Reichskanzler. In Scholls Verständnis
erfuhr also die »Massen- oder Formaldemokratie« der Dreißigerjahre in der jungen Bundesrepublik ihre Fortsetzung.
Und der stand Scholl nach wie vor kritisch gegenüber.

Die Legende von einer angeblich demokratischen Einstellung Robert Scholls wurde jedoch nicht erst nach Kriegsende in die Welt gesetzt. Schon 1943 gab Sophie bei ihrer Vernehmung durch die Gestapo erste Hinweise, die die spätere Deutung plausibel erscheinen ließen:

> Mein Vater war meines Wissens parteipolitisch vor der Machtübernahme in keiner Weise gebunden. So viel weiss ich jedoch, dass er demokratisch eingestellt ist; d. h. die Meinung vertritt, dass die Völker demokratisch regiert werden müssten, sofern sie die notwendige Reife hierzu besäßen.[7]

Man beachte die Einschränkung, dass demnach nicht jedes Volk »reif« genug sei, demokratisch regiert zu werden. 1960 sprach Robert Scholl gerade den Deutschen diese Mündigkeit ab. Sophie führte weiter aus:

> Wenn ich über die politischen Gedankengänge meines Vaters richtig informiert bin, schwebt ihm eine demokratische Regierungsform mit gewissen Vollmachten vor.

Mit »gewissen Vollmachten« meinte sie vermutlich, ihr Vater habe eine demokratische Verfassung mit umfangreicher Präsidialgewalt befürwortet. Das entspräche dem politischen System der Weimarer Republik. Weiter sagte sie:

> Wohl aus dieser Grundeinstellung heraus ist mein Vater gegen den Nationalsozialismus als solchen bzw. gegen die heutige Staatsführung eingestellt. Hier möchte ich jedoch besonders erwähnen, dass uns (Kinder) mein Vater bei der Erziehung nie in demokratischem Sinne beeinflusst hat. So hat mein Vater ohne weiteres geduldet, dass wir der Hitlerjugend beitraten und dort Dienst verrichteten.

Aufgrund der Verhörsituation geben Sophies Worte sicher nur ein eingeschränktes Bild der politischen Haltung ihres Vaters wieder. Denn in seiner Korrespondenz äußerte sich Scholl häufig zu politischen Ereignissen. Dass er sich ausgerechnet gegenüber seinen Kindern zurückgehalten hat, ist kaum vorstellbar. Man diskutierte viel in der Familie Scholl, so viel ist bekannt. Inge berichtete in ihrem Tagebuch von lautstarken Auseinandersetzungen mit dem Vater. Die Aktivitäten seiner Kinder in der Hitlerjugend waren ihm offenbar ein Dorn im Auge.[8]

Die Eltern Scholl vermittelten ihren Kindern eine ethische Grundorientierung, die auf einem christlich-religiösen Weltbild basierte. Gerechtigkeitssinn, Gewissenhaftigkeit, Friedfertigkeit, Nächstenliebe, Verantwortungsbewusstsein, Selbstdisziplin und Opferbereitschaft standen in der Familie hoch im Kurs. Allerdings galten diese Werte auch innerhalb der nationalsozialistischen Bewegung als hehre Tugenden. Nur blieben sie dort den »Deutschblütigen« vorbehalten – was die Schollkinder gemäß ihrer Ariernachweise auch waren.

Kein Wunder also, dass die jungen Scholls für die nationalsozialistische Bewegung entflammten. Und dieser Enthusiasmus blieb kein Strohfeuer: Für das neue Deutschland engagierten sich die Geschwister viele Jahre hingebungsvoll. Den Anfang machte Hans: Im April 1933 trat er in die Hitlerjugend (HJ) ein. Ein Jahr später wurde Inge im Juli Mitglied im Bund Deutscher Mädel (BDM). 1934 folgte Sophie in die Jungmädelschaft (JM) der Hitlerjugend.

Die Eltern sahen das Engagement ihrer Kinder mit Skepsis und Sorge, aber sie ließen ihnen die freie Entscheidung und bezahlten auch die Anschaffung der Uniformen. Ein Satz aus Inges Tagebuch vom 15. Mai 1933 steht stellvertretend für die Begeisterung, die auch ihre Geschwister Sophie und Hans erfasste: »Mit Leib und Seele gehöre ich Adolf Hitler. Natürlich nach Gott.«[9]

Das Faktum der Jugend spielte eine nicht zu unterschätzende

Rolle für den Erfolg der Nationalsozialisten. Es herrschte eine
radikale Unbekümmertheit hinsichtlich der möglichen Folgen
von Protestaktionen. Die braune Revolution war eine »Jugendbewegung eigenen Stils«.[10] 1931 waren 70 Prozent der
Berliner SA-Leute unter dreißig Jahre, in der Gesamtpartei
gehörten rund 40 Prozent dieser Altersgruppe an. Von den
NSDAP-Abgeordneten des Reichstags waren 60 Prozent unter
vierzig Jahre. Joseph Goebbels wurde mit achtundzwanzig
Gauleiter, Baldur von Schirach mit sechsundzwanzig Reichsjugendführer, Heinrich Himmler mit achtundzwanzig Reichs-
führer SS. Der Grundsatz »Jugend führt Jugend« begeisterte.
Viele Mädchen und Jungen »suchten Disziplin, Opfer und
fühlten sich von einer Romantik einer Bewegung angesprochen, die immer hart am Rande der Legalität operierte und
dem rücksichtslosen Einsatzwillen auch den Schritt darüber
hinaus erlaubte: weniger eine Partei als eine Kampfgemein-
schaft, die den ganzen Mann verlangte und einer morschen
und zerbrechenden Welt das Pathos einer martialischen neuen
Ordnung entgegensetzte«.

Parallel zum Aufbruch der Jugend verlief der wirtschaftliche
Aufstieg der Scholls. Robert hatte im Februar 1933 seinen Kom-
pagnon ausgezahlt und führte nun das Steuerbüro allein. Verantwortung und Arbeit, aber bald auch das Einkommen stiegen
beträchtlich. Scholl trieb ausstehende Forderungen ein, vollzog
Zwangsvollstreckungen, arbeitete als Konkurs- und Vergleichs-
verwalter und beriet bei Testamenten und Nachlässen.

Die Familie ging – nun meist ohne den Vater – regelmäßig
in den Gottesdienst. Stadtpfarrer Oehler mit seiner Frau und
das Ehepaar Scholl besuchten sich häufig. Am 2. April konfir-
mierte der Geistliche Inge und Hans in der Garnisonskirche.
Es konnte gar nicht ausbleiben, dass man bei den Gesprächen
über die umstürzenden Ereignisse diskutierte. »Ein Gott! Ein
Führer! Ein Volk!« – entsprach diese Parole der Einheit nicht
der biblischen Losung »Ein Herr, ein Glaube, eine Taufe«,

mit der schon die frühen Christen gegen die heillose Zersplitterung gekämpft hatten?[11] War das nicht die Erfüllung der preußischen Vision »Ein Reich, ein Volk, ein Gott«? Konnte Hitler nicht tatsächlich der von Gott gesandte Erlöser des deutschen Volkes sein? Millionen glaubten das, Magdalene Scholl nicht. Ihre Einstellung zeigte Inges Tagebucheintrag vom 26. Juli 1933:

> Mutter sagte: »Ob Hitler wohl auch noch ein Opfer bringen muss?« Ich sagte: »Hitler hat schon so viele Opfer gebracht. Hat er nicht sein ganzes Leben auf's Spiel gesetzt?« Da zuckte sie geringschätzig die Schultern.[12]

Ende September zogen die Scholls in die Olgastraße 81 an den Ulmer Innenstadtring am Rande der Altstadt, wo auch das Steuerbüro eingerichtet wurde. Das Haus gehörte dem jüdischen Kaufmann Jakob Guggenheimer, der dort bereits zwei Wohnungen an jüdische Familien vermietet hatte.[13]

Im Januar 1934 war es für Sophie so weit. Endlich durfte sie in die HJ eintreten. Neun Jahre später, im Verhörprotokoll der Gestapo las sich das so: »Ich selbst trat im Januar 1934, damals 13-jährig in die Jungmädelschaft der HJ ein und gehörte der HJ bzw. dem BDM bis 1941 an.«

Es ließe sich ergänzen: »damals 20-jährig«. Damit würde das Ungewöhnliche dieser siebenjährigen Mitgliedschaft verdeutlicht, denn die Verpflichtung für den BDM endete üblicherweise mit achtzehn Jahren, bei Sophie also 1939.[14] Zwei Jahre engagierte sie sich über dieses Pflichtmaß hinaus freiwillig. Die Bedeutung dieser Extrajahre im »Dienst« versuchte sie später zu relativieren:

> In diesem Zusammenhang gebe ich ganz ehrlich zu, dass ich in den letzten 2 Jahren meiner Zugehörigkeit zum BDM mit dem Herzen nicht mehr bei der Sache war. Die erste Abnei-

gung gegen den BDM war darauf zurückzuführen, dass ich
den Dienst langweilig und vom pädagogischen Standpunkt
aus unrichtig fand.

Doch was begeisterte die Mädchen und jungen Frauen am
BDM? Die Jugendorganisation verfügte über ein reiches Frei-
zeitangebot. Sie veranstaltete nicht nur Tagesausflüge, sondern
auch mehrtägige Wanderungen. An den Heimabenden fanden
Kulturveranstaltungen wie Theaterspiel, Volkstanz, Musik-
aufführungen und Konzertbesuche statt. Sport wurde angeboten, ebenso Handarbeits- und Bastelkurse. Unterschiedliche
Gesellschaftsschichten kamen zusammen; sie wurden hier auf
die Berufswahl vorbereitet. Bis zum Kriegsausbruch gab es auf
der Führungsebene auch Kontakte ins Ausland.

Das Hauptziel des BDM war jedoch die Eingliederung der
»Mädel und Frauen« in den Staat durch die »weltanschauliche Schulung«; sie sollten lernen, sich in die nationalsozialistische »Volksgemeinschaft« einzufügen. Die Entwicklung
ihrer Persönlichkeit wurde gefördert, aber sie sollten nur Teil
einer größeren Gemeinschaft sein. Es war eine politische Erziehung. Das machte die oberste BDM-Führerin Jutta Rüdiger
einmal mehr deutlich: »Wir wollen [...] bewußt politische
Mädel formen. Das bedeutet nicht: Frauen, die später in Par-
lamenten debattieren und diskutieren, sondern Mädel und
Frauen, die um die Lebensnotwendigkeiten des deutschen Volkes wissen und dementsprechend handeln.«[15]

Während Sophie Scholl 1934 ihre Karriere im Bund Deutscher Mädel begann, festigte Adolf Hitler seine Macht weiter.
Für die Wirtschaftsunternehmen wurde das Führerprinzip angeordnet, es verpflichtete die Mitarbeiter zu absolutem Gehorsam. Und am 20. April, dem 45. Geburtstag Adolf Hitlers,
leistete auch das uniformierte Jungmädel Sophie Scholl den
Eid auf ihren Führer:

Jungmädel wollen wir sein,
klare Augen wollen wir haben
und tätige Hände.
Stark und stolz wollen wir werden:
Zu gerade, um Streber oder Duckmäuser zu sein,
zu aufrichtig, um etwas scheinen zu wollen,
zu gläubig, um zu zagen und zu zweifeln, zu ehrlich,
um zu schmeicheln,
zu trotzig, um feige zu sein.«[16]

Vermutlich gefiel Sophie – neben »stark und stolz« – besonders die letzte Zeile des Schwurs, erinnerte sie doch an ein Goethe-Zitat, das in der Familie als Codewort für Unbeugsamkeit galt: »Allen Gewalten zum Trutz sich erhalten.« Die Scholls zitierten das Goethe-Wort in ihren Briefen. Zudem hatte Hans den Satz in Schönschrift auf eine von einem handgearbeiteten Kartonrahmen umfasste Schmuckkarte gemalt, die er seinem Vater zu Weihnachten schenkte. Die Karte stand vermutlich in der Ulmer Wohnung:

[...] Allen Gewalten
Zum Trutz sich erhalten;
Nimmer sich beugen,
Kräftig sich zeigen,
Rufet die Arme
Der Götter herbei![17]

1934 verstand Sophie Trutz als Aufforderung, gegen alle alten Gewalten, die Ewiggestrigen, das neue Deutschland zu schaffen. Die meisten Christen waren wie Sophie überzeugt, dass dabei nicht nur die Götter, sondern besonders der christliche Gott an ihrer Seite stand.

Sophie Scholls erste Dienstpflicht des Jahres 1935 im BDM war ein Gang ins Ulmer Münster. Am 14. Januar wurde dort ein Dankgottesdienst anlässlich der Rückkehr des Saarlands in das Deutsche Reich gefeiert. 90,8 Prozent der Saarländer hatten für die Rückgliederung in das Deutsche Reich gestimmt. Sie trat am 1. März in Kraft. Kurz darauf wurde auch die allgemeine Wehrpflicht eingeführt. Die Streitkräfte sollten auf 550 000 Mann aufgerüstet werden.

1935 war auch das Jahr, in dem im kurzen Leben der Sophie Scholl eine wunderbare Freundschaft ihren Anfang nahm. Susanne Hirzel kam als neue Schülerin in die Klasse. Reichlich zehn Jahre später, 1946, berichtete Hirzel der Schriftstellerin Ricarda Huch, die ein Gedenkbuch über die deutschen Widerstandskämpfer vorbereitete, von der innigen Beziehung.[18] Hirzel wurde – neben Lisa Remppis – Sophies beste Freundin.

Aufgrund der Nähe zu den Ereignissen ist der neunseitige handschriftliche Brief Hirzels an Huch ein einmaliges Zeugnis über die Beziehung der jungen Frauen zueinander und ein dichtes Kurzporträt Sophies.[19] Hirzel brachte darin zunächst ihre Freude über Huchs Vorhaben zum Ausdruck, es sei »nötig«, denn »fast alles« bisher Veröffentlichte sei »tendenziös«. Sie wolle »im Einverständnis mit Inge Scholl« versuchen, »zu dem Bild von Sofie Scholl [...] etwas beizusteuern«. Hirzels Schilderung ist von spürbarer Empathie getragen, vermied aber eine Überhöhung:

Wir waren Freundinnen. Durch ihren Tod ist sie mir ein heiliges Vorbild geworden. Wir lernten uns mit 14 Jahren im Jungmädelbund kennen. Sie war wie ein feuriger wilder Junge, trug die dunkelbraunen glatten Haare im Herrenschnitt u. hatte mit Vorliebe eine blaue Freischarbluse oder eine Fischerbluse ihres Bruders an. Sie war lebhaft, keck, mit heller klarer Stimme, kühn in unseren wilden Spielen u. von einer göttlichen Schlamperei.

Die Fotografien Sophies aus dieser Zeit bestätigen die Beschreibung Hirzels. Mit ihrem Jungenhaarschnitt und dem knabenhaften Auftritt wurde sie von Nachbarn als »Buabamädel« oder »Mannweib« bezeichnet. Auch Eve Nägele, die damals elfjährige jüngere Schwester von Rose Nägele, erinnerte sich an das Jungenhafte von Sophie. Die Kinder der Familien hatten ein Treffen zwischen Ulm und Stuttgart verabredet: »Gespanntes Warten auf dem Bahnsteig. Ein Knabenkopf tauchte in der Menge auf. Hatte Hans noch einen zweiten Bruder? Aber es war kein Junge, der durch die Sperre kam mit seinen kurzgeschnittenen braunen Haaren, sondern Sophie.«[20] Jahrelang trug Sophie Scholl diesen Provinz-provozierenden Jungenhaarschnitt, wurde »der Soffer« genannt. Später rauchte sie Zigaretten und Pfeife, trank Alkohol, tanzte wenig damenhaft, fuhr Auto und übernahm Männerarbeit. Noch die einundzwanzigjährige Studentin wurde als »jungenhaft« charakterisiert.[21] Sophie fiel aus dem normativen Geschlechterbild heraus,[22] das nicht erst seit der »Machtergreifung« der Nationalsozialisten in den Mädchen die aufopferungsvolle künftige Mutter sah – sie befreite sich von Rollenzwängen.

Hirzel fuhr fort:

Fast jedes Wochenende fand sich privatim eine kleine Schar, die sich stolz als »Elite« fühlte, zusammen, um an der Iller oder am Donauufer zu zelten. Da sehe ich Sofie, am Feuer sitzen u. in jagendem Rhythmus, atemlos, in begeisterter Hingabe Rilkes »Cornet« vorlesen. Die Worte flogen ihr nur so vom Munde weg, durch u. durch lebendig, erfüllt – sie war ganz Werkzeug. Da begann ich sie zu lieben. Ich sah, wie heilig bemüht sie war, welche Ungeduld sie in sich trug: ich <u>muß</u> Genüge finden, ich <u>will</u> den Preis erringen!

Rainer Maria Rilkes kurze Erzählung aus dem Jahre 1906 *Die Weise von Liebe und Tod des Cornets Christoph Rilke* war sein erfolgreichstes Werk. Zu seinen Lebzeiten wurden 200 000 Exemplare gedruckt. Viele Soldaten begleitete es in die Weltkriege, entsprach es doch dem Heldenmythos der Epoche. In ihm reitet der achtzehnjährige Adelige Christoph Rilke nach Ungarn in den Krieg gegen die Türken, wo er zum Fahnenträger (Cornet) ernannt wird. Als er die Nacht mit einer Schlossgräfin in deren abgelegenem Turmzimmer verbringt, bemerkt er zu spät den Angriff des feindlichen Heeres. Ohne Besinnen und ohne Waffenrüstung, aber mit wehender Fahne, stirbt er den Heldentod: »Er läuft um die Wette mit brennenden Gängen, durch Türen, die ihn glühend umdrängen, über Treppen, die ihn versengen, bricht er aus dem rasenden Bau. Auf seinen Armen trägt er die Fahne wie eine weiße, bewußtlose Frau.« – Der Tod wird zelebriert als feierliches, ekstatisches Kunstwerk in einer blühenden, farbenfrohen Gartenlandschaft.

Sophie liebte diese fatalistische Heldenliteratur voller Leidenschaft, Gewalt und Vergewaltigung, Kampfeswollust und Todeserotik. So, wie sie abends am Lagerfeuer ihren Mädeln daraus vorlas, war sie eins mit dem Cornet. Auch ihr Bruder Hans begeisterte sich für die Novelle; sie entsprach dem Männlichkeitsbild der Zeit. Doch dass Sophie den *Cornet* liebte, widersprach der geltenden Frauenrolle, des gebärenden Heimchens am Herd.

Binnen Kurzem gestaltete Sophie Scholl die Aktivitäten im BDM eigenverantwortlich und führte andere, zuletzt war sie als Gruppenführerin verantwortlich für weit über hundert Mädchen.[23] Bei den Treffen des BDM sammelte sie den von zu Hause mitgebrachten Proviant ein und vergemeinschaftete ihn. Eines von Sophies Mädeln beschrieb später, ihre Führerin sei »sehr fanatisch für den Nationalsozialismus« und zugleich »romantisch, idealistisch, kommunistisch« gewesen.[24] Sophie gestaltete Heimabende und organisierte Fahrten, stand mit der Sammelbüchse für das Winterhilfswerk auf den Straßen Ulms und nahm an ideologischen Schulungen teil. Und sie war von

ihrer Vorgesetzten, Charlotte »Charlo« Thurau begeistert.
Inge Scholl befreundete sich mit der intelligenten Siebzehnjährigen, Sophie schwärmte für die Selbstbewusste und erkor sie
zu ihrem Vorbild. Die hochgewachsene, kräftige junge Frau
verwirklichte ein Idealprogramm des BDM.

Selbstverständlich grüßte Sophie ihre Führerin und ihre Kameradinnen bei allen Veranstaltungen mit »Heil Hitler!« und
erhobenem Arm – unzählige Male all die Jahre hindurch. Auf
jeden Fall sang sie die Lieder der HJ, nicht nur im Gruppen-
raum und am Lagerfeuer, sondern auf den Straßen Ulms und
während der Fahrten. Die Gesänge vermittelten die politische
Gesinnung, zu der die Jugend erzogen wurde, sie trugen maß-
geblich zur Militarisierung des Denkens bei. Das offizielle Lied
der Hitlerjugend, *Unsre Fahne flattert uns voran*, hatte der
Reichsjugendführer Baldur von Schirach getextet.

> Unsre Fahne flattert uns voran.
> In die Zukunft ziehn wir Mann für Mann.
> Wir marschieren für Hitler durch Nacht und durch Not
> mit der Fahne der Jugend für Freiheit und Brot.
> Unsre Fahne flattert uns voran,
> unsre Fahne ist die neue Zeit.
> Und die Fahne führt uns in die Ewigkeit!
> Ja! die Fahne ist mehr als der Tod![25]

Das Lied erklang erstmals 1933 als Leitmusik im Film *Hitlerjunge Quex*, den jedes Hitlermädchen und jeder Hitlerjunge
gesehen haben sollte. Sehr wahrscheinlich sah ihn auch Sophie. Die aufwendige Ufa-Produktion mit dem Untertitel *Ein
Film vom Opfergeist der deutschen Jugend* erzählt die Geschichte des Berliner Druckerlehrlings Heini, genannt Quex,
der in den politischen und sozialen Wirren zu Beginn der Dreißigerjahre Halt und Anerkennung in der Hitlerjugend findet.
Als er ein Attentat von Kommunisten verhindert, wird er von

ihnen erstochen. Aufgrund der Erzählperspektive identifizier-
ten sich die Zuschauer mit dem sympathischen Jungen, seiner
Orientierungslosigkeit und Furcht, seiner Begeisterung und
Zuversicht: Erschüttert mussten sie erleben, wie er stirbt. Die
propagandistische Botschaft ist klar: Der Tod des Helden
macht nur Sinn, wenn die Jugend des Reiches seinen Einsatz
für ein besseres Deutschland vollendet.

Neben diesem Gassenhauer wurden im Hause Scholl viele
weitere Lieder gesungen. Inge Scholl erwähnte mehrfach *Volk,
ans Gewehr!* Wenn sie selbst oder Sophie am Klavier saß, sangen die Schollkinder gemeinsam Zeilen wie diese:

> Wir Jungen und Alten – Mann für Mann,
> Umklammern das Hakenkreuzbanner.
> Ob Bauer, ob Bürger, ob Arbeitsmann,
> Sie schwingen das Schwert und den Hammer,
> Sie kämpfen für Hitler,
> Für Freiheit, für Arbeit und Brot.
> Deutschland erwache, Juda den Tod/ende die Not.
> Volk ans Gewehr![26]

Sangen sie so laut, dass die Melodie bis in die Wohnungen der
jüdischen Mitbewohner drang? Man weiß es nicht. Aber die
jungen Sängerinnen und Sänger wussten, was sie sangen oder
welche Textvarianten es gab – »Juda den Tod«. Dabei hatten
die Scholls ein gutes Verhältnis zu den anderen Hausbewoh-
nern.

Tatsächlich lebten nicht wenige Deutsche mit ihren jüdischen Mitbürgern friedlich Tür an Tür, obwohl sie antisemitische Ressentiments hegten und dem Judentum feindselig
gegenüberstanden. Und dann wurde noch – auch von Betroffenen – unterschieden zwischen dem assimilierten, kultiviert-
gebildeten, europäischen Juden und dem verachteten, tradi-
tionell-jiddischen Jid des östlichen Schtetls.

Sophie Scholl aber soll außerhalb dieser zweifelhaften Ambivalenz gestanden haben. Vielmehr habe sie sich entschieden und klar für zwei jüdische Klassenkameradinnen eingesetzt, so erzählte es jedenfalls ihre Schwester Inge. Eine der beiden sei Luise Nathan gewesen. Nach Darstellung Aicher-Scholls waren sie und Sophie Freundinnen, und sie soll empört gewesen sein, dass Luise, die doch viel »arischer« aussehe als sie, nicht im BDM geduldet werde.[27] Hingegen berichtete Hedley J. Williams, ein Verwandter Luises, 2018, dass seine Großtante stets darauf bestanden habe, nicht mit Sophie befreundet gewesen zu sein. Beide hätten vielmehr eine »erhebliche Abneigung« gegeneinander gehegt.[28] Niemals habe Luise erwogen, in den BDM einzutreten, außerdem sei sie gar nicht blond und blauäugig gewesen. Die ganze Geschichte von Sophies früher judenfreundlicher Einstellung sei eine Erfindung.[29] Ganz sicher hätte Luise keinen Grund gesehen, näheren Kontakt zu einem fanatischen Hitlermädchen zu pflegen, denn am 20. April 1936 leistete Sophie aufgrund ihres Führungsamtes als Scharführerin erneut einen Eid auf Hitler: »Ich gelobe meinem Führer Adolf Hitler mein ganzes Leben hindurch unverbrüchliche Treue.« Luise Nathan hingegen wurde im Frühjahr 1936 vom Unterricht der Mädchenoberrealschule aufgrund ihrer Abstammung ausgeschlossen.[30]

Bei ihrer Vernehmung durch die Gestapo im Februar 1943 erwähnte Sophie Scholl Luise Nathan nicht. Sie nannte einen anderen Zwischenfall über eine inhaltliche Differenz, die sie dazu gebracht habe, »mit dem Nationalsozialismus nichts zu tun haben« zu wollen. Das eine sei die »vollkommen ungerechtfertigte« kurzzeitige Verhaftung ihrer Geschwister im Herbst 1937 wegen bündischer Umtriebe gewesen, das andere – und der »hauptsächlichste Grund« ihrer »Abneigung gegen die Bewegung« – sei die Einschränkung der »geistigen Freiheit des Menschen«, die ihrem Wesen widerspreche.[31] Der Arrest ihrer Geschwister Inge und Werner war sicher empörend und ernüchternd für Sophie, bedeutete aber keinen Bruch mit dem BDM.

Was war geschehen? Zunächst hatte sie in den Sommerferien 1937 mit ihren BDM-Mädchen eine Fahrt in den Böhmerwald unternommen, wo sie sich schwärmerisch in einen Jungen aus Bottrop verliebte, den sie nie wieder sah. Nach einer anschließenden Fahrt mit Freunden an die Nordsee notierte sie in ihrem Tagebuch die missverständlichen Sätze: »Von der H. J. [BDM] habe ich mich ohne mein Wollen ganz gelöst. Ich habe nichts mehr zu geben, nichts mehr zu nehmen.«[32] Diese Worte markieren aber keineswegs ihre Abkehr vom Nationalsozialismus, das zeigt ihre weitere aktive Mitgliedschaft im BDM. Der Eintrag kennzeichnet lediglich ein persönliches Zerwürfnis zwischen ihr und Ulmer Funktionären der Hitlerjugend, zu der BDM und Jungmädel gehörten. Einen vergleichbaren Rivalitätskonflikt hatte bereits 1935 ihr Bruder Hans mit einem Dienstvorgesetzten gehabt. Das führte damals zwar zu Disziplinarmaßnahmen, nicht aber zur Entfremdung Hans Scholls von der NS-Bewegung. So war es auch bei Sophie. Sie engagierte sich vier weitere Jahre im BDM. Trotz eines weiteren verstörenden Vorfalls: Am 11. November 1937 durchsuchten Gestapobeamte die Wohnung der Familie Scholl in der Olgastraße in Ulm. Lina Scholl und drei ihrer Kinder waren zu Hause. Nachdem Beweismaterial sichergestellt worden war, nahmen die Beamten Inge und Werner mit auf die Polizeiwache. Elisabeth und Sophie blieben verschont.[33] Zusammen mit rund einem Dutzend anderer Verdächtiger wurden sie in einem offenen Lastwagen nach Stuttgart transportiert, aber nach einer Woche wieder freigelassen. Da man bei der Durchsuchung allerdings eindeutig belastendes Material gegen Hans Scholl gefunden hatte, der inzwischen als Kavalleriesoldat in Bad Cannstatt eingerückt war, wurde er am 13. Dezember aus der Kaserne herausgeholt und saß bis zum 31. Dezember in Untersuchungshaft. Sophie Scholl erwähnte dieses Ereignis allerdings zeitnah nie. Erst später, beim Verhör durch die Gestapo im Februar 1943, bezeichnete sie es als desillusionierend: »Die Gründe meiner weltanschaulichen Entfremdung vom BDM und damit der NSDAP etwa im Jahre 1938 liegen in erster Linie darin begründet, dass meine Schwester Inge, meine Brüder Hans und Werner [...] wegen sogen. bündischer Umtriebe verhaftet und einige Tage bezw. Wochen in Haft behalten wurden.«

Am 7. Mai 1938 fertigte der Oberstaatsanwalt als Leiter der Anklagebehörde Düsseldorf für das Sondergericht in Stuttgart die Anklageschrift gegen Hans Scholl aus. Ihm wurde »Betätigung im Sinne der bündischen Jugend« vorgeworfen (er hatte Jungentreffen außerhalb der Hitlerjugend organisiert), Devisenvergehen (er hatte für eine Jungenfahrt nach Schweden Reichsmark ausgeführt) und »widernatürliche Unzucht« (er hatte Sex mit seinem Freund Rolf Futterknecht, eine fast zwei Jahre währende innige Liebesbeziehung). Das Gericht sah in seinem Verhalten bei der Prüfung der Vorwürfe am 2. Juni 1938 nur eine »jugendliche Verirrung« und stellte das Verfahren ein.[34] Für Hans Scholl bedeutete dies trotzdem eine merkliche Entfremdung vom Regime, aber wie bei seiner Schwester Sophie kam es auch für ihn noch nicht zu einem radikalen Bruch. Dazu waren beide viel zu lange und intensiv beteiligt gewesen – es konnte doch nicht alles verkehrt sein, was sie geglaubt und mit aufgebaut hatten.

Sophie Scholl schwieg in ihren Briefwechseln aus dieser Zeit über das Gerichtsverfahren gegen ihren Bruder. Auch ihre eigene Absetzung als Mädelführerin im Frühjahr 1938 erwähnte sie nicht. Doch Susanne Hirzel erzählte von dieser Strafmaßnahme: »Liesel und Sofie Scholl, einige weitere ›Führerinnen‹ und ich wurden in feierlicher Zeremonie in den Räumen der Geschäftsstelle der HJ in der Bockgasse [in Ulm] abgesetzt. Den Anlaß bildeten unsere neuen Wimpel, auf die wir nicht, wie üblich, Hakenkreuze, sondern Runen aufgenäht hatten zur Abwechslung und als Nadelstich. Dies bedeutete Verrat. Wir wurden der Treulosigkeit bezichtigt und man sang [ohne uns] im geschlossenen Kreis:

Wo wir stehen, steht die Treue,
unser Schritt ist ihr Befehl,
wir marschieren nach der Fahne,
so marschieren wir nicht fehl.«[35]

Die Mädchen wurden »nicht grundsätzlich aus der Hitlerjugend ausgeschlossen, man wolle uns nicht den Lebensweg verbauen, wir dürften fürderhin als ›Maiden‹ dem BDM angehören«. Die angebliche Ungeheuerlichkeit des Wimpelvergehens ist heute kaum noch nachzuvollziehen. Doch in der NS-Zeit symbolisierte die Fahne nicht nur die Treue zum Führer, sie wurde gottgleich verehrt. Der dem Nationalsozialismus verpflichtete Herybert Menzel dichtete 1935 in einer Kantate: »In unseren Fahnen lodert Gott ...«[36]

Folgt man diesen Zeilen, so hatten die Mädchen mit ihrer eigenmächtigen Runenstickerei Gott gelästert. Susanne Hirzel besuchte nach ihrer Degradierung nur noch formell – und mit vielen »selbstgeschriebenen Entschuldigungen« – bis zu ihrem gemeinsamen Abitur im März 1940 eine Gruppe. Sophie hingegen versah mehrfach in der Woche und ohne Unterbrechung bis 1941 engagiert ihren »Dienst«.[37] Das war absolut widersprüchlich und völlig inkonsequent, passt aber zum zweiten von ihr genannten Grund für die innere Abkehr: Freiheitsbeschränkung. Darin spiegelt sich ihr höchst ambivalentes Verhältnis zum Nationalsozialismus, das sich von glühendem Fanatismus über eine langsame Ernüchterung zu erbittert-verzweifelter Gegnerschaft 1942 wandelte. Noch weitere Jahre zogen Sophie und ihre Mädel also mit dem Schlachtlied der Jugendbewegung, *Es zittern die morschen*

*Knochen*, durch Ulm und ins Schwabenland und behaupteten: »Und heute gehört uns Deutschland und morgen die ganze Welt.« Der Verfasser, Hans Baumann, erklärte nach dem Krieg, er habe »sofort« die erste »verhängnisvolle Fassung« von 1932, der ein »imperialistischer Sinn unterlegt werden konnte«, geändert. Statt »gehört« hieß es nun »hört«: »Denn heute hört uns Deutschland und morgen die ganze Welt.« So sei das Lied »von allem Anfang an gemeint« gewesen.[38] Ob man nun »gehört« oder »hört« sang, klar war: Die Gefahr des im Lied beschworenen »roten Krieges«, der marxistisch-kommunistischen und der sozialdemokratischen Bedrohung, wurde durch das mutige Einschreiten der Nationalsozialisten abgewendet. Jetzt waren die KZs und Gefängnisse voll mit Roten, und da würden auch alle anderen hinkommen, die sich der braunen Bewegung entgegenstellten. Egal, wer oder was zerstört wurde, die Welt würde sowieso von den Jungen neu und ganz anders wiederaufgebaut werden. Mit ihnen marschierte die Fahne der Freiheit – aber nur für alle Gleichgesinnten.

1939, am Ende der regulären Dienstzeit, hätte sich Sophie Scholl problemlos vom BDM verabschieden können. Sie tat es nicht. Es kann auch – wie oft behauptet – keine Rede davon sein, dass sie »schon frühzeitig«, also bereits Mitte der Dreißigerjahre oder ab Herbst 1937, nur noch widerstrebend mitgemacht habe.[39] Vielmehr lobte sie noch im November 1938 überschwänglich das Engagement, das ihre Freundin Lisa Remppis im BDM zeigte: »Das ist recht, daß Du so eifrig in Dienst gehst.« Und sie betonte: »Ich werde es auch tun.«[40] Das geschah gewiss nicht nur aus Pflichterfüllung oder Gewohnheit, sondern aus Überzeugung. Im Februar 1939 berichtete Sophie an Fritz Hartnagel: »Schrecklicher Tag heute, 8 Std. Schule, Klavierstunde, Dienst. Ich habe zu nichts Lust.« Es war wohl eine allgemeine Lustlosigkeit, die sich nicht allein auf den BDM bezog. Im September 1939 informierte sie ihn,

dass sie es sehr eilig habe, »in 5 Minuten muss ich in den
Dienst«, sie nehme ein Buch mit, »weil es das letztemal so fad
war. Aber meine Pflicht, nicht wahr!« Sie schloss: »Alles Gute!
Mit deutschem Gruß! (ich gehe doch in den Dienst) Sofie.«[41]

An die 16-jährige Sophie Scholl erinnerten sich später zwei
Klassenkameradinnen: »Alle nannten sie nur ›den Soffer‹. Sie
war betont maskulin und wegen ihrer Kompromisslosigkeit
gefürchtet. Als hundertfünfzigprozentige Anhängerin des
Nazi-Regimes diente sie den Faschisten mit Überzeugung, Be-
dingungslosigkeit und Fanatismus. Dieselbe Kraft richtete sie
[später] gegen den Faschismus.«

Auch im März 1941 schrieb sie Fritz, dass sie ihre »Pflicht als
treues B. d. M. Mädel« erfülle.[42] Zweimal in der Woche jeweils
drei Stunden, an manchen Wochenenden und vielen Ferien-
tagen, war sie mehr als sieben Jahre lang hunderte Male zum
Dienst als Hitlermädchen gegangen. Das hat sie politisch ge-
formt. Im Frühjahr 1941 loderte die Nazi-Begeisterung zwar
nicht mehr lichterloh, glühte aber gleichwohl noch, zumal Hitler nach dem Frankreichfeldzug auf dem Höhepunkt seiner
militärischen Erfolge stand. Sophies Freiheitsdrang hatte zu
diesem Zeitpunkt noch nicht über die Pflichterfüllung, ihr Frei-
heitswille noch nicht über das Pflichtbewusstsein gesiegt.

# 3. Konfirmandin

Im Frühjahr 1935, nach den Osterferien, begann für Sophie und ihren Bruder Werner der zweijährige Konfirmandenunterricht an der Pauluskirche, die zugleich die Garnisonskirche für die evangelischen Soldaten in Ulm war.[1] Werner war da zwölfeinhalb Jahre alt, Sophie befand sich mit ihren fast vierzehn Jahren bereits in einem Alter, in dem normalerweise die Einsegnung erfolgt. Sicherlich hatten die Eltern so lange gewartet, um gemeinsam feiern zu können; so hatten sie es auch bei Hans und Inge getan.

Ihren Pfarrer Gustav Oehler kannte Sophie schon lange. Der evangelische Geistliche hatte bereits die Geschwister Inge, Hans und Elisabeth konfirmiert und war ein gern gesehener Gesprächspartner im Hause Scholl. Oehler war im selben Jahr wie Robert Scholl in Basel geboren, wo der deutsch-national gesinnte Vater Direktor der Basler Mission gewesen war.[2] Vor seinem Theologiestudium leistete er den einjährigen Militärdienst ab; während des Ersten Weltkriegs war er Soldat. Auch danach blieb er eng mit dem Militär verbunden. In den ersten Monaten des NS-Regimes war Oehler ein feuriger Befürworter Hitlers, was – wie Inge Scholl berichtete – auch im Konfirmandenunterricht deutlich wurde. So groß war anfänglich seine Begeisterung, dass er im »Nebenamt« Pfarrer der Hitler-

jugend war. In dieser Funktion hielt er HJ-Gottesdienste in der
Paulus-/Garnisonskirche, beteiligte sich bei Freizeiten und war
am jährlichen Tag der Hitlerjugend präsent.[3]

Sophie ging während der Schultage jede Woche mittwochs
in den sechzigminütigen kirchlichen Unterricht. Als Inhalt war
ein »Mindestlernstoff« vorgeschrieben, der in einem »Konfir-
mandenbüchlein« festgelegt war, sonst aber prägte der jeweilige Pfarrer die Stunden. Oehler wird als beeindruckender
Prediger beschrieben. Als er Sophie und Werner ab 1935 un-
terrichtete, war sein Verhältnis zum NS-Staat deutlich diffe-
renzierter geworden als zu Beginn der »Machtübernahme«.
Da er über Jahre das Gemeindeblatt redigierte und darin kon-
tinuierlich publizierte, lässt sich sein theologischer und politischer Wandel gut nachzeichnen: 1926 ging es für Oehler – sehr
völkisch – darum, »den Reichtum an Gaben, den Gott gerade
über unserm deutschen Volk ausgeschüttet hat und in die deutsche Seele gesenkt hat, wahrzunehmen und dankbar zu erkennen«. Es gebe eine »Volks- und Rassegemeinschaft«. Anfang
1933 aber ergriff er gleichwohl – gegen antisemitische Diskri-
minierungen – unmissverständlich Partei für die jüdischen
Mitbürger. Er stellte zunächst formal fest, dass Juden »recht-
licherweise« in Deutschland lebten, schon deshalb sei eine
Ungleichbehandlung inakzeptabel. Doch für Christen sei noch
etwas anderes bindend. Selbst wenn eine Regierung juristisch
den »Israeliten dieses Recht entzöge, dann hätten wir als
Christen erst recht die Pflicht, im persönlichen Umgang [...]
wahrhaftige Liebe zu zeigen. Christi Liebesgebote sind bei
jeder Rechtslage zu erfüllen [...].« Es sei von »größter Wichtigkeit, daß wir Christen offene Augen haben für das politische Geschehen in unserem Volk«. Es dürfe »auf gar keinen
Fall« sein, dass Christen »durch irgend eine Politik unsere
wahre christliche Erkenntnis beeinflussen lassen«.[4]

Ungeachtet solcher Gedanken ging es Oehler wie vielen anderen: Er war vom nationalen Aufbruch voll erfasst. In seiner

Predigt im Feldgottesdienst auf dem Münsterplatz, die mit hoher Wahrscheinlichkeit auch Sophie aufmerksam verfolgte, hieß es: »Stürme brausen durchs deutsche Volk. Es kracht und ächzt in allen Ästen der deutschen Eiche. Sie wird gewaltig geschüttelt. Da und dort fällt dem Sturm auch ein gesundes Reis zum Opfer unter all dem Dürren. Das kann wohl – zu unserem Schmerz – nicht anders sein. Aber wir hoffen und glauben, daß es dennoch der Frühlingssturm ist, dem das neue Leben alsbald folgt.« Oehler machte klar, dass er die neue Einheit und Einigkeit begrüßte. Das Erleben einer starken Volksgemeinschaft faszinierte ihn wie die meisten Menschen, die nicht ausgegrenzt oder verfolgt waren. Auch Sophie Scholl ließ sich von dieser Idee mitreißen. Dass er zugleich in seiner Predigt forderte, dieser »Anfangssturm« könne so nicht weitergehen, er müsse sich vielmehr in einen Geist der Mitmenschlichkeit wandeln, verhallte kaum beachtet.

Aber nicht alle Teile der Gesellschaft wurden von der Mobilisierung erfasst. Manche verweigerten dem Führer die Gefolgschaft. Im Münster hatte beim sogenannten Ulmer Bekenntnistag schon im April 1934 ein von Tausenden besuchter Gottesdienst der Bekennenden Kirche stattgefunden. In der *Ulmer Erklärung* bezeichneten sich die Initiatoren als alleinige »rechtmäßige evangelische Kirche«.[5] Damit brach ein Kampf aus: zwischen den sich selbst so bezeichnenden staatstreuen Deutschen Christen und Bekennender Kirche. In diesem Konflikt suchte Pfarrer Oehler nach einer Position, die er und seine Gemeinde vertreten konnten. Mit wie viel »Treue und Gefolgschaft« konnte der einzelne Christ dem Staat – und damit Adolf Hitler – zustimmend folgen? Oehler versuchte im Gemeindeblatt Ende 1934 und Anfang 1935 diese Frage zu beantworten, indem er die Grenze zwischen Staats- und Glaubenstreue aufzeigte.[6] Es wird deutlich, dass bei ihm ein Umdenken eingesetzt hatte. Sicher hatte es mit dem Ulmer Bekenntnistag begonnen, an dessen Vorbereitung Oehler maß-

geblich beteiligt gewesen war. Die Taten und Verordnungen
der Reichskirchenregierung wurden dort abgelehnt, sie seien
»nicht aus Gottes Wort und Geist« geboren. Die Gemeinden
wurden aufgerufen, der Gefahr »Wort und Tat entgegenzusetzen«.[7] Ein Foto vor dem Reformationsportal des Ulmer Münsters zeigt Oehler zusammen mit den Landesbischöfen Wurm
und Meiser sowie Dekan Kappus. Ob auch Sophie an diesem
Tag im Münster dabei war, ist nicht sicher. Er wird aber zwei-
felsohne Gesprächsstoff im Hause Scholl gewesen sein.

Oehlers begeisterter Jubel von 1933 war nur ein Jahr später
der Ernüchterung gewichen. Er versuchte nun, seine Leser auf
das Wesentliche des christlichen Glaubens zu lenken. Unter
der Überschrift *Wach werden* führte er aus, dass der Gottes-
sturm, der in den vergangenen Monaten durch die evangelische Kirche gebraust sei, ein »Wachwerden nach oben«, also
hin zu Gott, bewirkt habe. Er forderte, Christus allein müsse
der Herr nicht nur im eigenen Leben sein, sondern auch im
Volk und in der ganzen Welt. Das könne nicht verordnet werden, sondern entstehe nur durch das Hören und Tun des Evan-
geliums: »Wo anderes mitverkündigt wird, ist kaum zu hoffen,
daß Christus alleiniger Herr« werde. Die Frontstellung ist
ganz deutlich: »Zu wirklicher Religion kommen wir nur, wenn
Gott zu uns kommt. Daß Religion allein aus Blut und Boden,
Rasse und Volkstum entstehe, ist ein völliger Irrtum. Um diese
Erkenntnis geht es heute – auch im Kirchenstreit.«

Das änderte allerdings nichts daran, dass die Kirche grundsätzlich mit der – wie sie es verstand – von Gott eingesetzten
Obrigkeit kooperierte. Das galt in besonderem Maße für einen
Militärpfarrer wie Gustav Oehler. So legte er 1936 dar, wie
innig Kirche und Gemeinde mit den Soldaten der Wehrmacht
verbunden seien. Eine Fotografie an exponierter Stelle im Gemeindeblatt zeigt eine Rekrutenvereidigung mit der Hand des
Soldaten auf dem Degen des Offiziers.[8]

Die fünfzehnjährige Sophie Scholl fragte sich nicht, wo die

Grenze zwischen Staats- und Glaubenstreue lag. Unbedingt war ihre Hingabe an das neue nationale und soziale Deutschland: »Du bist nichts, dein Volk ist alles!«, glaubte sie. Doch was lernten Sophie und Werner – parallel zu den Aktivitäten bei der nationalsozialistischen Kinder- und Jugendorganisation – im Konfirmandenunterricht bei Pfarrer Oehler? Die Inhalte ergaben sich aus dem bereits seit 1696 in Gebrauch befindlichen Konfirmationsbüchlein, das die Grundlage des Unterrichts war.[9] In sechsundsechzig Fragen und Antworten werden die Grundthemen des evangelisch-lutherischen Glaubens behandelt: die Sakramente Taufe und Abendmahl, das Glaubensbekenntnis und Vaterunser, die Gebote und das Doppelgebot der Liebe. Im Anhang sind Gebete versammelt, die zum Unterricht, zur Konfirmationsfeier, vor Beichte und Abendmahl gesprochen werden können.

Es gibt viele Parallelen zwischen dem religiösen Suchen Sophie Scholls in ihren späteren Briefen und Tagebucheintragungen und jenem Büchlein: Sophie wollte nicht nur debattieren, sondern etwas gegen Hitler tun, ein innerer Widerstand musste für sie durch die Tat konkret werden. Im kirchlichen Unterricht erfuhr sie, dass man als Christ nicht nur Hörer, sondern auch Täter sein müsse.[10] In einem der vorgeschlagenen Gebete wird darauf Bezug genommen: »Herr Jesu, […] hilf uns, daß wir alles, was wir aus deinem Worte vernommen haben, bewahren in einem feinen, guten Herzen, damit wir nicht bloß Hörer, sondern auch Täter deines Wortes seien und in allem trachten, dir immer ähnlicher zu werden.«[11] Zu ihrer Freundin Susanne Hirzel sagte Sophie Ende 1942, sie wolle nicht durch Untätigkeit schuldig werden: »Wenn es die Männer nicht machen, muß es eben eine Frau tun.«[12] Das Büchlein betont, dass man nicht nur für eine Tat, sondern auch für eine Untätigkeit verantwortlich sei: »Freilich ist es Sünde [nichts zu tun], weil Gott von uns fordert, daß wir nicht allein das Böse lassen, sondern auch das Gute tun sollen.«[13] Das betraf auch die Politik, von der Sophie meinte, nichts zu verstehen. Sie habe aber »doch ein bißchen ein Gefühl, was Recht u. Unrecht ist,« schrieb sie an Fritz Hartnagel.[14]

Sophies spätere Tagebuchhefte sind voller inniger Gebete, Gespräche mit Gott. Der Katechismus beschreibt das Beten so: »Das Gebet ist ein Reden des Herzens mit Gott in Bitte und Fürbitte, Dank und Anbetung« und antwortet auf die Frage, wie man beten solle: »Andächtig als in der Gegenwart Gottes, bußfertig und demütig – sowohl innerlich im Herzen als auch äußerlich in Gebärden –, mit wahrem Glauben und in dem Namen Jesu Christi.«[15] Auch wenn Sophies Zwiesprache mit Gott manchmal mehr einem seelischen Ringen als der Bußfertigkeit und der Demut entsprach, so suchte sie doch diese Haltung: »Gegen die Dürre des Herzens« helfe »nur das Gebet, und sei es noch so arm und klein«.[16] Sie erfuhr am eigenen Leibe, wie schwer es zuweilen war, zu glauben. Auch das war ein Thema im Konfirmandenunterricht, »denn der Glaube ist bald groß und stark, voll Zuversicht und Freudigkeit, bald klein und schwach, da viel Zweifel, Furcht und Kleinmütigkeit mit unterläuft«.[17]

Selbstverständlich wurden bei Pfarrer Oehler zahlreiche Lieder aus dem Gesangbuch für die evangelische Kirche in Württemberg erlernt: *Ein feste Burg ist unser Gott, Nun danket alle Gott, Geh aus mein Herz und suche Freud* und die Advents- und Weihnachtslieder: *Macht hoch die Tür, Vom Himmel hoch, Es ist ein Ros entsprungen.* Viele von ihnen, wenn nicht alle, kannte Sophie von zu Hause und aus den Gottesdienstbesuchen. Sie war hingebungsvoll musikalisch, sang voller Freude, spielte Blockflöte, Gitarre und Klavier, verehrte Johann Sebastian Bach. Der Mut, den ihr die Musik gab, kann kaum überschätzt werden.

Sophie wurde am 21. März 1937, eine Woche vor Ostern, am Sonntag Palmarum, zusammen mit ihrem Bruder Werner, in der Ulmer Paulus-/Garnisonskirche konfirmiert. Eine Prüfung der Konfirmanden fand vor der Gemeinde statt, in der Glaubenssätze aus dem Katechismus – meist die zum Glaubensbekenntnis – abgefragt wurden. Erzählt wird, ausschließlich sie und ihr Bruder Werner seien zu diesem Anlass in der »braunen Uniform« der Hitlerjugend erschienen.[18] Das ist aber sehr unwahrscheinlich. Ihre Freundin Susanne Hirzel, die mit ihr eingesegnet wurde, schrieb: »Auch Sofie wurde gemeinsam mit ihrem Bruder Werner konfirmiert, und trug dabei, wie viele andere, die JM-Uniform.«[19] Diese Jungmädel-Dienstkleidung bestand aus blauem Rock, weißer Bluse und schwarzem Halstuch. Gleichwohl setzte die fast sechzehnjährige Sophie ein Signal, indem sie bei ihrer Konfirmation diese Kombination trug: Sie bekannte sich damit zu Kirche und Nationalsozialismus. Ob Pfarrer Oehler zu diesem Zeitpunkt noch als HJ-Pfarrer tätig war, ist nicht sicher. Zwar war seine Distanz zum NS-Staat gewachsen, aber weiterhin empfanden sich die meisten in der evangelischen Kirche als Teil einer großen deutschnationalen Bewegung.

Am Ende des Konfirmationsbüchleins stehen die drei Fragen, die auch Sophie im Einsegnungsgottesdienst gestellt wurden:

Im Namen des Herrn und im Auftrag unsrer evangelischen Kirche, der ihr als treue Glieder angehören sollt, fordere ich euch nun auf, euer Bekenntnis durch Beantwortung folgender Fragen zu bekräftigen:
Bekennet ihr euch mit Mund und Herzen zum Glauben unsrer evangelischen Kirche, wie er in der Heiligen Schrift begründet ist?
Antwort: Ja, von Herzen.
Wollt ihr die Sünde und alles ungöttliche Werk und Wesen fliehen und meiden?
Antwort: Ja, mit Gottes Hilfe.
Ist es hingegen euer redlicher Vorsatz, dem heiligen Gott

Vater, Sohn und Geist, treu zu sein und nach seinem Willen
und Wort zu leben, zu leiden und zu sterben?
Antwort: Ja, und Gott selbst verleihe uns seines Geistes
Gnade und Kraft dazu. Amen.[20]

Danach trat Sophie vor den Altar, gab dem Geistlichen die
rechte Hand, kniete nieder und wurde unter Handauflegung
eingesegnet.

Sicher ist: Sophies Frömmigkeit hat entscheidende Impulse
durch den Konfirmationsunterricht erhalten. Er war nach der
mütterlichen Erziehung, dem Religionsunterricht der evangelischen Vor- und Grundschule, dem Kindergottesdienst und
den Gottesdienstbesuchen ein weiteres prägendes Element
ihres Glaubens.

Immer wieder begegneten Sophie auch später Themen aus
der Konfirmationszeit: Als ihr Freund Fritz Hartnagel Soldat
in Russland war, wünschte Sophie ihm sehr, dass er in einem
Gottesdienst am Abendmahl teilnehmen könne, damit er diese
»Trost- und Kraftquelle« erfahre.[21] Das Konfirmationsheft
antwortet auf die Frage, wodurch der Glaube »in Widerwär-
tigkeit am mächtigsten gestärkt und wir in Anfechtung getrös-
tet« werden: »Durch das Nachtmahl unsres Herrn Jesu
Christi.«[22] Mit ihrem Briefpartner Waldemar Gabriel diskutierte Sophie 1942 über Verantwortungsbewusstsein und Opferbereitschaft.[23] Mit ihren Taten zeigte sie, wie ernst es ihr
damit war. Und als Magdalene Scholl ihre Tochter noch einmal sah – kurz vor der Hinrichtung –, verwies sie auf den Beistand Christi: »Aber, gelt, Jesus!«, und Sophie erwiderte: »Ja,
aber du auch.«[24]

Das Konfirmationsbüchlein schließt mit der Aufforderung,
man solle als Christ mit Christus »leben, leiden und sterben«.
Dann könne man auch in seiner »Todesstunde freudig und
getrost« bleiben.[25] Vielleicht erinnerte sich Sophie dieser
Worte auf ihrem letzten Gang.

# 4. SCHÜLERIN

Im Mai 1937 begann für Sophie Scholl ein neues Jahr in der Mädchenoberrealschule an der Steingasse. Was sie da in ihrem Tagebuch notierte, galt – mit Schwankungen – für die ganze Schulzeit: »Vor der Schule graut mir. Ich mag gar nicht, gar nicht.«[1] Schule war für sie ein Ort des Grauens. Der Unterricht interessierte sie nicht. Das hatte nichts mit der nationalsozialistischen Infiltrierung des Bildungswesens zu tun, sondern mit ihren ganz anders gelagerten Interessen: »Am liebsten würde ich die Schule überhaupt aufstecken u. malen anfangen. Geht aber leider auch nicht. Ich habe solche Unlust an der Schule weil ich das Gefühl habe, daß ich überhaupt nichts schaffe. Tu ich ja auch nicht.«[2] Zudem war die Distanz zu den anderen Mädchen in der Klasse erheblich, die Freundschaft mit der Klassenkameradin Annelies Kammerer spannungsreich, und nur mit Susanne Hirzel verstand sie sich rundum gut. Inge Scholl meinte 1947, Sophie sei den Anforderungen der Schule »spielend gewachsen« gewesen.[3] Die Zeugnisse bestätigen das und auch ihre Beobachtung, die Schwester sei auf künstlerischem Gebiet »ungewöhnlich begabt« gewesen. Sie habe zunächst »Kinder, Elfen und Blumen«, gemalt, später dann »Kinder und Akte«.

Es ist anzunehmen, dass Sophie die Diskussion um die

Kunstwürdigkeit bestimmter Malstile aufmerksam verfolgte.
Hitler verehrte nur jene Kunst, die er für die wahre deutsche
hielt. Für den gescheiterten Maler war jede moderne Kreation,
die nicht dem nationalsozialistischen, antikisierenden Schön-
heitsideal entsprach, »Verfallskunst«. 1937 eröffnete er in der
bayerischen Landeshauptstadt, nur zwei Stunden von Ulm
entfernt, das »Haus der Deutschen Kunst« mit der *Großen
Deutschen Kunstausstellung* nationalsozialistisch genehmer
Werke. Zeitgleich und in unmittelbarer Nachbarschaft begann
in den Hofgartenarkaden die Zusammenstellung *Entartete
Kunst*. Adolf Ziegler, Präsident der Reichskammer der bilden-
den Künste, stellte die Werke so vor: »Sie sehen um uns herum
diese Ausgeburten des Wahnsinns, der Frechheit, des Nicht-
könnertums und der Entartung. Uns allen verursacht das, was
diese Schau bietet, Erschütterung und Ekel.«[4] Die diffamie-
rende Propagandaschau von Meisterwerken der Moderne
wurde nach München in Variationen bis 1941 in mehreren
Großstädten – unter anderem in Berlin, Hamburg, Leipzig,
Wien – gezeigt. Welchen Argumenten Sophie Scholl sich in der
Diskussion um »artgemäß« und »aus der Art geschlagen« an-
schloss, wurde bald deutlich.

So wie Fragen der Kunst Sophie in ihren Bann zogen, taten
es auch die Erlebnisse mit »ihren« Mädchen, besonders die
Fahrten mit ihnen. Im BDM habe Sophie »im Stil und Geist«
nach der von Hans geführten bündischen Jugendgruppe[5] zu
leben versucht. Dieser »jungenhafte, seltsame Adel« habe sie
»sehr gut« gekleidet, so Inge. Doch ungeachtet dieser »jungen-
haften Kühnheit« habe sie sich »noch als Fünfzehnjährige« ein
großes weißes Puppenbett zu Weihnachten gewünscht. Später
hätten dann kleine Kinder die Stelle der Puppen eingenommen: »An diesen hing sie mit närrischer Liebe bis in ihre letzten Tage, ja noch in ihrem letzten Traum im Gefängnis trug sie
ein schneeweisses Taufkind auf den Armen, das sie, indem sie
selbst in einen Abgrund stürzte, noch bergend retten konnte.«[6]

Wie wirkte Sophies äußere Erscheinung auf andere? Inge Scholl schrieb im März 1947, ein »starker Zug« von ihr sei das »Kerzengerade, Aufrechte« gewesen, »der sich in ihrem gerechten, aufrichtigen Charakter wie auch in ihrer äusseren Gestalt, in der schönen, freien, aufrechten Haltung und ihrem elastischen, gelassenen Gang ausprägte und sie nie verlassen hat«. Sie entsinne sich, »wie ihr Bruder Hans einmal, als er ihr nachblickte, voller Bewunderung sagte, er kenne ausser ihr nur noch zwei Menschen, die diese königliche Haltung besäßen; man meine geradezu, sie säße zu Pferd«. Der in Sophie (und sich selbst) verliebte Otto (Otl) Aicher, späterer Ehemann Inge Scholls, erinnerte sich 1985 so: »sophie hatte ein gesicht, wie ich gesichter mag. sie hatte eine frisur, wie mir frisuren gefallen, sie hatte einen körper, wie ich körper mag. den kopf neigte sie ein wenig schräg nach hinten, [...] die dunklen haare von ihrem bubikopf fielen auf die geneigte seite.« Nach Aicher schritt die Zwanzigjährige nicht ganz so anmutig, wie ihre Geschwister sie sahen: Sie »hatte einen gang mit leicht vorgeschobener hüfte, die füße etwas auseinander gestellt (wie ich)«.[7]

Für die innere Entwicklung und spätere sexuelle Orientierung Sophies ist die folgende Erinnerung Inge Scholls aus der Schulzeit aufschlussreich: »Die eigentliche Backfischzeit, wie sie bei den meisten Mädchen üblich ist, gab es bei Sophie nicht. Überhaupt war sie nie das, was man im Schwäbischen ›mädelig‹ nennt, nie schwärmerisch und enthusiastisch oder weibelig und damenhaft, wie vielmals Mädchen in diesem Alter. Sie entfaltete in jener Zeit vielmehr eine Kühnheit, ja man könnte sagen Wagehalsigkeit, die zu einem wesentlichen Zug ihres Charakters wurde und wohl irgendwie in Zusammenhang mit ihrer Kindlichkeit stand.« Sie sei gerne »in Baumkronen und auf Felsen« gestiegen. Steine existierten, um bestiegen zu werden, um »einem das herrliche Gefühl der Freiheit und des Über der Erden Schwebens, einer wunderbaren Überlegenheit zu geben«. Sie habe gar nicht verstehen können, dass man dabei

Angst habe und es vielleicht gefährlich sei. Nach den Eigenschaften, die Sophie nicht gehabt habe, kommen also – direkt und indirekt – die zutreffenden: kühn, waghalsig, draufgängerisch, freiheitsliebend, unabhängig, überlegen und furchtlos. Inge Scholl erklärte die burschikosen Eigenschaften Sophies mit ihrer Naivität. Anders war für sie nicht zu fassen, dass sich Sophie in der Adoleszenz wie ein Junge benahm. In jener Zeit waren schließlich bestimmte Charaktermerkmale – simplifizierend Klischees und gesellschaftlichen Erwartungen folgend – Frauen und Männern zugeordnet.

Im Schuljahr 1937/38 fertigte Sophie die bereits erwähnte Hausarbeit über »Kleine und große Feste im Jahreslauf« für die Schule an.[8] Die achtzehn Seiten sind der mit Abstand längste thematische Text, der von Sophie Scholl bekannt ist. Aus dem letzten Kapitel geht hervor, dass der Aufsatz erst nach der Sommerzeit 1938 abgeschlossen wurde. Auf zuweilen eigenwillige Weise beschrieb sie tatsächliche Feste, aber auch Alltagsrituale und -erfahrungen. Die einzelnen Kapitel geben Einblick in Sophies familiäres und persönliches Leben. Interessant ist auch, worüber sie nichts notierte: über den »Führergeburtstag« am 20. April, an dessen Vorabend im ganzen Deutschen Reich Jugendliche feierlich in die Hitlerjugend aufgenommen wurden, und über den 1. Mai, den »Nationalen Feiertag des Deutschen Volkes«, den man überall mit Kundgebungen beging.

Ihrer Jahresarbeit setzte sie programmatisch den Refrain eines Liedes als »Vorspruch« voran:

Nun schlägt die Trommel feste
für alles Glück und Gut
und schlägt sie auch mal leise
für unser junges Blut

Das ist der Kehrreim des Liedes *Die verlornen Reiter* von Manfred Hausmann. In ihm trabt eine heimtückisch verratene und

geschlagene Reitergruppe durch Nebelschwaden ihrem Schicksal, dem Tod, entgegen. Wie in vielen Gesängen dieser Zeit
waren Sterben und Tod – meist für das Vaterland – fester Be-
standteil. Gewiss sang Sophie das Lied bei den BDM-Treffen,
auch wenn es nicht im offiziellen Liederbuch abgedruckt ist. Es
war vielleicht schaurig-schön zu intonieren, weil man selber
noch lebte, bereitete aber auch darauf vor, sich selbst einmal so
heldisch zu opfern. Sophie war also ideologisch vorbereitet.

Nach dem »Vorspruch« machte Sophie Scholl in den einlei-
tenden Worten zu ihrer Arbeit klar, dass nicht die »lauten und
jubelvollen Stunden« für sie die wichtigen Feiertage waren,
sondern die »stillen Feste [...], die wir vielleicht am schönsten
allein begehen oder mit einem oder zwei nahen Menschen!
Und diese stillen und leisen Feste sind wie ein schimmernder
Regenbogen, der sich über unser Jahr schwingt.« Sophies jah-
reszeitliche Betrachtungen begannen wie das Kirchenjahr, also
mit der Adventszeit. Für sie gehörten die »alten, innigen Weihnachtslieder« und der »vorweihnächtliche Duft« von Äpfeln,
Nüssen und Pflaumen, die durch die Stube ziehen, dazu. Dann
erlebte der Leser einen musikalischen Adventsabend in der
Familie Scholl. Sophie zitierte den Anfang des Liedes *Lieb
Nachtigall, wach auf*, das, von Flöte und Klavier begleitet,
gemeinsam gesungen wurde. In dem alten fränkischen Weih-
nachtslied begrüßt eine Nachtigall mit ihrem Gesang das gerade geborene Jesuskind. Immer aufs Neue wird die kunstfer-
tige Sängerin aufgefordert, ihm zur Ehre zu jubilieren. Dann
las jemand »in die erwartungsvolle Stille« der Adventsfeier
hinein die 1908 entstandene Märchenlegende *Coelestina* von
Rudolf Georg Binding, einem damals sehr beliebten, nazina-
hen Schriftsteller. Darin wird das Leben des kleinen Engels
Coelestina erzählt, der versehentlich aus dem Himmel auf die
Erde fällt. Da ihr die Flügel gestutzt werden, kann sie nicht
mehr zurück und wird fortan von Heimweh und Todessehnsucht geplagt. Erst nachdem sie sich als Krankenpflegerin hin-

gebungsvoll für Leidende einsetzt, findet sie Erfüllung. Sie verliebt sich in einen jungen Baumeister und heiratet ihn. Coelestina inspiriert ihren Mann zu Kirchbauten, von denen die Leute sagen, »man glaube wohl, dass Gott darinnen wohne«, und ihre Kinder werden »rechte Menschen«, die das »Herz am rechten Fleck« haben.

Es gab familiäre Anknüpfungspunkte an diese rührselige Geschichte, denn Mutter Scholl war Krankenschwester gewesen, und die Familie lebte in der Stadt des Ulmer Münsters, einem wahrhaft himmlischen Gotteshaus. Vielleicht war aber die Naturliebhaberin Sophie auch von einem Satz berührt, in dem Gott die Wankelmütigkeit der Menschen anspricht: »So geht es auf Erden zu; ohne sie zu kennen, sind die Irdischen unzufrieden mit der Welt und dem Leben, das ich ihnen gab, und können es gar nicht erwarten, bis sie das ewige Leben im Himmel erlangt haben; wenn sie aber erst die Schönheit der Schöpfung und die Freuden des irdischen Daseins entdeckt haben, dann wünschen sie, des ewigen Lebens auf Erden teilhaftig zu werden.«[9]

Sophie verstand die Adventszeit traditionell kirchlich als Vorbereitung auf den Heiligen Abend: »Jeden Sonntag brennt eine weitere Kerze am Adventskranz. Und läuten nicht jeden Sonntag die Glocken ein wenig festlicher, bis sie am heiligen Abend in einem gewaltigen Chore zusammenklingen!« Und wie eine Predigerin ermunterte sie kollektiv: »Alle Hast, alles Kleine und Bedrückende wollen wir zurücklassen vor einer Tür, die sich weit für uns öffnet: Weihnacht!«

Den Jahreswechsel 1937/38 erlebte Sophie Scholl in einer verschneiten Berghütte. Sie verband das mit einer spirituellen Wahrnehmung: »Wir sehen in die Nacht, die erfüllt ist von Dunkelheit und Ungewißheit. Sie scheint die Stille nicht zu kennen, sie scheint voll der Geräusche aller Welt zu sein, voller Schreie und leisem Weinen, und auch voll Lachen und Jauchzen, ja, sie scheint das unbekannte Geschick des ganzen kom-

menden Jahres in sich zu bergen. Diesem neuen Jahre reichen
wir unsre Hand.« Danach zitierte sie Rainer Maria Rilke mit
den Worten:

Unser Sehnen muss sein:
alle Gefühle zu finden,
die uns befrein.
Tiefer im Ahnen zu werden;
allen weckenden Winden

willige Fahnen zu werden,
die von den Siegern erhoben
auf den Zinnen der Zeiten
oben –
wunderdurchwoben -
Bilder entbreiten.[10]

Was mag sie bei diesen Worten empfunden haben? Die Sehnsucht nach Freiheit und geistigem Wachstum, das Verlangen,
auf der Höhe einer neuen Zeit mit zu siegen, die Offenheit für
die Wunder der Natur? Die Bilder, die in ihr dadurch geweckt
wurden, fasste sie – wie ihr Bruder Hans, ebenfalls ein Rilke-
Verehrer – in eigene Worte. Sophie war prosaisch und empfindsam, wie ihre Briefe, das Tagebuch und dieser Schulaufsatz
zeigen.

Mit dem Frühling begann für Sophie »eine ganz neue Zeit
[…] es ist etwas aufgesprungen in den Menschen, was vorher
nicht da war, das sie auch nicht vermißten. Nun aber erfüllt es
sie mit unverständlicher Freude und einer törichten Hoffnung,
die kein Ziel kennt.« Obwohl diese Stimmung also eigentlich
grund- und zwecklos war, wollte Sophie nicht darauf verzichten: »Aber wie wäre nun alles so leer ohne sie.« Danach
machte sie sich über ihre eigene Unbelehrbarkeit lustig. Sie
war davon überzeugt, dass Seidelbast erst im Mai blühe. Sie

setzte sogar die beachtliche Summe von einer Mark gegen ihre
Schwester, die behauptete, er trage bereits im März Blüten. Als
Inge ihr bei einem Spaziergang eine blühende Staude zeigte,
war die Wette verloren. Doch auch später beharrte sie scheinbar starrsinnig darauf: »Ich kann es jedoch heute noch nicht
verstehen, wie Seidelbast im März blühen kann, denn ich weiß
doch aus eigener Erfahrung, daß er im Mai blüht.«

Der von Sophie im Anschluss beschriebene Muttertag stand
bei den Nationalsozialisten hoch im Kurs. Seit 1934 war der
dritte Maisonntag ein offizieller »Gedenk- und Ehrentag der
deutschen Mütter«. An ihm wurde einem archaischen Mutter-
kult mit schwülstigen Gedichten wie jenem der *Ewigen Mutter*
von Alfred Müller-Hennig gehuldigt:

> Mag Welt auf Welt zugrunde gehen –
> das Göttliche, es bleibt bestehn.
> Denn immer werden Mütter sein,
> die in den Untergang hinein,
> zu überzeitlichem Bewähren
> Menschen Gott angebären. [...]11

Ab 1939 wurde am Muttertag das »Ehrenkreuz der deutschen
Mutter« an kinderreiche, »deutschblütige« Frauen verliehen.
Mit ihren sechs lebend geborenen Kindern hätte Magdalene
Scholl Anrecht auf die silberne Ausführung gehabt. Doch das
war nicht der Grund, warum Sophie den Muttertag in ihren
Aufsatz über die Feste des Jahreslaufs aufnahm – es war tief
empfundene Dankbarkeit: »Dieser Tag im Mai gibt jedem
Menschenkind die Gelegenheit, sich einmal dankbar zu zeigen. [...] Und diese liebe Mutter nimmt dieses Dankesopfer
lächelnd und still hin [...].« Die Kinder schenkten Lina in diesem Jahr die *Betenden Hände* von Albrecht Dürer, »diese un-
vergleichlich schönen und ergreifenden Hände, die betend
erhoben sind«. Der Aufsatz verrät: Die Mutter war gerührt

und hielt ihnen die eigenen Hände entgegen: »So schön beschenkt ihr mich.« Weitere kleine Aufmerksamkeiten folgten, der Mutter wurde alle Arbeit abgenommen, etwas vorgelesen und ihr Lieblingslied gespielt. Sophie schloss: »Doch, er hat etwas für sich, dieser Muttertag. Nur daß er bloß einmal im Jahr stattfindet, ist das Wunderliche daran.«

Den eigenen Geburtstag schilderte sie in beschwingter Selbstironie, wie er von den Geschwistern und Eltern liebevoll vorbereitet wurde: »Wenn dann der Tag anbricht, so fühle ich mich von frühester Stunde an als Mittelpunkt. Gewohnte Ermahnungen bekommt man heute nicht; beim Geschirrabtrocknen fühlt man sich nicht als Angestellte, sondern als Gast, und benimmt sich demnach auch recht zuvorkommend und herablassend.« Das einzig Bedauerliche sei die Kürze des Ehrentags, aber Sophie ermunterte sich: »Und einige unvergängliche Dinge sind bestimmt unter den Geschenken und trösten einen über die Vergänglichkeit des Geburtstages.«

Sind die vorherigen Festschilderungen locker hingeworfene Skizzen, so zeigte sich Sophie mit der Beschreibung einer musikalischen Teestunde literarisch ambitioniert. Die Mutter war fort, und Sophie zieht den Leser durch eine direkte Anrede (»mußt du wissen«) mit ins Haus, an den häuslichen Ofen und Teewagen. Ausführlich beschrieb sie die Köstlichkeiten, die Inge und sie zusammengetragen hatten: Zitronenscheiben, Schokoladengebäck, Apfelsinen, Bananen und noch viel mehr. »Voll Behagen geben wir uns all den herrlichen Dingen hin«, bevor der nächste Teil des Abends, ein Duett – auch für den Leser –, mit Klavier, Blockflöte und Gesang begann. Es wurde spät, denn »die Uhr spielt heute abend keine Rolle«. Sophie und Inge schlossen das »abendliche Ständchen« mit dem schwedischen Lied *Ich trag von Gold ein Ringelein*, das sie wahrscheinlich aus *Wir Mädel singen*, dem BDM-Gesangbuch, vortrugen.[12] Während Sophie nur die erste, glücklichbeschwingte Strophe zitierte, folgte in der nächsten Strophe ein schwermütig-trauriger Abschnitt über Liebesleid. Dann schloss sich noch etwas Leichteres an: ein »sehr graziöses französisches Liedchen«, dessen Titel sie aber nicht nannte. Diese beiden Lieder seien ihre »Lieblings- und Glanzstücke und bilden deshalb den Schluß, denn man soll ja aufhören, wenn es am schönsten ist«.

Ein Jahrmarktsfest genoss Sophie »so richtig [...] als freier und unabhängiger Mensch. Oder bin ich das heute abend etwa nicht?«, fragte sie keck. »Und nun, wo ich eine Schiffsschaukel entdeckt habe, wünsche ich mir's nicht anders.« Es wurde eine schwungvolle Schaukelfahrt zwischen »Jahrmarktsrummel und Mond«, dem »Gebrause da unten« und dem »alten Gesell« und »lieben Kerl« schräg über ihr. »Wofür soll ich mich entscheiden?«, fragte sie sich, denn beinahe kam sie sich »wahrhaftig geschwind wie der Mond selbst vor«. Als sie ihm schon ganz nahe war, »bremst es beim Rückschwung hässlich krächzend, es geht immer schwerer und weniger hoch, ich glaube, es ist schon zu Ende?« Sie stieg aus und schlenderte weiter durch das Jahrmarktsgeschrei. »Aber wenn ich den Mond ansehe, muß ich lachen.«

Nach der Mondschaukelei auf der Kirmes folgte eine kurze, sinnliche Schilderung eines abendlichen Sommerfestes einer »jungen Gesellschaft«. Das Licht der Lampions war gedämpft, und die laue Luft »umschmeichelt den Körper wie weiche Seide, sie umschmiegt jeden Baum, umfließt jedes Gräschen«. Dreimal sprach Sophie den Leser an, zog ihn ganz dicht heran. Als sie »tausend leuchtende Pünktchen, [...] Glühwürmchen, soviele [...] wie Sterne am Himmel« erblickte, fragte sie: »Hast du das schon einmal gesehen?« Und: »Wenn jetzt Musik ertönt, so frage mich nicht woher, es ist ja gleichgültig.« Der geheimnisvolle Schluss ließ alles offen: »Verstehst du nun, warum ich diesen Abend gewählt habe?«

Nach dem somnambulen Sommerabend schrieb Sophie über »eines der wichtigsten und freudigsten Ereignisse im Jahre« –

die langen Sommerferien. Auch sie seien »oft traumhaft und nicht ganz zu begreifen«. Sie erzählte nun aber gar nicht über die Ferienwochen, sondern ging der Zeit nach, da die Sonne »ihre rücksichtslose Kraft verloren« hat und ihre Strahlen »warm und mild« geworden sind. Es war der »Altweibersommer«, der sie berührte, wenn »unzählig viele goldene Fäden in der blauen Luft« schwebten: »Es ist, als wäre alles, Nähe und Ferne, im Wasser versunken, klar und ohne Schwere. Jeder Gegenstand ist golden angehaucht. Die Blättchen der Birke stehen wie tausende von Goldtalern an ihrem Stielchen. Die winzigen Mücken schweben still, wie verzaubert immer an derselben Stelle in der Luft.« Das ist wunderbare Naturpoesie. Empfindsam-spirituell sind ihre folgenden Worte: »Dann überkommt den Menschen ein Gefühl, wie man es vielleicht im Alter hat, ein Gefühl der Stille, als sei man nur ein Unbeteiligter, der einsam auf einer Insel dem Dahintreiben des Flusses lächelnd zusieht.«

Zum Schluss der Schularbeit erzählte sie von einem »kleinen Abschiedsfest« für eine Freundin, wahrscheinlich Annelies Kammerer. Sophie hatte sie bei den Jungmädeln kennengelernt, nach einem Schulwechsel waren sie Klassenkameradinnen und zeitweise Freundinnen geworden. Sophie erwähnte eine Fahrt an die Nordsee im Sommer 1938, bei der Werner Scholl, Lisa Remppis und Annelies dabei waren. Die Freundin werde nun erneut »bis an die See« fahren, und »ein halbes, vielleicht ein ganzes Jahr« fortbleiben. Sophie hat gebacken und Tee zubereitet. Ein Tisch war mit ihren Lieblingsblumen geschmückt, ein kleiner Leuchterzweig und eine Schale mit Äpfeln waren dazugestellt. Das alles seien stille Freundschaftszeichen. Doch sie versank nicht in Sentimentalität. Fast schroff beurteilte sie ihr Verhältnis: »Nein – ein Herz und eine Seele waren wir nicht, bewahre!« Die Differenz ist ganz deutlich: »Es hat manches dunkle, rätselvolle Unverstehen gegeben.« Geblieben aber ist doch Zuneigung: »Aber du hattest immer Geduld und brachtest mir stets von neuem Wärme und Zuneigung entgegen. Keinen kleinen Weg, scheint es mir, sind wir zusammen gegangen. Viele Augenblicke und Stunden erlebten wir gemeinsam, die uns erfüllten.« Die Freundin spielte auf der mitgebrachten Ziehharmonika, Bilder stiegen aus den Klängen der Lieder auf: »Vielleicht Langeoog, das leuchtend grüne Meer, das mit unaufhörlichem leichten Wellenschlag und weißen breiten Gischtstreifen ans Land läuft.« Sophie schenkte Annelies einen Druck, den die Freundin kannte: »Ein junger Körper ist es, ein Mädchen, das sich in großer Hingabe über die Erde dehnt. ›Ruf der Erde‹ so hat es sein Schöpfer genannt. Wir haben es oft zusammen betrachtet. Wir spürten diese Anmut und Kraft, Demut und Stolz zugleich. Eine stille Macht ging von der eigenartig kauernden Stellung des Mädchens aus. War es nicht, bei aller Hingabe an den Ruf auch ein geheimes Sichwehren – Sichlösenwollen von der Erde?« Die Darstellung ist eine Kaltnadelradierung Georg Kolbes aus dem Jahr 1933. Dass Sophie einen »jungen Körper«, ein »Mädchen«, sah, ist wohl eine persönliche Übertragung, denn tatsächlich zeigt die sinnliche Bewegungsstudie eine unbekleidete, Arme und Beine weit öffnende, erwachsene Frau.[13] Doch Sophies Gedanken entsprachen jetzt schon dem, was sie später wiederholt formulieren würde: den Wunsch, ganz in der Natur aufzugehen, und das Gegenteil, ihre Persönlichkeit unbedingt – gerade in Abgrenzung – zu wahren. Sophie hoffte für die Beschenkte, Kolbes Werk möge ihr »in irgendeiner Stunde, ein wenig Heimat sein«.

Der Schulaufsatz über die Feste des Jahres belegt, dass Sophie Scholl bereits mit sechzehn, siebzehn Jahren anspruchsvoll und lebendig formulieren konnte. Die Leichtigkeit der Texte, die immer wieder aufblitzende (Selbst-)Ironie und zuweilen der Blick hinter die Dinge, machen das Lesen nicht nur vordergründig zu einem Vergnügen.

Obwohl Sophie sich bei dieser Arbeit viel Mühe gab und es ihr merklich Spaß machte, sie anzufertigen, brachte sie der

Schule als Bildungseinrichtung zu keiner Zeit besonderes Interesse entgegen – sie musste nur leider sein. Sie selbst schilderte eine Französischstunde so: »Mitten im Franz, mußte ich heute furchtbar laut lachen. Das kam so: Zuerst machte ich philosophische Betrachtungen (im stillen natürlich), warum es im Mai warm u. im April kalt ist. Dann mußte ich drandenken, wies uns in Augsburg fror u. wie Lisa [Remppis] den Leutnant [Hartnagel] Ha-ha-ha verlangte: Entschuldigen sie bitte, ich muß immer so lachen. Annlis [Kammerer] u. die ganze Klasse waren sehr erstaunt, daß ich plötzlich so loslachte. Dann ließ mich eine Lehrerin etwas das 2. Mal übersetzen, ich konnte natürlich nichts, ich hatte ja vorher nicht aufgepaßt.«[14] Lisa Remppis schrieb sie, sie habe keinen Bezug zu ihren Klassenkameradinnen, sie ziehe sich immer mehr von den anderen Mädchen zurück, die Schule laufe vor ihr wie ein Film ab. Sie käme mit niemandem näher zusammen, das sei ihr aber egal, denn sie habe ja ihr Zuhause. Die Schule und das »Getue« dort seien ihr ein »Greuel«, der Unterricht »gräßlich« und »scheußlich«.[15]

Nur wenn sie jemanden besonders mochte, war das anders. So bewunderte und schwärmte sie für die junge Biologielehrerin Dr. Else Frieß. In ihrem Tagebuch notierte sie am 11. Juni 1937: »Wir bringen jeden Montag Fräulein Frieß einen Strauß. Ich habe sie sehr gern wie selten einen erwachsenen Menschen.« Auch an manchen Wochenenden pflückte sie einen Feldblumenstrauß und brachte ihn der Verehrten nach Hause.[16] Später würde Sophie neben Philosophie mit dem Studium der Naturwissenschaft beginnen.

Inge Scholl bestätigte Sophies schulisches Desinteresse: »Die Schule dagegen, die ihr keine Mühe machte, interessierte sie nicht mehr allzusehr, im Gegenteil, sie wurde ihr in den letzten Jahren ob ihrer tausenderlei Forderungen politischer Zugeständnisse, die ihr ihre Aufrichtigkeit verbot, zu einer Last.«[17] Sie habe ihr »einmal voll leidenschaftlicher Sehnsucht« gestanden, »wie sie es kaum erwarten könne, das letzte Jahr voll-

ends hinter sich zu bekommen, eben aus politischen Gründen«. Glaubt man Inge Scholl, so durchblickte ihre Schwester
in den letzten Schuljahren vor dem Abitur 1940 den Nationalsozialismus: »In ihrer sachlichen und unromantischen Art
musste sie die Dinge sehen, wie sie waren, und es genügten nur
einige Tatsachen, die hinter den Kulissen des Dritten Reiches
hervordrangen, und dazu die immer mehr sich verdichtende
Art der Vermassung und Nivellierung des Lebens durch den
Nationalsozialismus, um ihre ganze freiheitsliebende Person
in Widerspruch dazu zu bringen und ihre konsequente, stolze
Abneigung zu erwecken.« Das habe zur Vereinzelung geführt:
»Viele der früheren Freunde und Freundinnen (in der Hauptsache Freundinnen) zogen sich in dieser Zeit zurück.« Aber
der »doch sehr verehrte Vater« habe sich ihnen »als Freund
kameradschaftlich zur Seite« gestellt. Sophie bestätigte das;
als sie von der »Ulmer Spießgesellschaft« berichtete, schrieb
sie: »Na, ich werde den Mädchen hier sowieso immer fremder
u. im übrigen habe ich meine Familie.«[18] Vor aller Unbill
– »allen Gewalten« des Lebens – war das die Trutzburg. Ob es
allerdings politische Unbill war, ist angesichts von Sophies
fortdauerndem Engagement beim BDM höchst zweifelhaft.

Susanne Hirzel datierte 1947 die Ablehnung des Nationalsozialismus durch Sophie Scholl noch früher: »Mit ungefähr
16 Jahren war sie sich klar in der Ablehnung des Nat. soz. Sie
hatte den nötigen Instinkt dazu, einen außerordentlich klaren
Verstand u. konnte Lügen u. Compromisse nicht ertragen. Sie
lebte in dauernder Unruhe: was ist unsere Aufgabe? Unser
ganzes kulturelles u. familiäres Leben war vom politischen
Geiste bestimmt u. von ihm infiziert. So galt ihr höchstes Interesse unserm Staat.«[19] Nach Hirzel war Sophie also bereits
1937 eine Gegnerin des Regimes, nach Inge gar ab 1936.[20]
Beide wollten den Wendepunkt Sophies – und ihren eigenen –
so früh wie möglich ansetzen – entgegen Sophies schriftlichen
Äußerungen zwischen 1938 und 1941.

# 5. GELIEBTE

Im Frühjahr 1937 gingen die Kinder der Familie Scholl allmählich eigene Wege, auch wenn sie sich immer wieder im Elternhaus trafen. Hans hatte im März das Abitur bestanden und leistete seinen Reichsarbeitsdienst beim Autobahnbau in Göppingen. Elisabeth verließ vorzeitig die Schule und begann am evangelischen Fröbelseminar in Ulm-Söflingen eine Ausbildung zur Kindergärtnerin, Inge arbeitete als Lehrling im Steuerbüro ihres Vaters. Werner und Sophie gingen hingegen weiter zur Schule.

Doch etwas veränderte sich auch bei Sophie: Im Herbst 1937 verliebte sie sich in Fritz Hartnagel. Sie war da sechzehn, er zwanzig Jahre alt. Für Sophie blieb es die engste Beziehung ihres kurzen Lebens. Beide kannten sich schon länger, weil Hartnagel bis 1933 eine Jungengruppe der Deutschen Freischar geführt hatte, zu der mit zehn Jahren Werner Scholl gehörte, und weil Fritz mit Sophies Führerin beim BDM, Charlotte Thurau, befreundet war. Schon im Jahr vor seinem Abitur hatte sich Fritz entschieden, die Offizierslaufbahn einzuschlagen. Darum konnte er die Reifeprüfung bereits im Herbst 1935 – ein halbes Jahr früher als üblich – ablegen, den Arbeitsdienst ableisten und zur Offiziersschule nach Potsdam aufbrechen. Ab Frühjahr 1937 war er als Leutnant in Augs-

burg stationiert.[1] Während einer Party – »Tanzkränzle« genannt – waren die beiden sich nähergekommen. Sophies
frühster erhaltener Brief an Fritz datiert vom 20. November 1937, Fritz' erstes bekanntes Schreiben an sie fast zehn
Monate später, von Anfang September 1938. Die dreizehn,
teilweise langen Briefe Sophies aus dieser Zeit bekunden, wie
ihr die Zuneigung des jungen Offiziers schmeichelte, wie verliebt sie war und um seine Aufmerksamkeit warb. Neben Erlebnissen dieser Monate werden Charakterzüge und Lektürefavoriten deutlich. Am liebsten gehe sie »hinaus in den Wald,
es kann mir soviel geben. Du glaubst nicht, wie ich mich auf
den Frühling freue. Ganz toll. Ich kann es ganz gut ohne viel
Menschen aushalten.« Sophie liebte die Natur und das Alleinsein. Sie zündete »abends oft eine Kerze an u. lese oder tue
nichts. Ich finde Kerzenlicht so still u. tröstlich.«[2] Dass auch
Fritz in diesen Monaten Briefe sandte, geht aus ihren Zeilen
hervor.

In dieser ersten Liebeszeit von Sophie und Fritz traf die nationalsozialistische Regierung entscheidende vorbereitende
Schritte hin zu Holocaust und Krieg: Im Laufe des Jahres 1938
glaubte Hitler sein rassistisches Menschenbild endlich in die
Tat umsetzen zu können. Seine mörderischen Absichten hatte
er bereits Mitte der Zwanzigerjahre in *Mein Kampf* vorgezeichnet.[3] Obwohl er – soweit bekannt – niemanden eigenhändig tötete, wurden durch und für ihn Unzählige in Deutschland und weit darüber hinaus zu Mördern, Handlangern und
Profiteuren. Doch nicht nur Rassismus, sondern auch andere
Abweichung vom kruden nationalsozialistischen Menschenbild führten zu Ausgrenzung und Verfolgung.

Von solchen politischen Einflüssen ist anfangs noch wenig
zu spüren in der Korrespondenz. Fritz Hartnagel und Sophie
Scholl tauschten sich in ihren Briefen häufig über Gedichte von
Manfred Hausmann aus. Er war einer ihrer Lieblingsdichter
und der ihrer Geschwister. So sehr schätzten sie ihn, dass So

phie, Werner, Inge, Lisa Remppis und Annelies Kammerer ihn
im Sommer 1938 in Worpswede besuchten. Hausmann engagierte sich in der evangelischen Kirche – nach dem Krieg sogar
als Prädikant, Laienprediger –, politisch war er völkisch-kon-
servativ. Während des Nationalsozialismus verhielt er sich
anpassungsfähig loyal gegenüber dem Regime.[4]

Nachdem Fritz etwas zu Hausmann geschrieben hatte, das
Sophie »fein« fand, antwortete sie mit einem Vers aus dessen
dramatischer Ballade *Lilofee*: »Das Sündige auf dieser Welt,
ich glaube, das ist doch immerdar, wenn jemand für sich selbst
behält, u. sich nicht hingibt ganz u. gar an das, was seine Sehnsucht war.«[5] Im Drama steht diese Sentenz im Zusammenhang
mit dem Vorwurf einer Mutter an ihre Tochter Lilofee, sie
versündige sich gegen Gott, wenn sie ihrer Sehnsucht folge
und in die Tiefe des Wasser hinabsteige – »hinunter ins Dunkel« –, um dort einen Wassermann zu freien.

Nach Hausmann ist Sünde kein moralisches, sondern ein
existenzielles Vergehen: Selbstverfehlung ist Sünde. Wer »sich
nicht hingibt ganz und gar« an seine »Sehnsucht« – das kann
eine Person, ein Ideal oder eine Sache sein –, dessen Leben
misslingt. Sophie machte schon hier deutlich, wie bedeutsam
für sie Enthusiasmus und Opferbereitschaft war. Im letzten
Akt von *Lilofee* heißt es:

> Ich glaube, mit Gewalt und Macht
> ist noch kein kleinstes Ding auf Erden
> zu einem guten Ende gebracht.[6]

Dieses Ideal von Friedfertigkeit und Pazifismus hat Sophie
Scholl lange fasziniert, doch als 1942/43 ein Tyrannenmord
unausweichlich wurde, war sie bereit, Hitler anzugreifen, ja,
ihn zu erschießen.[7]

Sophie begegnete in Worpswede nicht nur Hausmann, sondern auch den Werken Paula Modersohn-Beckers. Die Male-

rin hatte in der Künstlerkolonie – unterbrochen von vier Pariser Aufenthalten – seit 1897 gelebt und gearbeitet. Dort war sie 1907 dreißigjährig auch gestorben. Sophie und Lisa waren so angetan von ihrer Kunst, dass sie Drucke und Postkarten mit nach Hause nahmen und ihre Zimmer damit schmückten. Von dem Gemälde *Sitzender Junge mit Mädchen auf dem Schoß* besaßen beide Reproduktionen.[8] Lisa verstand es »jeden Tag besser«. Und Sophie antwortete ihr im September 1938: »Das Bild von dem Jungen und dem Mädchen hängt über meinem Bett, ein sehr wahres Bild. Deshalb hat es mich gleich so berührt, weil ich unbewusst manchmal das auch fühlte. Dazu bin ich noch zu jung, ich kann solche Aufgaben jetzt noch nicht erfüllen.«[9]

Das Bild zeigt zwei eng beieinander kauernde Kinder. Ein etwa zehnjähriger Junge sitzt mit ausgestreckten Beinen im Gras. Er hat ein kaum fünfjähriges Mädchen auf seinem Schoß. Beide sind blond, er trägt schwarze Hose, weißes Hemd, dunkelbraune Weste, sie eine purpurrote Bluse mit ockerbrauner Schürze. Er wendet ihr den Kopf ganz nahe zu, legt die Arme liebevoll um ihre Hüfte, will sie zu und an sich ziehen. Sie aber verharrt und schaut an ihm vorbei zum Betrachter. Alles ist in warmen Farben gemalt: Grasgrün, Erdschwarz, Himmelsbeige. Ein Idyll. Doch Sophie sah etwas anderes. Sie war tief angesprochen und irritiert, denn sie fühlte »das« auch zuweilen. Nur wenn man mehr als eine Vertrautheit zwischen Kindern sieht, kann man, wie Sophie, zu der Aussage kommen, »dazu« noch zu jung zu sein, »solche Aufgaben« jetzt noch nicht bewältigen zu können. »Unbewusst« sah sie wohl ihr angespanntes Verhältnis zu Fritz Hartnagel – zwischen Besitzverlangen und Distanzwahrung – in dieser Szene widergespiegelt. Darum war das Gemälde für sie auch ein »sehr wahres Bild«, das heißt, es entsprach einer Geschlechterbeziehung, die sie so nicht wollte. Sie fühlte sich nicht reif, in einem Miteinander von Frau und Mann Verant-

wortung zu übernehmen. Zur Erinnerung und Mahnung befestigte sie die Bildkarte über ihrer Schlafstatt.

Im August 1938 war es zur ersten von vielen Beziehungs-
krisen zwischen Fritz und Sophie gekommen; sie gingen – bis
auf eine – alle von ihr aus. Weil sich beide später mehrfach auf
diesen »Brief aus Leonberg« beziehen, ist er hier vollständig
wiedergegeben:

Lieber Fritz! Du wirst Dich gewundert haben, daß ich Dir
kaum schrieb, aber ich war auf Fahrt u. konnte Dir einfach
nicht schreiben. Ich will mir mal einen Ruck geben, u. ganz
ehrlich zu Dir sein, denn das bin ich Dir schuldig. In dem Verhältnis, in dem ich zu Dir stehe, kann ich nicht weiter bleiben.
Ich habe es von einer Stunde auf die andre eingesehen. Der
Grund? Ich bin einfach noch zu jung, lach bitte nicht, es ist so,
es drückt mich zusammen. Ich war bis vor der Fahrt glücklich,
aber jetzt bedrückt mich alles. Ich bin noch nicht erwachsen,
bitte nimm mir nichts übel, aber ich kann es noch nicht. Das
ist der einzige u. wahre Grund. Ich schreibe Dir das, weil ich
es nicht ertragen könnte, irgendwie unwahr zu Dir zu sein. Sei
mir bitte nicht böse. Ich habe Dir ja viel zu verdanken. Schreib
mir bitte bald, ich habe bis dahin keine Ruhe. Ich habe überhaupt keine gehabt deshalb.
Du sollst aber trotzdem noch zu mir kommen u. ich zu Dir.
Du musst mir eben jetzt wieder ein bißchen helfen. Und
denke nicht schlecht von mir.
Sofie.
Gib mir gleich Antwort, bitte! Ich warte jetzt schon immer.
Adresse: S. Scholl, Leonberg, Ad. Hitlerstr. 16
b. Fam. Remppis.«[10]

Ihr Verhältnis »drückt« und »bedrückt« Sophie, sie fühlte sich
eingeengt und unfrei. Nicht als Erweiterung ihrer Persönlichkeit erlebte sie die Beziehung, sondern als Beschränkung. Sie

wollte ihn aber weiter treffen. Entscheidend ist ihre Formulierung, sie könne »es« noch nicht. Zu einer Zeit, in der Sexualität ein Tabuthema war, ist der Hinweis klar: Sophie meinte, sie
sei noch nicht bereit für eine sexuelle Beziehung. Dieses Thema
wurde zur Dauerbelastung ihrer Liebe und taucht in der Korrespondenz ständig auf. Selbst als sie zusammen in Urlaub
fuhren, sich billige Ringe besorgten, damit sie verheiratet erschienen und gemeinsam in einem Hotelzimmer übernachten
konnten, immer noch, als sie miteinander schliefen, war das
so. Sophie wollte eigentlich eine Beziehung ohne körperliche
Liebe. Sie fasste diesen Wunsch später in der Frage zusammen,
ob Fritz nicht glaube, Verstand und Spiritualität könnten die
Sexualität besiegen.[11]

Erneut nahm sie im Januar 1940 Bezug auf jenes Schreiben,
das Fritz von ihr im August 1938 erhalten hatte: »Weißt Du,
den Brief, den ich Dir einmal von Leonberg schrieb, hab ich in
Gedanken noch tausendmal geschrieben. Vielleicht etwas anders im Wortlaut. Damit Du mich besser verstehen solltest.
Wirklich geschrieben habe ich ihn nie, da ich mich davor
fürchtete. Ich fürchtete mich vor der Leere, die darauf folgen
würde, ich fürchtete mich vor dem Verzicht auf Wärme, der es
für mich wäre. Ich fürchtete mich auch vor Dir, denn meine
Schuld war es ja, daß es überhaupt soweit kam. Ich fürchte
mich noch.«[12]

Viermal schilderte sie ihre Furcht im Imperfekt – ohne dass
sie überwunden wäre: Sie fürchtete sich vor Kommunikation,
Einsamkeit, Kälte und Scheitern. Einmal wählte sie das Prä-
sens – diese Furcht war die gegenwärtige und grundsätzliche:
Sophie hatte Angst vor dem Zusammensein mit Fritz. Unzählige Male setzte sie zwischen 1938 und 1940 an, um ihm das
erneut und in anderen Formulierungen mitzuteilen, aber
immer wieder schrak sie vor den möglichen Folgen zurück. Es
war eine schwierige Liebe.

Doch zurück ins Jahr 1938. Im Juni las Hans Scholl ein

Buch über die Künstlerin Renée Sintenis. Begeistert berichtete
er seiner Schwester Inge: »Gestern habe ich mir ein Buch über
Renée Sintenis gekauft. [...] Ich las es in einem Atemzuge zu
Ende. Dieses Werk kann ich Dir nur empfehlen. Es werden
hier Anschauungen über die moderne Frau ausgelegt, die
ganz herrlich sind.«[13] Offenbar empfahl er das Buch auch
Sophie, denn nur wenige Tage später schrieb diese ebenfalls
an Inge: »Ich habe gestern eine Lebensbeschreibung der
Renée Sintenis gelesen, es ist fabelhaft, wie sie sich zu ihrem
Beruf durchgekämpft hat, weil sich ihr viele äußere Schwie-
rigkeiten in den Weg gestellt haben, mit dem Geld usw. Ihre
Tierplastiken gefallen mir sehr gut, Menschenplastiken hat
sie ja nur wenig. Es ist ein so wahnsinniger Schwung in allem.
Du kaufst doch den Polospieler und die Daphne?«[14] Gemeint
war die 1935 erschienene Monografie von Hanna Kiel, die in
der angesehenen Kunstreihe des Rembrandt-Verlags erschien,
in der Künstler wie Ernst Barlach, Edvard Munch, Käthe
Kollwitz und Paula Modersohn-Becker vorgestellt wurden.[15]
Von der androgynen Künstlerin und den ihr gleichgearteten
Werken war Hans Scholl so angetan, dass er zehn Monate
später eine Reproduktion in sein Zimmer hängte: »In meinem
Zimmer stehen jetzt auch Blumen, und an der Wand hängt
ein Bild von Sintenis.«[16]

Die »Anschauungen über die moderne Frau«, wie Hans
Scholl formulierte, waren in der Tat ungewöhnlich und pro-
gressiv, sie zeigen die Bildhauerin als emanzipierte, unkonven-
tionelle Künstlerin – ein Vorbild für Sophie Scholl. Sintenis'
Überzeugungen standen in deutlichem Gegensatz zum nationalsozialistischen Geschlechtsmuster, das im Wesentlichen die
Frau als aufopferungsvolle Mutter und ergebene Gefährtin des
Mannes sah. Die Autorin des Buches verband ihre Interpreta-
tionen der Sintenis-Skulpturen mit philosophischen Gedanken, die diese Vorgaben infrage stellten.[17] Sie begann ihren
Essay mit der Frage nach dem »Ursprung« der Frau: War sie

der Anfang allen Lebens, »Mutter aller Erdensöhne und Töchter«, die »vom Manne unbefleckte Jungfrau, die den Menschensohn vom heiligen Geiste empfing«? Oder war sie, »des Mannes Gefährtin«, von ihm abgeleitet, »aus seiner Rippe geschaffen«, »die Mutter seiner Söhne«? Die Frage werde, so Kiel, je nach den geschichtlichen Gegebenheiten, unterschiedlich beantwortet, zwar sei die Gestalt der Mutter, ohne die es keinen Mann gäbe, zeitlos, doch gebe es auch andere Frauenrollen: die der »Priesterin und Prophetin, Amazone und Hetäre, Nonne, Heilige und Hexe, Gattin, Pflegerin und Ärztin, Mädchen aus Fabrik und Büro«. Frauen hätten diese Lebensentwürfe, mit und ohne Verbindung zu Männern, durch die Jahrhunderte ausgestaltet, doch »*eine* Frauengestalt unserer Zeit« sei »neu und einmalig«: die moderne Künstlerin. Zwar hätte es immer Künstlerinnen gegeben, aber »niemals noch ließ eine unter ihnen es sich angelegen sein, Menschen nach dem Bilde Gottes anders als in ihrem [dem weiblichen] Leibe zu formen«.

Kiel entwarf ein Frauenbild, das im Gegensatz zum archaischen Mutter- und Familienbild stand, das die Nationalsozialisten in ihrer Kultur- und Sozialpolitik propagierten: »Die bildhauerisch schöpferische Frau gehört allein unserer Zeit, der Gegenwart an. Sie ist in Wahrheit ein Mensch von heute.« Am Leben und im Wirken der Renée Sintenis konnten Sophie und ihr Bruder erkennen, dass das ganz andere Frauenbild der Nazis hoffnungslos rückwärtsgewandt und überholt war.

Aber nicht nur das emanzipierte Frauenbild war außerordentlich bemerkenswert, Hanna Kiels Interpretation der »Daphne«-Statue – jene Skulptur, von der Sophie Scholl wünschte, ihre Schwester möge davon einen Abguss erwerben – ist ungewöhnlich und ergreifend. Daphne, die sich in der griechischen Mythologie den Nachstellungen Apollos dadurch entzog, dass sie sich in einen Lorbeerbaum verwandelte, wird in Kiels Deutung zu einer weiblichen Jesusgestalt.

Daphne-Jesus wird zum Zeichen der Trias Lust, Leid und Liebe.

Nicht nur die im Buch vertretenen Ansichten zur Gender-identität, auch die Schilderungen der Künstlerexistenz sprachen die Geschwister an: Schatten und Alleinsein, Einsamkeit und Gott. »Auch über ihr [Sintenis] liegt der Schatten, der über jedem wahrhaft künstlerischen Menschen liegt, und auch sie ist allein, wie jeder Schaffende allein ist, und in dem Sinne einsam, den Hölderlin meint, wenn er sagt, daß der Gott in uns immer einsam ist.«

Sophie Scholl verehrte mit Renée Sintenis eine emanzipierte, unangepasste Künstlerin. In ihr gebundenes Tagebuch legte sie eine »Weltkunstkarte Renée Sintenis, Selbstbildnis, Marburg a. d. Lahn, Kunsthistorisches Museum, 1928«.[18] Der Bronzekopf der vierzigjährigen Künstlerin zeigt sie mit dem typischen Kurzhaarschnitt, wie auch Sophie ihn einige Jahre trug.

Nach den Sommerferien musste die Siebzehnjährige wieder in die ihr äußerst lästige Schule gehen. Doch abends konnte sie kreativ-künstlerisch tätig sein. Mit der etwas älteren Erika Reiff, einer langjährigen Freundin Inge Scholls, besuchte sie an der privaten »Ulmer Schule« einen Kurs in Aktmalerei. Die jungen Frauen trafen sich von nun an häufiger, besonders um miteinander zu zeichnen.

Eigentlich hätte nun endlich von Fritz Hartnagel eine Antwort auf Sophies Brandbrief aus Leonberg zu ihrer Beziehung kommen müssen, aber Fritz lag mit Typhus in einem Augsburger Krankenhaus. Auch nach seiner Genesung Ende September ging er noch nicht brieflich auf das Schreiben ein, sondern verbrachte von seinem zweiwöchigen Erholungsurlaub acht Tage bei den Scholls in Ulm.

Parallel zu ihrem Briefwechsel mit Fritz korrespondierte Sophie mit Lisa Remppis. Wie sie der Freundin ihre Beziehung zu ihrem Freund schilderte, unterschied sich teilweise erheblich von dem, was und wie sie ihm schrieb. Grundsätzlich war sie

in den Briefen an Lisa bemüht, ihre Gefühle für Fritz herunter-
zuspielen, die Schwierigkeiten zu betonen und sich selbst als
souverän und dominant darzustellen. So verkündete sie im
Herbst 1938, die Beziehung zu Fritz sei zwar sehr locker geworden, doch er nehme ihre Fürsorglichkeit immer noch sehr
in Anspruch, sie habe ihn trotz allem gerne, weil er ihr sehr
leidtue und sie ihm helfen wolle. Sie glaubte, immer im Unge-
wissen bleiben zu müssen, um lieben zu können.[19]

Nachdem Fritz wieder gesund in der Kaserne angekommen
war, berichtete er am 21. Oktober 1938 Sophie begeistert von
seinem Soldatenberuf, der ihn bei Truppenübungen den »Ner-
venkitzel an der Grenze zum Möglichen« erleben lasse. Er
freue sich »riesig« auf die neuen »150 Rekruten«, die er aus-
bilden werde, »restlos begeistert« sei er von seiner Aufgabe,
Schiller habe recht, wenn er sage, allein der Soldat sei ein freier
Mann. Doch dann liege da immer noch der Brief Sophies aus
Leonberg vor ihm. Er könne »das alles nicht verstehen, dann
belasten mich so viele Vorwürfe, so viel Schuld, dann nenn
mich einen Lumpen und Verbrecher, verachte mich – hasse
mich bitte! Du würdest mir helfen. Fritz.«[20]

Doch die Korrespondenz geht weiter, als hätte es weder den
Brief aus Leonberg noch Fritz' Notruf gegeben. Anfang November nannte Sophie Eitelkeit als eine ihrer schlechten Eigenschaften. Da Fritz ein Mensch sei, der zu ihren »nächsten«
gehöre, solle er sich kein falsches Bild von ihr und ihrer Selbst-
gefälligkeit machen. Sie wolle diese Charaktereigenschaft ablegen, zweifelte aber, ob sie genug Mut dazu habe: »Ich habe
immer das Gefühl, solange man sich nicht absolut zu seinem
Fehler bekennt, solange wird er nicht vergeben, oder solange
darf ich nicht die Hoffnung darauf haben.«[21] Sophie Scholl
dachte in den Kategorien von Schuld und Vergebung, Unbedingtheit und Radikalität.

Half ihr diese Einstellung auch bei der Beurteilung dessen,
was wenige Tage nach diesem Brief, in der Nacht vom 9. auf

den 10. November 1938 in ganz Deutschland geschah? Es ist
nicht bekannt, was Sophie dabei empfand.

Schon bisher hatte es zahlreiche Verordnungen gegeben,
durch die Juden und jene, die durch die Rassengesetze gegen
ihren Willen dazu gemacht worden waren, schikaniert und
erniedrigt wurden. Jetzt ließ man auch in Ulm die Maske der
Legalität fallen.[22] SA-Leute drangen am 10. November früh-
morgens in die Synagoge am Weinhof ein, zerstörten Leuchter
und Thoraschrein, legten Feuer. Zur gleichen Zeit holte man
jüdische Bürger aus ihren Häusern und trieb sie zum Brunnen
vor der Synagoge. Was nun geschah, dokumentierte 1946 ein
Gerichtsprotokoll: »Bei der Ankunft auf dem Weinhof wurden die Juden sofort von der tobenden Menge in Empfang
genommen und gezwungen, einzeln oder auch zu zweien in
den Brunnentrog hineinzusteigen. Dort wurden sie im Kreis
herumgetrieben und von der den Brunnentrog dicht gedrängt
umstehenden Menge in der übelsten Weise geschlagen. Wenn
die Mißhandelten dem Zusammenbrechen nahe waren, liess
man sie aus dem Brunnen wieder heraussteigen, worauf sie
von bereitstehenden Polizeibeamten in Schutzhaft abgeführt
wurden.« Dreiunddreißig (Neu-)Ulmer Juden kamen für Wochen oder Monate ins KZ Dachau, zwei Personen starben infolge der Gewalttaten.[23]

Das Feuer in der Synagoge wurde schnell gelöscht, weil
Brandgefahr für die umliegenden Häuser bestand, und das
Versammlungshaus hätte ohne Weiteres wiederhergerichtet
werden können – es wurde aber auf Betreiben des Oberbürgermeisters abgerissen. Die planmäßige, öffentliche Zerstörung
mitten in der Stadt geschah von November 1938 bis Januar 1939; die Mitglieder der jüdischen Gemeinde mussten
die Kosten für die Niederreißung ihres Bethauses in Höhe von
rund fünftausend Reichsmark übernehmen.[24]

Anfang der Dreißigerjahre lebten in Ulm 530 jüdische Bürger bei einer Gesamtbevölkerung von 62 472 Einwohnern; es

gab 11 Fabriken und 3 Warenhäuser mit jüdischen Eigentümern, 13 Groß- und 35 Einzelhändler, 15 weitere Unternehmer und 31 Freiberufler (darunter 9 Rechtsanwälte und 6 Ärzte) jüdischen Glaubens.[25] Im Herbst 1938 zählte man in der Donaustadt »nur noch 276 Juden einschliesslich Kinder – in etwa 100 Familien«.[26] Eine Ulmer Krankenschwester erinnerte sich, dass bis zu jenem Pogromtag »das Leben in Deutschland für uns Juden noch einigermaßen erträglich [war]. Von da an wußten wir, daß wir unseres Lebens nicht mehr sicher waren. Mit Steinwürfen der verrohten Jugend auf den Straßen fing es an. Mit der Ausrottung in verschiedenen Lagern hat es geendet.«[27] Sophie Scholl konnte am 11. November im *Ulmer Tagblatt – Ulmer Sturm* lesen, dass es sich bei den Ausschreitungen angeblich um »spontane Protestkundgebungen gegen die Juden« gehandelt habe. Zwar habe »die Entjudung in Ulm […] große Fortschritte gemacht«, doch wolle man nun »dazu beitragen, daß das restliche jüdische Pack noch rascher unserer Stadt den Rücken kehrt«.[28] Wer konnte, wanderte tatsächlich aus, von ihren zurückgelassenen Besitztümern profitierten viele.

Doch eine direkte schriftliche Äußerung Sophie Scholls oder anderer Familienmitglieder zu diesen Geschehnissen liegt nicht vor. Es gibt aber eine Erzählung über Robert Scholl: Er sei am 9. November zum Wohnhaus der jüdischen Familie Einstein – nicht verwandt mit Albert Einstein – gegangen und habe geklopft. Als Irene Einstein aus Furcht zögerte, die Tür zu öffnen, habe er gerufen: »Frau Einstein – ein Mensch kommt zu Ihnen!«, und gefragt, ob das Ehepaar Hilfe benötige, er sorge sich um ihre Sicherheit. Fred Einstein, der 1937 geborene Sohn, hat diese Erzählung von seinen Eltern; er sieht dadurch belegt, »how wonderful« Robert Scholl gewesen sei.[29] Ob er wirklich damit auch die staatlichen Sanktionen ablehnte, ist fraglich. Vielleicht sorgte eher die persönliche Freundschaft für sein Interesse, denn noch drei

Jahre später behauptete er, über das Schicksal der Juden in Ulm nichts zu wissen – obwohl es sich vor aller Augen abspielte.[30] Und es ist dieselbe Formulierung, mit der er 1950 seinen Freund, den NSDAP-Kreisleiter und rassenbiologischen Eugeniker Dr. Ferdinand Dietrich verteidigte: Der sei zwar Nationalsozialist, aber doch »Mensch« gewesen.[31] Nach Scholl konnte man also politisch antisemitisch und persönlich human sein.

Musste man denn überhaupt als Protestant(in) von der Novembernacht erschüttert sein, wenn selbst der evangelische Landesbischof Theophil Wurm 1938 zwischen akzeptabler und inakzeptabler Gewalt gegen Juden unterschied? In einem offiziellen Schreiben an den Reichsjustizminister zwei Monate nach der »Kristallnacht« betonte er: »Ich bestreite mit keinem Wort dem Staat das Recht, das Judentum als ein gefährliches Element zu bekämpfen. Ich habe von Jugend auf das Urteil von Männern wie Heinrich von Treitschke und Adolf Stoecker über die zersetzende Wirkung des Judentums auf religiösem, sittlichem, literarischem, wirtschaftlichem und politischem Gebiet für zutreffend gehalten […].«[32] Der Kirchenführer mahnte allerdings an, es müsse bei den Maßnahmen des Staates gegen die Juden auf die »Autorität des Gesetzes und des Rechtsempfindens« geachtet werden. Mit anderen Worten, die zügellosen Gewalttaten des Mobs vom 9./10. November 1938 waren nicht tolerabel, staatliche Anordnungen gegen das Judentum dagegen sehr wohl. Das war eine weitverbreitete Meinung.

Sophie Scholl schrieb am Tag nach dem Pogrom Briefe an Fritz Hartnagel und Lisa Remppis. Darin erwähnte sie die Ausschreitungen mit keinem Wort.[33] In beiden Briefen ging es um ihre Beziehung. Bei Fritz hat Sophie Klärungsbedarf: »Wenn Schluß sein soll, so soll er doch ganz klar sein.« Sonst wäre sie »schrecklich unzufrieden« mit sich selbst: »Kannst Du vielleicht mir helfen? Ich kann es nämlich nicht. – Ich

glaube, es ist auch für Dich besser.« Ganz anders war der Ton
gegenüber Lisa. Sie erinnerte sich an die »doch sehr schöne«
Sommerfahrt und erklärte, sie habe »so unglaublich viel vor.
Wenn ich auch in letzter Zeit oft in bedrückter Stimmung bin,
so freue ich mich doch in der trübsten Stunde, daß ich da bin,
u. noch so viel zu schaffen habe, ich freue mich darauf, u. ich
werde meine ganze Kraft einsetzen.« Sie freute sich also nicht
darauf, viel erleben, sondern viel leisten und vollbringen zu
können. »Dieses Gefühl gibt mir immer einen gewissen Halt,
es läßt mich nie ganz versinken in der Stimmung, die junge
Menschen sicher oft haben, u. die auch notwendig ist.« Sie
machte deutlich, dass sie dann glücklich war, wenn sie fast
verschwand: »Ich gehe auch gerne allein weg, in den Wald, um
nur wieder das beglückende Gefühl zu haben, daß ich kleiner
bin als die Bäume, daß ich winzig klein bin, dann fühle ich
mich glücklich u. geborgen, u. meine, auf alle Menschen verzichten zu können, wenn ich nur sie die Bäume u. die Wiesen
u. das Moor u. all das habe, was natürlich wieder nicht
stimmt.« Das tiefe Verlangen, nicht oder fast nicht zu sein, war
ihr selbst nicht geheuer, doch begleitete es sie bis kurz vor
ihrem Tod. Wie stets, wenn es schwierig mit Fritz war, wandte
Sophie sich intensiv Lisa Remppis zu: »Denn letzten Endes
sehnt man sich doch immer nach einem Menschen, der einen
ganz versteht u. kennt u. tröstet. Obwohl ich in letzter Zeit gar
nicht mehr so suche, Lisa. Es gibt so viele andere Dinge die ich
mir zu eigen machen muß.«

Sie habe sich »ein Gedichtbändchen von M. Hausmann gekauft«, das sie ihr »vielleicht [...] zu Weihnachten« schenke.
Sie wollte ihr »aber doch ein Gedicht daraus schicken«, damit
sie es manchmal lese. Vielleicht fand sich in diesem Lieblings-
gedicht ein indirekter Niederschlag allgemeiner familiärer und
politischer Krisen, womöglich spiegelte es auch die schrecklichen Geschehnisse der Pogromnacht:

Trost.

Ich möchte eine alte Kirche sein
voll Weihrauch, Dunkelheit und Kerzenschein.

Wenn du dann diese trüben Stunden hast
gehst du herein zu mir mit deiner Last.

Du senkst den Kopf, die große Tür fällt zu.
Nun sind wir ganz alleine, ich und du

Ich streichle Dich mit Dämmerung und Rauch
Ich segne Dich mit meiner Ampel auch:

Ich fange mit der Orgel an zu singen …
Nicht weinen, nicht die Hände heimlich ringen!

Hier hinten, wo die beiden Kerzen sind,
komm, setz dich hin, du liebes Menschenkind!

Glück … Unglück … alles ist von Schmerzen schwer
Sei still, versinke, denk an gar nichts mehr!

Die Wölbung oben summt, die Kerzenflammen
schimmern so lautlos hinter Dir zusammen.

Vom Orgelfuß die Engel sehn dir zu
u. flöten süß u. lullen dich zur Ruh.

Ich möchte eine alte Kirche sein
voll Weihrauch, Dunkelheit u. Kerzenschein.

Wenn du dann diese trüben Stunden hast,
gehst du herein zu mir mit deiner Last.[34]

Hier möchte jemand den Lesern eine seelische Last abnehmen,
sie trösten, wie es ein alter, menschenleerer Kirchenraum vermag. In schweren, trüben Zeiten sollen sie dort Frieden, Harmonie, Zärtlichkeit und Geborgenheit finden, im Dämmer-
licht des Kerzenscheins zur Ruhe kommen. Das ist Trost für
eine Bedrückte, Traurige, Verunsicherte, für die »Glück ...
Unglück ... alles« leidvoll schwer wiegt.

Es gab einiges, was Sophie belastete: das Gerichtsverfahren
gegen ihren Bruder mit dem Hauptvorwurf eines Vergehens
gegen den Homosexuellenparagrafen 175, auf das Gefängnis-
oder Zuchthausstrafe stand; ihr Verhältnis zu Fritz Hartnagel,
das zwischen Liebe und Furcht, Nähe und Distanz schwankte;
die kurzzeitige Verhaftung ihrer Geschwister Inge und Werner
wegen des Vorwurfs bündischer Aktivitäten; die Schule, die
ihr immer mehr widerstrebte und in der man natürlich von der
Gestapovisite wusste; die Degradierung im BDM. Falls
»Trost« auch ein Reflex auf die Pogromnacht war, die bei der
Abfassung des Briefes erst wenige Stunden zurücklag, dann
sind die Zeilen als Rückzug zu verstehen: Angesichts des Un-
fassbaren suchte Sophie im Halbdunkel einer Kirche Stärkung.
Lisa Remppis erzählte sie, was ihr Hausmanns Gedichte bedeuteten: »Das ist ein sehr liebes Gedicht, nicht wahr? Ich
habe sie alle sehr gerne, die Gedichte. Ich kann sie beinahe
auswendig, u. dann sag ich sie mir vor dem Einschlafen leise
vor, u. sie machen dann schöne Gedanken in mir.« Der Gedichtband *Jahre des Lebens* umfasst siebenundvierzig Gedichte auf siebzig Seiten. Sehr viel, um sie aus dem Gedächtnis
zu zitieren, aber wahrscheinlich meinte Sophie, sie sprächen
ihr aus dem Herzen, denn mehr als ein Drittel handelt von
Liebe und Verlangen, Sinnlichkeit und Schmerz.

Weihnachten 1938 schenkte Sophie Fritz Hartnagel den Gedichtband *Jahre des Lebens*. Darin strich sie jene Verse an, die
ihr am besten gefielen: »Die Gedichte von Manfred Hausmann
habe ich sehr lieb [...]. Du solltest sie öfters lesen, bis Du Dich

in seinen Ton hineingefunden hast. Sie berühren Dich sonst vielleicht nicht.« Sie wäre gerne dabei, wenn er die Verse liest: »Überhaupt möchte ich Dich gerne ein bißchen allein haben.« Diese Liebeserklärung relativierte sie aber gleich: »Es gibt noch so sehr vieles zu klären.«[35] Der Gedichtband begleitete Fritz durch das ganze neue Jahr. Er freue sich, wenn er »ein besonders feines Gedicht mit einem zaghaften, kaum sichtbaren Bleistiftstrich« finde, wird er Ende 1939 schreiben. Bemerkenswert ist, wie er da Sophies Anstreichungen interpretierte: Er könne sich »nicht vorstellen«, dass aus ihrer Hand etwas anderes »kommen könnte, etwa bestimmter oder kräftiger«. Und er sei »froh darüber«.[36] Fritz liebte also Sophies zartes und zaghaftes Wesen. Ob Sophie wohl das folgende Gedicht angestrichen hat?

Jugend

Wir lagen in eurem Garten
hinter den Erbsen versteckt.
Da haben wir im Dunkeln
einander alles entdeckt.

Du weintest in deine Hände
vor Scham und Lust und Qual
und stießest mich heftig von dir
ein über das andere Mal.

Dann zogst du mich plötzlich wieder
an deinen weinenden Mund.
Er war von Tränen so bitter,
er war von Küssen so wund.

Dein Haar fiel über uns beide.
Wir hörten keine Uhr.

Wir lagen hinter den Erbsen
und schwiegen und zitterten nur.[37]

Die feinfühlige Lyrik Hausmanns war ein ruhiger Kontrast zu
den verwirrenden, lauten und bedrohlichen Ereignissen des
neuen Jahres. In ihm traten drei Hauptelemente des Nationalsozialismus deutlich zutage: Imperialismus, Totalitarismus
und Rassismus/Antisemitismus; die Nationalsozialisten nannten das »Gewinnung von Lebensraum«, »Säuberung von
Volksschädlingen« und die »Endlösung der Judenfrage«. Das
alles aber spielte in der Korrespondenz zwischen Sophie und
Fritz keine Rolle.

Für sie brachte der Jahresanfang 1939 vorerst etwas Klarheit in ihre Beziehung. Am 25. Januar fragte sie ihn: »Was
möchtest Du an mir haben? Du sollst mir das bitte sagen, weil
ich mir ja selbst gar nicht im klaren bin. Verstehst Du, ich bin
nicht unabhängig von Dir, was ich ja sein sollte u. sein möchte,
denn es wäre für uns beide doch befreiender.«[38] Das wirklich
Befreiende lag in Fritz' Antwort vom 2. Februar: »Was ich von
Dir möchte? Nichts Sofie, gar nichts – nur, was Du mir schenken magst und kannst. Ich will es wahren wie mein Heiligstes.
Aber nicht als Fordernde wollen wir uns gegenübertreten, be-
schenken wollen wir uns.« Berührend war wohl auch Fritz'
Eingeständnis, »manchmal schreckliche Minderwertigkeits-
gefühle« ihr gegenüber zu haben.[39] Am 18. Februar erwiderte
Sophie: »Ich bin Dir so dankbar, daß Du bis jetzt immer für
mich da warst. Das ist das Allerschönste, was Du mir geben
konntest, was es vielleicht gibt. Zu wissen, daß jemand da ist.
Damit hilfst Du mir am allermeisten, daß Du mich lieb hast.«[40]
Beide konnten sich also auf Augenhöhe mit ihren Unsicherhei-
ten, Hoffnungen und Ängsten, aber auch mit ihrer Liebe begegnen.

Dass die gemeinsame Basis wesentlich stabiler geworden
war, zeigen auch Sophies Briefe zu ihrem 18. Geburtstag. Fritz

konnte am 9. Mai 1939 nicht persönlich bei ihr sein, da er sich
auf einer dienstlichen Erkundungsfahrt im Tiroler Zillertal
befand, aber er werde ihr mit seinen Gedanken »wie alle Tage«
nahe sein: »Beim Aufstehen und beim Schlafengehen, wenn
ich etwas schönes oder freudiges erlebe, dann erzähle ich es
Dir und es ist doppelt so schön, und wenn mich etwas bedrückt, dann läßt der Gedanke, daß Du dabei wärest, alles ins
Lächerliche sinken.« Sie habe ihn »vor so vielem bewahrt«
und dafür danke er ihr. Er wünschte: »Schlaf gut in Dein
18. Lebensjahr hinein!«[41] Und Sophie antwortete ihm:
»Könnte ich Dir alles sagen, was ich möchte u. nicht ausdrü-
cken kann. Ich bin Dir so unendlich dankbar. Denn ich fühle,
daß ich die egoistischere bin von uns beiden, aber ich nehme
von Dir so gerne und dankbar.«[42]

Auch mit anderen – zusammen mit Fritz oder ohne ihn – erlebte Sophie viel. Am Feiertag Christi Himmelfahrt, es war der
18. Mai 1939, wanderten die Schollkinder mit den Kindern
der befreundeten Arztfamilie Nägele über die Schwäbische
Alb. Hanspeter Nägele hatte gerade das Kinderbuch *Peter Pan*
aus dem Englischen übersetzt und bat Sophie, dazu Zeichnungen anzufertigen. Sie sagte zu.[43] Mit Fritz, Hans und Werner
machte sie Autotouren, unter anderem an den Bodensee, wobei
sie streckenweise den Wagen der Familie Hartnagel lenkte.

Wie blickte in dieser Zeit die »feine« Freundin Susanne Hirzel auf Sophie? Äußerlich sei sie »dunkelhaarig und dunkeläu-
gig« gewesen, charakterlich aber eine »helle Gestalt«: kritisch,
neugierig und intelligent. Bewegend sind ihre Liebeserklärun-
gen an Sophie. Über ihr Zusammensein »17–18jährig« schrieb
sie: »Mit ihr zusammen hatte ich, wie sonst mit keinem Menschen das Gefühl: wir machen Sprünge, wir fliegen.« Dieses
Gefühl verstärkte sich, denn wenn sie vom Sommer 1942 erzählte, bekannte sie: »Ich sah ihr nach u. liebte sie« – da waren
beide einundzwanzig. Hirzel weiter:

Fast in allen Ferien machten wir Fahrten; aus dem Bedürfnis nach Freiheit, auf der Suche nach dem wirklichen Leben, um durchdrungen, durchrüttelt, durchleuchtet zu werden. Wir suchten die Gefahren. Wir schwammen durch die beiden mittleren Pfeiler der großen Ulmer Donaubrücke, weil dort die Wellen am gewaltigsten waren, u. hielten uns dabei an d. Hand. Wir badeten am späten Abend im Hochwasser der Iller u. schwammen auf dem Rücken, um so die Strudel recht deutlich zu empfinden. Wir schaukelten in den höchsten Wipfeln der Tannen mit aller Kraft u. saßen miteinander still am Feuer u. lauschten in die schweigende, immer kühler werdende Nacht hinaus. Wir lasen viel, zeichneten, sangen. Selbstzucht war uns lange ein hohes Ideal. Letzten Endes ging es um die »Freiheit«. Diesem Ziele wollten wir unser Leben weihen, hätten jedoch niemandem genauer sagen können, was das ist: »Freiheit«.

Hirzel schätzte an Sophie den »klaren Kopf«, das »mutige Urteilsvermögen« und die »große innere Freiheit«. Mit »leiser, fast sanfter« Stimme habe sie gesprochen. Sophie sei ihr geradlinig, offen, ehrlich verschwiegen, manchmal auch leicht ironisch begegnet. »Auffallend war ihre elementare Naturliebe, ihre einfache Freude an den großen Gaben der Natur: an warmen Sonnenstrahlen, an einer Wiese voller Blumen, an Kindern, am Wandern durch Feld und Auen. Aus dieser Empfänglichkeit entstanden religiöse Fragen, entstand Verantwortungsgefühl und Furcht, *timor dei*, und ihre großartige Unbedingtheit, die mich fesselte. In der Natur hörte sie Harmonie, doch die Menschen störten diese Harmonie.«[44]

Timor dei, die (Ehr-)Furcht Gottes, gilt in der Weisheitsliteratur des Alten Testaments als Anfang von »Weisheit« und »Erkenntnis«, sie ist der Weg zu »Ehre, Ruhm und Freude« und führt zum »Leben«.[45] Sophie streifte also – wie ihr Bruder Hans – am liebsten für sich alleine durch den Wohlklang der

Schöpfung und suchte dort das göttliche Leben. In ihr klang dann – so Susanne Hirzel – ein Gedicht von Rainer Maria Rilke, das den beiden Freundinnen wichtig war: *Archaïscher Torso Apollos*.[46] Obwohl von der Jünglingsskulptur des Dichtergottes Apollo im Pariser Louvre nur Torso und rechter Oberschenkel erhalten sind, übte er auf den Dichter eine derart suggestive, erotisch-faszinierende Kraft aus, dass sie ihn zur Änderung seines Lebens, zur Umkehr trieb. Der überraschende Schlusssatz »Du mußt dein Leben ändern« entspricht der Zentralbotschaft Jesu: »Tut Buße, und glaubt an das Evangelium!«[47] Sophie Scholl und Susanne Hirzel konnten aus Rilkes Sonett lesen, dass selbst ein Fragment zu geistig-religiöser Erkenntnis führen kann. Nicht in ausgetretenen oder angeordneten Pfaden sollten sie traben, sondern eigene Wege gehen.

Die Einkünfte von Robert Scholl waren inzwischen so gut, dass die Familie im Juni 1939 in eine repräsentative neue Wohnung im vierten Stock eines Jugendstilhauses am Ulmer Münsterplatz 33 umziehen konnte, in dem sich im Erdgeschoss eine Bank und ein Laden der Württembergischen Metallwarenfabrik (WMF) befanden.[48] Sie sahen jetzt nicht nur täglich das Münster, sondern erlebten hautnah zahlreiche (para-)militärische Aufmärsche mit Fahnen, Fackeln, Marschmusik und Reden. Doch nichts davon findet sich in den Überlieferungen von Sophie Scholl.

Eigentlich wollten Sophie und Fritz während der Sommerferien 1939 gemeinsam nach Jugoslawien fahren. Er hatte die Route schon detailliert ausgearbeitet, doch Sophie bekam ihren Pass nicht rechtzeitig, die Devisenausfuhr wurde gesperrt, und die Kriegsvorbereitungen waren schon so weit fortgeschritten, dass sie für ihre Urlaubsfahrt sowieso keine Ausreisegenehmigung mehr erhalten hätten. Kurz entschlossen wurde umgebucht: Statt zu zweit in den Süden ging es nun Ende Juli mit dem Zug zu dritt nach Norden, Lisa Remppis schloss sich an. Sie fuhren an die Ost- und Nordsee und dann ins Künstlerdorf Worpswede bei Bremen, wo sie »bei dem B. D. M.« nächtigten.[49] Sie besuchten »öfters« die Kunsthand-werkerin Martha Vogeler, die erste Ehefrau des Malers Hein-rich Vogeler, der 1931 in die Sowjetunion emigriert war.

Worpswede war seit 1933 ein Zentrum niederdeutsch-nati-onalsozialistischen Kunstschaffens.[50] Vogeler war bereits im Herbst 1933 in die Nationalsozialistische Frauenschaft (NSF) eingetreten, ab Mai 1937 Mitglied der NSDAP, hatte sie ihr »Haus im Schluh« als Handweberei und Museum im Einklang mit dem politisch propagierten Kunstschaffen ausgestaltet. Vermutlich waren auch Webarbeiten mit Hakenkreuzen vor-handen.[51] Für die drei war das nichts Ungewöhnliches, denn das Symbol war allgegenwärtig. Sophie berichtete nur, es gebe »viel zu sehen an Möbeln und Bildern und Stoffen, [...] ganze Schubladen voll Vogeler-Skizzen«, die sie aber »längst nicht mehr wie voriges Jahr« beeindruckten. Sie ließ sich ein Kleid anfertigen und nachsenden.[52]

Vor allem aber gab es für die beiden jungen Frauen nach 1938 ein Wiedersehen mit den Bildern von Paula Modersohn-Becker, die sie inspirierten. Fritz kannte sie nur von Reproduk-tionen aus Sophies Besitz.

Nun war sie endgültig von dieser Malerin »hell begeistert«, sie »verehre sie richtiggehend«, bekannte sie Inge am 9. Au-gust 1939. Sie habe »für eine Frau ungeheuer selbständig ge-arbeitet, sich in ihren Bildern nach niemand gerichtet«. Als sie ihre Gemälde sah, »glitten alle anderen in der Ausstellung nur so an mir ab«.[53] Die absolute Eigenständigkeit Modersohn-Beckers trifft nicht zu, denn die in Dresden Aufgewachsene hatte Vorbilder, wie etwa die antike und ägyptische Kunst, die französischen Expressionisten oder Vincent van Gogh. Sophie sagte mit ihrer Behauptung vielmehr etwas über sich selbst aus, nämlich, dass sie selbstbewusste Frauen faszinierten, un-angepasste, die sich »nach niemandem« richteten, die sich nicht genderkonform einordnen ließen, sondern ihre eigenen

Wege gingen, für die nicht Ehefrau- und Muttersein das höchste und einzige Glück bedeuteten. Diese Autonomie hatte sie schon bei Renée Sintenis begeistert, sie bewunderte mit Paula Modersohn-Becker nun eine weitere, seit 1937 als »entartet« geltende Künstlerin.

Auch Rilke fiel deren Eigenständigkeit auf: »Das merkwürdigste war, Modersohns Frau an einer ganz eigenen Entwicklung ihrer Malerei zu finden, rücksichtslos und geradeaus malend, Dinge, die sehr worpswedisch sind und die doch nie einer sehen und malen konnte.«[54] Es war die eigene Bildsprache, die Sophie – die ja selber zeichnete – faszinierte. Sie hat mehrfach zum Ausdruck gebracht, ein Baum oder eine Baumrinde sein zu wollen. In Modersohn-Beckers Bildern verschwimmen häufig die Menschen mit der Natur, sodass sie gar nicht mehr als Individuen wahrgenommen werden können. Besonders deutlich wird das bei ihren Kinderbildern – auch ein Anknüpfungspunkt für die achtzehnjährige Sophie. Die Wohlordnung, die Harmonie des Kosmos, die Modersohn-Becker in der Natur intensiv spürte, brachte die Worpsweder Künstlerin zu Bild. Es gibt eine Fotografie von Sophie, auf der sie sich, in Gedanken versunken, rückwärts an einen Baumstamm schmiegt, so, als wäre sie ein Teil von ihm. Es könnte einer von Modersohn-Beckers Worpsweder Birkenstämmen sein. Rilke sagte es so: »Durch alle Wesen reicht der *eine* Raum: Weltinnenraum. Die Vögel fliegen still durch uns hindurch. O, der ich wachsen will, ich seh hinaus, und *in* mir wächst der Baum.«[55] Innen- und Außenraum, Persönliches und Überpersönliches gehen ineinander über. Die Welt ist nicht Chaos, sondern Kosmos. Vielleicht hat Sophie auch Modersohn-Beckers Lebensstil imponiert, der zwischen einer familiären Bodenständigkeit in Worpswede und dem avantgardistischen Aufbruch in Paris wechselte. Ihrer Mutter hatte die Künstlerin im Januar 1906 erklärt: »Dieses unentwegte Brausen dem Ziele zu, das ist das Schönste im Leben. Dem kommt nichts anderes gleich. Daß ich für mich brause, immer, immerzu, nur manchmal ausruhend, um wieder dem Ziele nachzubrausen, das bitte ich Dich zu bedenken, wenn ich manchmal liebesarm erscheine. Es ist ein Konzentrieren meiner Kräfte auf das Eine.«[56] Hätte sich Sophie in diesen Worten wiedergefunden?

Statt der Kakofonie der Politik suchte Sophie die Sinfonie der Natur, so, wie es Modersohn-Becker über Weihnachten schrieb: »Es ist ein Fest für Mütter und Kinder, und auch für Väter. Es ist ein Fest für alle Menschheit. Es kommt über einen, und legt sich warm und weich auf einen […] Mir ist als ob dann Barrikaden fallen […] als ob man weiter würde und das Gefäß allumfassender, auf dass darin jedes Jahr eine neue weiße Rose aufblühe und den anderen zuwinkt und in sie hineinleuchtet und ihnen die Wange streicht mit ihrem Geschimmer und die Welt erfüllt mit Schönheit und Duft.«[57]

Ihre Liebe zur Kunst führte Sophie während der vierzehntägigen Urlaubsfahrt im August 1939 auch in die Hamburger Kunsthalle. In ihr gebe es »auch schöne Sachen«. Besonders bemerkte sie »arg viele Franzosen« und einen Saal mit Werken von Lovis Corinth.[58] Vielleicht waren es ihr zu viele Bilder, doch in jenem Jahr befanden sich in der Abteilung französischer Kunst großartige Frauenporträts: Edgar Degas hatte die wach-selbstbewusste Joséphine Gaujelin gemalt, Pierre-August Renoir eine energisch-souveräne Madame Hériot, Edouard Manet die kokett-herausfordernde Nana. Es gab Gustave Courbets skurril-unverwechselbare Malle Babbe, das erotisch-anziehende Mädchen mit der Rose von Jean-Baptiste Camille Corot und sein in sich gekehrtes sinnendes Mädchen (*Die Meditation*). Das waren alles Frauen, die in ihrer Autonomie anders waren als das NS-Ideal der an Mann, Kinder und Scholle gebundenen Mutter. Diese Französinnen konnten Sophie darin bestätigen, ihren eigenen Weg zu gehen.

Sie sah auch die flirrenden Landschaftsbilder Alfred Sisleys *Seine bei Billancourt* und das *Kornfeld bei Argenteuil*, Pierre

Bonnards lichtleuchtenden *Lampionkorso auf der Außenals-*
*ter* und die vielfarbigen Blumenstücke von Courbet und Renoir. Als sie dann weiterging, stand sie im Corinthsaal zwischen dem Bildnis seiner langlockigen Frau *Am Frisiertisch*,
dem sinnlichen *Nach dem Bade*, seinem geharnischten *Selbst-*
*porträt in Rüstung*, einer zarten Darstellung des Hamburger
Malers Otto Eckmann, dem repräsentativen Abbild des His-
torikers Eduard Meyer in dessen Studierzimmer und dem im-
posanten Elbblick auf den Köhlbrand.

Bilder von Paula Modersohn-Becker sah Sophie Scholl in
Hamburg nicht. Sie waren entweder durch die Kommission
»Entartete Kunst und Deutsches Reich/Reichsministerium für
Volksaufklärung und Propaganda, Berlin« zwischen 1937 bis
1939 beschlagnahmt worden oder wurden im Depot ver-
wahrt.[59]

Vielleicht betrachtete Sophie bei den Bildern französischer
Künstler auch das Gemälde *Freiheit oder Tod* von Jean-Baptiste Regnault. Es ist eine Allegorie aus der Zeit der Französischen Revolution. In der Mitte schwebt über der Erde der
flammende, beflügelte Genius Frankreichs. Er weist nach
rechts auf die weibliche Personifikation der Republik – Inbe-
griff ihrer Ideale. Nach links deutet er auf ein sensenbewehrtes
Skelett mit Lorbeerkranz – Symbol des heldenhaften Todes.
Das Bild appelliert, das Leben für Freiheit, Gleichheit und Brü-
derlichkeit einzusetzen.[60] Sophie Scholl konnte nicht ahnen,
dass sie einmal für sich würde entscheiden müssen, ob sie für
ihre Ideale sterben wollte.

Der Aufbruch von Worpswede war abrupt. Während ihrer
Abwesenheit war einem anderen Gast der Jugendherberge Sophies Bett zugewiesen worden, und er hatte die Bücher bemerkt, die daneben lagen: »Das Buch von Hanspeter [Nägele]
wollte er sofort zur Polizei nehmen und uns anzeigen.« Gemeint war seine Übersetzung von James Matthew Barries
*Peter Pan*. Sophie hatte den Text nach Worpswede mitgenom-

men, um ihn dort zu illustrieren.[61] Worüber empörte sich der
neugierige Worpsweder Mitleser? Der zwölfjährige Peter Pan
lebt mit den »verlorenen Buben« in einem fernen, fantasti-
schen »Neverland« – »Nirgendsland«, wie Nägele übersetzte.
Er fliegt nach London und holt Wendy und ihre beiden Brüder
auf seine Insel. Dort erleben die vier viele Abenteuer mit Elfen,
Meermädchen, Raubtieren, Rothäuten, Piraten und einem
Krokodil. Das Wichtigste aber erklärt Peter Pan so: »Ja,
Wendy, ich glaube, ich bin so erfahren und so schlau, daß ich
nie erwachsen sein werde, wenn ich nicht will.«[62] Als die Kinder Heimweh bekommen, geleitet er sie zu ihren Eltern zurück, damit sie heranwachsen. Peter Pan aber lebt weiter in
seinem Reich des Vergessens und der Kindlichkeit.[63]

   Die soziale Sprengkraft der Geschichte lag in der anarchisti-
schen Verweigerung Peter Pans, ein Erwachsener zu werden
und somit Verantwortung zu übernehmen, sich politisch oder
sozial zu engagieren; er leistete keinen Beitrag zur »Volksgemeinschaft« – und war glücklich dabei. Das musste den Zorn
des unverschämten nationalsozialistischen Ideologiewächters
erregen.

   Sophie reiste nach diesem leichtsinnig verursachten, nicht
ungefährlichen Zwischenfall in der Jugendherberge vorzeitig
nach Ulm zurück. Doch sie hatte »in den paar Wochen sehr
viel« gesehen. Für Fritz war es noch mehr: »Und so kommen
mir die 8 Tage, die mich von Worpswede trennen, wie 8 Wochen vor. Und wenn ich dran denke, daß wir 14 Tage fast
Stunde für Stunde zusammen verbracht haben, dann kommt
es mir manchmal fast schon wie ein Märchen vor. Es ist vielleicht ganz gut, daß ich nicht viel Zeit habe dran zu denken,
denn sonst würde mich ein leichtes Heimweh nach Worpswede plagen, das mich so nur abends vor dem Einschlafen
drückt.«[64]

   Die Briefe aus dem August kündeten noch nicht vom unmittelbar bevorstehenden Krieg. Aber am Samstag, dem 2. Sep-

tember, konnte Sophie Scholl auf der Titelseite im *Ulmer Tagblatt – Ulmer Sturm* lesen, was tags zuvor im Berliner Reichstag geschehen und vom Großdeutschen Rundfunk in alle Haushalte und Betriebe übertragen worden war. Unter den Schlagzeilen *Aktiver Schutz des Reiches – Deutsche Truppen im Vormarsch – Die Wehrmacht im zügigen Gegenangriff gegen den polnischen Chauvinismus* wurde vom widerrechtlichen Überfall Hitlers auf Polen und damit dem Beginn des Zweiten Weltkriegs berichtet.[65] Auf den nächsten Seiten war die Rede Hitlers abgedruckt. In langen Ausführungen versuchte der Diktator die angebliche Notwendigkeit des Angriffs zu rechtfertigen. Der Artikel ließ die Leser vielfach an der Atmosphäre des Scheinparlaments teilhaben. Von »tosendem Beifall« und »stürmischen Heilrufen« ist die Rede.[66] Auf vierzehn Zeilen beschrieb die Zeitung, dass die Anwesenden »ganz im Bann der Größe dieser historischen Stunde« gestanden hätten, ununterbrochen mit »fanatischer Entschlossenheit [...] Sieg Heil« gerufen und so »vor der ganzen Welt Zeugnis abgelegt von dem Geist, der das deutsche Volk beseelt«.

Nicht überall in Deutschland jubelte man so wie die NSDAP-Abgeordneten im Reichstag, die Hitlers Rede persönlich verfolgten, und Begeisterungsmärsche wie zu Beginn des Ersten Weltkriegs gab es auch nicht. Das spiegelte auch ein Kommentar im *Ulmer Tagblatt – Ulmer Sturm* vom 2. September wider. Als die Arbeiter in einer Fabrik vor den Lautsprechern nur schweigend zuhörten, machte der Verfasser daraus ein unausgesprochenes Gelübde. Aus den »gläubigen Herzen« steige »der stille Schwur auf, Kopf und Hände nimmer ruhen zu lassen, bis der Führer an jenem Ziel ist, das Freiheit und Friede für alle Deutschen bedeutet«.[67]

Diese eher gedrückte Stimmung darf aber nicht darüber hinwegtäuschen, dass der Großteil der Bevölkerung – besonders in Pommern, Schlesien, West- und Ostpreußen – die Attacke auf Polen für gerechtfertigt hielt. Neben dem Antisemitismus verband die deutsche Bevölkerung über alle Parteigrenzen hinweg ein tiefes Misstrauen gegenüber dem östlichen Nachbarn – nicht erst seit dem Versailler Vertrag.

Fritz Hartnagel jedenfalls war enttäuscht, dass er nicht dabei sein durfte, sondern im Schwarzwald als Adjutant einer Nachrichtenabteilung dienen musste: »Wir warten stündlich, daß es auch hier bei uns zum Knallen kommt. Wenn wir's auch nicht hoffen wollen, so freuen wir uns natürlich insgeheim darauf. Wir arbeiten nun schon über 8 Tage von den frühen Morgenstunden bis in die späte Nacht hinein um alles gründlich vorzubereiten. Es macht sehr viel Spaß, wenn man mal seine Kriegsschulkenntnisse und Friedenstheorien in die Praxis umsetzen kann.« Trotz all der Arbeit wolle er versuchen, sich so oft wie möglich von seinem Dienst »ein paar Minuten wegzustehlen um an den Soffer [Sophie] zu denken«.[68] Fritz freute sich also auf den Kampf, war voller Arbeitseifer und Enthusiasmus, nun endlich kriegstheoretische Sandkastenspiele in die Praxis umsetzen zu können. Auch Sophies Bruder Hans war froh über den Kriegsbeginn, er wollte an die Front. Er sah darin die Möglichkeit einer großen Katharsis. In der Extremsituation der militärischen Auseinandersetzung glaubte er, zu sich selbst zu finden, und hoffte, der Kampf könne »vielleicht« zur »Erlösung« Deutschlands und zur positiven Evolution Europas führen.[69] – Die jungen Männer wollten ihre Waffen einsetzen. Da war es, wenn die Geschichte stimmt, geradezu naiv, dass Sophie allen Freunden, die eingezogen wurden, das Versprechen abnahm, niemals auf andere zu schießen.[70] Das Festhalten an dieser Verpflichtung hätte für die Rekruten den Tod bedeutet.

Als Sophie auf Fritz' Brief von der Kriegsfreude antwortete, äußerte sie Unverständnis: »Ich kann es nicht begreifen, daß nun dauernd Menschen in Lebensgefahr gebracht werden von anderen Menschen. Ich kann es nie begreifen und finde es entsetzlich. Sag nicht, es ist für's Vaterland.«[71] Damit war – nach

der Sexualität – der zweite von nun an dauerhafte Problem-
kreis zwischen ihnen vorgegeben. Fritz antwortete: »Du
bringst mich in einen großen Konflikt, wenn Du mich nach
dem Sinn des ganzen Blutvergießens fragst. Vor zwei Jahren
hätte ich Dir vielleicht eine Antwort darauf geben können, wo
ich glaubte ausgereift zu sein und mir über all diese Dinge im
Klaren zu sein. Aber heute komme ich mir vor wie ein ganz
kleiner Junge, der am Anfang seiner Entwicklung steht. Daran
bist zum großen Teil Du schuld. Und ich bin froh darum. Aber
ich kann Dir trotzdem nicht zustimmen, denn ich habe nicht
den Mut aus solch einer Einsicht die Konsequenzen zu ziehen.«[72]

Fritz machte die Dissonanz zwischen sich und dem geliebten
»Soffer« unglücklich. Er war keineswegs der Meinung, dass
der Soldatenberuf falsch oder unehrenhaft sei und er darum
den Dienst quittieren müsse, auch wenn Sophie ihn dazu
drängte: »Vielleicht musst Du später einmal umsatteln in Deinem Beruf.«[73] Er lebte weiter mit diesem Zwiespalt.

In ihrer gemeinsamen Liebe zur Natur verstanden sich die
Schülerin und der Berufssoldat am besten. Sophie konnte uneingeschränkt zustimmen, wenn sie von Fritz in diesen stürmischen Tagen las: »Obwohl viele den Herbst hassen und in seinen Nebeln und Winden und in seiner Herbheit schon das
absterbende Jahr sehen, finde ich in dieser Jahreszeit erst die
letzte Vollendung, das Genie, das allerdings in seinen Farben,
in seiner Wildheit, seiner Trunkenheit und seiner Melancholie
vielleicht schon zum Wahnsinn übergeht. Aber darum liebe ich
den Herbst.«[74]

Und sie erzählten sich glücklich von ihrer gemeinsamen
Sommerfahrt. Sophie: »Ich denke sehr oft an unsere Sommerferien [...]. Zum Beispiel wie ich einmal im Omnibus neben
Dir einschlief, auf der Fahrt von Heiligenhafen nach Kiel. Ich
schlief so unbekümmert vor allen Leuten.«[75] Fritz erinnerte
einige engere Kontakte: »Und dann in unserm gemeinsamen

Sommer, im Strandkorb in Heiligenhafen, oder wie Du im
Omnibus auf meinem Schoß geschlafen hast, oder wie wir im
Dünensand von Sylt lagen und Plastiken machten.«[76] Doch
der Krieg war bei Sophie auch im Traum präsent: »Neulich
träumte ich, ich sei in einer Gefängniszelle, gefangen über den
ganzen Krieg. Ich hatte einen dicken eisernen Ring um den
Hals, das war das unangenehmste an dem Traum.«[77]

Sophie arbeitete weiter an der Illustration des *Peter Pan* und
an einer Zeichnung für Georg Heyms expressiver Novelle *Ein
Nachmittag*, in der ein »kleiner Junge« innerhalb weniger
Stunden »wildestes Glück« und »tiefste Qualen« der Liebe
erlebt und erleidet.[78] Hans' Freund Ernst Reden hatte sie um
Entwürfe gebeten, aus denen eine Zeichnung ausgewählt werden sollte; für elf weitere Bilder waren elf verschiedene Inter-
preten vorgesehen.[79] Obwohl Sophie stets ihrer Mutter bei der
Hausarbeit und im Garten helfen musste, hatte sie dazu viel
Zeit, denn die Sommerferien waren aufgrund des Kriegs verlängert worden, sie gingen fast in die Herbstferien über, und
die Weihnachtsferien wurden durch Kohleferien ergänzt, um
Heizmaterial zu sparen. Sie wollte allein sein und zog sich
auch von Fritz zurück.

Auf Sophies Wunsch nach Freiheit und Einsamkeit ging Fritz
Anfang Oktober 1939 bereitwillig ein: »Ich kann Dich auch
gut verstehen, daß Du Dich von allen Menschen manchmal
freischütteln möchtest um eben vollkommen frei zu sein.
Drum, liebe Sofie, wünsche ich, daß Du Dich auch an mich
nicht irgendwie gebunden fühlst. Verstehst Du mich auch
recht? Ich meine Du sollst rücksichtslos sein, da wir uns sonst
vielleicht mehr nehmen als geben würden. Wir wollen uns gegenseitig immer offen sein.«[80]

In einem langen Brief einen Monat später befestigte Sophie
ihren Wunsch nach Rückzug: »Allzulange halte ich's mit
einem einzigen Menschen nicht aus. Versteh mich nicht falsch!
Aber wenn man nur mit einem Menschen verkehrt, übt dieser

einen zu großen Einfluss aus. Hast Du es schon einmal erlebt, daß Du Dich von allen Menschen freischütteln möchtest? Sobald jemand Ansprüche stellt, werde ich, glaube ich, sehr empfindlich. Du weißt es wohl auch, es gibt Stunden des Alleinseins, die wiegen alle die Tage auf, in denen man sich gesehnt hat nach einem Menschen. Dann erscheint das Rücksichtslose (versteh das Wort nicht falsch) als das Wahre u. Mitleid als Schwäche. Nicht nur Mitleid, auch das Heimweh, oder wie man diese Gefühle alle nennen mag. Es ist sehr möglich, daß ich schwach bin. [...] Ich möchte jetzt meine Zeit noch ausnützen. Ich bereue es manchmal, daß ich nicht immer gearbeitet habe (zumeist geht meine Zeit im Haushalt dahin, aber trotz allem ...).«[81]

Sophie wollte von Fritz wissen, ob er bei den Soldaten »den Sonntag vom Werktag« unterscheide.[82] Das war ihr wichtig, denn zusammen mit Inge begingen sie diesen Tag der Woche ganz bewusst: »Gestern haben wir Sonntag gefeiert. [...] Wir haben Schubertlieder gesungen und neu gelernt, ach, Du solltest sie hören, sie sind wunderbar. – Nachher haben wir zusammen aus den Dramen Henry von Heiselers gelesen, Erika und Ottl Aicher waren dabei.«[83]

Otto Aicher – teils auch Ottl oder Otl – war ein Klassenkamerad und Freund von Werner Scholl, Erika war seine ältere Schwester. Er war in der katholischen Kirchengemeinde Maria Himmelfahrt im Ulmer Vorort Söflingen und dort im Jugendbund Quickborn engagiert. Die Geistlichen Franz Weiß und Adolf Eisele beeindruckten ihn mit konsequentem Glauben und ebenso fundierter Kritik am Nationalsozialismus.[84] Otto Aicher war mutig und radikal, katholisch und polarisierend, er verachtete die Nazis, aber auch jene, die philosophisch nicht so dachten wie er. Die Schollgeschwister waren für ihn Missionsobjekte.[85] Ab Herbst 1939 beeinflusste er sie und Ernst Reden intellektuell und religiös, um sie – wie er glaubte – in die einzig wahre Kirche zu führen. 1945 gelang ihm die Bekeh-

rung bei Inge Scholl. Von einer Diskussion mit Aicher berichtete Sophie an dieser Stelle aber noch nicht. Die Sonntagsfeier
stand ganz im Zeichen deutscher Hochkultur mit dem Ein-
üben von Liedern des Romantikers Franz Schubert und dem
Lesen des Schriftstellers Henry von Heiseler. Der Verehrer Stefan Georges hatte über sein Drama *Die Kinder Godunófs* das
düstere Motto gesetzt:

> ... Merk
> Dies allein: nicht eine einzige
> Stunde kommt zweimal im Leben,
> Nicht ein Wort, nicht eines Blickes
> Ungreifbares Nichts ist je
> Ungeschehn zu machen, was
> Du getan hast, mußt du tragen,
> So das Lächeln wie den Mord!

Das passte zu Sophie, die ihre Zeit nicht vergeuden, sondern
nutzen wollte, um Gutes zu tun, auch wenn es zuweilen
schwerfiel: »Man sollte überhaupt den Mut haben, nur an das
Gute zu glauben. Ich meine damit nicht an Illusionen zu glauben. Sondern ich meine, nur das Wahre u. Gute zu tun und bei
anderen Menschen voraussetzen, wie man es mit dem Verstand nie kann. (Das heißt: immer undiplomatisch zu sein.)
Nun, man hängt zu sehr am Leben, um so zu sein.«[86] Das
schrieb sie – vermutlich unbewusst – am ersten Jahrestag der
Pogromnacht von 1938.

Ende November packte Sophie liebevoll ein Adventspäck-
chen für Fritz. Davon habe sie ganz harzbefleckte, wohlrie-
chende Hände bekommen. Sie hoffte, Fritz werde die mitge-
sandten »roten Kerzlein anstecken«, damit er abends ein
wenig den Duft habe, »den wir an den Adventsabenden in der
Diele haben. Unser Adventskranz wird ganz groß, mit 4 dicken
roten Kerzen, in der Mitte der Diele aufgehängt. Wir haben

auch Weihnachtslieder für Flöte und Klavier, und Werner kann 'o du fröhliche, o du selige' auf der Geige spielen. Dies alles, auch Weihnachtsarbeiten und andre, werden unsre Adventsabende füllen. Wir haben sie alle so gerne, gerner beinahe als den Heiligen Abend selbst.«[87]

Zwei Wochen später bereitete sie dann schon Fritz' Weihnachtspaket vor: Sie gestaltete es mit »Lichterlein« und einem »Büchlein« und hoffte, bei ihm sei es dadurch »doch ein bißchen weihnächtlich, oder vorweihnächtlich geworden«. Beim Päckchenpacken komme sie »in eine so liebe Stimmung hinein«. Und dann gab sie ihm den fürsorglichen Rat: »Wenn Du nämlich gar nicht weißt, was anfangen, dann musst Du immer was nettes für andere tun, die Zeit reut Dich dann nicht. Das kann man besonders bei schlechter Laune. Es ist eine gute Übung.«[88] Damit knüpfte sie an ihren Brief von Ende November an, in dem sie schrieb, sie wolle »das Wahre und Gute« tun. Ihr Bruder Hans schrieb – eineinhalb Jahre später –, er wolle »das Rechte tun«.[89] Wahrheit und Güte standen auf der einen, Recht und Gerechtigkeit auf der anderen Seite. Durch diese Ideale unterschieden und ergänzten sich die Geschwister.

Das eigentliche Weihnachtsgeschenk für Fritz aber war eine Zeichnung Sophies: »Die Prinzessin ist für die Wand gedacht. Für die Wand bei Deinem Bett.« Es war kein Porträt einer Hochadeligen, sondern illustrierte die Wirklichkeit gewordene Unmöglichkeit eines unbekannten Märchens: Darin springt die Prinzessin nämlich durch einen Fingerring hindurch, damit ihr Prinz König wird. Das ist der Höhepunkt einer Geschichte von schier unüberwindbaren Schwierigkeiten, die der »dumme«, aber »unschuldige« Königssohn gegen seine »gescheiten« zwei Brüder meistern muss, um Thronfolger zu werden. Nur durch den Beistand einer Krötengesellschaft, die unter einer Falltür im Keller lebt, gelingt es ihm, den schönsten Teppich, den schönsten Ring und die schönste Frau zu gewinnen. Der zusätzlich geforderte Sprung

durch den Ring sollte nun alles zunichtemachen. Doch die
»wunderschönste Prinzessin«, die zuvor »eine kleine Kröte«
war, schafft es: »Da siehst Du, wie die kleine Prinzessin für
ihren dummen Prinzen durch den Ring springt. Er darf dann
König werden. Also.« Unmögliches ist möglich, erzählt das
Märchen, und Sophies »Also« sagte wohl: Da siehst Du mal,
was alles möglich ist. Das Weihnachtspaket mit der Prinzessin
brauchte mehrere Wochen, um von Ulm in den Schwarzwald
zu gelangen. Als Neujahrsgruß konnte Fritz es Anfang Januar
auspacken.[90]

Parallel suchte Sophie wieder engen Kontakt zu ihrer Freundin Lisa Remppis. In der Vorfreude auf das baldige Ende der
Schulzeit machte Sophie ihr Anfang Januar 1940 den Vorschlag, gemeinsam einen Studienort auszuwählen und dort ein
Zimmer zu beziehen. Sie würde gerne mit ihr zusammenleben.
Das war eine zarte Liebeserklärung – so wie Fritz Hartnagel
sie nie von ihr gehört hatte.[91]

Gleichwohl erlebten in der ersten Märzwoche Sophie und
Fritz gemeinsame Ferien in den verschneiten Allgäuer Alpen.
Ihrer Schwester Elisabeth berichtete sie am 8. März 1940 von
vier »fabelhaften Tagen«.[92] Doch zwei Tage zuvor erläuterte
sie Lisa Remppis ihr Verhältnis zu Fritz so: »Ich fühle mich irgendwie für ihn verantwortlich; weißt Du, welches Gefühl es
ist, wenn ein Mensch mit seinem ganzen Sein an Dir hängt. Ich
habe ihn gern, er ist gut. Und Sinn der Liebe ist es ja nicht, sich
von irgend jemand auf eine Höhe hinaufziehen zu lassen. [...]
Es herrscht völlige Klarheit zwischen uns, er ist mir gegenüber
ganz ohne Ansprüche. Es ist schön. Ich habe mehr die Gefühle
einer Mutter als die eines Mädchens für ihn. Er hat sonst niemanden.«[93] Mit ihrer Formulierung, es handele sich bei ihrer
Liebe zu Fritz eher um eine gluckenhaft-mitleidige denn um
eine prickelnd-erotische Beziehung, wollte sie der geliebten
Freundin wohl zeigen, wie souverän sie ihre Gefühle be-
herrschte, denn Fritz gegenüber schlug sie einen ganz anderen

Ton an. Am selben Tag schrieb sie ihm, er möge doch unbedingt zu ihr kommen, damit sie »noch ein bißchen beisammen« sein könnten. Er solle doch »ein einzig Mal: Sofie vor Pflicht (bzw. Dienst)« setzen. Sie wisse gar nicht, wie sie die »letzten gräßlichen Schultage« ohne ihn »überstehen« solle, es sei »ganz scheußlich« in der Schule – »Gelt, Du kommst bald«, drängte sie. Auf der Rückseite des Briefumschlags notierte sie erleichtert: »Am 11. 3. um 11 Uhr Schule endgültig aus! S.«[94]

Am 20. März 1940 war Abiturfeier, aber Sophie war nur körperlich anwesend, denn sie dachte immer noch an die Tage in der Allgäuer Bergeinsamkeit, an die Mondnacht auf dem Hochalmpass und erinnerte Fritz daran: »Ich mußte die ganze Zeit dran denken, wo Du jetzt bist. [...] Meine Mitschülerinnen stellten fest, daß ich dringesessen wäre wie grad vom Himmel runter. So kam ich mir auch vor. Im Himmel wars arg schön gewesen. Oder nicht?«[95]

Aus dem Jahr 1940 sind insgesamt einundneunzig Briefe zwischen Sophie Scholl und Fritz Hartnagel publiziert. Krieg und Politik bildeten die Kulisse, vor der die beiden durch Literatur und Glauben sich ihrer Liebe zu vergewissern suchten. Der erste Brief vom 5. Januar hatte mit der Feststellung begonnen, das neue Jahr werde, so Sophie, »ein entscheidendes sein«.[96] Das bezog sich auf die militärische Situation, die sie im Satz davor ansprach, und auf ihr Miteinander, das sie erneut benannte. Sophie fand es schwierig, die richtige Balance zwischen »Entfernung« und »Nähe« zu finden. Möglicherweise sei sogar der Vorrat an Gemeinsamkeiten aufgebraucht: »Vielleicht haben wir voneinander gehabt, was wir haben sollten.« Doch das nahm sie gleich wieder zurück: »Nein, ich glaube, dauernde Nähe von Dir macht mich schwach. Ich vergesse dann, daß ich nicht nur ein Mädchen sein möchte. Dann wünsche ich sogar nichts, als Mädchen zu sein, heute leben und morgen vergehen zu dürfen. Ich weiß, daß es Schwäche ist, und wenn ich Dir jemals nachgeben werde, so sollst Du wis-

sen, daß ich in dem Augenblick schwach bin, und so viel oder
wenig wie viele Mädchen, die Du und ich nicht sehr hoch-
schätzen.«

Sophie glaubte, falls sie »jemals« mit Fritz körperlich vereint
sein sollte, könne das nur in einem »schwachen« Moment geschehen. Nur wenn sie, ihrer Sinne beraubt, der Sinnlichkeit
erliege, sei das möglich. Dann aber würde sie sich wie ein ge-
danken- und willenloses, ein »leichtes« Mädchen vorkommen. Einerseits signalisierte Sophie also, sie wolle keine Sexualität, andererseits deutete sie an, dass sie ihm doch
– unglücklicherweise – einmal »nachgeben« könnte. Sie habe
zuweilen »Angst«, ihm nicht das zu geben, was ihm zustehe
oder was er verlange: »Vielleicht ist es nur Einbildung, aber oft
glaube ich, ein andres Mädchen wäre Dir ergebener wie ich.
Verstehst Du? Dies kann u. will ich nicht.«

In dieser quälenden Verklemmtheit versuchte Fritz einen
Weg für ihre Liebe durch ein Gedicht von Manfred Hausmann
zu finden:

Liebe

Wenn wir uns nicht mehr haben und uns sehnen,
dann ist's, als hätten wir uns endlich ganz.
Doch wenn wir nahe sind und uns geborgen wähnen,
verdunkelt sich die Lust, verblaßt der Glanz.

Die Ferne ist es nicht und nicht die Nähe.
Ach, immer lebt das Innigste allein.
Laß uns, wie gut es auch, wie schlimm es um uns stehe,
laß uns barmherzig zueinander sein![97]

Fritz Hartnagel zitierte die letzten beiden Zeilen, die den
Schwebezustand auch ihrer Liebe zwischen »gut« und
»schlimm« benannten und baten zueinanderzuhalten, egal,

wie es dem/der anderen gerade gehe. In seiner mitfühlenden Milde und verständnisvollen Fürsorge entsprach Fritz diesem Ideal schon sehr. Sophie konnte auch so sein, aber oft verhielt sie sich Fritz gegenüber ganz anders und musste sich dann später entschuldigen. Aus der Feder ihrer Freundin Lisa Remppis hörte sich das so an: »Du, damals bei uns, warst Du übrigens wahnsinnig blöd zu Fritz. Oh, ich dachte immer, wenn ich jetzt Fritz wär', würd ich Dich nehmen u. an einen Baum schmeißen oder den Berg hinunter.« Doch der »gute, sanfte Fritz« sei selber schuld, »leider gefällt ihm das«.[98] Meinte Remppis wirklich, Fritz habe Gefallen daran, schlecht behandelt zu werden, oder doch eher, er lasse sich das bedauerlicherweise gefallen?

Sophie Scholl nahm in ihrem Schreiben vom 15. Januar die letzte Zeile des Gedichts auf. Es ist der bereits erwähnte Brief, in dem sie fünfmal von ihrer Furcht sprach.[99] Sie meinte, sie sollten sich »als Menschen [...] nahe bleiben« – also ohne erotische Anziehung: »Weil ich Dich kennen möchte, damit Du mich immer kennst, damit wir wenigstens barmherzig zueinander sein können.«[100] Sie versprachen sich, barmherzig zueinander zu sein, erinnern einander daran und baten einander darum. Beide kämpften bis zum Schluss um ihre Liebe.

Das zeigte sich auch in den nächsten Monaten. Im Frühjahr 1941 erklärte sie Lisa, sie habe in ihrer Beziehung zu Fritz alle Sinnlichkeit ausgeschaltet, obwohl das der Hauptanziehungspunkt gewesen sei, aber alles sei nur eine Sache des Willens. Dass sie mit dieser Ansicht ihre Willenskraft sehr überschätzte, wurde im Laufe des Jahres deutlich. Sophie Scholl wollte mit Fritz eine rein geistige Beziehung ohne jede Form körperlicher Liebe. Doch regelmäßig scheiterte sie mit diesem Vorsatz: »Es kam in den Herbstferien [1940 mit Fritz] noch was vor«, gestand sie ihrer Freundin Lisa. In den Skiferien mit ihm im Februar 1941 wäre »manches lieber ungeschehen« geblieben.[101] Sophie empfand Sexualität als Schwäche und Niederlage, als eine Kapitulation des Geistes vor dem Körper.

Das hatte sich schon einige Wochen zuvor angekündigt.
Während des Jahreswechsels 1940/41 war Sophie mit fünf anderen zum Skifahren gewesen. Sie berichtete Fritz Mitte Ja-
nuar: »Mit dabei waren: Inge, Werner, Lisa, ich, Ottl Aicher u.
Grogo (falls Du ihn nicht kennst: es ist ein frischgebackener
Biologiestudent.) Wir waren oberhalb Elbigenalp im Lechtal
auf einer beinahe feudalen Hütte (eine primitive wäre uns lieber gewesen) = 1800 m.« Fritz hingegen hatte die dunklen
Tage bei seiner Kompanie verbracht. In den Raunächten zwischen Weihnachten und Neujahr versuchte er, sich über ihr
Verhältnis klar zu werden, und setzte einen langen Brief auf.[102]
Das »Mißverstehen« liege nicht allein bei ihm. Sie verstehe ihn
falsch, wenn sie glaube, er wolle an ihrem »alten Verhältnis
festhalten, oder vielmehr ein solches Verhältnis anstreben«. Er
suche vielmehr »ein neues Verhältnis« zu ihr: »Doch Du sagst
zu allem nein. Du lehnst jedes menschliche Verhältnis ab. Dein
Ziel scheint ein Mönchs- oder Einsiedlerleben zu sein. Dieser
Ansicht nach könnte es nichts geben, was uns verbinden
würde.« Mitte Dezember hatte Sophie davon gesprochen, sie
könne nicht »zwei Herren dienen«, also Körper und Geist.
Darauf erwiderte Fritz jetzt, er wolle doch gar nicht, dass sie
ihm »›dienen‹« solle, »oder irgendetwas Letztes« in ihm sehe.
Er wünsche sich ja nur, dass sie »Weggenossen« seien. Der
Bezug zur Transzendenz solle sie dabei begleiten: »Ich glaube,
daß selbst die Liebe nur Sinn hat, wenn etwas Höheres dar-
übersteht.« Freundschaft trage zur Läuterung bei und bringe
sie dadurch »den letzten Dingen näher«. Sophie solle sich fragen, ob sie dazu bereit sei. Dann fiel das Adjektiv »unreif« für
die Spannungen, die aufgrund ihrer »verschiedenen Meinun-
gen« auftraten. Dieses Eigenschaftswort kennzeichnete ihre
Krise exakt. Damit Sophie aber nicht gekränkt war, machte
Fritz gleich eine rücksichtsvolle Einschränkung: Er meine
damit lediglich sich selber – »unreif, wenigstens meinerseits«.
Seine Frage brachte es auf den Punkt: »Oder glaubst Du, daß

es besser ist, wenn der Mensch alleine ist?« Sie solle »dieser
Ungewissheit und diesen Zweifeln ein Ende [machen], ganz
gleich welches. Tu, was Du tun mußt. Ich werde es Dir nie
übelnehmen, auch wenn ich's nicht begreifen könnte.«

Aus den Skiferien zurückgekehrt, lenkte Sophie am 6. Januar 1941 ein.[103] Es sei nur nötig, dass sie Geduld miteinander
hätten, dann würden sie schon die »eine Form finden«, in der
sie »miteinander verkehren« können. Aber für eine »Freundschaft« sei sie »nicht stark« genug, und sie sei sich nicht sicher,
ob sich nicht auch Fritz damit überschätze. Es ist dieselbe Über-
forderung, die sie schon in Paula Modersohn-Beckers Bild *Sitzender Junge mit Mädchen auf dem Schoß* gesehen hatte. Was
sie mit dieser Selbstüberschätzung meinte, sagte sie in den folgenden zwei Sätzen: »Zwischen Jungen u. Jungen, oder Mädchen u. Mädchen ist es etwas anderes. Das muß nicht so sein,
es gibt sicher Ausnahmen.« Sophie zweifelte also, ob sie beide
ihren Sexualtrieb kontrollieren könnten. Sie vermutete, zwischen gleichgeschlechtlichen Beziehungen sei das einfacher, da
spiele die erotische Anziehung keine Rolle. Asexualität bei he-
terogeschlechtlichen Beziehungen gebe es wohl, sei aber doch
selten. Dass die beiden in dieser Beziehung keine Besonderheit
waren, zeigte sich bald. Das führte aber bei Sophie zu Gewis-
senszweifeln, ob es denn recht sei, was sie machten. Erstaunlich
ist in diesem Brief weiter, dass Sophie die über ein Jahr währende Liebesbeziehung ihres Bruders Hans zu Rolf Futterknecht und die sexuellen Kontakte ihres Bruders Werner zu
dem homosexuellen Ernst Reden ausblendete.[104] Der Grund
mag gewesen sein, dass man in jener Zeit nicht offen über Sexualität sprach, schon gar nicht, wenn sie außerhalb des hete-
ronormen Mainstreams lag. Oder befolgte Sophie hier ein von
den Scholls selbst verordnetes Redeverbot, dass man in der
Öffentlichkeit über Homo- oder Bisexualität in der Familie
schweige – und das Inge Aicher-Scholl in ihren einflussreichen
Publikationen jahrzehntelang strikt befolgte?[105]

Sophie fand, auf der asexuellen, platonischen Ebene könne ihre Beziehung zu Fritz weitergehen: »Überdies: Sind wir denn nicht Freunde? Meine ganze Liebe aber an einen Menschen zu hängen, oder vielmehr mich ganz mit ihm teilen, das bringe ich jetzt nicht fertig. Ist es denn nötig? [...] Eine Freundschaft, in reiner unbegründeter Zuneigung geschlossen, kann es für mich nicht geben. Ich verurteile sie nicht.« Und dann sprach sie, als hätte sie schon viele Enttäuschungen hinter sich: »Aber ich kenne keine Zuneigung, oder Liebe oder wie Du sagen willst, zu einem Menschen mehr.« Das müsse sie ihm sagen, er solle es ihr nicht übel nehmen, denn sie glaube, man könne »die Menschen auch anders lieben. Dies will ich versuchen.« Wie diese »andere Liebe« aussehen sollte, sagte sie nicht.

Doch sie wolle sich mehr auf sich selbst konzentrieren: »So muß man eben die eigene Kraft anstrengen, und sich nicht auf Stimmungen verlassen, und dies ist auch ganz richtig.«[106] Es sei »vielleicht heilsam, wenn man gezwungen ist, inwendig zu suchen, weil es außen nichts Suchenswertes gibt (wenigstens scheinbar)«. Er wisse es »ja, ganz bestimmt, was das Richtige ist. Mein Wunsch ist es nur, daß Du die Kraft haben mögest, das immer zu tun. Einfältig zu sein und nicht müde zu werden.«[107] Das war eine Anspielung auf die erste Seligpreisung Jesu: »Selig sind, die da geistlich arm sind; denn ihrer ist das Himmelreich.«[108]

Eine wichtige Basis für ihre briefliche Kommunikation über solche geistigen Aspekte war der Austausch über gemeinsam gelesene Bücher. Im November 1939 bekannte sie Fritz, dass sie »manchmal [...] nur Gedichte, eine kurze Zusammenfassung von vielem« lesen möchte: »Aber es ist vielleicht gut, wenn man sich ab und zu die Geduld nimmt, etwas anderes zu lesen, etwas, das einen nicht direkt selbst betrifft (wie etwa ein lyrisches Gedicht). Man muß sich dann zusammennehmen und in eine ganz andere Welt steigen, die einen wahrscheinlich gar nicht interessiert. Ich glaube, man geht nachher doch

etwas anders weg davon.«[109] Literatur bereicherte und beeinflusste Sophie und Fritz ungemein, auch wenn die Lektüre zuweilen anstrengend war. An ihrem letzten Weihnachtsfest
1942 fragte sie Fritz: »Hast Du noch zu lesen? Ich möchte
Dich immer wieder dazu anspornen, und wenn es noch so
sauer wird. Wir haben ja unsern Verstand zum Denken bekommen, das ist eine Arbeit, aber kein Gefühl wird sie uns
ersparen können.«[110]

Im Januar und Februar 1940 las sie Benno von Mechows
Roman *Vorsommer*, einen Entwicklungsroman, in dem die
junge Ursula – besonders geistig – von einem Mädchen zur
Frau heranwächst. Sie schätzte das Werk sehr: »Das Buch
›Vorsommer‹ kennst Du schon. Ich bin davon abgekommen,
viele Romane zu lesen da ich finde, daß sie oft unnötig verwir-
ren. Ich habe oft das Gefühl (ob es wahr ist, weiß ich nicht),
als läse man eine Geschichte, wie man einen Wein trinkt. Die
Wirkung ist groß, solange man trinkt, nachher kommt allenfalls noch etwas Katzenjammer, dann ist es genauso wie vorher, selten besser. Bei diesem Roman ging's mir nicht so. Er ist
so gründlich und klar durchgeführt. Er ist so beherrscht und
sauber. Er kann mir selbst klären und erfrischen.«[111] Im
nächsten Monat antwortete Fritz: »Dann hab ich Dein Buch
Vorsommer zu Ende gelesen. Es kam mir manche Stelle vor, als
hättest Du sie selbst geschrieben für uns, und es ging mir oft
der Atem schwerer, wie manchmal bei einem Brief von Dir;
und ich habe das ganze Buch auch als einen Brief von Dir auf-
gefaßt.«[112] Einen Hinweis darauf, was Sophie besonders
wichtig war, gab ihr Brief vom November 1940. Darin berichtete sie Fritz, dass sie »noch eine halbe Stunde Zeit habe«, um
ihren Vortrag im Fröbelseminar über »den Vorsommer« zu
präparieren: »Wenn Du Zeit hast, so suche einmal die Stelle,
wo der Psalm vorkommt: Gib Licht meinen Augen, oder ich
entschlafe des Todes, u. mein Feind könnte sagen: über den
ward ich Herr.«[113] Der Vers bedeutete ihr so viel, dass sie ihn

später noch einmal in ihr Tagebuch als persönliches Gebet eintrug. Nach Inge Aicher-Scholl war der Psalm einer der »Lieblingstexte des Ulmer Freundeskreises«.[114] Der ganze Psalm ermutigt, Gott zu vertrauen und sich an ihm zu orientieren. Der Beter gelangt von Zweifel und Angst zu Gewissheit und Freude. Obwohl er zunächst glaubt, von Gott verlassen zu sein, sucht er in seiner Not Zuflucht bei Gott; nur auf sich gestellt, fürchtet er, seinem Feinde zu unterliegen. In den Versen, die Sophie wichtig waren, bittet er um das Licht der Erkenntnis, Helligkeit in der Dunkelheit und Lebenskraft, um zu widerstehen. In Sophies Situation gab dieses Gebet auch Kraft zum Anderssein.

Mechow beschreibt mit Ursula eine Protagonistin, die sich auf den Weg in eine ungewisse Zukunft macht. Auf dem Höhepunkt des Romans erkennt Ursula die kosmisch-spirituelle Harmonie des Lebens und vertraut sich der verlässlichen Fürsorge Gottes an. Es ist der Teil, auf den Sophie Fritz hinwies, weil in ihm Psalm 13 vorkomme. Ursula kniet in einem Birkenwald nieder und gelangt zur Erkenntnis. Sie denkt an die Menschen um sich herum. Sie gleiten »wie in großen Bildern an ihr vorüber, Musik erklang, und jeder hatte sein eigenes Lied«. Sie betet für jeden Einzelnen. »An sich selbst denkend, war sie nun ganz fröhlich und gewiß und übergab sich den Händen, die nie aufhören würden, in Leiden oder Freuden zu segnen.«[115] Es liegt nahe, dass Sophie Scholl sich mit diesem Erlebnis und dieser Erkenntnis innig verbunden fühlte, denn auch für sie war die Natur Offenbarungs- und Gebetsraum.

Während Fritz' und Sophies Korrespondenz 1940 nach und nach eine neue Reflexionsebene über politische und ethische Fragen erreichte, blieb in anderer Hinsicht alles beim Alten: Bisher waren die Konflikte von Sophie ausgegangen. Entweder sie kam mit seinem Beruf oder ihrer beider Sexualität nicht zurecht. Nun gab ihr Fritz einen Grund, verletzt zu sein und die Beziehung kritisch zu sehen: Er gestand ihr brieflich am

19. September eine Affäre. Er wählte für das, was zwischen ihm und einem jugoslawischen Mädchen geschehen war, die zärtliche Formulierung: »Und dann haben wir uns alles geschenkt.«[116] In dem »schwersten Brief«, den er ihr »je geschrieben« habe, bekannte er ihr, er habe »Luise« auf einer seiner dienstlichen Hollandfahrten in Amsterdam in einem Café gesehen. Als ein Pianist gerade Chopin-Lieder spielte, waren »auf einmal [...] zwei große, schwarze Augen auf mich gerichtet, nicht neugierig oder herausfordernd, sondern eher etwas traurig und träumerisch«. Er sei »von diesen Augen wie gebannt« gewesen,

> alles drum herum versank und mir schlug das Herz bis zum Hals, bis ein trauriges Lächeln um ihren Mund spielte. Und damit, mit diesem traurig lächelnden Blick, war eigentlich schon alles geschehen. Wir haben uns am andern Tag getroffen, und ohne daß wir viel gesprochen haben, sehr schnell gefunden.

Er erinnerte Sophie an ihre letzte gemeinsame Skifahrt, auf der sie davon sprach, er könnte ja auch einmal einem anderen Mädchen begegnen, und er darauf geantwortet habe, er finde es »gemein [...] nach all dem bei einem anderen Mädchen zu sein«. Er habe das stets so empfunden, doch »dann [sei] wieder der Gedanke« da gewesen, dass er sich »sinnlos« an sie binde, dass er sich »doch schon längst in einer Sackgasse befinde«. Er schreibe ihr das alles nicht zur Verteidigung, »nur damit Du verstehen sollst«. Vorgestern habe er seinen Schlafsack über den Kopf gezogen und geweint, so, wie er es schon bei der Skitour getan habe: »Aber ich weinte nicht über das was ich getan hatte, sondern weil ich durch all das nicht losgekommen bin von Dir, sondern nur noch ein viel stärkeres Verlangen nach Dir habe, das mich beglückt und doch so unsagbar traurig macht.« Er möchte glauben, was sie einmal gesagt

habe: »The love is the sense of the life. – Verzeih mir wenn ich
Dir weh getan habe. Dein Fritz.« Das war ein Beicht- und
Liebesbrief.

Eine gute Woche musste Fritz auf eine Reaktion Sophies
warten. Er »schämte« sich, war »bang« und wollte »in Deinem Schoße alles von mir weinen dürfen, liebe Sofie«.[117] Ihre
Reaktion am 26. September war reserviert: »Heute morgen
habe ich Deinen Brief vom 19. 9. erhalten. Ich danke Dir. Bist
Du von Deiner Hollandreise zurückgekehrt?« Sie erklärt, dass
sie seine Zeilen »später«, beziehungsweise »bald«, beantworten will, ganz kurz nur schimmert ihr Gefühl durch: »Bis jetzt
habe ich noch nicht ausreagiert.«[118] Dann wird es merkwürdig sachlich. Sie denke nicht an Fritz und sich, sondern sorge
sich um seine Geliebte:

> Vergiß doch aber über das u. mir das jugoslawische Mädchen
> nicht. Oder ist es nicht nötig, daß ich Dich daran erinnere. Ich
> merke es immer mehr an mir selbst, wie viel zu leicht man
> seine Verantwortung auch für andre Menschen nimmt. Ob-
> wohl man doch an seiner eigenen genug hat.

War sie erleichtert, dass Fritz nun endlich das bekam, was sie
ihm nur widerwillig gewähren wollte? Sie nahm seinen Satz
auf: »The love is the sense of the world. Manchmal möchte ich
es glauben. Wie wenige aber haben das erfaßt, oder, wenn sie
es erfaßt haben, handeln danach.« Sie wollte seinen Brief beantworten, doch eine ausführliche Erwiderung Sophies zu
Fritz' Untreue und was das für sie beide bedeutete, liegt nicht
vor. Vielleicht war ihr brieflicher Wunsch, mit Lisa Remppis
und nicht mit Fritz Ferien machen zu wollen, eine indirekte
Erwiderung: »Mir wäre es viel lieber, ich könnte meine Ferien
mit Dir verbringen.«[119] Außerdem teilte sie der Freundin mit,
sie wolle sich von Fritz trennen: »Ich bin übrigens fest entschlossen, mit ihm zu einem gültigen Schluß zu kommen. Es

ist schwer und grausam. Aber besser als verlogen.« Sophie machte diese Ankündigung aber nicht wahr. Anfang Oktober 1940 erhielt Fritz Urlaub und war für einige Tage in Ulm. Die Tage verliefen nicht gerade harmonisch, aber Sophie vollzog keine Trennung. Im Gegenteil: Die beiden kamen sich noch näher.[120] – Es hat den Anschein, als wäre die jugoslawische Luise vergeben. Doch Fritz' amouröses Amsterdamer Abenteuer würde fünf Monate später unvermittelt noch einmal Thema werden. Sophies erster Brief nach den gemeinsamen Tagen vom 21. Oktober 1940 reflektierte diese Zeit: »Was mir in diesen Ferien gefehlt hat, das waren einige Tage, die mir allein gehört hätten. Denn selbst in der Umgebung der liebsten Menschen hat man manchmal das Bedürfnis, allein zu sein. Dies nicht etwa aus Sentimentalität, sondern weil es so nötig wie Essen und Trinken ist. Wie kann ein Mensch zu sich selbst finden, wenn er immer auf andere aufmerken soll.« Sie wünschte Fritz, er möge »auch manchmal ein weibliches Wesen« kennenlernen, man müsse »ja nicht gleich lieben«. Sie sei, schrieb sie zwei Tage später, »ein grausiger Egoist. Und scheine es immer mehr zu werden.«[121] Sie beklagte sich mehrfach über seine Schweigsamkeit in den vergangenen Tagen. Sie konnte sich das nicht erklären und befürchtete: »Oder habe ich kein Recht mehr zu warten? Das wäre ja auch möglich.«[122] War das Amsterdamer Abenteuer doch das Ende ihrer Beziehung? Doch Fritz schwieg, er versendete keine Post. Nur am 28. Oktober kam die kurze Mitteilung, er werde »nicht schreiben, wenn die trübseligen Stunden« über ihn kämen, er wolle sie nicht damit belasten.[123]

Am 4. November beklagte sich Sophie heftig. Sie wisse gar nicht, wie es ihm gehe und wo er sich befinde, weil er »so stumm« sei: »Du machst uns viel Angst mit Deinem Schweigen. Könnte ich doch ein paar Worte von Dir hören! Wenn es Dir gut geht, oder auch, wenn es Dir schlecht geht, so schreibe mir doch! Was ist denn geschehen?«[124] Sie hoffe, dass ihr Mit-

einander nach der letzten Aussprache auf neuem Boden stehe.
Das sei für sie »die größte (u. auch schönste) Veränderung
unserer Freundschaft«. Damit meinte sie, dass sie in ihr Zusammensein nun einen Transzendenzbezug mit hineinnehmen
wollten: »Denn die Fäden der Beziehungen laufen nicht mehr
zwischen Dir u. mir, sondern zwischen uns u. etwas höherem.
Und dieser Zusammenhang ist doch der bessere.«

Anfang 1941 tauchte in Fritz' Bericht aus den Niederlanden,
wo er auf Dienstreise war, noch einmal seine jugoslawische
Geliebte auf: »Luise habe ich in Amsterdam nicht aufgesucht.
Ich bin recht froh darüber, andererseits allerdings erschüttert;
wenn ich bedenke, welchen Kampf es mich gekostet hat.
Nimm mir's nicht übel.«[125] Wahrscheinlich hatte Luise ihm
bedeutet, er solle sich melden, wenn er wieder einmal in der
Nähe sei, und es wäre wohl besser gewesen, Fritz hätte davon
geschwiegen. So aber musste er sich Vorhaltungen gefallen
lassen: »Du mußt nicht glauben, daß mir's nicht recht wäre,
wenn Du Deine Bekannte in Amsterdam aufsuchst. Was mich
in Deinem Urlaub vor den Kopf gestoßen hat, war nur, daß Du
etwas wiederholst (das durch Dein Schweigen so nebensäch-
lich erschien) dessentwegen Du Dich in einem Brief schon angeklagt hast.«[126] Großzügig und selbstkritisch fuhr sie fort, sie
habe in ihrem Leben schon vieles bereut und tue es immer
wieder. Sie habe also gar keine Ursache, ihm etwas übel zu
nehmen: »Ich mußte zuerst den Balken aus meinem Auge ziehen.« Protestantisch sozialisiert, antwortete Sophie wie selbstverständlich mit der prägnanten Kurzform eines Jesuswortes:
»Richtet nicht, damit ihr nicht gerichtet werdet. Denn wie ihr
richtet, werdet ihr gerichtet werden; und mit welchem Maß ihr
messt, wird euch zugemessen werden. Was siehst du aber den
Splitter in deines Bruders Auge und nimmst nicht wahr den
Balken in deinem Auge? Oder wie kannst du sagen zu deinem
Bruder: Halt, ich will dir den Splitter aus deinem Auge ziehen! – und siehe, ein Balken ist in deinem Auge? Du Heuchler,

zieh zuerst den Balken aus deinem Auge; danach kannst du sehen und den Splitter aus deines Bruders Auge ziehen.«[127] Doch bei der Selbstkritik Sophies blieb es nicht: »Aber ich möchte doch gerne wissen, was Dich so zu ihr zieht, daß es Dir so schwer fällt, ihr fern zu bleiben.«

Daraufhin antwortete Fritz ihr sehr offen, es sei »schwer zu sagen«, was ihn »so angezogen [habe] zu Luise in Amsterdam«. Er könne sich selbst oft keine klare Antwort geben: »Ich glaube, wenn ich ganz ehrlich bin, es ist einfach das Geschlecht, das mich anzieht. Das spielt bei mir oft eine erschreckend große Rolle, und ich muß manchmal allen Willen zusammennehmen um dagegen aufzukommen.«[128] Er müsse ihr das sagen, und es sei auch besser, wenn sie »nicht zu gut« von ihm denke. Es sei keine »innere Verbundenheit« gewesen, »ich wußte von Anfang an, daß es nur ein sinnlicher Trieb ist, und ich wußte, daß es schlecht war was ich tat. Aber ich war zu schwach um zu widerstehen.« Die »Versuchung« bleibe, aber er »fühle mehr Halt«. Ihm sei, als ob sie »gemeinsam dagegen ankämpfen würden, als ob Du bei mir wärest und mir beistehen würdest das Gute zu tun«. Sophie sollte ihm helfen, so selbstbeherrscht-asketisch zu werden wie sie, damit ihre Liebe Bestand hätte. Bereitwillig ließ er sich auf Sophies Versuch einer Neuausrichtung ihrer Beziehung ein. Er »habe das Vertrauen« zu ihr, und er »glaube«, auch sie zu ihm, »daß wir es gut meinen und das Gute wollen. [...] Nun, nachdem wir uns verbunden fühlen (nicht gebunden), nachdem kein Mißtrauen mehr zwischen uns ist, nun erst können wir uns ganz dem widmen, um was es uns eigentlich geht«.[129] Es sollten nicht Gefühl, Liebe, Erotik im Zentrum stehen, nur »das Gute« erstrebt werden. Fritz war bis zur Selbstaufgabe bereit, sich auf alles einzulassen, wenn nur Sophie weiter zu ihm hielt.

Vier Tage später ging Sophie zunächst auf die Bedeutung von Büchern ein. Sie wisse es von ihrer »kurzen Zeit in Dürrheim her, wie sehr man Bücher braucht, um sich zu hal-

ten. Daß dies eure Offiziere nicht einsehen. Es müssen un-
glaubliche Menschen sein, die es allein nicht mehr aushalten.«
Am selben Tag schrieb sie erneut. Es sind gelöste und zuver-
sichtliche Zeilen. Sie habe sich »so gefreut« über Fritz' Brief
vom 4. des Monats, in dem er formulierte, sie seien miteinander verbunden, aber nicht aneinander gebunden, ob das ge-
linge, liege ganz bei ihm: »Denn wenn ein Anfang da ist, dann
kommt es nur noch auf Dich an. Ich freue mich, wenn auch
manchmal eine trübe Stunde kommen will.«[130]

Diese Ambivalenz blieb in Fritz' und Sophies Beziehung erhalten. Mit Hartnagels Versetzung an die Ostfront im Sommer
1941 waren Fragen ihrer Verbundenheit zunächst wieder the-
oretischer Natur. Doch das änderte sich im Herbst. Fritz war
nun in Thüringen und Sophie in Baden – verglichen mit den
Weiten Russlands wohnten sie jetzt nahe beieinander. Diese
unerwartete räumliche Nähe führte zu mehreren Treffen in
einem Hotel in Freiburg im Breisgau, rund sechzig Kilometer
westlich von Blumberg gelegen, wo Sophie ihren Kriegshilfsdienst ableistete. Es waren Liebestage. Doch verursachten sie
bei Sophie jedes Mal heftige Schuldgefühle, verbunden mit
harschen Anschuldigungen an Fritz. Er versuchte, das zu verstehen, verzweifelte aber und erging sich in reuevollen Selbst-
vorwürfen. Er fühlte sich schuldig, weil er merkte, wie sehr
Sophie litt. In den nächsten Monaten bemühten sich beide,
durch eine intensivere Frömmigkeit einen Ausweg zu finden.
Es war ein Ringen um die Vereinbarkeit von Liebe und Glaube,
Sexualität und Spiritualität.

Symptomatisch für diesen Konflikt ist der »Augsburger
Tag«. Nach einem Besuch von Fritz in Ulm hatte Sophie ihn
am 29. Oktober 1941 noch auf seinem Weg zurück nach Weimar bis Augsburg begleitet – und war dort über Nacht geblieben. Ihr Fortbleiben hatte bei der Familie Panik ausgelöst. Inge
berichtete ihrem Bruder Hans am nächsten Tag:

Nun noch der Hauptgrund, warum ich Dir heute abend noch schreibe: Vorhin war große Aufregung, weil Sofie noch nicht nach Hause gekommen ist. Sie hat gestern abend Fritz bis nach Augsburg begleitet und wir haben sie heute morgen nicht in ihrem Bett gefunden und deshalb den ganzen Tag auf sie gewartet. Nun habe ich, da Vater voller Angst um sie war, an Prof. Muth telefoniert, ob sie mit Dir bei ihm gewesen sei. Unsere Vermutung war, sie sei zu Dir gefahren. Dann haben wir noch Dr. Schmorell angerufen, ob Du zu erreichen seist. Eine Minute später rief Fritz an, daß Sofie nimmer allein hätte heimfahren wollen, weil sie so starkes Kreuz- und Bauchweh (ihr übliches, alle 4 Wochen wiederkehrendes) bekommen habe und daß er sich deshalb hätte noch 2 Tage dienstreise geben lassen usw. usw. Nun bist Du doch aufgeklärt, lieber Hans? Dein Schwesterchen ist wiedergefunden.[131]

Warum hatte Sophie nicht einfach angerufen und schickte dann Fritz vor, wenn es nur um die Menstruation ging? Das Problem war ihr nächtliches Miteinander. Er glaubte, »dieser Augsburger Tag« könne nur verarbeitet werden, wenn beide sich einander »in Barmherzigkeit zuwenden«. Er spricht von »schrecklichen Verfehlungen«, sie müssten »den Weg aus diesem Abgrund finden, [...] frömmer sein«, wenn sie zusammen wären: »Einfach bei allem was wir tun und fragen, ob es auch auf Gott bezogen ist.« Sie sollten beide daran denken, wenn sie die »Versuchung wieder anfallen sollte«, besonders dann, wenn sie sich »in den Armen« hielten.[132] Sie seien an diesem »Augsburger Tag [...] tief gesunken. [...] Wenige Stunden danach« seien sie »ein zweites Mal der Versuchung erlegen«. Das aber sei geschehen, so deutete es Fritz, »um uns zu zeigen, daß man nur mit Gott oder in Gott Macht hat zu widerstehen, um uns zum Glauben zu führen«.[133] Von nun an wollte er Sophie »im richtigen Sinne« lieben, also ohne sexuelles Begehren.

Dann könnte ihn nichts mehr von ihr trennen, selbst wenn sie ihm aufgrund seines Verlangen »größte Abneigung« entgegenbrächte. Das würde nur »eine noch viel größere Liebe hervorrufen«, da Sophie »der Hilfe bedürftig« wäre in ihrem »Haß«. Er glaubte, zu solch einer Liebe sei man nur fähig, wenn man sich an Gott halte, »wenn man betet. [...] Denn wie könnte jemand einen Menschen selbstlos lieben, ohne auch nur die geringste Gegengabe zu fordern, wenn ihm nicht alles, was Menschen geben können (ich meine an Menschlichem) nutzlos wäre.«[134] Sie sollten »gemeinsam diesen Schritt tun«, zu dem Sophie ihm geraten hatte, nämlich »einfach einmal zu glauben – fromm zu sein«. Verzweifelt: »Sofie, vielleicht können wir einmal auch zusammen beten.«[135] Einen »Trost« nehme er vom Augsburger Tag mit, schrieb Fritz am 1. November, »daß wir doch noch Hand in Hand gehen können«. Aber er glaube nicht, dass er sich wieder in ihrer »Geborgenheit wiege« und nur auf ihre Hilfe hoffe. Dieser Tag »brachte mich (uns) weiter«.

Um dieselbe Zeit reflektierte Sophie Scholl auf zwei quer und eng beschriebenen Tagebuchseiten – fast unleserlich und gehetzt – über ihre Lust zu quälen und die anschließende Selbstqual:

Daran will ich denken, wie er, eine Stufe unter mir, nachts im Treppenhaus in meine Hände geweint hat, wie etwas in ihm zerbrochen ist wie er vor Jammer laut geschluchzt hat. Daran will ich denken, wie lieb er mich hat, wie er sich stumm gewunden hat unter meinen tausend teuflischen Einfällen, die ersonnen wurden, ihn zu quälen, meine Macht wonniglich über ihn zu fühlen, meine Stärke, um nachher umso süßer meine Schwachheit auszukosten. Ich habe ihn umarmt, er aber hat mich geliebt, ein König ist er, nicht ein erbärmlicher Bettler, lebend von Almosen anderer, weil ich es nicht verstehe, in sein Königreich einzutreten. Könnte ich abstreifen, was mich noch so befangen macht, was meine (Brust erregt, was mir überflüssige Unruhe schafft.) Da verliert sich das Herz in dieser fiebernden Unruhe, und vergißt seinen großen Heimweg. Unvorbereitet, an nichtige niedrige Spielereien hingegeben, ~~kröche~~ könnte es von seiner Stunde überrascht werden, um Freuden willen die eine große verkauft haben. Ich erkenne es, mein Herz erkennt nicht. Es träumt fort, unbelehrbar, von mir lästigen Mächten eingewiegt, schwankend zwischen Lust und Traurigkeit. Mir bleibt die Traurigkeit, die Unfähigkeit und Ohnmacht, und eine geringe Hoffnung. O und wenn mein Herz tausendmal an den Schätzen hängt, und sei es bloß die Liebe zum süßen Leben, reiß mich los, gegen meinen Willen, denn ich bin zu schwach, es zu tun, vergälle mir Freuden laß mich elend sein und Schmerzen fühlen, bevor ich [meine] Seligkeit verträume.[136]

Sophie erschrak vor sich selbst, als sie sich daran erinnerte, wie sie, erhöht stehend, Fritz mit diabolischer, fiebrig-unruhiger Erregung und Wonne quälte, in ihm etwas zerbrach, um danach lustvoll ihre Hingabe zu genießen. Bei ihr sei dieses Beieinander nur eine äußere Geste gewesen, bei ihm zugleich innere Hingabe. Wenig später nannte sie dieses Verhalten »meine Sünde«.[137] Fritz sei reich, weil er liebe, sie arm, weil sie das nicht könne. Viel bleibe ihr neben Traurigkeit, Unfähigkeit und Ohnmacht nicht, nur ein wenig Hoffnung, das zu überwinden. Einen Ausweg aus diesem elenden Seelenzustand sah sie in der Hinwendung zu Gott: Er möge sie von Unfähigkeit und Ohnmacht erlösen, ihr die Freude an eigenem und fremdem Schmerz austreiben, damit sie nicht ihr Seelenheil verspiele. Sophie Scholl attestierte sich in ihrem Verhältnis zu Fritz Sadismus und Liebesunfähigkeit. Ihr Dilemma war: Sie erwiderte Fritz' Liebe nur bedingt, und Lisa Remppis reagierte auf ihre Liebe zurückhaltend.

Am 1. November, jenem Tag, an dem Fritz vorschlug, ge-

meinsam zu beten, notierte sie im Tagebuch ihr persönliches
Ringen mit Gott. Sie würde so gern an Wunder glauben,
daran, dass das Beten ihr Kraft gebe, und sie bekannte mit den
Worten Augustinus': »Du hast uns geschaffen hin zu Dir.«[138]
Sie möchte Gott »wie jener Prophet« um ein »sichtbares Zeugnis seiner selbst befragen«. Vielleicht sei das auch gar nicht
mehr nötig. Und dann der wirklich bemerkenswerte Satz: »Ich
möchte mich selbst ausbreiten wie ein Tuch, daß er darin seinen Tau sammle.«

Während Fritz sich also wegen seines sexuellen Verlangens
grämte und es durch die göttliche Liebe überhöhen wollte,
hatte Sophie die erotische Sehnsucht, ein Tuch zur Sammlung
göttlichen Taus zu sein. Das war eine Parallele zu ihrem
Wunsch, nur eine Baumrinde zu sein oder sich in der katholischen Messe einfach nur hingeben zu können. Dieser Gedanke
»verwirrt« sie selbst, Grund sei ihre Müdigkeit, versuchte sie
es sich zu erklären. Aber gerade dieser halb wache Zustand
brachte solche Gedanken an die Oberfläche. Sie habe Heimweh. War das nun das Sehnen nach dem Elternhaus oder das
nach Gott, wie sie es drei Tage später und am 10. November
nennen würde?

Diese Einträge in ihrem Diarium waren eine Reaktion auf
den »Tag von Augsburg«. Auch ihre Notiz vom 4. November
war davon geprägt:

> Heute abend von Fritz ein Brief. Nun erst hat er mich erkannt,
> damit sich losgemacht von mir. Er hat meine Sünde voll er-
> kannt. O es hat weh getan. Sich plötzlich verlassen zu sehen.
> Er hing an mir wie ein Kind an seiner Mutter. Nun ist er groß.
> Darauf hin habe ich ja die ganze Zeit gearbeitet. Dies wollte
> ich doch u. ich bin doch glücklich darüber. Ein lächerlicher
> Sieg, der mir hier weh tut. Er hat mir ja bloß wieder, ohne sein
> Wissen, gezeigt, wie schlecht u. schwach ich bin. Ich möchte
> weinen, aber eine Müdigkeit, eine schreckliche Gleichgültig-

keit läßt dies nicht zu. Auch habe ich heute 3 Äpfel gestohlen. Warum bloß? Ich bin sehr müde.[139]

Es war ein verkrampftes Kämpfen um die rechte Balance zwischen Glaube und Gebet, Geschlechtlichkeit und Unabhängigkeit. Leichtigkeit und Spielerisches fehlten. Sophies »Sünde« war das Vergnügen, Fritz abhängig zu halten, ihn mit »tausend teuflischen Einfällen« zu quälen, bevor sie ihm nachgab. Sie verband – gemäß einer fatalen christlichen Tradition – Sexualität mit Sünde. Fritz hatte im Mai immerhin gefragt, ob es denn wirklich Gottes Wille sei, dass ein Mensch »in Sünde« gezeugt werde.[140]

Mitte Dezember zitierte Sophie in ihrem Tagebuch erneut Psalm 13: »Gib Licht meinen Augen, oder ich entschlafe des Todes, und mein Feind könnte sagen, über den ward ich Herr.«[141] Sie wolle sich an Gott klammern, schrieb sie. Wenn alles versinke, dann bleibe nur er, die Ferne Gottes sei schrecklich. Ihre Seele hungere so sehr, dass kein Buch das stillen könne. Allein die Natur, Himmel, Sterne und die stille Erde gebe ihr Nahrung. Weiter dachte sie voller Liebe an Lisa Remppis und schloss sie in ihr Gebet ein. Und sie wolle für Fritz beten, notierte sie. Sie wolle mit ihrer Liebe zu Gott gehen, damit sie ihn durch Gott lieben lerne. Das entsprach Fritz' Vorschlag, ihrer gemeinsamen Liebe durch die Liebe zu Gott Festigkeit und eine Art Weihe zu geben. Offenkundig ist, dass sie Lisa heiß und innig liebte – nicht Fritz Hartnagel. Um Liebe für die Freundin musste Sophie Gott nicht bitten, sie liebe sie ohnehin »sehr«, aber: »Gebe Gott, daß ich Fritz auch in Seinem Namen lieben lerne.«

Weil sie ihre Briefe vermisste, ging von Sophie am 12. Dezember 1941 an die geliebte Lisa Remppis ein trauriger Gruß.[142] »Alles, alles« habe sich zwischen sie gelegt. Damit meine sie »beileibe nicht den Gust Schlehe«, Lisas Freund. »Wie fern sind wir uns doch geworden«, klagte sie. Sie zwei-

felte, ob Lisa an ihrer Freundschaft »ebenso zähe festhalten«
wolle wie sie. Nach diesem Schmerzausbruch über Lisas äußere und innere Ferne macht sie sich Gedanken darüber, was
wirklich wichtig im Leben sei: »Vielleicht« wäre es »gut [...],
ganz arm« zu sein, »um für einen weniger vergänglichen
Reichtum bereiter zu werden«. Wahrscheinlich erinnerte sich
Sophie dabei an einen Satz aus der Bergpredigt Jesu, der sie
schon im Jahr zuvor beschäftigt hatte[143]: »Ihr sollt euch nicht
Schätze sammeln auf Erden, wo Motten und Rost sie fressen
und wo Diebe einbrechen und stehlen. Sammelt euch aber
Schätze im Himmel, wo weder Motten noch Rost sie fressen
und wo Diebe nicht einbrechen und stehlen.«[144]

Weihnachten 1941, zum Fest der Liebe, dachte Fritz wieder einmal über die Beziehung zwischen Frau und Mann
nach.[145] In seinen Überlegungen wird deutlich, warum Sophie Scholl mit der heterosexuellen Liebe große Schwierigkeiten hatte. Weder ihre intellektuelle Selbstständigkeit noch
ihr Freiheitsdrang erschwerten die Beziehung zu Fritz Hartnagel, es war ihre skrupulöse Sexualmoral. Dabei ging Hartnagel liebevoll auf sie ein und übernahm immer wieder die
moralische Verantwortung für die gemeinsamen »Fehl-
tritte«. Er selbst litt nicht unter seiner Sexualität, sondern
darunter, dass Sophie sich mit beider Verlangen quälte und
sie damit nicht zurechtkam. Fritz meinte, sie könnten guten
Gewissens intim sein, denn für ihn war die Nähe zu Sophie
– auch die körperliche – die Nähe zu Gott: »Aber heute weiß
ich nun, daß ich Dich nur lieben kann, wenn ich Gott liebe,
oder aber auch, daß ich Gott liebe, wenn ich Dich lieb habe.«
Er führte als Gewährsmann Thomas von Aquin an, der geschrieben habe, es sei »›ein und dieselbe Liebeshaltung, in
der wir Gott und den Nächsten lieben«. Er sei immer dann
Sophie fern, wenn er Gott fern sei, »oder umgekehrt«. Und
solange er Gott treu bleibe, müsse er auch Sophie treu sein.
Er fand das so »logisch«, dass er ausrief: »Ach Sofie, welch

beglückende Kraft ist das, die von nichts anderem abhängt als von Gott!«

Das zweite Wochenende im neuen Jahr 1942 verbrachten Sophie und Fritz am Bodensee. Sie hatten sich in Konstanz im »Inselhotel« einquartiert, einem luxuriösen Badhotel auf der Dominikanerinsel, unmittelbar vor der Altstadt gelegen. Vermutlich brachte Fritz Sophie zurück nach Blumberg und fuhr dann mit dem Zug von Donaueschingen, knapp zwanzig Kilometer nördlich gelegen, nach Weimar. Im Zug nach Stuttgart, zurück nach Weimar, schrieb er einen Liebesbrief voller Glück und Dankbarkeit für die gemeinsamen Tage: Er habe von ihr zu Mitreisenden »mit der größten Selbstverständlichkeit« als von seiner »Braut« gesprochen. Es sei gut, dass sie nicht dabei gewesen sei, denn sonst hätte er »sicher einige unterirdische Puffer oder Zwicker einstecken müssen«. Er sei »so froh und unbeschwert [...], wie überhaupt noch nie bei irgendeinem anderen Menschen«. Es sei »so überwältigend«, dass sie »so lieb und innig beisammen sein können«. Er wolle ihr danken, indem er sie »noch mehr lieb habe«, so fest er könne.[146]

Einen Tag später, am Montag, dem 12. Januar 1942, verfasste Sophie einen Brief an Fritz, der nicht erhalten ist. Aber aus Fritz' Antwort drei Tage später wird deutlich, dass Sophie die Tage nicht »froh und unbeschwert« erlebt hatte, sondern sich von Gott fern fühlte, als sie Sex miteinander hatten. Er setzte dagegen einen Bibelvers: »›Denn alles Geschöpf Gottes ist gut und nichts verwerflich, was mit Danksagung empfangen wird‹«. Und er fragte, ob sie nicht auch seine Umarmung so empfangen könne, dass sie nicht von Gott getrennt, sondern dadurch zu ihm hingeführt werde. Er war überzeugt, Zärtlichkeiten führten nur dann von Gott weg, wenn sie egoistisch seien, »anstatt dem andern zu geben aus Liebe«.[147]

Fast ein Jahr später, im Dezember 1942, während in Ulm einen Tag vor Weihnachten die Abendglocken des Münsters läuteten und in unmittelbarer Nachbarschaft die Familie

Scholl den Heiligen Abend vorbereitete, heulten im Wolgakessel die Raketenwerfer der »Stalinorgel«, brüllten die Detonationen der Einschläge. Hier verfasste Fritz Hartnagel einen Weihnachtsgruß an seine große Liebe.[148] Er sprach von militärischem und spirituellem Rückzug. Die äußeren Umstände stünden »in krassem Gegensatz zu einer weihnachtlichen Stimmung«. In ihrem Brief vom zweiten Weihnachtstag versuchte Sophie sich vorzustellen, wie es Fritz wohl am Heiligen Abend ergangen sei.[149] Sie wünschte sich, dass er trotz der widrigen Umgebung, des fehlenden Weihnachtsbaums und der Geschenke seiner »Freude froh« gewesen sei. Denn es seien nicht die Äußerlichkeiten, »was uns an diesem Abend die Freude weckt. Und diese Freude will ja zu Dir genauso kommen wie zu mir, vielleicht hat sie den Weg in Dein Herz gefunden.« Sie spornte ihn an, zu lesen, »und wenn es noch so sauer wird. Wir haben ja unsern Verstand zum Denken bekommen, das ist eine Arbeit, aber kein Gefühl wird sie uns ersparen können.« Erneut deutete sie an, dass sie mit einem baldigen Ende des Krieges rechne, aber auch, was sie von seinem Soldatenberuf hielt: »Die Zeit wird auch nimmer so fern sein, wo Du nicht mehr durch äußere Umstände von einer rechten Arbeit abgehalten bist.« Der Familie gehe es gut, sie seien – trotz Geldsorgen – »frohen Mutes«, weil sie »gute Menschen« neben sich hätten. In ihrem Schlussgruß vereinte sie menschliche und göttliche Liebe:

Wenn Du nur gesund wieder kommst! Du weißt ja, was ich für Dich wünsche. Dies alles lege ich in die Hand, die unsere ohnmächtige Liebe mächtig werden läßt. Deine Sophie.

# 6. Kindergärtnerin

Zur selben Zeit, als Sophie Scholl 1940 ihre Reifeprüfung ablegte, beschwor der Lyriker Josef Weinheber *Die deutschen Tugenden im Krieg*. Für ihn waren das Gehorsam, Treue, Einsatzbereitschaft und Uneigennützigkeit. Im *Vorspruch* zu seinem Gedicht lautet es:

Jedwedes Volk, das leben will,
braucht Tucht und Zucht, nicht Tand und Spiel.
Das eine fault vor Überfluß,
das andre kämpft, sein' Not ist Muß.
Weil wir nun alle, Mann, Weib, Kind,
Soldaten, <u>nur</u> Soldaten sind,
beschwört der Sänger – bis zum Sieg! -
die deutschen Tugenden im Krieg.[1]

Germanische Tüchtigkeit und Disziplin werden hier gegen romanische Schönheit und Freude gesetzt, Ernsthaftigkeit und Askese gegen Leichtigkeit und Lebensgenuss ausgespielt. Weinheber schließt: »Der Deutschen Art heißt: Heldentum!« Das Heroische reklamiert er als eine typisch deutsche Charaktereigenschaft. Doch hehre Tugenden pervertieren, wenn sie in den Dienst eines Unterwerfungs- und Vernichtungskriegs ge-

stellt werden. Diesen trieb das nationalsozialistische System
weiter voran: mit den Überfällen auf halb Europa, mit der
Versklavung Hunderttausender im Deutschen Reich und den
besetzten Gebieten, mit dem Beschluss zur »Endlösung der
Judenfrage« und ihrer mörderischen Umsetzung.

In dieser von Krieg und Militär dominierten Gedankenwelt
musste sich Sophie Scholl behaupten, denn nicht nur Fritz Hartnagel befürwortete den Beruf und die Ehrbegriffe des Soldaten.
Darin stimmte er mit dem größten Teil der Bevölkerung überein. Doch Sophie machte die allgemeine Militarisierung der
Gesellschaft nicht mit, litt darunter, kritisierte sie – und begab
sich damit ins soziale Abseits. Das war tatsächlich couragiert,
und es waren die ersten Schritte politischer Verweigerung.

Gleich nach dem bestandenen Abitur unternahm sie Anfang
April mit Lisa Remppis eine zweitägige Radtour zu den rund
fünfzig Kilometer entfernten »3 Klöster[n] Unter- Obermarch-
tal u. Zwiefalten«. Sie übernachteten in der Schlosswirtschaft,
wurden dort »fürstlich [...], alles ohne Marken u. um wenig
Geld« beköstigt und besahen »am nächsten Tag [...] die Kirch,
den Kapitelsaal, fanden auch ein paar verborgene Türen u.
durchstöberten verbotene Räume«. In Zwiefalten – »auch ein
nettes Nest« – besichtigten sie ebenfalls die Kirche.[2]

Am 8. April 1940 begann Sophie eine Ausbildung zur Kindergärtnerin am Evangelischen Fröbelseminar in Söflingen,
einem drei Kilometer entfernten südwestlichen Stadtteil Ulms,
der von einem ehemaligen Kloster aus dem 13. Jahrhundert
geprägt ist. Die drei Kilometer Wegstrecke vom Münsterplatz
fuhr sie mit dem Rad. Inge Scholl meinte, Sophie habe die
Ausbildung mit der Absicht begonnen, »durch diese praktische frauliche Betätigung dem Arbeitsdienst zu entgehen«. Sie
habe einen »tiefen Horror« vor der Dienstverpflichtung gehabt, »denn ihrer starken Selbständigkeit erschien dieser Mas-
senbetrieb extrem, unmenschlich und herabwürdigend«. Den
Beruf der Kindergärtnerin habe sie aber nicht wirklich aus-

üben wollen: »Sie sei nicht sicher, ob ihre Nerven dies aushiel-
ten. Ihrem Wesen entsprach das Forschen, das stille, in sich
gekehrte Arbeiten, das kontemplative Leben.«[3] Sophies Korrespondenz bestätigte den genannten Grund für die Ausbil-
dungswahl. Sie selbst glaubte, zu eigennützig für diesen Beruf
zu sein. Zwar bereite ihr die Arbeit mit Kindern »große
Freude«, doch sei es »ungeheuer ermüdend, [...] sich ganz auf
sie ein[zu]stellen. Dies ist bestimmt kein egoistischer Beruf,
und ich glaube kaum, daß ich ihn auf die Dauer aushalten
könnte. Dazu bin ich zu egoistisch erzogen.«[4]

Sophie freute sich auf das neue Wissen, und die vielen Notizen und Aufzeichnungen, die sie während dieses Jahres anfer-
tigte, zeigen sie als eifrige Schülerin. Ihre Freundin Susanne
Hirzel, die mit ihr das Fröbelseminar besuchte, berichtete, dass
sie nicht nur praktisch angeleitet wurden, sondern auch re-
formpädagogische und ethische Konzepte kennenlernten. Als
Abiturientinnen konnten sie die Ausbildung in einem statt in
zwei Jahren absolvieren: »Geschenkt wurde uns dabei nichts,
so daß die vorgeschriebenen Praktika in den Ferien durchgeführt werden mußten, Praktika in einem Privathaushalt, in
einem Hort, in einem zweiten Kindergarten [nach dem Semi-
nar-Hort] und in einem Säuglingsheim. Die Leiterin Emma
Kretschmer [...] war eine kluge Person, die nach außen selbstverständlich die ›richtige Flagge‹ vorweisen mußte. Sie zeigte
sich völlig undurchsichtig, was bei dem nahen Kontakt mit den
Schülerinnen beachtliche Selbstkontrolle erforderte. Ihr theo-
retischer Unterricht, z. B. über Oberlin, Fröbel, Montessori,
war hervorragend, besonders wichtig war Pestalozzi, dessen
›Stanser Brief‹ gründlich durchgearbeitet wurde.«[5] Was Hirzel
als Undurchsichtigkeit wahrnahm, war wohl taktische Klugheit. Ein Beleg dafür ist ein Arbeitsblatt in Sophies Unterlagen,
das die Zitate zweier extrem verschiedener Menschen vereint:
Albert Schweitzer und Adolf Hitler. Der von Charles-Marie
Widor ausgebildete Organist, promovierte Philosoph und Me-

diziner, habilitierte Professor der evangelischen Theologie und
»Urwaldarzt« in Zentralafrika Albert Schweitzer wurde so
zitiert: »Die Ethik fragt nicht, ob dieses oder jenes Leben als
wertvoll erhalten oder gefördert werden soll. Das Leben als
solches ist das geheimnisvoll Wertvolle, dem ich in Gedanken
und Tun Ehrfurcht zu erweisen habe.«[6] Darunter steht der dem
»Führer« zugeschriebene Satz: »Ich habe mich immer zu der
Auffassung bekannt, dass es nichts Schöneres gibt, als der An-
walt derer zu sein, die sich selbst nicht gut verteidigen können.« Schweitzers pazifistische Ethik einer »Ehrfurcht vor dem
Leben« mit seinem später formulierten, grundlegenden Satz
»Ich bin Leben, das leben will, inmitten von Leben, das leben
will«, stand in diametralem Gegensatz zur rassistischen Ideologie Hitlers, hier speziell zum Euthanasieprogramm. Offen-
sichtlich befürwortete die Seminarleiterin die Sicht Albert
Schweitzers und versuchte, sein Zitat mit einem angeblichen
Hitlerwort zu legitimieren, um sich zu schützen.

Dass auch der Krieg und die Überlegungen über dessen Berechtigung und Sinnhaftigkeit in der Gedankenwelt von Sophie Scholl angekommen sind, merkt man an ihren sporadi-
schen, häufiger werdenden Bemerkungen über Politik.
Allerdings wehrte sie sich dagegen nach Kräften. So bekannte
sie Fritz im April 1940: »Manchmal graut mir vor dem Krieg,
und alle Hoffnung auf eine bessere Zukunft will mir vergehen.
Ich mag gar nicht dran denken, aber es gibt ja bald nichts anderes mehr als Politik, und solange sie so verworren ist und
böse, ist es feige, sich von ihr abzuwenden. […] Ich wäre sehr
viel froher, wenn ich nicht immer unter dem Druck stünde, ich
könnte mit viel besserem Gewissen anderem nachgehen. So
aber kommt alles andre erst in 2. Linie. Man hat uns eben
politisch erzogen.«[7] Mit der politischen Erziehung war nicht
nur der Einfluss von Robert Scholl gemeint. Wie bereits erwähnt, fand Sophie, ihre Erziehung sei »egoistisch«, also
selbstbezogen, individuell gewesen.[8] Die Familie stand weit

über der Gesellschaft. Sophie prägten politisch die seit 1933 von ihr wöchentlich zweimal besuchten und bis 1938 verantwortlich gestalteten Heimabende und Wochenenden mit dem Bund Deutscher Mädel. Zu ihnen gehörte grundlegend die weltanschauliche Schulung. Das Organisationsbuch der NSDAP formuliert, die HJ habe »seit der Machtübernahme die große Verpflichtung übernommen, [...] die gesamte deutsche Jugend in die nationalsozialistische Weltanschauung einzuführen«, sie leiste die »politische Erziehungsarbeit«, durch die »bereits die Grundlage zu wahrem Führertum gelegt« werde: »Wenn der deutsche Junge und das deutsche Mädel später zur Aufnahme in die Partei vorgesehen werden, sollen sie bereits innerlich gefestigte Nationalsozialisten sein.«[9] Der Einfluss des gemeinsamen Gesangs ist dabei kaum zu überschätzen. Dessen Intention nennt das Vorwort im *BDM-Liederbuch*: »Unser Lied kündet von unserer Weltanschauung und von unserer Lebensbejahung: das politische Lied an der Fahne ebenso wie die fröhliche Weise oder ein Spruch beim Essen – sie formen unseren Tageslauf, sie sind Ausdruck unseres Wesens. [...] Beim Singen spüren wir: ›Wir sind eine große Einheit!‹«[10] Trotzdem: Politik spielte in Sophies Denken zunächst keine wesentliche Rolle, erst später drängte sie nach und nach in ihr Bewusstsein. Wie der sechsundvierzigjährige Hochschulprofessor und spätere Dissident Kurt Huber, der am 1. April 1940 in die NSDAP eintrat, war die knapp neunzehnjährige Sophie Scholl zu dieser Zeit noch weit von einer ethischen oder gar politischen Verurteilung des Nationalsozialismus entfernt. In ihren Briefen ist ein ausgeprägtes, handlungsorientiertes, politisches Problembewusstsein erst ab Sommer 1942 zu erkennen. So relativierte sie ihre »politische Erziehung« vom April 1940 schon einen Monat später. Von Politik verstehe sie nicht viel, habe auch nicht den Ehrgeiz, es zu tun. Sie beurteile ein Verhalten nach den ethischen Maßstäben von »Recht und Unrecht«, die ihrer Meinung nach mit

»Politik und Nationalität nichts zu tun« hätten: »Es ist nicht leicht, alle Gedanken an den Krieg zu verbannen. [...] Und ich könnte heulen, wie gemein die Menschen auch in der großen Politik sind, wie sie ihren Bruder verraten um eines Vorteils willen vielleicht. Könnte einem da nicht manchmal der Mut vergehen?«[11] Sophie wollte sich – das schrieb sie im selben Brief – eher zurückziehen, als gesellschaftliche Verantwortung zu übernehmen: »Oft wünsche ich mir nichts als auf einer Robinson-Crusoe-Insel zu leben. Manchmal bin ich versucht, die Menschheit als eine Hautkrankheit der Erde zu betrachten. Aber nur manchmal, wenn ich sehr müde bin, und die Menschen so groß vor mir stehen, die schlimmer als Tiere sind.« Es kam für Sophie darauf an, der Menge zu trotzen, zielstrebig und – wie Jesus – ohne Umwege Gott zu suchen: »Aber im Grunde kommt es ja nur darauf an, ob wir bestehen, ob wir uns halten können in der Masse, die nach nichts anderem als nach Nutzen trachtet. [...] Wahrscheinlich hat es bisher nur ein Mensch fertiggebracht, ganz gerade den Weg zu Gott zu gehen. Aber wer sucht den heute noch?«[12]

»Sich in der Masse zu halten«, eigentlich trotz der Masse Haltung zu bewahren, bedeutete nichts anderes, als gegen die braunen Horden bestehen zu können. Robert Scholl hat früh seine Ablehnung von Massenbewegungen kundgetan – auch nach dem Krieg noch. Zur Massenbewegung zählte für ihn sogar die »Massendemokratie«, die er für eine »völlige Illusion« hielt.[13] Sophie und Hans Scholl übernahmen die Ansicht ihres Vaters.

Wenn Sophie von Politik sprach, so verband sie das mit dem Begriff der Weltanschauung, also mit einer allgemeinen Sinn- und Lebensdeutung, die nicht zwingend mit einer konkreten Handlungsoption verbunden sein muss. »Weltanschauliche und politische Gespräche« waren für sie »schlecht zu trennen«, doch wollte sie von »weltanschaulichen und politischen Einflüssen« frei sein und die äußeren, politischen »Schmerzen«

wollte sie als »klein erachten«, um das Wichtigste, ihre Seele, nicht zu vernachlässigen.[14] Dass eine moralische Erkenntnis zu einer Tat führen muss, wusste sie aus dem Konfirmanden- unterricht – doch: »Und nur in einem winzigen Bruchteil mei- ner Handlungen tu ich, was ich für richtig halte. Oft graust mir vor diesen Handlungen, die über mir zusammenwachsen wie dunkle Berge, so daß ich mir nichts andres wünsche als Nichtsein, oder als nur eine Ackerkrume zu sein, oder ein Stücklein einer Baumrinde« oder, wie sie es zuvor schon gesagt hatte: »heute leben und morgen vergehen zu dürfen«.[15] Später – in einem ihrer letzten Briefe, im Februar 1943 – wünschte sie erneut, gar nicht oder nur vegetativ zu sein. Auch da kämpfte sie gegen ihre Todessehnsucht an und schreckte vor Aktionen zurück – obwohl sie sich mit den Flugblättern gerade extrem politisch exponiert hatte.[16] Gegen die eigenen Ängste hatte sie »in einem winzigen Bruchteil« ihrer Handlungen, aber einem entscheidenden, das Rechte getan und sich für den öffent- lichen Widerstand entschieden.

Bis dahin sollte jedoch noch einige Zeit vergehen. Ihren 19. Geburtstag am 9. Mai 1940 konnte Sophie mit Fritz fei- ern, da der Dreiundzwanzigjährige kurz vor dem Frankreich- feldzug noch ein paar Urlaubstage bekommen hatte. Wahr- scheinlich sah er da auch den neuen, leistungsstarken Radioempfänger Robert Scholls, von dem Sophie ihrem Bru- der Hans verschworen-triumphierend berichtete: »Vater ver- folgt den Krieg jetzt durch ein neues Radio (Kurzwellen!).«[17] Das war gefährlich für Robert Scholl, denn das Hören nicht deutscher Sender – mit Kurzwellenempfängern gut möglich – war seit Kriegsbeginn unter Strafe gestellt. Es war fahrlässig von Sophie, diese Information in einem Brief weiterzugeben, ohne an eine Briefkontrolle zu denken.

Im Mai begann auch eine neue Kriegsphase. Am 11. Mai 1940 beschloss die neue britische Regierung unter Winston Churchill die Strategie des »moral bombing«. Durch

die systematische Zerstörung deutscher Städte sollte die
Kampfmoral der Bevölkerung gebrochen werden. Tags darauf, am Pfingstsonntag, griffen fünfunddreißig Bomber der
Royal Air Force Mönchengladbach an. Dabei wurden ausschließlich Wohngebiete getroffen. Sophie und Fritz gingen in
ihren Briefen nicht auf diese wachsende Bedrohung im eigenen
Land ein, wohl aber machten sie sich Gedanken über ihre persönliche Verantwortung in diesen Zeiten.

Fritz Hartnagel hatte sich dazu schon im April geäußert. Ihn
belastete die Diskrepanz zwischen Individualität und Soldat-
sein. Er »möchte lieber ein Landstreicher sein als ein hochan-
gesehener Offizier, auf dessen Befehl Hunderte von Menschen
gehorchen, vor dem sie sich krampfhaft zusammenreißen und
eine sogenannte Ehrenbezeugung erweisen«. Er fürchte sich
»nicht vor der Verantwortung«, nur manchmal habe er das
Gefühl, als ob er nicht mehr seinen »Weg selbst ginge, sondern
gedrängt würde. Es sind vielleicht nur wenige Menschen, die
sich außerhalb dieser Arbeitsmaschine halten können, die
Künstler und die Liebenden und andere, die dem göttlichen in
irgendeiner Form nahe gekommen sind.«[18] Sophie antwortete
am 16. Mai 1940 und ging am Ende des Briefes auf die Überlegungen von Fritz ein, die er bereits einen Monat zuvor ange-
stellt hatte. Zunächst schilderte sie jedoch ausführlich die
Schönheit der Natur an Pfingsten, in der »Krieg und Sorge
kaum mehr Platz finden.«[19] Danach gebraucht sie zweimal
das Wort »Liebe«, eine Erwiderung auf Fritz' Wort von den
»Liebenden«: Zwar seien Fritz' und ihre Gedanken sehr verschieden, doch das sei jetzt unwichtig, »denn nun, da Du und
ich nicht der Freundschaft und der Kameradschaft bedürfen,
sondern der Liebe, nun ist es wirklich Nebensache«. Das war
ganz rational geurteilt: Zuneigung und Zusammenhalt reichten in der gegenwärtigen Situation nicht mehr, es musste ein
Liebesbündnis sein. Sophie machte aber gleich klar, was später
aus dieser Liebe werde, sei offen: »Wir wollen uns so halten,

bis wieder Zeiten kommen, wo wir wieder allein stehen können.« Die Liebe war also – aus der Sicht Sophies – ein den
Umständen geschuldetes Notbündnis. Doch ernst meinte sie
es schon mit der Liebe, wie ihr Schlusssatz bekräftigte: »Ich
bin in Gedanken viel bei Dir mit guten Wünschen und mit
Liebe Deine Sofie.«

Das Schreiben beinhaltet darüber hinaus eine grundsätzliche
Aussage von zentraler Bedeutung. Sie steht wie ein Monolith:
»Wir haben alle unsre Maßstäbe in uns selbst, nur werden sie
zu wenig gesucht. Vielleicht auch, weil es die härtesten Maßstäbe sind.« Sophie dachte dabei an die persönliche Richt-
schnur des Gewissens, den inneren Richter über Gut und Böse,
den Wegweiser ethischen Handelns. Der unmittelbar davor-
stehende Satz stellte den Bezug zu Fritz' konkretem Problem
her: »Ich wünsche Dir sehr, dass Du diesen Krieg und diese
Zeit überstehst, ohne ihr Geschöpf zu werden.« Sophies Dik-
tum von den »härtesten Maßstäbe[n]« war also eine Aufforderung an ihren Freund, statt militärischen und nationalsozialistischen Vorgaben den eigenen Grundsätzen zu folgen.
Dann werde sich auch sein Problem von Persönlichkeit und
Anpassung lösen. Sophie sagte hier ganz klar: Der Mensch ist
nur seinem Gewissen, keiner Regierung verpflichtet, oder,
christlich gesagt: »Man muss Gott mehr gehorchen als den
Menschen.«[20] So gut kannte sie Fritz inzwischen schon, dass
sie glaubte, seine moralischen Prinzipien würden den Krieg,
das System und seine eigene Rolle darin kritisch sehen, so, wie
sie es tat. Sophie Scholl legte mit diesem Satz einen weiteren
Grundstein für ihr späteres Handeln. – Den mutigen, aufrechten Menschen, der allein seinem Ethos folgt, als Ideal hinzustellen, wie Sophie es tat, war in der Zeit allgemeiner Konfor-
mität sehr ungewöhnlich.

Obwohl Fritz Hartnagel kein engstirniger Kommisskopf
war, sondern ein intelligenter Offizier, fiel es ihm offenkundig
schwer, sich vorzustellen, was Krieg wirklich bedeutete. Zu-

nächst war er für ihn nur die ersehnte Umsetzung von Theorie in Praxis. Dass es dabei um Leben und Tod und unendliches Leid ging, begriff er erst in der direkten Begegnung damit. Aus Flandern schilderte er im Mai 1940: »Gestern hatte ich großes Glück, sofern man da noch von Glück und nicht von Vorsehung reden kann: Ich war mit Lt. Pfefferle auf Erkundung einer Baustrecke bei Tournhout (in Nordbelgien). Etwa 50 m vor einer Brücke bekamen wir einen Plattfuß, wir haben noch mächtig darüber geschimpft. Plötzlich, als ein Bauernfuhrwerk über die Brücke fuhr, flog die Brücke mit einem ungeheuren Krach in die Luft. Der Bauer flog 10 m neben uns als ein scheußlicher Fleischklumpen in eine Wiese. Von dem Fuhrwerk war nichts mehr aufzufinden. Die Brücke war wahrscheinlich mit einer Druckmine geladen. Das Schrecklichste dabei war, daß einige 100 m hinterdrein die Frau des Bauern kam, die nun verzweifelt nach ihrem Mann suchte. Es war mein erstes Erlebnis, das mir die Scheußlichkeit des Kriegs richtig zum Bewußtsein brachte. Als ich mittags in meiner Schreibstube saß, und im Radio ein herrliches Mozart-Menuett gespielt wurde, fragte ich mich, warum nicht alle Menschen diesem Menuett zuhören können, sondern sich ermorden und verstümmeln müssen.«[21]

Wie Fritz, reagierte auch Sophie auf den Bericht metaphysisch: »An der Brücke, da hat wohl Dein Schutzengel in den Reifen gestochen, damit Ihr nicht weiter konntet. Wie könnte er anders, da er doch alle meine Wünsche, und die andrer für Dich kennen muß.«[22]

Sophies Bruder Hans war indessen bereits im März 1940 als Studentensoldat zur Wehrmacht einberufen worden. Er musste in einer Kaserne wohnen, konnte aber weiter in München Medizin studieren. Im Juni wurde er nun als Sanitäter zur Unterstützung eines Divisionslazaretts in der Nähe von Reims eingesetzt, wo er bei vielen Operationen assistierte. Durch seine Berichte an die Familie rückte der Krieg nahe heran.

Hans Scholl war über die Brutalität im Feldkrankenhaus kon-
sterniert. Er wisse nicht, ob er »unsere Metzelei« noch lange
mit ansehen könne. Bei täglich ungefähr zwanzig Operationen
wurde ihm der Kontrast zwischen Humanität und Krieg klar:
»Krankenpflege widerspricht jedem Militärgeiste.«[23]

Hans wollte weg von der Front, Fritz unbedingt dorthin. Er
habe »ein schlechtes Gewissen«, in der Sonne zu sitzen und zu
träumen, während »nun vorn die Schlacht tobt, deren Rollen
man in der Ferne hört«. Darum habe er sich »auch zur Fall-
schirmtruppe gemeldet, als vor einigen Tagen die Möglichkeit
zu einer Meldung bestand. Aber mein Kommandeur hat meine
Meldung unterschlagen und mich für unentbehrlich erklärt.
Ich glaube, das wirst Du verstehen, wenn schon ein Krieg sein
muß, daß ich ihn nicht in der Etappe verbringen möchte.«
Doch da er ahnte, dass Sophie dafür kaum Verständnis haben
würde, betonte er ihre Gemeinsamkeiten. Er müsse »in zwei-
erlei Atmosphären« leben: der soldatischen »Pflicht« und »der
anderen«, die er als »die meine oder unsere« bezeichnet: »Du
brauchst deshalb nicht glauben, daß ich anders denke wie Du.
Ich will ja auch nur wie Du, das Wahre und Gerechte und das
Gute und ich glaube wie Du, daß das Erreichen eines höheren
Lebensstandarts und einer uneingeschränkten Machtaus-
übung nicht das Letzte sein kann.«[24]

Nach einigen Wochen im Kindergarten schrieb Sophie an
Fritz, dass sie »mit den großen Buben Matador [ein Holzbau-
system] gebaut« habe: »Zuerst dachte ich daran, eine schöne
große Kanone zu bauen. Aber ich verwarf's dann wieder ganz.
Man soll nicht schon bei Kindern diese verhängnisvolle Nei-
gung großziehen.«[25] Vielsagend ist, dass Sophies erster Impuls
war, ein Geschütz nachzubauen, das in der Realität mit einem
Schlag zerstörte und tötete. Die langjährige, Woche für Woche
stattfindende ideologische Militarisierung bei Jungmädeln
und BDM hatte sie geprägt, sie war eben, wie sie schon am
9. April 1940 festgestellt hatte, »politisch erzogen« worden.

Doch mit Verzögerung setzte sich der Einfluss des christlich-
humanistischen Elternhauses durch: »Dafür bauten wir ein
wunderbares Feuerwehrauto mit einer langen Leiter. Das ist
ein nützliches Instrument.«[26]

Nachdem deutsche Truppen am 14. Juni kampflos in Paris
einmarschiert waren, schrieb Sophie drei Tage später: »Auch
mir ist manchmal danach zu Mute, die Waffen zu strecken.
Aber, allen Gewalten zum Trotz! Es geht ja im Leben immer
auf u. ab. Man muß nur warten können. Ich werde versuchen,
mich nicht mit Träumen zufrieden zu geben, mit Schöngeistig-
keit und noblen Gesten. Man darf heute nicht sehr weichher-
zig sein.« Sie bewunderte einen »wunderbaren lauwarmen
Sommerregentropfen« auf einer Rose: »Wie schön u. rein dies
aussieht, welch kühlen Gleichmut es ausstrahlt. Daß es dieses
gibt. [...] Dies alles gibt es, trotzdem sich der Mensch inmitten
der ganzen Schöpfung so unmenschlich u. nicht einmal tierisch
aufführt. Allein dies ist schon eine große Gnade.«[27] Sophie
erlebte gerade, wie grausam Menschen sein können. Das war
aber nicht unmenschlich, sondern menschenunwürdig, inhu-
man. Menschen sind beides: gut und kunstfertig genauso wie
gefühllos und niederträchtig.[28]

Sophie wollte entschieden einseitig sein, keine Kompromisse
eingehen, nicht das Für und Wider abwägen, wie es der vier
Jahre ältere und beruflich eingebundene Fritz Hartnagel tun
musste und wie es auch seinem Wesen entsprach: »Der Mensch
soll ja nicht, weil alle Dinge zwiespältig sind, deshalb auch
zwiespältig sein«, dozierte Sophie im Juni 1940.[29] »Seltsamer-
weise« finde man diese »ganz u. gar unchristliche Anschauung
gerade bei den sogenannten Christen. Wie könnte man da von
einem Schicksal erwarten, daß es einer gerechten Sache den
Sieg gebe, da sich kaum einer findet, der sich ungeteilt einer
gerechten Sache opfert.« Opferbereitschaft und Gerechtigkeitssinn waren Tugenden, die sie von ihrer Mutter gelernt
hatte, und aus der Bibel fiel ihr dazu ein Beispiel ein:

Ich muß hier an eine Geschichte des alten Testaments denken, wo Mose Tag u. Nacht, zu jeder Stunde, seine Arme zu Gott erhob, um von Gott den Sieg zu erbitten. Und sobald er einmal seine Arme senkte, wandte sich die Gunst von seinem kämpfenden Volk ab. Ob es wohl auch heute noch Menschen gibt, die nicht müde werden, ihr ganzes Denken u. Wollen auf eines ungeteilt zu richten.

In der martialischen Bibelgeschichte machen die Kinder Israel das Volk der Amalekiter »durch des Schwertes Schärfe« nieder. Entscheidend für Sophie war aber nicht der Gewaltausbruch, sondern dass Mose sich völlig seiner Mission hingab. Theoretisch bejahte sie also ein absolut zielorientiertes, unnachgiebiges Handeln. In der Praxis aber versagte sie – nach eigener Einschätzung – ständig und realisierte nur einen »winzigen Bruchteil« von dem, was sie für richtig hielt. Wer sollte diese hohen Ansprüche erfüllen, wenn sie es selbst nicht einmal schaffte? Und wieder taucht der Inselgedanke auf: »Ach, ich wünschte, eine Zeitlang auf einer Insel zu leben, wo ich tun u. sagen darf, wie ich möchte, und nicht immer Geduld haben muß, unabsehbar lange.«

Dieser Brief machte Fritz ratlos. Er saß sechs Abende und versuchte eine Erwiderung: »Aber es fällt mir an jedem Tag schwerer eine Antwort zu geben, eine Erläuterung dessen, was zwiespältig, oberflächlich und gleichgültig erscheinen mag. Ich kann Dir nur sagen, daß ich sehr glücklich wäre, wenn ich das gefunden hätte, worauf ich mein Wollen ungeteilt richten könnte.«[30] Sehr wahrscheinlich wusste auch Sophie es zu diesem Zeitpunkt noch nicht.

Nach dem Sieg des Deutschen Reiches über Frankreich kritisierte Sophie Fritz gegenüber das Verhalten biederer Deutscher und gleichgültiger Franzosen. Beiden sei es wohl egal, wie der Krieg ausgehe, »wenn nur mein Sohn oder Mann bald wieder gesund heim kommt. Es hat den Anschein, als ob es den Franzosen auch nur um ihre gut bürgerliche Ruhe gegangen wäre. Es hätte mir mehr imponiert, sie hätten Paris verteidigt bis zum letzten Schuß, ohne Rücksicht auf die vielen wertvollen Kunstschätze, die es birgt, selbst wenn es, wie sicher war, keinen Nutzen gehabt hätte, wenigstens keinen unmittelbaren. Aber Nutzen ist heute alles, Sinn gibt es nicht mehr. Ehre gibt es wohl auch nicht mehr. Die Hauptsache, daß man mit dem Leben davonkommt.«[31] Fünfundvierzig Jahre später fasste Otto (Otl) Aicher Sophies Argumentation so zusammen: »warum hat frankreich, dieses land der philosophie, sein handeln preisgegeben? sophie insistierte, daß paris gegen die nazis hätte verteidigt werden müssen. es hat sein gesicht verloren, man kann nicht unter dem vorwand, kulturgüter retten zu wollen, sich aus der vollendung der philosophie davonstehlen, nämlich erkenntnis wahr zu machen im handeln, der verlust von dingen läßt sich verschmerzen, nicht aber der verlust von sein, nicht der verlust seines wesens, nicht der verlust seines angesichts.«[32] Auch wenn Sophies genaue Worte nicht belegt sind: Die Erinnerung zeigt, dass Sophie nicht nur Fritz, sondern auch Aicher gegenüber ihre Verachtung des angeblichen Versagens der Franzosen zum Ausdruck gebracht hat.

Sophie Scholl war keine Pazifistin, sondern eine radikale, auch gewaltbereite Kämpferin. Ihre Überzeugung, ideelle Werte müssten »bis zum letzten Schuß« verteidigt werden, erinnert sehr an Hitlers Durchhaltebefehl an die in Stalingrad eingeschlossenen Männer: »Verbiete Kapitulation. Die Armee hält ihre Position bis zum letzten Soldaten und zur letzten Patrone und leistet durch ihr heldenhaftes Aushalten einen unvergesslichen Beitrag [... zur] Rettung des Abendlandes.«[33] Die französischen Soldaten hätten nach Sophies Ansicht sagen müssen: »Wir feuern weiter, auch wenn der Louvre in Schutt und Asche fällt und wir sterben.« Woher kam dieser philosophisch verbrämte »extreme rigorismus«[34]? Gewiss nicht vom friedensbewegten Vater und der diakonischen Mutter. Aus

ihren Worten spricht die politisch radikale Erziehung von HJ
und BDM, wo sie mit Begeisterung und Inbrunst das HJ-Lied
*Es zittern die morschen Knochen* sang, bei dem es im Refrain
heißt: »wir werden weitermarschieren, wenn alles in Scherben
fällt«.[35] Von den Nationalsozialisten übernahm Sophie Scholl
Unbedingtheit und Todesbereitschaft, die sie später gegen ihre
einstigen Vorbilder wandte. Auch ihr Opfertod 1943 hatte keinen »unmittelbaren Nutzen«, erfüllte aber die ethischen Kriterien, die ihr wichtig waren: »Sinn« und »Ehre«.

Sie vermutete, Fritz teile ihre Einstellung nicht, er finde bestimmt, Frauen sollten von Politik schweigen: »Du findest es
sicher unweiblich, wie ich Dir schreibe. Es wirkt lächerlich an
einem Mädchen, wenn es sich um Politik bekümmert. Sie soll
ihre weiblichen Gefühle bestimmen lassen über ihr Denken.
Vor allem das Mitleid. Ich aber finde, daß zuerst das Denken
kommt, u. daß Gefühle oft irreleiten, weil man über dem Kleinen, das einen vielleicht unmittelbarer betrifft, vielleicht am
eigenen Leib, das Große kaum mehr sieht.«[36] Politik bedeutete für sie, das Kriegsgeschehen zu beobachten und sich ein
eigenes Urteil zu bilden. Sie wollte jedenfalls nicht mehr (mit)
fühlen, sondern nur für sich sein und denken: »Gestern war
ich auch an der Iller, nicht zum Baden. Ich bin gern abends
allein an einem Fluß. Nichts lenkt mich ab. [...] Und eines
habe ich mir abgewöhnt: das Träumen von Dingen, die mir
angenehm sind. Das lähmt.« Warum sie glaubte, Fritz vertrete
ein paternalistisches Frauenbild, das den nationalsozialistischen Vorgaben entsprach, ist nicht klar, vielleicht wollte sie
ihn auch nur provozieren. Dass er der Massenideologie der
Nationalsozialisten kritisch gegenüberstand, zeigt eine Bemerkung, die er Sophie einen Monat später sandte. Er berichtete
begeistert aus Holland, dem »Volk der Individualisten«, und
wünschte: »Hoffentlich wird es nicht zu sehr ›vernaziet‹.«[37]

Die Kindergärtnerinnenzeit war also vor allem eines: Gelegenheit, sich über den eigenen Platz in der Welt Gedanken zu

machen und sie zu verargumentieren. Schließlich stießen hier
zwei Lebensphasen aneinander: die kesse, fröhliche, übermütige Zeit der Jugendlichen und die zurückhaltende, ernste,
nachdenkliche der jungen Erwachsenen. Von 1936 bis 1940
war Sophie Scholls Markenzeichen ein kurzer Herrenschnitt
gewesen, »Bubikopf« genannt. Seit der Ausbildung zur Kindergärtnerin trug sie dann halblange, auf der rechten Seite
streng gescheitelte Haare. Schon dieser Wechsel war nicht nur
eine reine Äußerlichkeit. Mehr noch war es eine bewusst neue
Akzentsetzung, als sie zwei Jahre später konsequent die
Schreibweise des eigenen Vornamens änderte.[38]

Doch auch anderes hatte Platz: Bevor Sophie im Rahmen
ihrer Ausbildung zur Kindergärtnerin am 10. August 1940 ein
vierwöchiges Praktikum im Kinderheim Kohlermann in Bad
Dürrheim (Schwarzwald) antrat, erlebte sie zehn freudige Wan-
dertage mit Lisa Remppis in Vorarlberg und Tirol: »Zudem
weht eine herrlich freie Luft hier, in jeder Beziehung.«[39]

Sophie konnte aber auch alleine glücklich sein. Aus ihrer
Zeit im Fröbelseminar hat sich dazu ein wunderbarer, kurzer
Aufsatz erhalten. Er ist voller Poesie, feiner Beobachtung und
Liebe zur Schöpfung. Darin heißt es:

> So wenig ich einen klaren Bach sehen kann, ohne nicht min-
> destens die Füße hineinzuhängen, genausowenig kann ich an
> einer Wiese zur Maienzeit vorübergehen. Es gibt nichts Ver-
> lockenderes als solchen duftenden Grund, über dem die Blü-
> ten der Wiesenkerbel wie ein lichter Schaum schweben, dar-
> aus Obstbäume ihre blütenbesteckten Zweige recken, als
> wollten sie sich erretten aus diesem Meer der Seligkeit. – Nein,
> ich muß meinem Wege untreu werden, muß mich hineinsin-
> ken lassen in diese reiche Fülle vielgestaltigen Lebens. […] Ich
> drücke mein Gesicht an seine [eines Baumes] dunkle, warme
> Rinde und denke: Heimat, und bin so unsäglich dankbar in
> diesem Augenblick.[40]

Sophie war glücklich, geborgen und dankbar, wenn sie sich als Teil der Natur fühlte, in ihr aufging. In solchen Momenten erlebte sie die Wohlordnung der Welt.

Am 9. August schrieb Fritz Sophie einen wohldurchdachten Brief, mit dem er ihr die Wertvorstellungen seines Soldatenberufs nahebringen wollte: Sie solle nicht »das Äußere«, sondern den »soldatischen Gedanken an sich« sehen, so, wie nicht die Christen, sondern Christus entscheidend sei. Auch dass »Staat und Partei [...] jedem soldatischen Denken zuwiderhandeln«, sei »kein Grund das Soldatische an sich zu verurteilen«. Er sieht »im Soldatentum eine Lebenshaltung«, die in der Vorschrift *Die Pflichten des deutschen Soldaten* vom Mai 1934 zum Ausdruck komme: »Selbstbewußt und doch bescheiden, aufrecht und treu, gottesfürchtig und wahrhaft, verschwiegen und unbestechlich ... Nur Leistungen berechtigen zum Stolz ... Charakter und Leistung bestimmen seinen Weg und Wert ...« Insgesamt gelte »mehr sein als scheinen«. Er sehe seine Aufgabe als Offizier hauptsächlich darin, Menschen in diesem Sinne zum Soldaten zu erziehen.[41] Es fällt auf, dass Fritz Hartnagel seine Verteidigung soldatischer Ideale nicht mit der Realität der Wehrmacht von 1940 abglich.

In der zweistündigen Mittagsruhe im Kindersanatorium in Bad Dürrheim schrieb Sophie zehn Tage später, am 19. August, ihre Antwort auf Fritz' kurze Abhandlung über Würde und Wert des Soldatenberufs.[42] Sie ließ kaum etwas davon gelten. Die sittlichen Ideale, die er beschreibe, seien nicht typisch soldatisch, sondern gälten für alle. Der Beruf des Soldaten sei gehorchen, egal, welche Regierung gerade befehle. Dadurch werde er »zum Lügen gezwungen«. Sie verstehe zwar, dass er Menschen erziehen wolle, tatsächlich bilde er sie aber »für den Krieg« aus. Der Vergleich mit dem Christsein passe nicht, denn kein Christ würde gezwungen, »anders zu sein als es seine [des Christentums] Hauptforderungen verlangen«. Ein Soldat müsse aber gehorchen, egal, ob er den Befehl »für

gut oder für nicht gut hält«. Fritz hatte mit seiner Argumentation an preußische Traditionen von Ehre und Pflicht, Mut und
Entschlossenheit angeknüpft. Das aber machte Sophie mit
einem einzigen scharf-sarkastischen Satz zunichte: »Du wirst
doch nicht glauben, daß es die Aufgabe der Wehrmacht ist,
den Menschen eine wahrhafte, bescheidene, aufrechte Haltung beizubringen.« Das war nicht als Frage gemeint, sondern
die Feststellung, dass die Hitlerarmee diese Werte pervertierte.
Fritz blieb ihr eine Antwort schuldig. Er könne ihr »zur Zeit
noch keine Erwiderung geben, da es sich letzten Endes doch
um grundsätzliche Fragen« handele, über die er sich noch
nicht klar sei »und die auch nicht von heute auf morgen zu
einer Lösung kommen können«, schrieb er am 3. September.
Vielleicht sollten sie sich darüber verständigen, was der »Sinn
und Zweck eines Volkes« sei, um Antworten zu finden.[43] Sophie antwortete ihm darauf am 23. September, als sie wieder
in Ulm war. Und sie würde weiter ihren politischen Verstand
schärfen in der Auseinandersetzung mit Fritz.

Zunächst musste sie das Praktikum hinter sich bringen, wo
sie das erste Mal auf sich alleine gestellt war.[44] Die vier Wochen im Sanatorium in der Nähe von Villingen-Schwenningen
waren für sie eine Herausforderung. Zwei Tage nach ihrer
Ankunft notierte sie:

Es gibt hier, in dem Kinderheim am Rand des südlichen
Schwarzwalds, viele Norddeutsche: sämtliche Tanten [Betreu-
erinnen] außer mir und viele Kinder. Das macht mir das Ein-
leben etwas schwer. So sehr nahe werde ich ihnen vielleicht
überhaupt nicht kommen. Es sind alles Kinder aus guten Ver-
hältnissen. Dies spürt man schon diesen kleinen Bürgern an.
Die großen Buben nähern sich am ersten. Ihnen ist eine Tante
ein höchst unterhaltendes Wesen, zumal sie an Jahren nicht
viel mehr hat als der Bengel selbst. [...] Besonders Killi, halb
kindlich, halb männlich, schmeichelt den Tanten. Ich weiß

nicht, soll ich diese Jünglinge, diese verhätschelten Blutsauger lächerlich finden oder bloß verzogen. Jedenfalls würden ihnen einige Tage bei abgehärteten Buben nicht übel tun.[45]

Die Arbeit war ermüdend und die Möglichkeit zu Gesprächen gering:

> Tante Gisela und Tante Annemie sind fort. Nun häuft sich das Geschäft. Von der Mittagspause bleibt die Hälfte. Hoffentlich reisen in der nächsten Zeit viele Kinder ab. Keinem außer Klaus würde ich nachtrauern. Nur bei Lilo hat es mir leid getan. Sie war schon 17, groß, ruhig, immer ein bißchen überhalb. Ihr Anblick unter dem Gewusel tat richtig wohl. Auch beim Spazierengehen konnte ich wenigstens mit ihr über etwas anderes sprechen als über Karl May und über die Freunde der Tanten.[46]

Sophie musste nicht nur mit kleineren Kindern arbeiten, sondern auch mit diesen »großen Bengel[n] u. verwöhnten Dämchen«. Ihr Urteil: »Das Unangenehmste bleibt dabei immer ihr schon stark entwickeltes Spießertum.«[47] Die etwas älteren Jungen machten sich einen Spaß daraus, Sophie in Verlegenheit zu bringen. Wenn sie »einen großen Buben gerade anfange herabzukanzeln«, stimme der »grinsend« den Schlager von Zarah Leander an: »Kann denn Liebe Sünde sein?«[48] Die Dreizehn- bis Sechzehnjährigen sahen, wie peinlich der Neunzehnjährigen diese anzügliche Frage war.

> Das Kindersanatorium in Bad Dürrheim wurde von einem Major und seiner Frau geleitet: Frau Major ist sehr nett [...]. Aber mir ist sie zu laut. Dabei überhört man zu gern die Stille. Das Gefühl hat man bei ihr. [...] Ich habe mich an niemanden angeschlossen, ich habe auch gar nicht das Bedürfnis. Im Gegenteil, ich bin dankbar für jede Minute, die ich allein sein darf.

Allein sein und die Stille hören – welch poetischer Seelenwunsch Sophies.

»Leider« hatte sie eine Zimmergenossin: »Ich habe aber schon künstlich einen Streit mit ihr inszeniert, damit ich nicht mit ihr zu sprechen habe.«[49] Sie habe »ein Gehirn wie eine Henne und 130 Pfund unsympathisches Fleisch. Außerdem wäscht sie sich nie und hält sich für schön. Das übrige kannst Du Dir denken.«[50] Die Kollegin sei geschwätzig und hysterisch; Sophie empfinde »fast körperlichen Schmerz in ihrer Nähe und ihrem lauten Wesen, ihr Schnarchen im Schlaf u. das Geräusch des Atmens mit verstopfter Nase« reibe ihre Nerven auf. Doch sie hoffte, daraus zu lernen: »Vielleicht tut es mir deshalb ganz gut, neben ihr zu schlafen, damit ich von solchen Äußerlichkeiten etwas unabhängig werde.«[51] – »Aber weißt Du«, schilderte sie Fritz, »wenn ich eine halbe Stunde frei habe, so bin ich nur in meinem trübseligen Zimmerchen allein (und das oft nicht). Viel anfangen kann ich in der Zeit nicht. Ich habe zwar das Stundenbuch [Rainer Maria Rilkes] bei mir, ich kann es gerade gut gebrauchen, denn in Wirklichkeit sind es doch diese halben Stunden, die meinem Tag das Gesicht geben.«[52] Mit Rilke konnte Sophie alleine sein und die Stille hören. Die Gedichte waren eine Auszeit in ihrer täglichen Arbeit:

Ich muß durchschnittlich 5 Kinder abends von Kopf bis zu Fuß waschen, anziehen u. dann noch 10 andern die Ohren u. Nägel nachsehen bzw. putzen, Waschwasser nachfüllen usw. Heute wurde es 10 Uhr bis ich ganz fertig war.[53]

Sophie blieb bis zum 11. September in Bad Dürrheim. Allmählich hatte sie sich doch gut eingelebt und konnte der Nachfolgerin – ihrer Schwester Elisabeth – den Arbeitsplatz übergeben:

Der Abschied fiel mir schwerer, als ich es für möglich gehalten hätte. [...] Zum Schluß wurde ich noch reichlich belohnt. Die

Frau Major war sehr herzlich zu mir (ich habe mir langsam aber sicher beider Zuneigung errungen [...]) u. gab mir 50 RM, mein erstes selbstverdientes Geld.

Rückblickend erklärte sie Fritz, da sie sich auf den »warmen Kreis«, den »schönen Boden« ihrer Eltern und Geschwister habe verlassen können, habe sie im Kindersanatorium alles leicht ertragen. Sie habe sich oft selbst gewundert, woher ihre Heiterkeit gekommen sei:

> Und da habe ich immer größere Sehnsucht bekommen nach einem Grund, der mir immer ist, unabhängig von jeglichen Einflüssen. Dann erst könnte man die wahre Heiterkeit besitzen. So aber fühle ich mich manchmal verlassen.[54]

Am 16. September begann für sie das zweite Halbjahr ihrer Ausbildung im Fröbelseminar. Die Tage dazwischen verbrachte sie in Ulm und bei Lisa Remppis in Leonberg.[55]

Für Hans Scholl war indessen Anfang August der Dienst im Militärhospital Mourmelon zu Ende gegangen, und er wurde nach Versailles versetzt. Ende September kehrte er nach München zurück und war für das Medizinstudium bis Januar 1941 freigestellt.[56] Fritz nahm am Frankreichfeldzug teil, war aber als Nachrichtenoffizier immer in der Etappe tätig. Über Belgien gelangte er nach Nordostfrankreich, ab Juli 1940 versah er seinen Dienst im Badeort Wissant, nahe Calais, an der Straße von Dover. Von dort fuhr er mehrfach nach Holland, um die Truppenverpflegung zu organisieren. In Wissant blieb er bis Mitte März 1941.

Am 23. September antwortete Sophie aus dem Fröbelseminar nur indirekt auf Fritz' Frage vom Monatsanfang, was sie denn unter »Volk« verstehe.[57] Die halbe Stunde, die sie Zeit habe, reiche nicht, um ihre »Ansicht über Volk« darzulegen. Für Sophie stand der rational begründete, an objektiven Kriterien ausgerichtete Wert der Gerechtigkeit über allem. Dahinter müssten alle subjektiven Gefühle für Volk, Vaterland, Sippe und Familie zurücktreten: »Gefühle leiten oft irre«, und »Sentimente für alte Weiber« seien ein bequemer Weg, dem Denken auszuweichen. Sophie Scholl reflektierte nicht die häufig praktizierte nachträgliche Rechtfertigung bereits gefällter Gefühlsentscheidungen durch Verstandesargumente. Doch ihre Überlegungen beinhalteten schon hier die spätere Einstellung, man müsse sich auch gegen die eigenen Soldaten wenden, wenn ihr Handeln nicht der Gerechtigkeit entspreche: »Ebenso unrichtig finde ich es, wenn ein Deutscher oder Franzose od. was er sein mag, sein Volk stur verteidigt, nur weil es sein Volk ist.« – Hitler hatte über Jahre hinweg erfolgreich Affekte mobilisiert, um eine Reflexion zu vermeiden. Dem setzte Sophie das Denken entgegen.

Der Briefwechsel zwischen Sophie Scholl und Fritz Hartnagel war von Anfang an spirituell grundiert, jetzt aber verstanden sie »das Höhere« ganz bewusst als Dreh- und Angelpunkt ihrer Liebe. Der Wunsch nach einem gottgegenwärtigen Leben erweiterte und festigte ihre Verbindung. Dennoch kam drei Wochen kein Brief von Fritz. Am 7. November hörte sie »Gott sei Dank« wieder etwas von ihm – »Was mußten wir in der letzten Zeit alles vermuten.« Ob ihr Verhältnis vielleicht der Grund seines Schweigens sei, »ob Du nicht stumm ein bitteres Gefühl gegen mich in Dich hineinfrisst«. Sie fand, »man soll gleich alles ins Reine bringen, da man nie weiß, ob einem die Zeit ein andermal dafür vergönnt ist«.[58] Die Realität des Todes war im Krieg dicht herangerückt.

Drei Tage später schrieb sie ihm einen Brief, in dem sie sich ausführlich Gedanken über sein Schweigen machte.[59] Ursache sei gewiss der Brief gewesen, den sie vor seinem Urlaub gesandt habe, den er aber erst drei Wochen später gelesen habe, als er wieder zurück in der Kaserne war. Am 23. September hatte sie ihm aus dem Fröbelseminar geschrieben, es sei besser,

wenn sein Urlaub nicht mit dem von Hans zusammenfiele, sie
könne sich dann ihnen beiden »uneingeschränkter widmen«,
und sie hatte ihm indirekt zu verstehen gegeben, dass sie den
unbedingten Treueeid der Soldaten für verkehrt halte. Nun
glaubte sie, einen »ungeschickten, weil in der Eile und deshalb
kalt geschriebenen Brief« verfasst zu haben. Sie habe das Gefühl, »als habe eigentlich er [der Brief] eine Hauptschuld an
Deiner augenblicklichen Stimmung«. Die gemeinsame Ur-
laubszeit sei weder für ihn noch für sie »Tage des Ausruhens«
gewesen: »Ich habe es auch schmerzlich vermisst, dass Du nie
ganz gelöst warst. Es hätte Dir und mir vieles leichter gemacht.« Aber da sie daran nichts mehr ändern könnten, ginge
der Blick nach vorne: »Und wenn wir's mit einsichtigem Herzen nehmen wie es ist, und von da aus versuchen, weiterzu-
bauen, so wird es auch gut.« Sie habe schon überlegt, ob sie
auf seine Briefe verzichten solle, »weil es ja ein egoistischer
Grund ist, der mich weiter an Dich schreiben lässt. Aber ich
glaube, dass es nicht einmal notwendig ist. Vielleicht ist es
nicht einmal gut.«

Sie vermutete, er sei beim Militär »allein«, also ganz auf
sich gestellt, und diese Umgebung sei so ganz anders als die
»Atmosphäre«, für die sie ihn gewinnen möchte: »Und im
Grunde bist Du schon halb an meine Seite gezogen, und wirst
Dich dort [beim Militär] niemals mehr ganz wohlfühlen.« Sie
sah sich mit Fritz in einem gemeinsamen Kampf, »nicht zu-
rückzusinken ins Wohlbehagen, in Herdenwärme, ins Spiess-
bürgertum«. Die Ablehnung der »Masse Mensch«, die sich
schon früh bei ihrem Vater und ihrem Bruder Hans zeigt, hat
auch Sophie sich zu eigen gemacht. Dazu müsse man die Einsamkeit ertragen, obwohl Fritz sich »anscheinend sehr verlassen« fühle. Streng wies sie ihn zurecht: »Hier kann ich Dir
nicht helfen. Hier darf ich Dir nicht helfen. Wenn es mir auch
noch so wehe tut. Das weisst Du alles selbst. Ich kann Dir nur
raten, Dich emporzuraffen (wie lächerlich das klingt).« Sie

riet ihm, Bücher zu lesen, »und wenn es noch so anstrengend ist«. Sie komme aber selbst nicht dazu, da sie »bis zum Kopf in ungeliebter Arbeit stecke«. Nachdem sie ihn so belehrt hatte, folgte der halbe Rückzieher: »Lieber Fritz, halte mich doch nicht für gedankenlos.« Meinte sie wirklich »gedankenlos« oder doch eher gefühllos? Das passte dann zu dem unmittelbar folgenden Statement: »Hart sein ist viel schwerer als weich werden.« Hatte sie den zweiten Teil ihrer Maxime vergessen, es sei wichtig, einen harten Verstand und ein weiches Herz zu haben?[60] Wenn es nach ihr gehe, solle es eine gemeinsame Zukunft geben: »Wenn ich Dir nur etwas zuliebe tun könnte, was Dir und mir hilft«. Und kokett: »Magst Du mir noch schreiben?«

Als Fritz nach einer Woche in Holland am 17. November nach Frankreich zurückkehrte, fand er sieben Briefe von Sophie vor. Er konnte zunächst nur kurz antworten, doch am nächsten Tag ging er auf seinen Gemütszustand ein.[61] Er ahnte nicht nur ein neues spirituelles Fundament, sondern auch eines für ihre Beziehung: »Ich dachte auch an einen neuen Boden für uns beide, daß wir nun nicht mehr zueinander gehen, sondern miteinander, einen Weg, nach dem wir uns wohl beide sehnen.« Er sei »in jeder Beziehung auf einem Null-Punkt angekommen«, sodass er »ganz von vorne anfange«. Er wisse und könne nichts. Das sei vielleicht ein »lächerliches Minderwertigkeitsgefühl«, aber er werde es nicht ganz los. Oft glaube er, Sophie wolle vor ihm davonlaufen, »wie damals, als wir an der Donau gingen, daß ich Dich hemme auf Deinem Weg und Dir nur eine Last bin«. Er wolle nicht nur aus Mitleid geduldet und fürsorglich behandelt werden: »Ich fühle mich nirgends ganz wohl, wo ich nur Gast bin, wo ich kein Heimatrecht habe, und ich will lieber verhungern als Almosen nehmen.« Er sei nicht wütend auf sie, nur manchmal, wenn er müde sei, traurig.

Sophies nächster Brief überschnitt sich mit Fritz' letztem Schreiben, sodass sie noch nicht darauf einging. Am 19. No-

vember klagte sie über die »übergrosse Arbeit« für das Fröbelseminar, in der sie »vermutlich noch bis Februar oder März
stecke«, ihre Briefe seien darum »ein Produkt der Hast«.[62]
Doch manchmal nahm sie auch Abstand davon: »Wenn ich
mich manchmal gerne über die Arbeit hinaussehnen würde, so
geht es mir doch gut.« Sie sehnte sich schon nach der Weih-
nachtszeit: »Ich freue mich sehr auf die Adventsabende, wenn
die Lichter wieder brennen und wenn wir manchmal zusam-
mensitzen und auch singen.« Während der Weihnachtsferien
wolle sie »keinen Finger für die Schule [Fröbelseminar] rüh-
ren« und hoffte, dass ihre Pläne für eine gemeinsame Zeit in
Erfüllung gingen.

Am 24. November beantwortete sie Fritz' depressiven
Brief vom 18. des Monats.[63] Unwillig fragte sie ihn, was sein
Satz von »Heimatrecht und Almosen« bedeuten solle. Angeblich verstand sie den Sinn nicht, doch spürte sie sehr
wohl, dass Fritz sein Zuhause, seinen Heimatort bei ihr
suchte. Das wies sie schroff zurück: »Es ist besser, man sucht
die Heimat nicht ausser sich, dann ist man auch nicht auf
Almosen angewiesen.« Mit anderen Worten: Suche Geborgenheit nicht bei Menschen, auch nicht bei mir. Nur so
bleibst du unabhängig. Denn: »Wie schnell kann man eine
scheinbar sichere Heimat bei Menschen verlieren.« Wo sie
sich selbst verortete, machte sie klar: »Man soll unvergängliche Dinge nicht im Vergänglichen suchen.« Heimat war für
sie also ein ideeller, ein immaterieller Wert. Das war die
Quintessenz eines Jesuswortes: »Ihr sollt euch nicht Schätze
sammeln auf Erden, wo Motten und Rost sie fressen und wo
Diebe einbrechen und stehlen. Sammelt euch aber Schätze im
Himmel, wo weder Motten noch Rost sie fressen und wo
Diebe nicht einbrechen und stehlen.«[64] Da war Sophie Scholl
spirituell beheimatet.

Auf der Suche nach dem »Höheren« als Basis für ihre Liebe
hatte Fritz Hartnagel gerade angefangen, ein Buch zu lesen,

von dem er nicht mehr loskam: »Es ist Hermann Hesse's ›Weg nach innen‹.« Er konnte »gerade jetzt wohl kein schöneres Buch« für sich finden. »Es ist mir beinahe zur Bibel geworden, da es in Worten andeutet, was ich selbst begann zu ahnen, als ich Dir schrieb, ich will still und bescheiden sein.«⁶⁵ Der Titel des Buches ist nach einem Gedicht gewählt, das Hesse 1918 geschrieben hatte:

Weg nach innen

Wer den Weg nach innen fand,
Wer in glühndem Sichversenken
Je der Weisheit Kern geahnt,
Daß sein Sinn sich Gott und Welt
Nur als Bild und Gleichnis wähle:
Ihm wird jedes Tun und Denken
Zwiegespräch mit seiner eignen Seele,
Welche Welt und Gott enthält.

Der Weg nach innen war also ein Pfad geistiger, meditativer Erkenntnis. »Lange Zeit« habe er sich »den Piotr (von Klabund) zum Vorbild genommen«, so Fritz. Ob Sophie begreife, welchen Weg er damit gegangen sei. Die Titelfigur von *Pjotr. Roman eines Zaren*, Zar Peter (Pjotr) der Große, errichtet mit großer Brutalität ein Weltreich, aber auf dem Sterbelager fasst er sein ekstatisches, gottloses Leben mit den Worten zusammen: »Es war alles umsonst.«⁶⁶

Im weiteren Verlauf seines Briefes machte Fritz deutlich, dass für ihn »die Hingabe an einen Menschen schon Erfüllung wäre und letzter Sinn«. Er räumte ein, dass man sich nicht nur nach »Wärme« und einem »Geborgensein bei dem Nächsten« sehnen solle, doch »wer hat soviel Kraft ganz allein zu gehen? Überkommt nicht jeden einmal Müdigkeit [...], und wenn dann keiner ist, der einem Halt gibt«, bliebe man doch gleich

liegen. Es war die erneute Bitte, Sophie möge ihn nicht allein-
lassen, sondern weiter mit ihm gehen.

Das nächste Schreiben von Sophie ist auf denselben Tag datiert wie Fritz' Schreiben, den 25. November 1940. Sie antwortete darin auf einen Brief, der nicht vorliegt, inhaltlich ist
es aber eine Fortsetzung ihres Schreibens vom Vortag. Sie begann mit einem Paukenschlag: »Am liebsten hätte ich, nachdem ich den Brief gelesen habe, nein gerufen. Das möchte ich
auch jetzt noch. Dies ist nicht der rechte Weg, nicht die wahre
Einsicht, die aus dem Brief spricht.«[67] Und es ging im Fortis-
simo weiter, denn sie fühlte sich von ihm bedrängt: »Du sollst
nicht in jeder freien Stunde an mich schreiben wollen. Nicht
einmal denken.« Er baue sich ein Gedanken-, ein Traumge-
bäude. Sie leugnete frühere Gefühle: »Wenn Dir meine Briefe
Berechtigung zu diesen Träumen gegeben haben, dann sind sie
falsch, unrecht ausgedrückt oder missverstanden.« Sie möchte
ihn »so hart machen«, wie er jetzt sein müsse, so hart, wie sie
selber sein wolle. Provozierend fragte sie ihn, ob sie etwa die
Korrespondenz einstellen solle. Ihr Ideal fasste sie in dem Satz
zusammen: »Man sollte das Leben eines Mönches führen, ehe
man sich hineinstürzt, wohin Gefühl und Begehren wollen.«
Das war nicht als zeitliche Reihenfolge gedacht – zuerst
Keuschheit und dann Wollust –, sondern als Grundsatzent-
scheidung. Sie propagierte Askese, Zucht, das Absterben jeg-
licher Empfindungen, erst recht jedweder Gelüste. Sexualität
verstelle nur den Weg für das wirklich Wichtige. Dabei sei sie
gar nicht »hart, unbarmherzig«, sie wolle nur Fritz' Blick
dahin lenken, wo für sie »das Erstrebenswerte des Menschen
ist«. Er müsse unabhängig von Stimmungen werden und »nur
noch eine Abhängigkeit« suchen. Für Sophie zählte jetzt einzig
und allein die Bindung an Göttliches.

Es ist schon mehrfach deutlich geworden, wie mitfühlend
Sophie war, doch hier wollte sie davon nichts wissen. Sie
wollte emotionslos-hart sein; aber sie überlegte doch, wie ihre

kalten Worte wohl bei Fritz ankamen, und schloss ihre Beleh-
rung mit: »Glaube, daß ich trotz allem mit warmem Herzen an
Dich denke.« Wieder einmal kollidierten Fritz Hartnagels
Wunsch nach Gemeinsamkeit und Hingabe mit Sophie Scholls
Verlangen nach Distanz und Souveränität.

Dementsprechend fiel auch der Antwortbrief von Fritz am
6. Dezember 1940 aus: »Wenn jeder von uns beiden seinen
ganzen Trost und Halt im ›Höheren‹ findet, dann ist der eine
dem anderen wohl überflüssig geworden. Was wollen wir
noch voneinander?« Und der nächste Satz klang wie der Rückblick auf eine gescheiterte Liebe: »Ich suchte in Dir einen Menschen, zu dem man immer kommen kann mit seiner Last [...],
mit dem man sich mit frohem Herzen über alles Schöne freuen
kann. Und ich hoffte dasselbe für Dich zu sein.« Aber er wolle
nun »versuchen[,] allein zu gehen«, obwohl er todmüde sei.[68]

Sophie wird diesen Brief von Fritz noch nicht erhalten
haben, als sie ihm am 8. Dezember erneut schrieb.[69] Als hätte
es ihren Brief vom 25. November nicht gegeben, skizzierte sie
unbefangen, dass es in Ulm schon zu dunkeln begonnen habe
und »von drunten [...] das Gebimmel und Gebrumme der
Messe« zu ihr hochdringe. Es rieche nach »Tannen, nach Ho-
nigkerzen und Brötchen«, und sie dürften heute die zweite
Adventskerze anzünden. Bis ihr Päckchen bei ihm angekommen sei, könne »man schon die Kerzen am Christbaum anzünden«, und sie verabschiedete sich »mit herzlichen Grüßen und
Wünschen«.

Verständlicherweise äußerte sich Fritz am 10. Dezember
verwundert über die Briefe, die er »gestern und heute« bekommen habe.[70] Entweder sei alles »ein großes Missverstehen«,
oder das seien die »Almosen«, von denen er geschrieben habe,
die er aber nicht haben wolle. Und nun kam der Gegenschlag:
»So unfassbar es nun auch ist, aber ich sehe keinen Weg mehr
zu Dir.« Das wäre eigentlich das Ende ihrer Liebe gewesen,
aber so einfach machten es sich die beiden nicht. Fritz wollte

nicht aufgeben: Der von Sophie geforderte »Weg zu höheren Dingen« könne doch leichter beschritten werden, wenn man »nicht ganz allein« bleibe, sondern »Trost und Halt und neue Kraft« aneinander finde. Es könnte sich ja vielleicht – er hatte es schon angedeutet – um ein Missverständnis handeln, Sophie habe seine Briefe »nicht richtig verstanden«. Er suche doch gar nicht in erster Linie »die körperliche Wärme, etwas Sinnliches«, auch wenn er sich zuweilen gegen dieses Verlangen »wehren« müsse. Es binde ihn hauptsächlich »etwas seelische Wärme und Herzlichkeit« an sie. Zum Schluss bat er sie – vielleicht zur Erinnerung – um eine »Zeichnung von Dir, irgendeine Skizze von früher, nur ein pa[a]r Linien von Deiner Hand«.

Sophie schrieb am selben Tag, dem 10. Dezember, sie werde seine Briefe später »gründlich« beantworten, allerdings wolle sie in ihrer Lektüre nicht mehr in Gefühlen schwelgen, nur früher sei ihr Gefühl alles gewesen. Am 13. Dezember 1940 informierte Sophie Lisa, dass Fritz der Familie weiterhin Päckchen schicke. Sie akzeptiere das, weil Schenken sein Selbstbewusstsein stärke. Die »endgültige Trennung« werde ihm aber »bewusster« und gereiche ihm so »zum Guten«, doch es bleibe eine »Kraftprobe«.[71] Der Ausgang des Kräftemessens blieb offen, denn was Sophie ihrer Freundin mitteilte, unterschied sich von dem, was sie Fritz sagte. Drei Tage zuvor schloss sie ihren Brief an ihn mit: »Sei herzlich gegrüßt u. schreib mir, sobald Du Lust hast. An Deinen Briefen liegt mir gerade soviel.«[72] Und zwei Tage vor der Trennungsmitteilung an Lisa beschwerte sie sich, nun schon mehr als zwei Wochen lang nichts von ihm gehört zu haben. Sie wolle ihn »überhaupt nicht mehr beeinflussen«, aber sie möchte »noch viel mehr Anteil« an ihm nehmen. Es beunruhige sie, wenn sie so wenig von ihm erfahre. Sie möchte an seinem Leben »teilnehmen [...], um nicht einmal eine Pflicht zu versäumen«.[73] Mit Pflichttreue begründete sie auch gegenüber Lisa Remppis

– mehr als ein Jahr später – das Verhältnis zu Fritz.[74] Sie wollte
Abstand halten: nicht lieben, sondern eine ihr zugewiesene
moralische Aufgabe erfüllen.

Am 15. Dezember erfolgte dann schon die halbe Kehrt-
wende von der angeblichen »endgültige[n] Trennung«. Es
schmerzte sie, dass Fritz »soviel Bitternis« in sich habe, und sie
übernahm seine Formulierung: »Es liegt wohl ein großes Missverstehen vor zwischen uns«, aber es liege an ihm, denn er
könne oder wolle sie nicht verstehen: »Glaubst Du denn, daß
man zwei Herren dienen kann?«[75] Sophie zitierte damit ein
Jesuswort: »Niemand kann zwei Herren dienen: Entweder er
wird den einen hassen und den andern lieben, oder er wird an
dem einen hängen und den andern verachten.«[76] Es ging ihr
nicht um den Widerstreit zwischen Soldat- und Christsein, sie
forderte ihn nicht auf, sich für das eine oder das andere zu
entscheiden, sondern sie benannte den Antagonismus zwischen Körperlichkeit und Geistigkeit. Sie »zweifle fast daran
[...], auf die Wärme des Menschen verzichten« zu können:
»Aber ich möchte es können.« Der Zentralsatz dieses Briefes
benannte die beiden »Herren« klar, zwischen denen man sich
entscheiden müsse: »Glaubst Du nicht, daß das Geschlecht
könnte vom Geiste überwunden werden?« Sie sah Eros und
Spiritualität unversöhnlich gegenüberstehen und wollte nur
einem »Herren« dienen. Eine mönchisch-nonnenhafte Leib-
feindlichkeit dominierte Sophies Denken.

Deutlich wurde das auch in ihrer Lektüre um den Jahres-
wechsel 1940/41. Sie las – zusammen mit anderen – Georges
Bernanos' *Tagebuch eines Landpfarrers*. Es bewegte Sophie:
»Wenn Du es nur irgendwie zum Lesen bekommen könntest.
Ich jedenfalls möchte es einmal besitzen.«[77] Im Roman wird
ein junger katholischer Pfarrer in eine abgelegene Gemeinde im
nordfranzösischen Artois versetzt. Voller Elan über seine erste
Pfarrei stürzt er sich in die Arbeit. Er hofft, die Menschen zum
Glauben führen zu können. Aber seine Träume zerschlagen

sich schnell: Je entschiedener der Pfarrer wird, desto deutlicher wenden sich die Menschen von ihm ab. Weil er mit den einfachen Menschen in seinem Dorf nicht zurechtkommt, sucht er den Kontakt zu den Herrschaften im nahen Schloss. Aber auch dort stößt er auf Ablehnung. Die Familie leidet an ihrer eigenen Tragödie. Vor Jahren starb der Sohn, und die Tochter Chantal ist völlig auf sich alleine gestellt. Der Vater hat kein Interesse an ihr, und die Mutter ist immer noch von ihrer Trauer befangen. Chantal sucht die Hilfe des Pfarrers, aber der ist mit dieser Situation überfordert. Nach dem Tod der Mutter verbreitet sie Lügen über das letzte Gespräch zwischen ihrer Mutter und dem Pfarrer und isoliert ihn damit endgültig im Dorf. Das Buch ist geprägt von Kälte, Regen, Dunkelheit, Einsamkeit, Unverständnis, Krankheit und einer Religiosität mit fanatischen Zügen. Es ist eine Geschichte des Scheiterns.

War Sophie so fromm wie der Pfarrer, fühlte sie sich so einsam wie er und sah deshalb darin ihr eigenes Schicksal? Jedenfalls spürte sie eine große Distanz zwischen sich und den anderen: »Auf der Rückfahrt von der Skifahrt im Zug: Selbst die Jungen, die ich im Zug soviel sah, waren nimmer jung, sie benützten ihre Jugend nur zum Genuß.« Der Gegenbegriff zum Genuss war für sie das Gute: »Aber meine Geschwister u. Freunde, wenn auch oft unbeholfener, unwissender, waren doch voll guten Willens. Oder voll Willens zum Guten.«[78] Da war es wieder: Ihr Bruder Hans wollte »das Rechte tun«, für Sophie war das Rechte das Gute. »Sophie Scholl – der Wille zum Guten«, wäre eine Überschrift für ihr Leben, oder erweitert: »Sophie Scholl – der Wille zum Gerechten, Wahren und Guten«.[79]

Sophie wollte auf der Basis dieser Erkenntnis des Guten die Verbindung zwischen sich und Fritz neu austarieren. Sie wisse ja, sie könne darauf bauen, dass er sie liebe, doch »deshalb müssen wir uns ja nicht binden. Ich merke, wie ich Dich von neuem, anders, lieb gewinne. Ich habe Dich gern um des Guten

willen, das in Dir ist, um dessentwillen, daß Du ein Mensch
bist. Das kann seltsam verbinden. [...] Denn nun bist Du, u.
erst jetzt, richtig gewillt, zu mir zu finden.«[80] Also: Nicht sie
wollte ihn suchen, sondern er sollte auf die rechte Art zu ihr
finden. Sie denke oft an ihn, »nachdem wir uns freigemacht
haben«. Es sei »herrlich, seine Freiheit zu fühlen, in einer kalten, aber klaren Luft. Sollte man überhaupt Geborgenheit,
Sicherheit bei einem Menschen suchen? Sollte der Gegenstand
dieser Sehnsucht nicht ein anderer sein?« Sie fühle sich ihm
»näher verbunden wie zuvor«, da sie »ganz frei einander gegenübertreten können«.[81] Darüber, worauf die »andere Sehnsucht« sich richten sollte, gibt ein Kaufauftrag Sophies an Fritz
Auskunft. Er möge doch schauen, ob er Bücher von Paul Claudel, Francis Jammes, Georges Bernanos und Antonin-Gilbert
Sertillanges erstehen könne.[82] Durch diese religiös inspirierten
Werke hoffte Sophie ihre »andere Sehnsucht«, die nach Gott,
stillen zu können.

Ende Februar 1941 berichtete Fritz, in Amsterdam herrsche
»gerade Belagerungszustand, da die Zivilbevölkerung gegen
die Judenverhaftungen, die in den letzten Tagen vorgenommen
wurden, demonstrierte. Die Straßenbahnen und ein Großteil
der Geschäfte streikten. Die SS ging mit Waffengewalt gegen
die Menschenansammlungen vor, wobei es zwanzig Tote gegeben haben soll. Die Bevölkerung ist natürlich äußerst erbit-
tert.«[83] Solcherlei Informationen durften versendet werden,
hatte die Feldpost doch zwei Maßgaben: die Stimmung der
Truppe möglichst genau einzufangen und den Anforderungen
der militärischen Zensur zu genügen. Letztere verletzten Fritz'
Beschreibungen nicht. In der niederländischen Hauptstadt
waren am 23. und 24. Februar mehr als vierhundert Juden
verhaftet und in Konzentrationslager verschleppt worden. Der
folgende zweitägige Streik Amsterdamer Unternehmen, Ver-
sorgungsbetriebe und Verwaltungseinrichtungen legte das öffentliche Leben lahm. Anders als Fritz schrieb, wurden bei der

Niederschlagung des Aufstands nicht nur einige Niederländer
getötet oder verletzt, sondern auch mehrere Hundert verhaftet.[84]

Sophie reagierte am 7. März auf Fritz' Schilderung. Ihre Erwiderung ist befremdlich: »Übrigens, daß man überall (wie in Amsterdam) radikal vorgeht, finde ich nur gut. Es verwirrt die Erkenntnis der ganzen Sache weniger, als wenn man hier etwas gutes, dort etwas schlechtes findet und nicht weiß, welches nun das wahre ist.«[85] Nach ihrer Meinung sollten Menschen sterben, damit die Boshaftigkeit der »Schutzstaffel« entlarvt werde. Dann endlich wären Schwarz und Weiß klar getrennt, alle Grautöne getilgt und die NS-Herrschaft als Barbarei entlarvt. Eindeutigkeit und Absolutheit – bis an die Grenze zur rücksichtslosen Brutalität getrieben – waren Charakterzüge von Sophie. Sie billigte erschossene Zivilisten in Amsterdam und später erfrierende Soldaten in Russland, als sie den Boykottaufruf von Sammelaktionen unterstützte.[86] Das nationalsozialistische Deutschland sollte den Krieg verlieren, damit das massenhafte Morden ein Ende fand.

Fritz wollte von seiner militärischen Umgebung ab- und zu Sophie hinrücken. Darum berichtete er ihr, wie verschieden seine Ansichten von denen seiner Kameraden seien. So habe er mit einem neuen Militärarzt diskutiert, der die Meinung vertrat, alle gefangen genommenen »Neger« sollten erschossen werden. Fritz habe das als »Mord« bezeichnet.[87] Mit seinen Kameraden habe er über »Hysterie, den Wert des Menschen, über Gott und schließlich über die Frau« gesprochen: »Meistens war ich mit meiner Meinung allein und es ist sehr schwer mit Menschen zu sprechen über solche Themen, die von ihrer Ansicht und von sich so eingenommen sind, daß alles andere einfach Quatsch ist.«[88] Und einen Tag später ergänzte er, »bei dem Gespräch über die Frau, von dem ich Dir gestern kurz schrieb, wurde gesagt, daß die Frau immer anlehnungsbedürftig ist. Ich war der Ansicht, daß das jeder Mensch sei, ich selbst würde dieses Bedürfnis auch empfinden, worauf mir entgegnet wurde: ›Dann sind Sie eben kein Mann!‹«[89]

Sophie absolvierte ab dem 17. März 1941 in einem Ulmer Säuglingsheim ein zweiwöchiges Praktikum als Abschluss ihrer Ausbildung zur Kindergärtnerin. Am ersten Tag berichtete sie abends Fritz.[90] Sie sei »schon rechtschaffen müde«, da sie von 6:30 bis 18:30 Uhr arbeiten müsse und »den ganzen Tag nicht zum Sitzen komme [...], außer zum Mittagessen«. In ihrem Saal versorgte sie »8 kleine Kinder, von 3–12 Monaten«, die »im allgemeinen arg nett« seien. »Was immer herrscht, ist eine ungewöhnliche Hitze und Geschrei.« Sie hoffte weiterhin noch »leise«, dass ihr der Arbeitsdienst als Kindergärtnerin »geschenkt«, also erlassen werde. Dann ging sie auf seinen Brief vom 10. März ein, wo es um »typische« weibliche und männliche Gefühle ging und in dem man Fritz vorgeworfen hatte, er sei aufgrund seiner Emotionalität kein richtiger Mann. Ihre Antwort liest sich wie ein kleiner Beitrag zur Genderkultur:

> Ich finde es nicht ganz klug von Dir, daß Du Dich beim Gespräch soweit einlässt, daß es eine solch persönliche Färbung erhält, wie dies scheinbar [anscheinend] bei dem von Dir angeführten der Fall war. Sicherlich hast Du den andern damit gar nichts genützt, und Dir nur etwas vergeben. Ich kann es auch nicht leiden, wenn man das Wesen der Frau so gerne definieren will. Es hat einen so verborgenen genießerischen Anstrich. Besonders imponiert sicher das Anlehnungsbedürfnis. Ob vorhanden oder nicht, ich glaube, im Wesentlichsten spielt diese Eigenschaft keine große Rolle. Der Überbegriff heißt: Mensch. – Aber diese Begriffe werden wohl die wenigsten anerkennen.

Fritz hatte sich tatsächlich verwundbar gemacht, indem er so offen zu seinem Zärtlichkeits- und Schutzbedürfnis stand.

Doch er zeigte Stärke, das in einer chauvinistischen Umgebung zu tun. Ob seine Gesprächspartner wirklich – wie Sophie meinte – unbelehrbar waren oder ob später bei ihnen doch ein Nachdenken einsetzte, muss offen bleiben. Sophie jedenfalls lehnte es ab, auf eine bestimmte Rolle festgelegt zu werden. Das war in der Zeit des Nationalsozialismus mit ihren starren Verhaltensschemata außerordentlich emanzipiert. Statt des von Sophie benutzten Adjektivs »genießerisch« kennzeichnet wohl »voyeuristisch« besser jenen abschätzenden Männerblick, der Frauen zu Objekten macht. Dass Sophie das Anlehnungsbedürfnis, das hier für Schwachheit und Emotionalität steht, für nahezu unbedeutend hielt und stattdessen den abstrakten Oberbegriff »Mensch« bevorzugte, zeigt einerseits, dass sie nicht auf eine bestimmte Frauenrolle festgelegt werden wollte, macht aber auch die Distanz deutlich, die sie zur Erotik zwischen Frau und Mann wahrte.

Nach einer Praktikumswoche erhielt sie die »unerfreuliche Nachricht«, dass sie zum 6. April im Lager Krauchenwies bei Sigmaringen einen sechsmonatigen Reichsarbeitsdienst anzutreten habe.[91] Dass sie dem RAD nicht entgehen würde, befürchtete sie schon früher. Da hatte Fritz sie ermutigt, sie werde sich auch beim Arbeitsdienst »behaupten [...], besonders mit Deiner Liebe zu Menschen, die Du zumindest anstrebst. Andererseits bist Du Deiner Umgebung gegenüber doch viel empfindlicher als viele andere, weniger abgebrüht, wie ich es zum Beispiel [...] geworden bin. Du bist echter.«[92] Fritz sah das ganz richtig: Sophie war authentisch, unverstellt, sie schauspielerte nicht, sondern war sie selbst. Das führte natürlich auch zu Konflikten.

Nachdem Sophie die Benachrichtigung der Zwangsverpflichtung erhalten hatte, schilderte sie ihm, wie sie damit umgehen würde: »Ich habe mich aber mit dieser nächsten Zukunft schon zufrieden gegeben. Ich versuche immer so schnell wie möglich [mich] zu akklimatisieren (auch in u. an Gedan-

ken), damit erreicht man die größte Unabhängigkeit von allen,
angenehmen u. unangenehmen Umständen. Ich habe mich in
dieser Anpassungsfähigkeit schon soweit geübt, daß ich heute
nicht länger als 5 Minuten mit dem R. A. D. mich geärgert
habe.«[93]

Am 22. März 1941 bekam Sophie ihr Abschlusszeugnis. Die
Leiterin des Ulmer Fröbelseminars nannte in Sophies Schluss-
zeugnis als »auffallendes Merkmal« ihre »Unberührtheit«:
»›… stets ist sie (S. Scholl) lustig aufgelegt, nichts hatte sie jemals erregt.‹ Ich bin selbst ein bißchen platt über das Bild, das
ich solchen Leuten gebe.«[94] Sie fühlte sich geschmeichelt – sah
sie sich doch selber als Frohnatur: »Ich bedauere die Leute, die
nicht über jede Kleinigkeit lachen können, d. h. nicht an jedem
Ding etwas zum Lachen entdecken können, Salz und Pfeffer
des täglichen Lebens. Das muß mit Oberflächlichkeit nichts zu
tun haben. Ja ich glaube, in der traurigsten Minute könnte ich
noch etwas Lächerliches finden, wenn nötig.« Sie lasse sich
ihre »unverwüstliche Laune« nicht nehmen.[95] Sophie wollte
sich nicht unterkriegen lassen – »allen Gewalten zum Trutz«.

Fritz' Meinungsverschiedenheiten mit einigen Kameraden
schadeten seinem Ansehen bei den militärischen Vorgesetzten nicht. Er wurde »Kompanie-Chef einer selbständigen
Luftnachr.komp. bei einer Panzergruppe«.[96] Das musste er
Sophie erklären: »Auch weißt Du ja selbst, mit welchen Zweifeln ich dem militärischen Leben gegenüberstehe.« Einen Tag
später berichtete er stolz, die Kompanie umfasse »vorläufig
nur 70 Mann, sie soll aber 250 Mann stark werden«. Sieben
Tage später dann die Enttäuschung: Er habe »alles getan, um
eine gute Kompanie zusammenzubekommen. Und nun wurde
mir heute eröffnet, daß von höherer Stelle ein älterer Hauptmann als Komp.-Chef bestimmt wurde.« Sophie gegenüber
konnte er aufatmen: »Ich bin sogar einerseits recht froh darüber, […] um mehr Zeit für mich zu haben und für andere
Dinge, die mich zur Zeit mehr interessieren und wohl auch

wichtiger sind. [...] Aber mag es kommen wie es will, ich will meinen frohen Mut und die Zuversicht behalten, unabhängig von allen äußeren Begebenheiten.« Sophie und Inge sprachen ihm in einem gemeinsamen Brief Mut zu: »Mach Dir nur nicht zu viel Arbeit, der Krieg läuft auch so weiter. Und noch viel mehr als der Krieg läuft weiter, Gott sei Dank, zum Beispiel der Frühling.«[97]

Fritz und Sophie hatten sich vorgenommen, ihre Beziehung mit dem »Höheren« zu verbinden. Wenn er an sie denke, sei er bereits »in einer anderen Welt«, fand er am 26. März 1941. Gehe ihm zum Beispiel die Melodie »deus dominus ... ex gloria ...« durch den Kopf, glaube er, das sei mehr als ein Gefühl: »Ist sie nicht auch ein Klang aus jener anderen Welt.« Er »beginne erst einige wenige Zusammenhänge zu ahnen«. Es sei wie ein »in lauter kleine Stückchen zerrissenes Blatt Papier«, das er »wieder zusammensetze«, und er werde nicht eher davon ablassen, bis es wieder vollständig sei.[98] Das Lied, das leise in ihm klang, beginnt:

> Jesus ging im Garten, ex gloria.
> Dein Blümlein wollt' er warten,
> Deus Dominus, miserere nobis.

Diese Zeilen boten früher Kinder »unter andern vermischten Weihnachts-Gesängen zur Nachtzeit, an den Häusern, für ein kleines Geschenk« dar – so 1792 das *Journal von und für Franken*.[99] Besonders gern gesungen wurde es im Hohenlohischen. Die Gegend im Nordosten des heutigen Baden-Württembergs um die Flüsse Jagst, Kocher und Tauber war die ursprüngliche Heimat der Familie Scholl. »Ex gloria« ist die Kurzform von »Gloria in excelsis Deo« aus den Engelsworten der Weihnachtsgeschichte: »Ehre sei Gott in der Höhe und Friede auf Erden bei den Menschen seines Wohlgefallens.« »Deus dominus miserere nobis.« – »Gott Herr erbarme dich

unser« ist aus der Gottesdienstliturgie abgewandelt. In den
weiteren Strophen geht es um die schneeweiße »Ilige« – die
Reinheit symbolisierende Lilie –, das rosenrote »Negelein«
– die Liebe verkörpernde Nelke –, das himmelblaue »Veige-
lein« – das demütige Veilchen. In seiner reichen Symbolik ist
das Lied ein Trinitäts- und Marienhymnus.[100]

Zur spirituellen Neuausrichtung der zwei passte ihre Lektüre. Fritz las von den katholischen Theologen Romano Guardini *Die Bekehrung des Aurelius Augustinus. Der innere
Vorgang in seinen Bekenntnissen* und Erich Przywaras *Augustinus. Die Gestalt als Gefüge.*[101] Sophie mühte sich während
des Arbeitsdienstes stetig durch die *Bekenntnisse* Augustinus'.
In den Büchern geht es um das Finden einer persönlichen Got-
tesbeziehung durch Bibel und Gebet. Gleichzeitig macht Augustinus deutlich, dass Selbsterkenntnis erst durch Gotteser-
kenntnis möglich ist.

Und Sophie begann die Übersetzung des Romans *Ma fille
Bernadette* von Francis Jammes aus dem Französischen. Der
Autor hatte 1905 zum katholischen Glauben seiner Kindheit
zurückgefunden und sein Buch »Marie von Nazareth, der
Mutter-Gottes« gewidmet. Der deutsche Verlag meinte 1927,
das Werk sei »einer der eigenartigen pastellfarbenzarten Mäd-
chenromane«. Auf 121 Seiten berichtet der Erzähler von seiner neu geborenen Tochter Bernadette, die ihm Gott »unerwartet wie eine Schneeflocke mitten im Sommer« [...] vom
Grunde des Himmels« gesandt habe. Der Dichter begleitet sie
ins Leben. In ihrem Lächeln sieht er »die Glückseligkeit unserer ersten Eltern, wie sie mit Gott plauderten, während vor
ihnen die Pferde weideten«. Es ist ein sehr sentimentaler Text,
der aber wohl Sophies Stimmung in Krauchenwies und ihrer
Sehnsucht nach Geborgenheit entsprach:

Jedem Kind sein Nest. Und dieses Nest ist manchmal das
bloße Stroh, wie das unseres Herrn Jesus Christus u. in einem

Stall versteckt. So ahmt in seiner Demut Gott den Sperling nach. Und manchmal ist das Nest von Schilf wie das der Fluß-grasmücke, u. die Tochter des Pharaonen, die baden wollte, rettet Mose u. nimmt ihn mit sich.[102]

Jammes' mystisches Naturempfinden, seine Liebe zu allen Ge-schöpfen und das Ideal der Einfachheit ähnelten Sophies Ge-fühlen.

All diesen persönlichen Entwicklungen zum Trotz ging So-phie weiterhin zu den BDM-Treffen und arbeitete als Kinder-gärtnerin letztlich auch als Teil eines nationalsozialistisch ori-entierten Erziehungssystems. Sie hatte sich im Frühjahr 1941 noch nicht grundsätzlich vom Nationalsozialismus abge-wandt. Ihre Distanzierung geschah langsam und unter Schwankungen. Es gab keinen abrupten Bruch, es waren viel-mehr zögerliche Entwicklungen. Über Jahre hinweg entstan-den persönliche Abgrenzung und moralisches Bewusstsein, die schließlich zur politischen Tat führten. Religiöse und spiritu-elle Fragen des eigenen Seins zu durchdenken, war eine wich-tige Voraussetzung, um zu dieser eigenen Haltung zu finden. Aber noch im Frühjahr 1941 war bei Sophie Scholl das Pflicht-gefühl stärker als die Freiheitsbehauptung.

# 7. ARBEITSMAID

Im Januar 1941 äußerte Robert Scholl die Ansicht, »daß der Krieg noch dieses Jahr zu Ende« gehe.[1] Doch darin irrte er: Die Mordmaschinerie kam gerade erst richtig in Gang, und die gewaltsame Expansion war noch lange nicht am Ende.

Drei Monate später, im April 1941, begann Sophies bäuerlicher Arbeitsdienst im Lager Krauchenwies bei Sigmaringen in Oberschwaben, rund vierzig Kilometer nördlich des Bodensees. Dort befand sich seit April 1940 eines von fünf RAD-Lagern für Frauen im Landkreis Sigmaringen. Am 20. April 1941, Hitlers 52. Geburtstag, wurde sie zusammen mit den anderen »Arbeitsmaiden« auf ihn eingeschworen.[2] Ob sie dabei an ihren ersten Treueeid zurückdachte? Auf den Tag genau sieben Jahre zuvor hatte sie ihren Eid als Jungmädel stolz und begeistert geleistet. Doch vieles hatte sich seitdem geändert: Das Regime hatte ein Zwangssystem errichtet, und Deutschland befand sich im zweiten Kriegsjahr; der Aufbruchselan war verflogen, Hoffnungsideale waren enttäuscht worden. In Krauchenwies war Sophie nun ein halbes Jahr lang ganz auf sich selbst gestellt. Nur an wenigen freien Tagen durfte sie zu ihrer Familie ins rund fünfundsiebzig Kilometer entfernte Ulm fahren. Für viele junge Mädchen dieser Generation war der Reichsarbeitsdienst eine fröhliche, abwechslungsreiche Zeit, an die sie sich nach dem Krieg gerne erinnerten. Auch die allermeisten jungen Frauen in Krauchenwies empfanden ihren Einsatz nicht als Zwangskasernierung, sondern blickten später positiv auf den RAD zurück.[3]

Für Sophie aber waren die Monate eine Qual, sie fühlte sich als Gefangene. Dabei plagte sie weniger die Unterbringung in einem heruntergekommenen Schlossgebäude als vielmehr das Zusammensein in Zehnbettzimmern mit insgesamt achtzig anderen Frauen. Inge Scholl versuchte später, Sophies Einsamkeit in Krauchenwies eine politische Bedeutung zu geben:

> Sie [Sophie] litt oft tief während dieser Zeit, nicht zuerst unter der Vermassung, der Dummheit und der teilweise entsetzlichen sittlichen Verrohung mancher Mädchen, mit denen sie zusammen sein musste, vielmehr zuerst unter dem Gedanken, in einen Dienst gespannt zu sein, der unter den Fahnen des Nationalsozialismus stand.

Aber diese Monate waren, so Inge, »wieder eine wunderbare, wenn auch schwere Schule für ihr gerades, aufrichtiges Wesen«.[4] Wie elend und fremd sie sich fühlte, zeigt ein Foto von ihrem 20. Geburtstag. Umgeben von ausgelassen albernden Stubenkameradinnen in Einheitsschlafanzügen, kauert Sophie am Rand hinter ihrem Geburtstagstisch, niedriger als alle anderen; sie wirkt fast kindlich, traurig und zurückgezogen.[5]

Tatsächlich belasteten Sophie die anderen, das »Geschwätz« der neun Mädchen, mit denen sie einen Schlafraum teilte. »Bisher konnte ich mich noch ziemlich im Hintergrund halten, Dank meiner Schüchternheit«, notierte sie in ihrem Tagebuch. Vor allem, wenn ihre Kameradinnen sich »in zweideutigen Geschichten« und »Witzen« ergingen, tauchte sie ab. Männergeschichten – »wahrscheinlich« für die Mädchen »das wichtigste« Gesprächsthema – waren nicht Sophies Welt. Doch anders als ihre Schwester Inge, die darin eine furchtbare moralische Verwahrlosung sah, fand Sophie, die jungen Frauen seien nicht »besonders ordinär«, sondern »ganz gewöhnliche tüchtige Mädel«. Und sie musste feststellen, dass in anderen Kreisen – also außerhalb der Schollfamilie – das Thema Sexualität durchaus »salonfähig« war und »weniger bemäntelt« wurde. Für die jungen Frauen in Krauchenwies sprach, dass sie die Außenseiterin zumeist in Ruhe ließen, auch wenn sie »verständlicherweise manche spöttische Bemerkung« ertragen musste.[6]

Sophie las als Kontrastprogramm das bereits erwähnte Augustinus-Buch und Thomas Manns Bildungs- und Zeitroman *Der Zauberberg*.[7] Fritz meinte, die Bücher, die Sophie mitnahm, seien der »Maßstab für Wert und Unwert«, durch sie könne sie von ihrer »Umgebung befreit« werden.[8] Doch das Lesen im Augustinus war mühevoll. Inge gestand sie Ende April, sie sei »im Augustinus erst am Abschnitt 32 [...], aber es reicht beim besten Willen nicht mehr«. Sie »lese doch noch über vieles hinweg, [...] vergesse; aber manches ist mir wie eine Antwort, und ich freue mich unsäglich darüber«.[9] Die Romanlektüre fesselte sie mehr. Lisa Remppis berichtete sie am 13. April 1941, sie habe »den Zauberberg von Thomas Mann, 2. Band« zu Ende gelesen, und Fritz Hartnagel schrieb ihr am 10. Mai 1941 aus dem schlesischen Breslau: »Ich möchte ihn auch gern kennenlernen diesen ›Zauberberg‹ von Th. Mann, der Dir anscheinend sehr viel zu sagen hat.« Sie möge ihm das Buch schicken, sobald sie es »verarbeitet« habe. »Da dieses Buch dir so wichtig ist, wird es auch für mich etwas bedeuten müssen.«[10] Otto Aichers bigotte Ablehnung des 1924 erschienenen, womöglich bedeutendsten deutschen Romans des 20. Jahrhunderts kommentierte sie klug: »Ich glaube, er ist nicht so ganz zu verwerfen, oder besser beiseite zu stellen, wie Otl das tut. Es ist sehr exakt gedacht. Und vor allem gedacht. Ich glaube, das weiß Otl nicht.«[11] Tatsächlich sind die Menschen des *Zauberbergs* präzise beobachtet und ungeschönt beschrieben. Doch für Aicher lenkten Romane nur von Gott ab. Sophie Scholl hingegen stärkte Thomas Manns Meisterwerk in ihrer Selbstständigkeit – und weitete ihr Denken. So las sie im *Zauberberg*, dass sich in den italienischen Unabhängigkeitskriegen des 19. Jahrhunderts »verzweifelter Freiheitsmut« mit »unbeugsamem Tyrannenhass«, der Geist von »Aufrührerei- und Konspirantentum« mit der »Liebe zum Vaterlande« verbunden habe. Und sie vernahm – vermutlich genauso erstaunt wie die Hauptfigur des Romans –, dass wahrer »Patriotismus« sich nicht in »loyaler Gesetztheit mit träger Gleichgültigkeit« äußere, sondern vielmehr durch die »Bürgertugend« der »Rebellion«. Weckte das ihren Kritikgeist, ihre Widersetzlichkeit? Erinnerte sie sich später daran, als sie vor der Gestapo sagte, sie habe das Beste für ihr Volk getan?[12]

In ihrer neuen Umgebung in Krauchenwies nahm sich Sophie vor, »möglichst unberührt« von augenblicklichen Stimmungseinflüssen zu bleiben.[13] Damit meinte sie nicht die »weltanschaulichen und politischen« Einwirkungen, die ihr »bestimmt nichts mehr ausmachen«. Im April 1941 war ihr die nationalsozialistische Ideologie gleichgültig, aber noch nicht zuwider. Jahrelang hatte sie Gehorsam geleistet, dessen Aufkündigung brauchte Zeit. Die Erfolge der Wehrmacht auf dem Peloponnes deprimierten sie: »Augenblicklich« mache die Niederlage Griechenlands einen »erdrückenden Eindruck« auf sie. In einer Gesellschaftsordnung, die Menschen zur Mitleidlosigkeit erzog, Autorität durch Gehorsam und Glaube durch Ideologie ersetzte, wollte sie möglichst distanziert, willensstark und zugleich mitfühlend sein. Das fasste sie in einem Satz zusammen: »Il faut avoir un esprit dur et le cœur tendre.« – Man muss einen wachen Geist und ein weiches Herz haben.

Das Motto steht hier das erste Mal, Sophie zitierte es insgesamt fünfmal, an einigen weiteren Stellen klingt es an. Dieser

Satz war für sie bedeutend – das zeigte sich bis zu ihrem Tod
immer wieder. Nach Inge Aicher-Scholl hatte Otl Aicher die
Maxime vom wachen Geist und dem weiten Herzen in den
Freundeskreis eingeführt: »Es war ein kleiner Fixstern in unserer religiösen Geschichte.«[14] Zum zweiten Mal trug sie das
Motto im Herbst 1941 in Blumberg in ihr Tagebuch ein, als sie
über die Aufgabe der Musik nachdachte, und die Wechselwir-
kung zwischen Gefühl und Tat, Herz und Geist betonte.[15] Das
dritte Mal, im Januar 1942, erzählte sie Lisa Remppis, sie erinnere sich aufgrund der »Unsentimentalität und wunderbaren Härte« eines »herrlich klaren, stolzen und lebensfrohen
Quartetts aus der Zeit Bachs« an das Wort: »Il faut avoir l'
esprit dur et le cœur tendre.« – Sie meinte wohl, man müsse
einen wachen Geist und ein weites Herz haben, und die Musik
bringe es »am ehesten« fertig, ihr »stumpfes Herz in Aufruhr
zu bringen«. Das sei »nötig, Voraussetzung für alles andere«.[16] Zwar lehnte Sophie Rührseligkeit und Gefühlsduselei
ab und schätzte Festigkeit und Klarheit, sie wollte sich aber
berühren lassen von der Not anderer. Ein wacher Geist bedeutete intellektuelle Klarheit, ein weites Herz praktische Humanität. Ebenfalls im Januar 1942 verwendete Sophie den Wahlspruch ein viertes Mal. Sie zitierte ihn in einer Skizze für einen
geplanten Artikel und ergänzte, sie glaube, der Satz sei von
Jacques Maritain.[17] Der französische Schriftsteller hatte ihn
tatsächlich 1926 in einem Brief an Jean Cocteau geschrieben,
dort aber in der Formulierung »Il faut avoir l' esprit dur et le
cœur doux« – Man muss einen klaren Verstand und ein sanftes
Herz haben.[18] Sophie Scholl schrieb in ihrem Aufsatzentwurf,
sie habe erfahren, »daß ein harter Geist ohne ein weiches Herz
ebenso unfruchtbar sein muß wie ein weiches Herz ohne einen
harten Geist«. Es ging für sie also um die Ausgewogenheit von
Verstand und Gefühl, Analyse und Empathie, denn: »Ein
Wort, das von der Seele nicht erlebt wird, ist ein totes Wort,
und ein Gefühl, das nicht der Schoß eines Gedankens ist, ist

vergeblich.« Durch diese Überlegungen sei ihr klar geworden, dass sie nicht nur durch einen »langen Faden« mit Gott verbunden sei, weil er sie geschaffen habe, sondern, »wie wir verhungern müßten, würde Gott uns nicht nähren«. Das sei ihr erst bewusst geworden, nachdem sie erkannt habe, wie wertvoll »ein Leben ist, zumal ein Menschenleben«. Sophie überlegte das im zweiten Jahr eines inzwischen weltweiten Krieges, in dem ein Leben wenig oder nichts galt. Hier nun wollte sie logisches Denken mit zärtlichem Fühlen verbinden.

Doch es war zweifellos schwer, zu erkennen oder zu fühlen, wann das eine oder das andere gefordert war. Eigentlich ging es Sophie mit diesem Wahlspruch um die Freiheit, selbst entscheiden zu können, wann Rigorosität und Härte, wann Barmherzigkeit und Milde angebracht war. Selbstkritisch erklärte sie, sie habe Fritz »soviel vorgefaselt von wegen Selbständigkeit«. Das sei aber nicht die richtige Formulierung, es müsse heißen »Unabhängigkeit von Menschen und Dingen«. Sie hätte auch schreiben können, sie wolle frei von allem, bindungslos sein. Ein fünftes Mal setzte sie das Zitat Anfang Januar 1943 in einem Brief an Fritz Hartnagel ein. Sie ermahnte ihn, trotz »Kriegslärm« und »Elend« nicht »stumpf« zu werden.[19] Er möge daran denken: »Un esprit dur, du cœur tendre!« – Sie selbst wolle sogar noch mehr, als nur mitfühlend sein: »Oftmals bin ich unglücklich, daß alles Leid nicht durch mich geht, so wenigstens könnte ich einen Teil meiner Schuld abtragen an denen, die unverdient so viel mehr leiden müssen als ich.« Hier bedeutete ihr weiches Herz, mehr als nur mitfühlen zu können, empathisch zu sein. Sie wollte mitleiden, stellvertretend leiden. So wie nach christlicher Tradition Jesus am Kreuz die Schuld aller getragen hatte.[20] In dessen Nachfolge glaubte Sophie, stark genug zu sein, sich vom Elend der Welt zutiefst berühren zu lassen, um sich von ihren Schuldgefühlen zu befreien, lange für und spät gegen den Nationalsozialismus gewesen zu sein. Mit ihrem Widerstand wollte sie sich von

dieser Last befreien. Sie kämpfte nun leidenschaftlich – mit
empfindsamem Herzen – für die Leidenden und unerbittlich
– mit klarem Geist – gegen Hitler, der beseitigt werden
musste.[21]

Doch zurück nach Krauchenwies, wo Sophie mit sich und
der Welt stritt. Am 11. Mai 1941 durfte sie das erste Mal nach
Hause fahren. Bis zu diesem Zeitpunkt hatte sie ihre Tage in
enger Tageseinteilung mit Appellen, Frühsport, Hauswirt-
schaftslehre, ideologischer Schulung, Singen, Volkstanz,
Brauchtumspflege und dem Malen von Oster- und Landkarten
verbracht.[22] Aber als sie aus Ulm zurückkehrte, begann der
zweite Teil ihres Einsatzes, die Arbeit bei einem Bauern auf
dem Feld – von morgens bis abends, und das ganz allein. Sophie atmete auf. Nur in ihrem Zimmer musste sie die Enge der
Gemeinschaft weiter ertragen. Soweit es ging, zog sie sich von
den anderen zurück. In einem Brief an Lisa Remppis heißt es,
sie sei »beinahe entsetzt, unter annähernd 80 Menschen nicht
einen zu finden, der etwas Kultur hätte«. Mit ihrem bildungs-
bürgerlichen Dünkel stand sie sich dabei selbst im Weg. Denn
sie litt unter dem »Fremdsein« im Lager, es tue »recht weh«,
schrieb sie Lisa.[23] Sie isolierte sich von den anderen.

Der unbeholfene Versuch einer Kontaktaufnahme scheiterte
kläglich: »Aus Übermut, ohne jede Überlegung« zeichnete Sophie »im Vorbeigehen einem Saarländer Mädel einen Bleistiftstrich an die Wange«. Doch die andere beschwerte sich heftig,
zwar sei Sophie ein Jahr älter, doch das Anmalen verbiete sie
ihr. Als Sophie die Jüngere kurzerhand abfertigte – »Ach, du
armes Kind« – und meinte, das sei versöhnlich, vernahm sie,
auch dieses Bedauern sei unerwünscht. Daraufhin zog sie ihre
»[An]Teilnahme« zurück, musste aber im Nachhinein einge-
stehen: »Ich war geschwind geschlagen.« Die Außenseiterin
klagte über »Gehässigkeit« und fühlte sich durch diese angeblich »unberechtigten kleinen Niederträchtigkeiten« – die in
diesem Fall aber von ihr ausgingen – verletzt.[24] Immerhin

machte sie mit einer Arbeitsmaid, die es offenbar »gut« mit ihr
meinte, einen Spaziergang durch den großen Schlosspark –
wobei sie allerdings vermutete, dass auch dieses Mädchen sie
»sicher etwas wunderlich« finde.[25] Wahrscheinlich war das
wohlmeinende Mädchen Hildegard Schüle aus dem badischen
Blumberg. In ihrer Freizeit trafen sie sich »ab und zu«.[26] Als
Sophie im Herbst 1941 zur Arbeit auf die Baar kriegsdienst-
verpflichet wurde, trafen sie sich häufig, später schrieben sie
einander. Vier dieser herzlichen Briefe aus Ulm und München
sind erhalten.[27]

Die Zeit in Krauchenwies war beinahe abgelaufen, da fand
Sophie noch eine weitere Gleichgesinnte: Mit dem knapp ein
Jahr jüngeren »Thüringer Mädel« Gisela Schertling verband
sie Religion und Musik. Obwohl beide evangelisch waren, besuchten sie die katholische Messe der St. Laurentius-Gemeinde,
der einzigen Kirche im Ort.[28] Dort spielten sie auch »4händige
Stücke von Händel und Bach« auf der Orgel. Die geliebte
Freundin Lisa in der Ferne sollte aber wissen, man könne dabei
kaum von »Freundschaft« reden; zu Gisela habe sie ein »von
Gefühlen ziemlich freies Verhältnis«.[29] Und der Bruder Werner
erfuhr, die Verbindung zur »Kameradin« sei »eigentlich erst in
letzter Zeit, [...] und dies nicht aufgrund einer Zuneigung«
entstanden, »sondern auf Grund von einigen Gesprächen«. Sie
fühlte sich überlegen: Die Bekanntschaft werde wohl über die
RAD-Zeit hinaus Bestand haben, obgleich Gisela nicht nur al-
tersmäßig, sondern »in vieler Beziehung« jünger sei. Auch
Werner las, das Zusammensein mit Gisela sei »doch sehr sachlich und von Gefühlen frei und soll's auch so bleiben. Es könnte
sonst an Nutzen verlieren.« Doch das Orgelspiel sei eine »besondere Feststunde«, ein »solch wunderbarer Gegensatz zu
dem ganzen anderen Treiben« des lauten Lagerlebens: »Wie
schön ist es, so allein in der Kirche (allmählich lerne ich sie
verstehen) zu spielen und zu singen.«[30]

Tatsächlich war es die Einsamkeit, die Sophie anzog und

stärkte: Je strikter sie ihren Kontakt zu den anderen be-
schränkte, desto intensiver beschäftigte sie die Harmonie ihrer
eigenen Seele. Sie bemerkte, dass sie fast den Todestag Christi,
der für ihre Mutter so wichtig war, vergessen hätte:

> Heute abend, als ich aus dem allgemeinen lustigen Trubel ge-
> schwind aufschaute, sah ich durch's Fenster den Abendhim-
> mel, durch die kahlen Bäume den gelben Horizont. Da fiel mir
> plötzlich ein, dass Karfreitag war. Der so seltsam ferne, gleich-
> mütige Himmel machte mich traurig. Oder die vielen lachen-
> den Menschen, die so beziehungslos zu dem Himmel waren.
> Ich kam mir ausgeschlossen vor, von der lustigen Gesellschaft
> und von dem unbeteiligten Himmel.

Zwischen dem Frohsinn der Mädchen und dem Gleichmut des
Himmels war Sophie deprimiert und isoliert. In dieser trüben
Stimmung wollte sie nicht denken, sondern sich nur geborgen
fühlen: »Ich möchte so gerne einmal in die Kirche, nicht in die
evangelische, wo ich kritisch den Worten des Pfarrers zuhöre.
Sondern in die andere, wo ich alles erleide, nur offen sein muß
und hinnehme.« Doch sie zweifelte: »Ob dies aber das rechte
ist?«[31]

Zwei Tage später trug sie in ihr Tagebuch ein: »Heute war
Ostern. Wie aber habe ich bisher Ostern begangen? Wenn ich
nur allein sein könnte. Jetzt werde ich noch lesen. Die ganze
Ostergeschichte. Und dann noch im Augustinus. Nebenher
spielt die Ziehharmonika. Die Mädchen tanzen dazu.«[32] Sie
wollte nicht dazugehören: »Man muß sich in Acht nehmen vor
dieser großen Masse«, warnte sie Lisa Remppis. Sie zog den
Rückzug der »lustigen Gesellschaft« vor, zugleich machte sie
das Alleinsein inmitten der anderen einsam.

Fritz schreibe ihr selten, informierte Sophie ihre Freundin,
aber sie habe es sich zur Pflicht gemacht, ihm regelmäßig zu
berichten.[33] Elf Tage zuvor hatte sie Fritz von einem einsamen

Abendspaziergang erzählt, an dem sie »so sehr gerne« mit ihm der untergehenden Sonne entgegengegangen wäre, und den Brief beendet: »Mein lieber Fritz, nun freue ich mich, wenn ich an Dich und mich denke und bin voller Hoffnung. [...] Herzlichst Deine Sofie.«[34] Fritz Hartnagel suchte zu dieser Zeit nach einer neuen Orientierung, einem »geschlossenen Bild des Christentums«. Anders als Sophie las er die *Bekenntnisse* des Augustinus mit Gewinn und erinnerte sich an die gemeinsame Lektüre des christlichen Philosophen Blaise Pascal. Auch Fritz war ein Einzelgänger: »Wenn ich auch manchmal Angst bekomme und an mir selbst zu zweifeln beginne, wenn ich sehe, wie selbstverständlich und selbstbewußt die Menschen meiner Umgebung leben, so glaube ich doch, daß ich schon einen Schritt weiter gekommen bin.«[35]

Mit ihrem Bruder Hans tauschte sich Sophie während ihrer Zeit im RAD-Lager regelmäßig aus. Im Mai 1941 schrieb sie ihm, sie spüre in seinen Briefen aus der Universitätsstadt München den »Luftzug einer ganz anderen sehr weiten Welt«, in die sie »gerne und bald eintreten möchte«. Zu diesem Zeitpunkt konnte sie nicht ahnen, dass sie auf diese »weite Welt« noch ein weiteres Jahr warten musste. Jetzt war sie der Lagerleitung »sogar dankbar«, dass man ihr »gewaltsam den Stoff zur Zerstreuung« verwehre. So sei sie »sehr viel aufnahmefähiger oder besser begieriger auf Dinge, die für mich wesentlich sind«. Sie würde wohl kaum »der Versuchung verfallen, [ihre] freie Zeit etwa in einem Film zu verbummeln«. Gerade beschäftigte sie die Frage nach dem All und der Stellung des Menschen darin. Mittels einer Taschenlampe las sie *Der Weltenraum und seine Rätsel* des englischen Kosmologen Sir James Jeans.[36]

Eine solche Widerspenstigkeit wurde im RAD-Lager ungern gesehen, einen Anspruch auf Privatsphäre gab es kaum. So berichtete Sophie ihrem Bruder, sie habe innen an der Tür ihres Kleiderschranks – »das winzige Fleckchen, das mir ganz per-

sönlich gehört« – ein Bild vom Ulmer Münster und Familien-
fotos angebracht: »Es ist so ein heimatliches Gefühl, wenn ich
die Spindtüre aufmache und Euch alle drinhängen habe.« Wie
abgeschirmt das Leben im Lager war, blieb ihr nicht verborgen. Ironisch merkte sie an, sie lebten doch in einer »interessanten Zeit«, ab und zu erfahre sie sogar, »was geschehen ist«.
Der Brief datiert vom 23. Juni, tags zuvor hatte das »Unternehmen Barbarossa«, der Überfall der deutschen Wehrmacht
auf die Sowjetunion, begonnen. Da Sophie den ganzen Tag
über Heu geladen hatte, war sie »rechtschaffen müde«. Spöttisch kommentierte sie, sie würde aber leider noch nicht »in
Ruhe gelassen«, es werde eben auch für ihr »geistiges Wohl
gesorgt«. Es stand also noch eine abendliche Indoktrination
an, die sicher auch den mörderischen Vernichtungsfeldzug
gegen den »Bolschewismus« beinhaltete. Da das Rauchen verboten sei, werde sie »als sichtbares (nicht allzu sichtbares) Zeichen« ihrer »dauernden Opposition« am Abend eine Zigarette rauchen.[37]

Die Mitteilungen aus Russland waren für Sophie von beson-
derer Bedeutung, denn Fritz Hartnagel war mit seiner Nach-
richteneinheit von Anfang an am Feldzug beteiligt. Ab Mitte
Juli meldete er sich aus dem Osten:

Russland ist die Trostlosigkeit selbst, sowohl die Landschaft,
wie auch die Menschen und ihre Behausungen. Die Gesichter,
die einem an der Vormarschstraße begegnen, sind entweder
voll Hinterlist und Grausamkeit oder durch Schmerz und Leid
verzerrt. Alles was für uns einmal einen gewissen Glanz und
besonderen Reiz hatte, wie russische Lieder, Russenkittel usw.
hat ihn in dieser Umgebung gänzlich verloren; und ich habe oft
eine leise Sehnsucht nach einer schwäbischen Landschaft und
nach der Häuslichkeit ihrer Bewohner und vor allem nach
einem jener Lieder, die wir oft abends gesungen haben.[38] [...]
Manchmal könnte es einem fast unheimlich werden in diesem

Rußland, wenn man durch die riesigen Sümpfe und Wälder
fährt auf den endlosen und grundlosen Sandwegen, wenn die
Hütten immer armseliger werden und die Bewohner immer
lumpiger und schmutziger, und man fragt sich unwillkürlich,
wie sollen wir da nur wieder zurückkommen; dabei haben wir
noch einen weiten Weg vor uns. [...] Aber die Hauptsache wird
in diesen Tagen sein, daß wir wach bleiben, d. h. die Sehnsucht
in uns wach halten, und uns nicht in die große Maschine pres-
sen lassen, von der ja auch Du zur Zeit bedroht bist.[39]

Hartnagel sinnierte über den Sinn oder die Intention des Krieges: Im »Kampf gegen das bolschewistische Rußland« könne
man »noch am ehesten mit ganzem Herzen dabei sein«. Doch
was sei »der Nutzen für den Einzelnen, [...] allein schon ma-
teriell gesehen und erst recht in geistiger Hinsicht. Ich glaube
der letzte berechtigte Grund zu einem Krieg müßte ein religiöser sein.«[40] War für Fritz das »Unternehmen Barbarossa« also
doch eine Art moderner Kreuzzug, wie Hitler es glauben machen wollte?

Sophie hatte Fritz nach einem »russischen Kostüm« gefragt.
Hartnagel nahm ihr jede folkloristische Illusion:

Natürlich [würde er ihren Wunsch] gern erfüllen, aber bis jetzt
habe ich etwas derartiges noch nicht entdeckt. Die russischen
Frauen tragen meistens nur einen schäbigen Rock, etwa wie
eine Hemdschürze, und wenn es kälter ist darüber eine dick-
gefütterte verdreckte und zerfetzte Jacke, deren ursprüngliche
Farbe man meistens nicht mehr feststellen kann. Die einzige
»Tracht«, die es hier gibt ist ein gewöhnliches Kopftuch. Bis
jetzt habe ich auch in ganz Rußland noch keinen Kaufladen
gesehen. Die Leute kennen gar kein Geld. Unsere Eier, Milch
usw. handeln wir nur gegen Tauschgegenstände ein, wobei es
natürlich immer einen richtigen Judenhandel gibt.[41]

Es ist nicht bekannt, ob und wie Sophie auf diese Schilderung und antisemitische Redensart reagierte. Zur Pogromnacht im November 1938 hatte sie geschwiegen, und auch sonst finden sich in ihren Briefen und Tagebüchern keine Äußerungen zur Ausgrenzung und Entrechtung jüdischer Mitbürger. Die Erfindung ihres angeblichen Einsatzes für eine zur Jüdin erklärte Klassenkameradin passte zur weitverbreiteten Meinung, die Judenverfolgung sei ein Hauptmotiv des deutschen Widerstands gewesen. Doch nicht nur die meisten Offiziere des Attentats vom 20. Juli 1944, allen voran Claus Schenk Graf von Stauffenberg, standen der »Judenfrage« gleichgültig gegenüber.[42] Auch für die »Weiße Rose« war die Judenvernichtung nicht das wesentliche Ereignis. Den Offizieren gleich kämpften sie für ein freies Deutschland. Dennoch hat die Gruppe (wie nur wenige Dissidenten), in den Flugblättern 2, 3 und 5 und dem Entwurf zu Flugblatt 7 diese Gräuel eindringlich gebrandmarkt – wenngleich mit missverständlichen Formulierungen.

Für Sophie endete Anfang Oktober die reguläre Arbeitsdienstzeit. Doch zu Beginn des Monats August erfuhren die Arbeitsmaiden, dass ihr Dienst verlängert wurde. Sie berichtete Hans diese »Schreckensbotschaft«, die auf sie einen »niederschmetternden Eindruck« gemacht habe: »Wir müssen noch ein halbes Jahr Kriegsdienstpflicht ableisten, in Lagern, betreut vom R. A. D., der auch unsere Freizeit gestalten will.« Sie sei gewillt, »jede einigermaßen erträgliche Krankheit oder sonst etwas« auf sich zu nehmen, was sie »von diesem Schicksal« befreie. Sie bat ihn auch zu überlegen, was sie tun könne. Am 4. August 1941 teilte sie ihrem Bruder Werner ihren Plan mit, »ohne Überlegen Medizin [zu] studieren, falls dies nützen sollte«. Vielleicht hätte sie ja »Glück«.[43]

Der *Erlaß des Führers und Reichskanzlers Adolf Hitler über den weiteren Kriegseinsatz des Reichsarbeitsdienstes für die weibliche Jugend* vom 29. Juli schrieb vor, dass junge Frauen nach Beendigung ihres sechsmonatigen Arbeitsdienstes einen »Kriegshilfsdienst« von weiteren sechs Monaten ableisten mussten. Sie arbeiteten überwiegend in sozialen Einrichtungen und hilfsbedürftigen, kinderreichen Familien, noch nicht in Wirtschaftsbetrieben.[44]

Sophie hatte kein »Glück«, sondern musste weiter zum Dienst antreten. Mitte August hatte sie sich mit ihrem Los arrangiert. Lisa Remppis erklärte sie, sie habe es zunächst als »bittere Ungerechtigkeit« empfunden, in einer »von Weltgeschehen ganz ausgefüllten Zeit leben zu müssen«. Aber das sei »natürlich Unsinn«, denn vielleicht seien ihnen »wirklich heute Aufgaben, nach außen mit der Tat zu wirken, gestellt«. Geduldig zu warten, sei schwierig, und die Versuchung sei da, »sich ein anderes, leichter erreichbares und erfolgreiches Ziel [zu] stecken«.[45] Sie sah die Kriegsdienstpflicht inzwischen als sportliche Herausforderung. Sie spüre Kräfte in sich, es komme ja auf den eigenen Willen an. Sie wolle sich »bewähren – und bewahren«.[46] Gegenüber Hans fielen allerdings die Begriffe »Zwangsjacke«, »Abscheu« und »Verachtung«. Das sei keine »Phrase, sondern ein bloß zu oft empfundenes Gefühl«. Jetzt spüre sie »so recht, daß mich nichts zwingen wird, ein herrliches Stärkegefühl habe ich manchmal. Und meine Oberen so recht zu hintergehen, meine Freiheit heimlich zu genießen, bereitet mir tiefes Vergnügen.«[47] Hier klingt das in der Familie gebrauchte goethesche »Trutz«-Wort an, sich nicht unterkriegen zu lassen. Aber von einem öffentlichen Einsatz für die Freiheit war Sophie Scholl zu dieser Zeit noch weit entfernt – ihre Freiheit war klammheimlich.

Für Fritz Hartnagel veränderten sich die Lebensumstände binnen weniger Stunden. Am 2. September berichtete er Sophie, »eben« sei ein Funkspruch eingetroffen: »›Obln. Hartnagel morgen unbedingt zur Heeresgruppe Mitte zur Sonderverwendung.‹«[48] Schon der nächste Brief vom 5. September kam aus Weimar. Er war am 4. September morgens mit dem

Flugzeug gestartet, abends in Ostpreußen gelandet und mit dem D-Zug über Berlin nach Thüringen gereist. Er sollte »wieder einmal einen Nachrichtenzug aufstellen, und dann sofort, d. h. in 14 Tagen, nach Libyen zum Afrika-Korps abrollen.« Er freute sich »natürlich, wieder einen neuen Zipfel unserer Erde kennenzulernen«.[49] Aus unbekannten Gründen kam es nie zu diesem Afrikaeinsatz. Hartnagel erhielt auch keinen anderen Auftrag, sondern blieb bis Mitte März 1942 im friedlichen Weimar stationiert. Währenddessen begann am 8. September 1941 eines der grausamsten Kriegsverbrechen des Zweiten Weltkriegs – die mehr als zwei Jahre dauernde Belagerung Leningrads durch die Heeresgruppe Nord sowie spanische Truppen, die etwa 1,1 Millionen Bewohner der Stadt das Leben kostete. Die meisten verhungerten.

Sophie Scholl konnte am 13. September nach Hause fahren und einen vierzehntägigen Sonderurlaub genießen. Bei ihrer Rückkehr nach Krauchenwies erfuhr sie, dass sie ihre Kriegsdienstverpflichtung während des nächsten Halbjahrs im Hort in Blumberg abzuleisten habe, wo sie Kinder von Frauen zu betreuen hatte, die in »kriegswichtige Betriebe arbeitsverpflichtet waren«.[50] Das badische Städtchen liegt etwa dreißig Kilometer südlich von Villingen-Schwenningen, im heutigen Schwarzwald-Baar-Kreis, rund hundertvierzig Kilometer von Ulm entfernt.

Aus Inge Scholls Sicht arbeitete ihre Schwester dort in einem »heruntergekommenen Fabrikdorf«.[51] In Wirklichkeit versah Sophie ihren Dienst in einem äußerst konfliktträchtigen wirtschaftlichen und sozialen Brennpunkt.[52] Seit Mitte der Dreißigerjahre wollte die nationalsozialistische Autarkie- und Rüstungspolitik – ohne Rücksicht auf Anwohner und Natur – aus dem landwirtschaftlich geprägten Blumberg eine Bergarbeiterstadt machen, in der ab 1942 bis zu 20 000 Menschen leben sollten. Man warb Hunderte neuer Arbeitskräfte auch außerhalb Deutschlands an. Bald aber wurde die Personal-

beschaffung zwangsweise durchgeführt: Verschleppte, Kriegs-
gefangene und Straftäter wurden genötigt, ohne dass es eine
ausreichende Infrastruktur für sie und ihre Familien gab. Lebten 1936 in Blumberg rund 800 Menschen, von denen 189 im
Bergbau tätig waren, so war 1939 die Einwohnerschaft auf
4500 hochgeschnellt, von der die Doggererz AG 1586 beschäftigte. 1941 lebten rund 6000 Menschen in Blumberg,
doch im selben Jahr begann auch der Abstieg der Erzförde-
rung, da durch die Kriegseroberungen effizientere Abbauge-
biete zur Verfügung standen. Die Belegschaft sank zwischen
1941 und 1942 um mehr als 94 Prozent. Am 23. März 1942
wurde vom Rüstungsministerium die sofortige Einstellung des
defizitären Doggererzbaus verfügt, am 7. April die Erzförde-
rung eingestellt. Sophie Scholl versah ihren Dienst in der letzten Phase des Niedergangs der Bergarbeiterstadt vom 7. Oktober 1941 bis zum 29. März 1942.[53]

Nach Inge Scholl musste sich ihre Schwester »unsäglich
schweren Herzens [in die Arbeit] dareinfügen, aber in ihr tobte
ein grenzenloses Freiheitsbedürfnis gegen diesen Staatsauto-
maten. In diesem halben Jahr […] fand sie noch mehr zu sich
selbst und von der inneren Unruhe und Spannung aus, die ihr
die Lage immer wieder bereitete, zu der stillen Schönheit der
Welt.« Trotz eines harten Winters und ungenügender hygieni-
scher Verhältnisse habe ihr das Alleinsein zu einer »Selbständigkeit [verholfen], die ihr nun noch mehr zu einem Stück reinem, vollem Ich geworden war«.[54]

Sophie war in einem Werkskindergarten der Nationalsozialistischen Volkswohlfahrt eingesetzt. Die Väter arbeiteten im
Bergwerk, viele Mütter in der lokalen Zigarrenfabrik, sodass
die Kinder betreut werden mussten. Der Kinderhort lag im
östlichen Stadtteil Zollhaus, ihre Unterkunft rund drei Kilometer westlich.[55] Nach einem Monat in Blumberg fiel ihr Urteil recht moderat aus: Sie könne zwar »nicht so tun«, wie sie
wolle und wie sie es sich »vorgestellt« habe – »Trotzdem habe

ich's gut.«[56] Zwei Wochen später schilderte sie ihrem Bruder Hans die Verhältnisse wesentlich kritischer: »Ich arbeite hier im Kinderhort, bei Schulkindern, deren Eltern zu 60 % vorbestraft sind, [sie] sind jedoch für einen Vergleich mit meinen Vorgesetzten noch viel zu gut.« Ihre Bezeichnung »Kriegshilfsdienstverpflichtete« sei »genau so scheußlich, wie alles übrige drum und dran«.[57] Sophies Berichte über die äußere Situation sind spärlich. Sie wohnte in einem Sechs-Zimmer-Häuschen, in dem im November nur eine weitere Mitarbeiterin untergebracht war.[58] Sie musste mit manchen Schwierigkeiten kämpfen: Als sie ihren Kindern die Geschichte vom Nikolaus erzählte, hätten die meisten nur gelacht, überhaupt seien manche Kinder recht schwierig, man könne »Gallensteine darüber kriegen«. Sie fühlte sich »aufgerieben« und hatte Mühe, wenigstens »sich in Ordnung zu halten«. Sie lebe nur von einem freien Sonntag zum nächsten, die Tage dazwischen kosteten sie viel Kraft.[59] Abends nach dem anstrengenden Dienst »mit 40 ungezogenen Schulkindern« war sie oft zu müde, um noch etwas zu schreiben.[60] Sie sei von einem »Schlamassel«, gleich »einem zähen Brei, einem feindlichen Brei« umgeben und klagte über »chronische Kopfschmerzen«.[61] Sophie Scholl machte ähnliche Erfahrungen wie eine Lehrerin, die über ihre zweijährige Zeit in Blumberg schrieb:

> Sauber gekleidet und sauber gewaschen war nur ein Teil der Kinder. [...] Pult und Schrank mußte man immer abschließen, sonst verschwand auf geheimnisvolle Weise ein Teil des Inhalts. [...] Die Kinder waren ja den ganzen Tag meist sich selbst überlassen. [...] Da kamen die Kinder auf allerhand Ideen. In den Ferien war es noch schlimmer, da ja die Schule die einzige Instanz war, die den nötigen Einfluß hatte.[62]

Sophie kostete die Arbeit »Nervenkraft«, sie bot ihr aber auch die besondere Gelegenheit, Kinder zu studieren, wodurch sie

»eine recht erfahrene Hortnerin [...] mit einigem Erfolg« geworden sei.[63]

Im Laufe der Zeit gewöhnte sie sich weitgehend ein, wozu sicher auch der Kontakt zur Blumbergerin Hildegard Schüle beitrug, die sie in Krauchenwies kennengelernt hatte, sodass sie »das Leben trotz allem noch so reich und gut« fand.[64] Ihre »leere[n] Stunden« nutzte sie zur Korrespondenz und zu intensiven Tagebucheinträgen. Sie dachte über das Fegefeuer, die christliche Armut und die Bedeutung der Musik nach, rang mit der Liebe und Gott und arbeitete an der Gestaltung des Ulmer Diskussions- und Mitteilungsblattes *Windlicht*.

Dieser Rundbrief hielt den Freundeskreis auf eigene Weise zusammen und dokumentierte den Austausch der Gruppe, die sich – in wechselnden Konstellationen – immer wieder traf. Wie auch zum Jahreswechsel 1941/42, den Sophie auf 1900 Metern Höhe in der bewirtschafteten Tiroler »Coburger Hütte« verbrachte. Mit ihr kämpften sich durch den Schneesturm Inge und Hans, Traute Lafrenz, Ulla Claudius, Freundinnen der Geschwister, und Wulfried Muth, ein Enkel des Publizisten Carl Muth. Tagsüber fuhren sie Ski, abends lasen und diskutierten sie. Das Ende Februar fertige *Windlicht* berichtete über dies »gewaltige Erlebnis«.[65] Die sechs vertieften sich in Novalis, Claudel, Dostojewski, Gogol. Konnten sie ihren geistigen Hunger stillen, fanden sie Antworten auf die drängenden Fragen der Gegenwart? Konnte es die Kunst, die Musik? Was sie erkannten, schrieb Hans Scholl der Schwester Elisabeth, die in der »Steinhütte« nicht dabei war: »Das Alte« werde »immer wieder neu«, und darum hätten sie sich ausgerichtet »auf die Not der Zeit, das Kreuz und die Erlösung«. Sophie Scholl wird das vermutlich genauso empfunden haben.

Fasziniert beschäftigte sie sich mit dem »Grabtuch von Turin«, über das Hans geschrieben hatte.[66] Wie er war sie davon überzeugt, das mittelalterliche Leinentuch sei das authentische Leichentuch Jesu und bilde ihn ab: »Ich wundere mich, dass das Bild nicht mehr Aufsehen erregt. Denn ein Christ muss doch darin Gottes Angesicht sehen, mit leiblichen Augen.«[67] Wichtig wurde für sie »eine kleine bunte Kapelle«, die 1912 geweihte katholische Kirche »Mariä Heimsuchung« in Zollhaus; dort konnte sie sich zu Gebet und Harmonium-spiel zurückziehen.[68] Mit Johann Sebastian Bachs *Inventio-nen* und dessen *Notenbüchlein für Anna Magdalena Bach* hatte sie ein durchaus anspruchsvolles Übungsprogramm.[69] In den letzten Wochen betreute sie eine Mädchengruppe: »Sie haben mich mit der Zeit ebenso liebgewonnen wie ich sie.« Auf die letzte Seite ihres Tagebuchs setzte sie ein paar Noten, die zu einem (unbekannten) fröhlichen zweistimmigen Kanon gehören, den sie im nächsten Heft vollständig und akkurat auf einer Doppelseite aufschrieb.[70] Bestimmt hat sie die Kompo-sition mit ihren Mädchen gesungen. Und kurz vor dem Ende ihrer Einsatzzeit beurteilte sie ihren Aufenthalt sogar recht positiv: Ihr gehe es immer gut, mit den Kindern komme sie gut aus. Sie hätten gestern einen lustigen Spaziergang gemacht, gesungen und wären tüchtig marschiert: »Das ist für mich ein glückliches Gefühl, daß ich so abschließen kann.«[71] Ihre kurz vor Weihnachten geäußerte Furcht, eine neue »150 %ige« Führerin als Vorgesetzte werde ihre freien Tage streichen,[72] war unbegründet gewesen: Sie konnte weiter nach Ulm fahren und mit Fritz in Freiburg zusammen sein.

Es ist kaum vorstellbar, dass Sophie die sozialen Nöte, die in der Bevölkerung herrschten, nicht wahrgenommen hat, zumal sie werktags »ganz allein zwischen den verschneiten Feldern und Hügeln« zur Arbeit spazierte.[73] Sie erhielt täglich An-schauungsunterricht über das Versagen und die Brutalität der nationalsozialistischen Wirtschaftspolitik. Das tilgte gewiss die letzten Sympathien, die sie noch für die Idee des »Dritten Reiches« gehegt haben mochte, sehr wahrscheinlich verstärkte es sogar ihre Ablehnung des Regimes. Doch über die wenigen

genannten Andeutungen hinaus findet sich dazu nichts weiter
in ihren Briefen und Tagebüchern.

Zunächst dachte sie noch nicht an einen aktiven Widerstand.
Vielmehr lenkte sie ihren Blick vom politischen und sozialen
Chaos in Blumberg, dem »Schlamassel« oder »zähen, feindlichen Brei«, wie sie es nannte, auf eine mikro- und makrokos-
mische Ordnung. Ihr Resümee aus der Blumberger Zeit teilte
sie Ende März 1942 Lisa Remppis mit. Es war keine politische
oder soziale Analyse, sondern eine metaphysische: Sie glaube

> von jedem Blümlein und Gräslein [...], daß es gerade meinet-
> wegen gewachsen ist. Und dabei glaube ich nicht einmal, daß
> das eine Täuschung ist. Wenn wir so reich beschenkt werden,
> warum sollten wir uns da nicht von Herzen freuen, trotz allem
> Leid, das wir immer in diese schöne Welt bringen. Und sogar
> von jedem Stern am Himmel denke ich, daß er für mich da ist,
> wer weiß, ob unsere Erde nicht untergehen würde, wenn bloß
> ein kleinwinziger in dieser großen Ordnung fehlen würde. Ja,
> noch viel mehr Beweise einer so umfassenden Liebe haben wir,
> daß wir eigentlich die glücklichsten Menschen sein könnten.[74]

Inmitten gesellschaftlicher Auflösung und ökologischer Ver-
wüstung suchte Sophie geistige Harmonie und individuelles
Glück.

Was sie über die gesellschaftspolitische Situation in der kol-
labierenden Bergarbeiterstadt dachte, bleibt also verbal un-
scharf. Doch ihr Tun spricht eine deutliche Sprache: Zwei
Monate nach Beendigung ihres Kriegshilfsdienstes lieh sie sich
von Fritz Hartnagel sehr viel Geld und bat ihn um einen Be-
zugsschein für einen Vervielfältigungsapparat.[75] Es liegt also
nahe, die Zeit in Blumberg als einen wichtigen Wendepunkt
ihres Denkens zu sehen.

Am 4. November schilderte sie weiter, sie habe vorgegeben,
in die Blumberger Kapelle zu gehen, um dort Harmonium zu

spielen. In Wahrheit aber: »Ich kniete hin und versuchte zu beten.« Weil sie sich aber schämte, gesehen zu werden, tat sie es nur hastig: »So mochte ich mein Verschwiegenstes nicht preisgeben.« Und sie analysierte: »Ich war gar nicht bereit gewesen, ich wollte bloß etwas erzwingen.« Nun sei sie »meistens in einer so alltäglichen Stimmung, ohne Verlangen« zu beten. Sie habe bloß »immer Heimweh« nach Gott.

Am 5. November fragte sie in ihrem Tagebuch, wem sie denn »noch unter die Augen treten« könne. Und antwortete, es könne nur der sein, »der alles Schlechte« an ihr kenne, also Gott. Aber »alles zu bekennen«, dafür sei sie »zu feige«. Tags darauf fühlte sie sich so leer, dass sie daran zweifelte, ein Bild für das *Windlicht* malen zu können, wenn es Gott nicht gut mit ihr meine. Doch sie wolle daran glauben.

Am 6. November notierte sie über ihre Beziehung zu Hartnagel: »Ich weiß nicht, ob es Schwäche ist, daß ich plötzlich an Fritz so hänge. Wahrscheinlich. Es ist so seltsam u. so herrlich für mich, daß er mich liebt. Noch nie sehnte ich mich so danach wie jetzt. O bloß nach seiner Liebe, wie nach der Liebe einer Mutter. Das kann ich nun ja ohne Sorge tun, denn er hat von sich aus, ganz von sich aus und sehr gründlich den Schritt von mir weg getan, er liebt mich in einem Dritten. Ich würde das alles gerne jemandem sagen. Dann erst hätte ich es ganz von mir.« – Sophie Scholl wollte Kind sein, mütterlich geliebt, nicht erotisch begehrt; Gott sollte dabei der Dritte im Bunde sein, der ihre Liebe vergeistigte.

Am 10. November fügte Sophie in ihrer Schilderung, sie habe ein »Verlangen«, »Heimweh« nach Gott hinzu, sie meine manchmal, den Weg zu Gott durch ihre »Sehnsucht«, durch »eine ganze Hingabe« ihrer Seele »in einem Augenblick erzwingen« zu können: »Wenn ich ihn sehr bitte, wenn ich ihn so über alles liebe, wenn mir das Herz so weh tut, weil ich weg bin von ihm, müßte er mich zu sich nehmen.« Aber sie müsse »viele allerwinzigste Schrittchen« auf einem sehr langen Weg gehen. Als sie einmal beinahe verzweifelte, habe sie sich vorgenommen, »von Gott nichts mehr zu wollen«, bis sie wieder »eher bestehen konnte vor seinen Augen«. Das sei aber »doch im Grunde ein Wollen zu Gott« gewesen.

Auch Fritz war auf der Suche – nach Gott, nach Liebe, aber auch nach seinem Beruf, mit dem er sich immer weniger identifizierte. Sophies antimilitärische Argumente verunsicherten ihn und ließen ihn am Sinn seiner Arbeit zweifeln. Auf dem Weg zu einem Treffen in Freiburg schrieb er ihr, dass ihm beim Militär »alles so zuwider« sei, er sitze im Kasino und lache mit den anderen, obwohl er am liebsten in die Einsamkeit seines Zimmers »flüchten« würde. Es sei »furchtbar«, wenn man sich so verstellen müsse, er komme sich dabei »schlecht und unehrlich« vor. Er wäre froh, wenn er »all das hinschmeißen könnte um ein freier Mensch zu sein« oder nur noch ein einfacher Soldat zu sein, »der nur stillzustehen braucht«.[76]

Während Fritz und Sophie in ihrer Korrespondenz über die schrecklichen Wirkungen des Krieges nachdachten, fand in Ulm eine bemerkenswerte Begegnung statt. Am Sonntag, dem 16. November 1941, war Robert Scholls Geschäftspartner Eugen Grimminger aus Stuttgart zu Besuch im Haus am Münsterplatz. Er kam nur kurz, denn er »könne seine Frau nicht alleine lassen, weil sie zur Zeit ganz von Sinnen sei. Seine Schwägerin, eine Witwe von 4 unmündigen Kindern, müsse kommende Woche ohne ihr Hab und Gut nach Polen oder Rußland.«[77] Das schrieb Scholl seiner Frau, die im Hohenlohischen Verwandte besuchte, und berichtete zusätzlich, was er von Hans erfahren hatte. Ihr Ältester sei tags zuvor »gestern Samstag, abends ½ 8 Uhr« angekommen und bleibe »bis morgen, Montag früh«. Er habe »schon gestern« erzählt, »dass die Juden von München schon vorige Woche nach dem Osten geschafft worden seien«. Es wird sich dabei ganz sicher nicht nur um eine lapidare Mitteilung gehandelt haben, sondern von beiden diskutiert worden sein. Doch dann folgte ein bemer-

kenswerter Satz: »Von den Hiesigen weiß ich nichts.« Das
heißt, Robert Scholl war nicht über das Verhängnis der Ulmer
Juden informiert. Das ist sehr erstaunlich, denn wen die Nazis
zu einem Juden erklärten, der musste in Ulm bereits 1939 in
sogenannte »Judenhäuser« umziehen, seit dem 1. September 1941 den »Judenstern« tragen, und ihre keineswegs geheime Deportation in Ghettos, Konzentrations- und Vernich-
tungslager stand unmittelbar bevor.[78] Wenn Robert Scholl
davon keine Kenntnis hatte, so, weil er wegschaute. Was in den
östlichen, okkupierten Gebieten wirklich geschah, die systematische Vernichtung, wollte er sich nicht vorstellen: »Im
Osten haben sie, wie man sagt, keine Wohnung, keine Betten
und kein Essen. Und das zu Beginn des grimmigen russischen
Winters!«, und er fragte empört: »Wie lange dauert solcher
Schrecken noch?« Die Worte Robert Scholls an seine Frau Lina
legen nahe, dass seine Empathie auf Einzelne ausgerichtet war:
Grimmingers Ehefrau, die Nachbarn und Klienten, die er persönlich kannte und als Menschen wahrnahm. Die Umsiedlung
dieser Juden berührte ihn, nicht aber das Schicksal der jüdischen Bevölkerung insgesamt. Dass sie ermordet wurden, hätte
er wissen können. Ob Sophie Scholl von dem beunruhigenden
Gespräch erfahren hat, ist nicht klar. Aber es ist anzunehmen.

Einen Tag nach dem Gespräch, am Montag, dem 17. November, schrieb sie Fritz.[79] Antisemitismus war für beide jedoch weder an diesem noch an einem der folgenden Tage ein
Thema. Es ging um ihre Beziehung und Sophies Wunsch nach
innerer Sammlung. Beim Thema Gebet suchte Sophie Rat bei
der älteren Schwester Inge. Die füllte schon jahrelang Seite um
Seite in ihrem Tagebuch im Gespräch mit Gott. Sophies Brief
von Ende November, Anfang Dezember 1941 ist voller Streichungen und Korrekturen.[80] An ihnen wird deutlich, wie sehr
Sophie um die rechte Formulierung rang, um zu sagen, was sie
beim Beten quälte. Sie würde gerne alle Sorgen »einfach in
Gottes Hand« legen. Sie könne das aber nicht »so einfach«,

denn immer, wenn sie zu beten versuche, überlege sie, zu wem sie bete, und dann würde sie »ganz verrückt«, sie fühle sich »so winzig klein« und »fürchte« sich so sehr, »daß kein anderes Gefühl als das der Furcht aufkommen« könne. Wenn sie an Gott denke, stehe sie da »wie ganz mit Blindheit geschlagen«, sie könne dann gar nichts tun, nur darum bitten, beten zu können. Sie habe »keine Ahnung von Gott, kein Verhältnis zu ihm. Nur eben, daß ich es weiß.« Ihre widersprüchliche Schlussfolgerung aus diesem religiösen Ringen lautete: »Und da hilft wohl nichts anderes als Beten.« Und sie wiederholte: »Beten.« Es war ein verzweifelter Wille zu glauben.

Für religiöse Diskussionen war allmählich Otto Aicher ein wichtiger Gesprächspartner für Sophie geworden: selbstsicher bis zur Überheblichkeit, glaubensfest bis zum Fundamentalismus, missionarisch bis zur Manipulation. Katholisch-kompromisslos weigerte er sich, in die Hitlerjugend einzutreten. Als ihm deshalb der Ausschluss vom Abitur drohte, suchten seine Eltern Hilfe bei Robert Scholl. Der aber beschied sie, sie sollten doch stolz auf ihren Sohn sein. Aicher verließ die Schule ohne Abitur. Der Kaplan Bruno Wüstenberg, mit dem er eng verbunden war, hielt ihm einen Spiegel vor:

> Du solltest bescheidener sein und auch mehr Ehrfurcht haben vor allen Dingen und besonders den Menschen. [...] Wenn einer seinen Eltern trotzt, seinen Lehrern, der Umwelt, seinen Freunden, die ihn lieben, dann muss dieser, um ein Recht zu dieser Handlung zu haben, ein Genie sein oder er ist ein verblendeter Trotzkopf. Ich bin gezwungen, Dir zu sagen, daß Du kein Genie bist.

Aicher war rigoros bis zur Selbstverstümmelung. Um dem verbrecherischen Krieg zu entgehen, ließ er sich einen Heizkörper auf die linke Hand fallen. Drei Finger blieben steif, bewahrten ihn aber nicht vor der Einberufung.[81]

Mit diesem »Heiligen«, wie sie ihn nannte, korrespondierte
Sophie.[82] Völlig ungeachtet des eskalierenden Kriegsgesche-
hens konnte sie mit ihm theologisch-abstrakt und erotisch-
frigide debattieren. Denn, so erklärte Aicher 1985 rückblickend, zwischen ihnen sei nur reine Geistigkeit gewesen:

> berührungen brauchten nicht stattzufinden. sexualität kann
> menschen auf einer ebene binden, die ihre volle freiheit beein-
> trächtigt. der respekt vor der freizügigkeit und unbelasteten
> selbstverfügung eines jeden über sich selbst ließ uns so verfah-
> ren. mit unserm spitzen verstand, mit der freude, in den kalten
> wassern der logik zu baden, misstrauten wir der list der
> natur.[83]

Besonders in ihren Tagebucheinträgen in Blumberg rang Sophie um das richtige Gottesbild.[84] Sie fürchtete, mit ihrem
»schiefen Blick […] die größten Fehler« zu machen, aber Gott
werde ihr das verzeihen, wenn sie ihn darum bitte. Diese Liebe
Gottes begreife sie »am wenigsten«. Sie ließ sich aber nicht
entmutigen: »Und doch, wüsste ich nicht von ihr!« Da Gott
die Menschen so sehr liebe, wolle sie ihren »Hochmut« ablegen und »zu manchen von ihnen herabsteigen« und direkt an
Gott gewandt: »O Herr, ich habe es sehr nötig, zu beten, zu
bitten.« Unter ihren Eintrag klebte sie ein vollständig erhalte-
nes prachtvolles Edelweiß, Symbol für Mut, Kraft und Liebe.
Am selben Tag, dem 12. Februar 1942, schrieb sie an Lisa
Remppis, sie habe ihr Studium »eigentlich, für Kriegsdauer
zumindesten, aufgesteckt«.[85] Wenn man sich nicht entschlie-
ßen könne, »freiwillig alles Gute der Welt, auch das Wissen
(der Wissenschaften wenigstens) herzugeben und die Armut
zu lieben«, werde der »Krieg und die kommenden Jahre noch
mancherlei Schmerzen bereiten«. Wie sehr Sophie unter dem
Kriegsalltag litt, zeigt eine Szene, die Fritz eine Woche später
schilderte. Als bei einem ihrer Tage in Freiburg die Luftschutz-

sirene einsetzte, war Sophie so heftig in Tränen ausgebrochen, dass Fritz »im ersten Augenblick [...] ganz bestürzt« war und »beinahe auch« mitgeweint hätte.[86]

Am Dienstag, dem 31. März 1942, endete offiziell Sophies Kriegshilfsdienst in Blumberg, doch bereits am Freitag davor konnte sie nach Ulm reisen.[87] Zurück zu Hause, versuchte sie, einen mystischen Zugang zu Gott, wie sie ihn kurz zuvor Lisa beschrieben hatte, auch in der Kirche zu finden. In einem Osterbrief an ihre Freundin schilderte sie ihre Empfindungen beim Besuch der katholischen Osterfrühmesse in der Söflinger Kirche. Obwohl sie bereits um Viertel vor vier Uhr aufgestanden seien, hätten sie es verpasst, das Feuerschlagen aus einem Stein zu sehen, mit dessen Funken die Osterkerze entzündet worden sei. Als sie das, was sie gerade erlebt hatte, reflektierte, kam sie zu dem Schluss, sie habe zwar ein »Bedürfnis nach dieser Art des Gottesdienstes« – im Gegensatz zum »Vortrag« in der evangelischen Kirche –, doch könne sie das »Schauspiel« nicht von ganzem Herzen mitleben. Sie wolle sich emotional hineinbegeben, auch niederknien, aber sie habe »Hemmungen«, das zu tun, weil andere zuschauten. Für ein wirklich »tiefes inneres Erlebnis« fehle ihr diese Art des Glaubens, die »Übung oder Gewöhnung«, sie sei »nie ungeteilt dabei, wenigstens bis jetzt nicht«.[88] Sophie wollte sich – unter Ausschaltung des Verstandes – emotional ganz einem religiösen Ritus öffnen und hingeben. Doch war sie viel zu intellektuell und kritisch distanziert, um unreflektiert ins Magische, in einen kultisch-veräußerlichten Ritus einzutauchen. Diese Distanz begann durch eine weitere Briefkorrespondenz noch zu wachsen.

## 8. BRIEFPARTNERIN

Noch während ihrer Zeit im Blumberger Kinderhort hatte Sophie Scholl Kontakt zu einem neuen Korrespondenzpartner aufgenommen. Mit dem siebenundzwanzig Jahre alten Soldaten Waldemar Gabriel schrieb sie sich vom 12. Februar 1942 bis zu ihrem Tod.[1] Sie kannten sich da bereits mindestens vier Jahre flüchtig, wie sich Inge Scholl erinnerte: »Vermutlich lernte Sophie, lernten wir ihn zufällig kennen; vielleicht hat er seine Dienstzeit vorübergehend in einer Ulmer Kaserne verbracht.«[2] Während Inge von April bis Oktober 1938 in Lesum als Hausmädchen arbeitete, trafen sie sich im nahe gelegenen Bremen »einige Male«. Er sei ein »intellektueller, künstlerischer Typ« gewesen, der »gerne mit Worten und Gedanken spielte, vielleicht auch gerne mit Mädchen«.

Sophie Scholl hatte Gabriels Feldpostadresse von Ursula (»Ursel«) Osthof, von der nur bekannt ist, dass sie gleichfalls mit dem jungen Soldaten in Briefkontakt stand, und dessen Schreiben sie ihr – mit seiner Einwilligung – zum Lesen gab.[3] Auch Aufnahmen von ihm aus dem Besitz ihrer Eltern zeigte sie Sophie. Gabriel deutete am 12. März 1942 an, dass er Ursel wohl intellektuell überfordere. Sophie war von seinen Briefen beeindruckt und sah es wahrscheinlich als Herausforderung an, neben Fritz einem anderen Frontsoldaten einen Austausch im öden Kommissleben zu ermöglichen. Und sie hatte erkannt, dass sie mit Gabriel über geistige, spirituelle Themen kommunizieren konnte. Seine Mutter Martha und ein Bruder im saarländischen Elversberg, mit denen er sich sehr gut verstand, sowie die Scholls in Ulm wussten von dem Schriftwechsel. Während der Korrespondenz hatte der Saarländer im Heer den Dienstrang eines Wachtmeisters bei der Flugabwehrartillerie, war als Feldwebel also – wie Hans Scholl – ein Unteroffizier mit Portepee. Obwohl er sich gegen die Ernennung »gesträubt« habe, wurde er Reserveoffizier und bildete Rekruten aus. Von ihm sind zweiunddreißig Briefe und Karten sowie ein Aufsatz, den Sophie Scholl kommentierte, erhalten. Das ist nicht sein vollständiger Briefverkehr mit Sophie, und von ihr gibt es gar nur vier von Inge Scholl angefertigte Briefabschriften. Soweit bekannt, sahen sie sich während ihrer Korrespondenz nur einmal im Oktober 1942, als der junge Offizier ein paar Tage zu Gast in Ulm war.[4]

Gabriel war gebildet, fromm, kreativ und kommunikativ: Als er eine karge Stube in einer Koblenzer Kaserne bezog, richtete er eine kleine Kunstinstallation ein.[5] Er nagelte an die Wand »im flachen Dreieck 3 Karte[n] in Glasrähmchen. Eine Landschaft aus Schlesien von dem weniger bekannten Maler Lang. Links van Gogh[s] ›Sonnenblumen‹ und rechts eine Madonna von Grünwald.« Einen Rekruten fragte er, ob er erkenne, warum die Bilder so positioniert seien. Als der keine Antwort wusste, erklärte er ihm den »inneren Zusammenhang«:

Ich sah ein Schwingen vom rein farbigen-leblosen Bild der Pflanze zum Ausdruck der weiten Landschaft und ausgleitend zum Figürlichen, darüber hinaus schwingend zu einem tragenden Zentrum, das ich mir als meine Welt noch offen, ohne bildhaften Ausdruck ließ.

Er schuf also mit drei schlichten Kunstreproduktionen eine gegenstandslose, geistige Mitte, die dem Gebot des Alten Testaments entsprach, sich von Gott kein Bild zu machen.[6]

1942 warf der sieben Jahre Ältere einen wohlmeinenden, aber zugleich kritisch-distanzierten Blick auf Sophie. Fast ein Jahr kommunizierten sie – teilweise heftig kontrovers – philosophische und religiöse Themen, und gerade weil der Soldat die Arbeitsmaid und Studentin immer herausforderte, ihr widersprach und sie infrage stellte, ist dieser Briefaustausch wertvoll. Der Meinungsaustausch zeigt deutlich die Stärken und Schwächen Sophies und ihren nicht gerade einfachen Charakter. Die theologischen Überlegungen Gabriels sind lesens- und nachdenkenswert.

In seiner ersten Antwort aus Elversberg am 20. Februar 1942 auf Sophies Initiativbrief äußerte sich Waldemar Gabriel »erstaunt und erfreut« über die Kontaktaufnahme. Sie musste gleich erwähnt haben, wie wichtig ihr der christliche Glaube war, denn Gabriel vermutete, dass der inhaltliche »Anknüpfungspunkt« wohl ein Bibelwort aus dem ersten Korintherbrief gewesen sei, das er in einem seiner Briefe an Ursel Osthof zitiert habe: »daß niemand einen anderen Grund legen könne als Jesum Christum«.[7] Er müsse »dies weiterhin als Basis nehmen, auf der nach der Breite und Tiefe weitergebaut werden« könne. Die Korrespondenz sollte also für beide auf der Basis des christlichen Glaubens erfolgen.

Um sie kennenzulernen, erbat er forsch eine »Art Lebensbeichte« und ein Foto, damit er eine Vorstellung von ihr habe. Seine »Forderung« möge ihr »nicht so unmöglich vorkommen«. Sie sei »doch keine brave Bürgerin, die stets hinter einen Lattenzaun beschränkter Rücksichten und Hemmungen sich versteckt«. Von ihm und seinen Anschauungen habe sie ja aus den Briefen, die er an Ursel Osthof geschrieben habe, schon einiges erfahren, sodass sie »getrost die Stufen des tastenden Sich-Kennen-Lernens schnell überspringen« könnten. Zukünftig sei beides möglich: »vielleicht wieder sich zu trennen oder immer beisammen zu bleiben«. Dass die Kommunikation einfach im Sande verlaufen könnte, schien er auszuschließen. Er wollte ihren Austausch strukturieren: Sie möge ihre »Themen in festen Fragen vorstellen, die dann eine Handhabe sind Rede und Antwort zu stehen«. Er verabschiedete sich nicht mit dem »deutschen Gruß«, sondern mit freundlicher Zuneigung: »Darf ich Ihnen nun die Hand zum Gruß reichen, wie man es seinem Nächsten tut? Ihr Waldemar Gabriel«. In diesem Schreiben kündigte er zudem an, dass er am 22. Februar nach Nancy fahren werde, wo seine Ersatzeinheit liege, um von dort »vielleicht zum Osten zu kommen«. Die nächsten Briefe von dort schrieb er aus einem »russischen Holzhaus ohne Läuse«.[8]

Gabriels achtseitiger Brief vom 1. März ist eine Antwort auf mehrere Schreiben Sophies. Sie hatte ihm ein Foto geschickt, auf dem sie so klein abgebildet war, dass man sie darauf »mit der Lupe« suchen musste, und erschien ihm darauf so kindlich, dass Gabriel sie deshalb duzen wollte. Doch wenn man bei dem »Kinderbildchen […] genau hinschaut, aber das soll ich ja nicht tun, sieht man allerdings noch mehr«.

Waldemar Gabriel wurde am 12. Januar 1915 geboren.[9] 1934 machte er Abitur, leistete danach ein halbes Jahr Arbeitsdienst, von 1935 bis 1937 den Wehrdienst. 1937 wäre er gerne Dorflehrer – »Dorfschulmeisterlein« – geworden. Doch die veränderte politische Lage durchkreuzte seine Pläne. Als Beamter wäre er verpflichtet gewesen, seinen Beruf im Sinne der NS-Ideologie auszuüben, sodass er »ständig« mit seiner »Weltanschauung doch wesentlich im Gegensatz [dazu] gestanden« hätte. Als Bürokraft sei er da doch freier gewesen. 1939 wurde er mit Kriegsbeginn eingezogen und machte als »Uniformträger« den Polenfeldzug und den »strengen Winter« mit. Er war 1942 also – wie er betonte – gegen seinen Willen im fünften Jahr Soldat.[10] Das war ein ganz anderer Weg, als ihn der Berufssoldat Fritz Hartnagel 1936 gewählt hatte. Und auch anders als der von Sophie. Er hielt ihr die Relationen vor Augen: Wenn sie bereits unter einem Jahr Arbeitsdienst seufze – was sollten dann er und die anderen Soldaten sagen? Gleich zu Beginn ihres Austauschs fragte ihn Sophie, warum er denn ausgerechnet Offizier sein wolle. Waldemar hörte das Unverständnis und den Vorwurf und beruhigte sie. Er könne ihr »eine enttäuschende Antwort [er]sparen«, er sei nicht aus Überzeugung Reserveoffizier geworden, sondern man habe ihn eben seiner Fähigkeit entsprechend eingesetzt. – »Sind Sie nun zufrieden?« 1943 wurde er zum Oberleutnant befördert.

Im Spannungsfeld zwischen Katholizismus und Protestantismus suchte Gabriel eine gemeinsame spirituelle Basis für sich und Sophie. »Nach dem ersten Brief« habe er sie »für jemand mit protestantischer Erziehung und einer gewissen Selbständigkeit gehalten«. Nach weiteren Briefen habe sich seine Einschätzung geändert, aber nicht dahingehend, dass er sie für »typisch katholisch« halte: »Ich glaube, wir nennen uns am besten Christen und Gottsucher, dann stehen wir auf gleichem Boden.« Sophie hatte ihm von ihrer protestantischen Prägung erzählt und ihm klargemacht, dass sie kein »Katholik mit Vorbehalt« sei, wie er zunächst vermutete. Daraufhin erklärte Gabriel, er habe sich zu dieser Einschätzung nur durch die Männer und Bücher verleiten lassen, die sie ihm genannt hatte: »Es ist aber umso schöner, daß wir aus der Gegensätzlichkeit zu der gleichen Richtung gekommen sind, ein persönliches und selbständiges Gottesverhältnis zu gewinnen.«

Gabriel bestätigte Sophie darin, »daß der Wille erst einmal erfaßt sein muß, damit es zu einer Formung kommen kann«. Das sei »auch meine Ansicht. Und die bedingungslose Hingabe an die Idee, ist die Forderung der Totalität die jede Weltanschauung, so sie einen Anspruch auf Dauer erheben will, stellen muß.« Wie seine Adressatin, sah er sich »erst am Anfang« der geistigen Entwicklung. Er bemühe sich wie sie um die »Form«, das heißt, wie eine Idee vom Gedanklichen in die Tat umgesetzt werde: »Doch glaube ich fast, wir müssen die ewig Werdenden bleiben [...], mit einer Fundamentierung im Glauben, die unerschütterlich ist.« Gott rufe und ziehe die Menschen durch die Pole Glauben und Liebe zu sich. Deutlich ist, dass Sophie sich in dieser Korrespondenz unsicher fühlt, denn Gabriel bittet sie, »nicht immer so strenge Kritik« an sich selbst zu üben und ihre Briefe »ein ›zusammenhangloses Gestammel‹ zu nennen«. Entscheidend sei die »Zwiesprache der Seele«.

Neben diesen Reflexionen nahm aber auch die Beschreibung des Frontalltags einen Teil ihres Austauschs ein. Sophie erfuhr, wie Waldemar den Krieg im Osten wahrnahm. Er sei nicht »begierig«, weiter »nach Osten« vorzurücken: »Will nicht mehr und nicht weniger als meine Pflicht tun wohin ich gestellt bin. Muß ich mich dabei tagelang in den Bunker legen, so ist dies aus technischen Gründen eben notwendig. Als ich als ›vorgeschobener Beobachter‹ einen der wichtigsten Posten bei der Artillerie acht Tage vorne bei der Infanterie lag, durfte ich wegen der Russen den Keller nicht verlassen und nahm, da nichts geschah diese Ruhe eben 100 % als Ruhe hin. Jetzt bleiben wir im Bau, einmal wegen des Regens, dann wegen der Schnacken, oder hängen uns ein Handtuch um den Kopf wie die Beduinen am Rande der Sahara dann herumlaufend.« So eintönig hatte Fritz Hartnagel seinen Dienst nie geschildert. Vielleicht war die Beschreibung Gabriels mit ein Grund dafür, dass Sophie in dieser sturen, braven Pflichterfüllung zu Hause und an der Front die Ursache dafür sah, dass niemand etwas gegen den NS-Staat unternahm, wie es ihre Freundin Susanne Hirzel später berichtete. Die Schreiben von Waldemar Gabriel haben Sophie womöglich – mehr noch als die Briefe Fritz Hartnagels – von der grausamen Sinnlosigkeit überzeugt. Hartnagel vermittelte den Eindruck, dass er trotz gelegentlichen Leerlaufs einer abwechslungsreichen und sinnvollen Tätigkeit nachging. Er klagte eher über zu viel Organisationsarbeit. Bei Gabriel war es tumbe Monotonie, die nur selten unterbrochen wurde.

Er hatte »Tag für Tag nichts zu tun«, sozusagen »Ferien an der Front«, und er sehnte sich danach, mit Sophie durch »irgend eine schöne Gegend Deutschlands durch Wald und Feld zu wandern«. Er wünschte sich, »nur in Ihrer Nähe zu sein«. Wenn man Rast machte, würde man vielleicht kaum miteinander reden und »die Zwiesprache die stumme, die über Worten steht müßte die Seelen zusammenführen«.

Sophie Scholls Briefe kreisten im Frühsommer 1942 nun oft um den neuen Lebensabschnitt, der im Mai begonnen hatte. Sie hatte an der Münchner Ludwig-Maximilians-Universität ein Studium der Naturwissenschaft und Philosophie aufgenommen. Gabriel meinte dazu am 17. Juni allerdings skeptisch: »Sie haben einen großen Kreis jetzt um sich und rühmen ihn. Ich kenne zu wenig von diesem Milieu dort. Doch sehe ich fast mit Bedauern wie Sie zu vielen Eindrücken preisgegeben werden und der Begriff ›Gesellschaftskultur‹ vielleicht einen zu großen Wert einnehmen wird.« Fürchtete er um ihre spirituelle Verbindung?

Sophie mochte von München erzählen, doch immer wieder fanden auch intellektuelle Fragen Eingang in ihre Briefe. So berichtete sie ihm von ihrem Treffen mit einem »Pfarrer im Böhmerwald«, den sie nicht mit Namen nannte. Am 31. Mai (und dann wieder am 25. Juni) besuchten Hans und Sophie Dr. Max Schwarz in Niederbayern. Seit 1938 Pfarrer an St. Ägidius in Grattersdorf im Landkreis Deggendorf, machte Schwarz aus seiner Ablehnung des Nationalsozialismus keinen Hehl. Carl Muth hatte die Verbindung geknüpft, weil er wusste, dass die Geschwister durch den katholischen Theologen in ihrer Widerstandshaltung bestärkt würden. Sophie hatte Schwarz als »Original« bezeichnet und Gabriel gefragt, wer für ihn ein Original sei. Gabriel antwortete:

Ein Original möchte ich so beschreiben. Es ist ein Mensch, bei dem das Eigene und Innenleben eine sichtbare deutliche For-

mung erhalten hat. Das Individuum ist über die Gattung ge-
treten. Und in dem Sinn sollen wir ja alle Originale sein. Und
besteht zwischen dem Original und Goethes Ausspruch:
›Höchstes Glück der Erdenkinder sei doch die Persönlichkeit‹,
nicht eine wahre Verwandtschaft?[11]

Er freue sich, wenn sie trotz »München ›der Hauptstadt der
Bewegung‹ mitunter einsam« sei, denn »die Einsamkeit erzieht
am ehesten zum Original«. Die frühen Christen hätten schon
recht gehabt, »wenn sie in die Wüste und Einsamkeiten gingen«.
Von ihrem Besuch bei Pfarrer Schwarz berichtete Sophie
zudem, dass der Geistliche Hans und Sophie auf das fünfte
Gebot (»Du sollst nicht töten.«) hingewiesen habe. Gabriel
kommentierte mit den Worten: »Das 5. Gebot müßte ich mir
nicht von einem Pastor hier sagen lassen. Eine Schande!«
Sicher kannte Sophie das Tötungsverbot. Aber wahrscheinlich
wollte sie ihn sendungsbewusst an seine Verantwortung erinnern. Wie hilfreich konnte das sein? Wollte Gabriel das Gebot
erfüllen, blieben ihm im fernen Russland nur wenig Möglichkeiten: Die Desertion hätte ihm womöglich den Tod gebracht,
bei einem Angriff nicht gezielt zu schießen, hätte seine Kameraden gefährdet, und sich selbst zu töten, widerspräche dem
Gebot. Sophies Hinweis war gedankenlos, er verschärfte nur
einen unlösbaren Gewissenskonflikt. Sie wusste theoretisch,
was ethisch geboten war, aber nicht, wie das an der Front zu
realisieren sei. Sie konnte sich nicht in Gabriels Lage hinein-
versetzen.
Wirklich »befremdet« hat Gabriel Sophies Eingeständnis, sie
könne sich angesichts des Leids in der Welt »nicht freuen«. In
vielen liebevollen Sätzen versuchte er sie zu ermutigen und ihr
zu sagen, dass sie sich trotzdem freuen dürfe und solle. Seine
Beispiele reichten vom Schlusschor *Ode an die Freude* in Beet-
hovens neunter Symphonie, dem »Jubilate!« der Weihnachts-

liturgie, bis zum mehrfachen »Freut euch!« des Neuen Testaments. Ob er ihr »ein Blümchen schicken [solle] aus seinem Wald hier, oder der Vögel Gesang bringen, die hier zwischen Freund und Feindes Graben eine Brücke bauen oder was kann ich für Sie tun?«. Was er bei Kierkegaard gelernt hatte, zeigte sein Satz, bleibende Freude bringe »allein das Hineinschwingen oder -springen im Glauben, die Hoffnung auf das ewige Leben, das Wissen um Gott kann uns die Freude bescheren«.

In ihrem Brief vom 24. Juni 1942 dachte Sophie über die Natur nach und welchen Platz der Mensch darin habe – nicht ohne auf den allgegenwärtigen Tod zurückzukommen, der auch in Gabriels Briefen steter Begleiter war.[12] In der Natur spürte Sophie, wie bei einer Fuge von Bach, eine »wundervolle Harmonie«, deshalb sei ihr zunächst der Gedanke »unbegreiflich, daß die Natur eine Erlösung notwendig haben sollte«. Zwei Tage später aber sei sie nach Mitternacht durch den Münchner Englischen Garten spaziert, und da sei ihr auf einmal aufgegangen, »daß die Natur vielleicht vom Tode erlöst werden müßte«. Besonders die Tötung anderer, um selbst leben zu können, sei für sie schon früher ein Problem gewesen und sei es jetzt wieder: »Und wie könnte eine Harmonie noch vollkommen sein, wenn ein Ton seinen Platz nicht mehr weiß«, fragte sie. Sie erkannte, dass es der Mensch sei, von dem die Natur erlöst werden müsse: »Und bald scheint mir das Gebrüll der beleidigten Erde, der aus ihrer Ordnung geratenen, dämonisch gewordenen Dinge, der Maschinen, die Diener der Menschen sein sollen und zu ihrem Zerstörer geworden sind, allen unbeirrbaren Frieden zu übertönen.« Sie wollte das keinesfalls einfach hinnehmen: »Aber doch kann ich es nicht akzeptieren, ohne dabei unterzugehen.«

Welch ernsten Hintergrund ihre Worte hatten, war Gabriel nicht bewusst. Denn natürlich ahnte er nichts von den sich immer mehr konkretisierenden Widerstandsplänen und den bereits verteilten ersten vier Flugblättern, von denen Sophie sehr wahrscheinlich durch ihren Bruder erfahren hatte. Das war – nicht nur für ihn – jenseits jeder Vorstellung. So rief er ihr zu: »Jugend ist Trunkenheit ohne Wein![13] [...] Und was erhebt das Leben mehr als die Freude? Du musst dies auch einmal spüren, trotz allem.« Er glaubte, wäre sie bei ihm, erfasste auch sie die Freudenflamme: »Doch verbrennen möchte ich Dich nicht.« In einem Brief deutete Sophie an, dass »die wahre tiefe Freude um das Leid sehr wohl Bescheid« wisse. Darauf antwortete Gabriel: »Nicht Flucht, Verzweiflung soll es sein, wenn wir zu Gott uns darum wenden, sondern innerste Notwendigkeit erfüllen. Nicht Dogma soll uns belasten, sondern Erlebnis Gottes formen. ›Ich will euch einen Tröster senden, der soll euch alles lehren‹«, zitierte er den johanneischen Christus.[14]

Im Herbst endlich kam es zur persönlichen Begegnung der beiden. Wie dies einzige längere Treffen zwischen Sophie und Waldemar verlief, erfahren wir aus einem Brief Sophies an Fritz Hartnagel und einer kurzen Notiz von Gabriel.[15] Am 4. November berichtete Sophie Fritz vom Besuch Waldemars in Ulm. »Schon vor Wochen« habe sie mit Waldemar Gabriel im Klosterwald Tannenreis für Adventskränze geholt. Obwohl es erst Oktober gewesen sei, hätten sie »in der Diele viele Adventskränzchen gemacht und [...] Weihnachtslieder gesungen«.[16] Es sei aber keine richtige Stimmung aufgekommen, nicht, weil es zu früh im Jahr gewesen sei, sondern weil Inge der nötige Ernst fehlte und Waldemar wie ein Zuschauer mit einem – vielleicht süffisanten – Lächeln danebensaß, was sie »im Innersten« störte. Allerdings müsse sie Waldemar »gleich wieder in Schutz nehmen«, denn er sei nicht leichtfertig, »es ist alles an ihm sehr ernst zu nehmen, wie er selbst alles ernst nimmt«. Er sei zudem so klug, dass sie ihn noch nie in Diskussionen habe besiegen können. Sie fand, sie sei dazu »zu dumm« und könne zu wenig auf seine spöttische Art eingehen. Offensichtlich kommentierte Waldemar Gabriel vieles überheblich, sarkastisch oder gar zynisch und wollte so Abstand wahren. Man muss sich aber auch klarmachen, dass er als Soldat an der Ostfront zuletzt mit Tannenzweigen seinen Bunker, Fahrzeuge und Geschütze getarnt hatte. Der Kontrast zum Adventskranz war enorm. Doch, so Sophie weiter, es sei in ihren Diskussionen nicht um Sieg oder Niederlage gegangen, zudem habe sie den Eindruck, »nicht wirkungslos an ihm vorübergegangen zu sein«.

Deutlich ist zu spüren, dass sie ihren Bekannten beeindrucken, ihm vielleicht sogar gefallen wollte. Der junge Mann verwirrte Sophie. Sie fasste es so zusammen: »In Beziehung zu einem neuen Menschen zu treten ist doch ein großes und wichtiges Ereignis, eine Kriegserklärung und Liebeserklärung zugleich.« Das ist eine überraschende Aussage: pathetisch, kraftvoll, pointiert. Sie schrieb nicht, dass es beim Kennenlernen eines anderen Menschen darum gehe, ob man sich sympathisch finde oder nicht, ob man sich weiter unterhalten wolle, sich vielleicht wieder treffe oder nicht. Sophie Scholl lebte seit mehr als drei Jahren im Krieg. Sie hatte gesehen, wie am 11. Dezember 1941 Deutschland und Italien den Vereinigten Staaten von Amerika den Krieg erklärt hatten, weil diese »zu offenen Kriegshandlungen übergegangen« seien, und dass die USA diese diplomatische Note noch am Nachmittag desselben Tages mit der eigenen Kriegserklärung beantworteten. Sie konnte wissen, dass solch eine Ankündigung von Kriegsabsichten ausgesprochen wird, wenn ein Staat sich bedroht fühlte und alle diplomatischen Mittel zur Lösung des Konflikts ausgeschöpft waren. Sie wusste: Es geht bei einer Kriegserklärung um Aggression und Abwehr.

Ganz anders ist es bei einer Liebeserklärung. Sie ist die Offenbarung inniger Zuneigung. Der Freund, die Freundin wird zutiefst wertgeschätzt und angenommen. Wer seine Liebe gesteht, öffnet sich und wird ein Stück weit schutzlos. Bei einer Liebeserklärung geht es um die Hingabe und Annahme. Indem Sophie diese gegensätzlichen Begriffe verband und meinte, sie kennzeichneten den Beginn des Kennenlernens, offenbarte sie ihre Unsicherheit.

Was aber konnte Fritz Hartnagel, der gerade im Morast vor Stalingrad lag und Bunker zum Schutz vor dem heranziehenden Winter baute, mit den Beziehungsüberlegungen Sophies zu einem anderen Mann anfangen? Sollte er sich etwa über ihre Offenheit freuen? Sophie war in diesem Brief außerordentlich gedankenlos und verletzend, ohne es zu merken, zumal sie ein Ereignis schilderte, das »schon vor Wochen« stattgefunden hatte, das sie aber offensichtlich immer noch umtrieb. Sophie Scholls Wortwahl von »Kriegserklärung« und »Liebeserklärung« war typisch für ihr Denken in absoluten Kategorien, heftigen Kontrasten. Es war gut, dass die Feldpost dieses Schreiben Sophies Fritz nicht zustellte, sondern zurückschickte.

Im Oktober fertigten Sophie und Waldemar aber nicht nur Adventsgestecke, sie verbrachten auch einen Herbsttag, den »letzten schönen«, auf der Schwäbischen Alb und besuchten den Klosterhof Blaubeuren. Am 25. Oktober 1942 erinnerte ihn Sophie daran und ihre Diskussion über das Erkenntnisvermögen.[17] »Erkennen« sei doch mehr »als ein bloßes Wissen, denn der Teufel selbst weiß ja mehr wahrscheinlich von Gott als wir. Und doch muß ihm nach Deiner Aussage das Erkennen ganz abgehen, wenn es die Seligkeit bedrückt.« Sie habe an sich selbst beobachtet, dass sie manches nur erkennen konnte, weil sie sich weiterentwickelt habe, nicht, weil ihr Verstand »weiter« geworden sei: »Das wirkt alles so eng ineinander, die Seele auf den Geist, der Geist auf die Seele.« In diesem Miteinander von Geist und Seele klang ihr Motto »Esprit dur – Cœur tendre« an. Die Natur war für sie der Ort, über sich selbst zu reflektieren und eine nächste Stufe der Erkenntnis zu erreichen:

Weil mir neben ihrer [der Natur] Schönheit (die mich jetzt manchmal beinahe mit Schrecken, jedenfalls mit einem staunenden Unbegreifen erfüllt) meine eigene Unschönheit so deutlich wird, weil ich dann in einem gewaltigen, jubelnden Chor eine schrille, falsche alles übertönenwollende Stimme höre, und merke, daß es meine eigene Stimme ist.

Am 28. Oktober 1942 erinnerte sich auch Waldemar Gabriel an die Tage in Ulm: »Bisweilen muß ich an Dich denken und erkenne, daß wir die paar Tage eigentlich kaum etwas miteinander geredet haben. Ich überlege warum, bin aber nicht beunruhigt deswegen oder deinetwegen.« Jetzt hatten sie sich also endlich nach Monaten und einer ersten gescheiterten Verabredung gesehen. Alles, was in der Korrespondenz ungesagt und unklar geblieben war, sollte nun ausgesprochen und geklärt werden – doch dann hatten sie geschwiegen oder abstrakt über das Erkennen gesprochen. Fatalistisch kommentierte Gabriel: »Es nimmt doch alles seinen Lauf.«

Doch er gab ihrem Schweigen eine geradezu metaphysische Bedeutung:

> Und wie wichtig, viel wichtiger, ist es, daß wir erkennen, wozu wir berufen und geschaffen sind im Sinne der Ewigkeit. Daß unser Denken kein Träumen mehr ist, unser Leben kein Spiel, unsere Zeit nicht unsere Anklägerin wird. Es ist so Vieles und Großes, daß man schweigt.

Hatte er gespürt, daß Sophie etwas unerhört Großes umtrieb? Wenn sie wollte, konnte sie jedenfalls seine Worte als Bestätigung ihrer Aufgabe lesen. Es sollte nicht alles so weiterlaufen.

Parallel zu Waldemar Gabriel tauschte sich Sophie weiter mit Otl Aicher aus. Sein klerikaler Einfluss auf Sophie Scholl war zu diesem Zeitpunkt beachtlich, wie sie gegenüber Gabriel bestätigte:

> Ich selbst halte Otl für einen Christen, und er hat auf mich nicht nur gewirkt durch das, was er sagte, sondern durch das,

was er ist. Man spürt in ihm das Wirken des Geistes, wie ich
es von keinem anderen erlebt habe. Hier, wo ich erlebt habe,
kannst Du mich nicht irre machen.

Vermutlich hatte Gabriel geschrieben, Aicher wolle sie auf seinen Standpunkt hochziehen. Sie erwiderte: »Dabei versuchst
Du selbst nichts anderes als mich emporzuziehen, sei ehrlich?«
An Otl habe sie »die lebendige Demut kennengelernt«. Sophie
war von Gabriels Verhalten verletzt: Wie er manche ihrer Fragen »zur Seite« schiebe, »so könntest Du aus Versehen mich
auch mit auf die Seite schieben«. Wahrscheinlich hatte er ihr
attestiert, in einer Traumwelt fern der Realität zu leben, denn
Sophie antwortete: »Habe ich geträumt bisher? Manchmal
vielleicht. Aber ich glaube, ich bin aufgewacht, bevor ich Dich
kennenlernte.«

Tatsächlich hatte Sophie lange geträumt. Davon, die Zukunft positiv mitgestalten zu können. Für ihre Vision eines
besseren Deutschlands hatte sie als überzeugte Nationalsozi-
alistin Jahre ihres Lebens eingesetzt. Der Grundgedanke der
Hitlerjugend »Jugend führt Jugend« war begeisternd, und es
war befreiend gewesen, mit fast Gleichaltrigen in das Abenteuer des Lebens zu ziehen. Es brauchte Zeit, bis sie die Ideen
von Rasse und Raum, Herrenmensch und Untermensch, art-
gemäßer und entarteter Kunst als inhumane Wahnbilder erkannte. Langsam trübte sich ihr heller Zukunftstraum ein,
dunkelte allmählich zu einem düsteren Albtraum, aus dem sie
nur mit Mühe herausfand. Im Laufe des Jahres 1942 wachte
sie dann wirklich auf. Hellwach wurde ihr klar, dass sie etwas
gegen diese Gewaltherrscher tun musste, die mit dem Krieg
Millionen die Zukunft stahlen.

Gabriel hielt das für aussichtslos. Sophie und ihre idealisti-
schen Freunde waren für ihn naive Träumer. Sophie konterte:
»Sei nicht so vorschnell in Deinen Urteilen. Ich glaube es ja,
Du hältst uns alle noch für Träumer, Dich aber nicht.« Seine

Kritik hatte sie getroffen: »Bei dem Gedanken an Dich erhebt sich in meinem Herzen eine Verteidigungsmauer.« Am 6. November war ihr Bruder Hans aus Russland von seiner Frontfamulatur zurückgekehrt. Er war entschlossen, den Widerstand wieder aufzunehmen, und hatte das sehr wahrscheinlich mit seiner Schwester besprochen. Sophie wollte sich nicht durch Gabriel verunsichern lassen. Sie wusste, dass es Wahnsinn war, was sie vorhatten. Doch es musste sein, davon war sie mehr denn je überzeugt. Mit ihrem schwierigen Briefpartner wollte sie aber noch nicht brechen. Sie stellte ein erneutes Treffen in Aussicht und schloss: »Doch ich habe den herzlichen Wunsch und Willen, Dich zu meinem Freunde zu gewinnen und zu erhalten.«

Auch für Waldemar Gabriel schwankte ihrer beider Beziehung zwischen der Hoffnung, dass sie näher zueinanderfinden könnten, und der Befürchtung einer Entfremdung; symbolisch stand dafür der von ihm erbetene Wechsel vom »Sie« zum »Du«. Doch ihre Differenzen waren beträchtlich. Gabriel widersprach ihr häufig. Sophie hatte vielfachen Grund, sich über ihren Briefpartner zu ärgern.

Freundschaftlich verbunden zu bleiben, war also nicht einfach, traten doch ihre Differenzen deutlich hervor. Besonders zu Otl Aicher hatten sie divergierende Ansichten, vor allem zu seinem fünfundzwanzigseitigen *Michelangelo*.[18] Aicher interpretierte dort einige Verse der insgesamt dreihundertzwei Sonette Michelangelo Buonarottis. Er sah in ihnen seine These belegt, dass der Mensch seine Vollendung nur in Gott finde. Alles Existierende sei nur zu diesem einen Zwecke da: »Es ist ja doch die Welt und auch unser Leib nur da als ein Schemel für unsern Geist.« Der Mensch sei nicht darum »angelegt, dass er große Schlachten schlage, große Sinfonien komponiere und Bildwerke schaffe, die alle Welt bewundert, – oh lächerlicher Kram!, wenn nicht die Glut der Gottesliebe dabei ist, lächerlicher Kram!« In den Sonetten findet Aicher Michelangelos

Leben von der Lust zur Liebe, vom Vergänglichen zum Ewigen, vom Menschen zu Gott poetisch gespiegelt.

Verständlich ist, dass Waldemar Gabriel, der katholisch sozialisiert war, das aber nach eigenem Bekunden überwunden hatte und nun eher dem Protestantismus zuneigte, Aichers Ausführungen ablehnte. Er kritisierte mit dem Begriff »Zeitgeist« den rechthaberischen Absolutheitsanspruch des Autors, wandte sich gegen den konservativen »Reformkatholizismus«, den dieser – gerade en vogue – argumentativ vertrat, und bezeichnete Aicher als »modernen Heiden«, weil er mit verquasten Worten die Kirchenväter und deren antike Vorbilder paraphrasierte.

Sophie Scholl formulierte eine deutliche Replik: Schon vor »längerer Zeit« habe sie seine »beiden Blätter über Michelangelo« und später dann noch einen »langen Brief« dazu erhalten. Sie halte seine Ausführungen für eine »Verstümmelung«, die Aichers Text »nie gerecht« würden. Er habe »Zusammenhänge zerrissen« und damit den Sätzen »ihre Stützen und Erklärungen« genommen. Sie stelle sich gerade vor, wie er hochmütig lächele, wenn er das lese, doch seine Ausführungen seien eine »gräßliche Vergewaltigung«, die zudem »lieb- und verständnislos« sei. Sie zitierte einen Satz aus Gabriels Kritik: »Es tut mir weh, wenn ich so in einzelnen Punkten entspringend das Verführtsein vom Weltgeist merke.« Sie wisse nicht, worauf er sich damit beziehe und verstehe auch nicht, warum er Otl als »modernen Heiden« bezeichne: »Das hat mir von Anfang an weh getan, es erschien mir wie ein Mangel an Liebe.« Aicher wolle genauso wenig – wie es Gabriel formuliert hatte – »von den Rübenschnitzeln der philosophischen Weisheit mehr fressen«.

Am 15. November, dem Tag, an dem Sophie Scholl ihren Verteidigungsbrief von Aichers *Michelangelo* zu Papier brachte, setzte in Verdun auch Waldemar einen Brief auf. Sein bereits genehmigter Studienurlaub sei durch einen »allgemeinen Befehl des OKH [Oberkommando des Heeres]« wieder gestrichen worden. Er sei nicht »untröstlich«, sondern warte »vielmehr in Zuversicht was weiter geschehen wird. Wir nehmen alles als von Gott gegeben. Es will erlebt sein Glauben und Vertrauen.« Er mahnte die – schon verfasste, aber noch nicht angekommene – Antwort auf seine Ausführungen zu Aichers »Schriftstück« über Michelangelo an. Es bedränge ihn nicht, »doch in Gedanken an das Fluidum vom Haus Scholl bin ich damit sehr beschäftigt und warte bis ich Deine erste Reaktion gesehen habe«. Es sei ihm »von Wichtigkeit«, falls er ihr das erst noch sagen müsse. Er stehe der Atmosphäre im Haus Scholl distanziert-kritisch gegenüber, und er äußere sich einem Freund gegenüber »oft in recht polemischen und drastischen Worten« über die Welt, in der er Sophie »suche oder sehe«. Er glaube aber immer noch, dass zwischen ihnen »im Wesentlichen keine verschiedenen Anschauungen bestehen. Und wichtig ist alles, wo es um Gott geht.«

Zwei Tage später bedankte er sich für »ein Lebenszeichen«, das »in Gestalt des Päckchens« seine »Freude erregte«. Er staunte über die Mühe, die sie sich gemacht hatte, vor allem aber waren ihm »die beiden musikalischen ›S‹ mit den niedlichen Schlingen der abfallenden Buchstaben« aufgefallen. Gabriel kopierte einen Buchstaben exakt: Es ist dieselbe Kalligrafie, die Sophie drei Monate später im Gefängnis München Stadelheim auf die Rückseite der Vorladung zur Gerichtsverhandlung malen wird. Dieses »S« für Sophie – oder das zweifache »S« für Sophie Scholl – war also eine Art Signum.

Recht resigniert klangen seine Schlussworte in diesem Brief. Er wisse nicht, wie lange er noch in Verdun bleiben könne. »Doch dies Abscheuliche, man gewöhnt sich auch an den Schwebezustand. Der Mensch ist halt ein elendes Zwerchwerk. Jetzt ade! Herzliche Grüße! Dein W. Gabriel.« So sehr desillusionierte ihn der Krieg, dass er im Menschen nicht die Krone der Schöpfung, sondern ein armseliges, schief-verdrehtes Produkt sah.

Es sind die letzten überlieferten Worte Waldemar Gabriels.[19]
Nur indirekt gibt es einen Hinweis, dass die Korrespondenz
fortgesetzt wurde. Anfang 1943 erhielt Sophie von ihrer Freundin Lisa Remppis einen Neujahrsgruß und – beigelegt – mehrere Schreiben von Waldemar Gabriel, die sie bei einem Besuch
in Leonrod vergessen hatte. Irritiert fragte sie: »Sag mal, wie
kommst Du zu den Briefen von Waldemar Gabriel? Hab ich sie
liegen lassen?«[20] Der Vater nannte seine Tochter immer wieder
»›Schlamperin!‹, in halb zurechtweisendem, halb zärtlichem
Ton«.[21] Warum er das tat, zeigen die achtlos zurückgelassenen
Briefe. Sophie erklärte Lisa, Gabriel sei »ein schwieriger Briefpartner«. Am liebsten würfe sie die Feder hin und riefe Waldemar zu: »Ich mag nicht mehr.« Weiter hieß es: »Solange man
das Denken so mißachtet wie er, ist [es] ja sinnlos Gedanken
auszutauschen. Jeder Brief, den ich schreibe, scheint in die leere
Luft gerichtet zu sein, er weicht aus wie Wasser.« Sie überlege
sich »ernsthaft«, ob sie »nicht einfach Schluß mache«. Doch
dann kämen ihr »tausenderlei Bedenken, einen Menschen
gänzlich fahren zu lassen«. Wieder leitete sie ihr Verantwortungsbewusstsein:

> Denn es wäre ja möglich, dass ich damit eine Schuld auf mich
> lüde. Doch nützt ihm ein gänzliches Abstoßen vielleicht mehr
> als das Überzeugen wollen, das so einseitig ist, denn er will
> nicht. Kein Wort dringt weiter als bis an sein äußeres Ohr,
> nicht einmal in sein Gehirn.

Diese Unmutsworte zeigen, wie spannungsgeladen das Verhältnis war. Ein Jahr lang hatte Sophie versucht, Waldemar
von der Sinnlosigkeit jeglichen Soldatentums und des Kriegs
zu überzeugen. Diese Mission war gescheitert, denn Gabriel
wollte sich tatsächlich nicht anpassen, er suchte vielmehr den
offenen Diskurs. Seine intellektuelle Souveränität frustrierte
Sophie – und schärfte ihren Standpunkt.

# 9. STUDENTIN

Aus der historischen Distanz wird Sophie Scholl fast ausschließlich als Studentin gesehen. Mit den bildungsbürgerlich
inspirierten Flugblättern, deren letztes in den Lichthof der
Ludwig-Maximilians-Universität München gestoßen wurde,
erscheint sie als Symbol des freien, kritischen Geistes in den
Hallen der Wissenschaft. An die »Kommilitoninnen! Kommilitonen!« – das ist der Aufruf an die eigene Gruppe. Doch das
überdeckt, dass Sophie zuerst und deutlich länger anderes
war: Kindergärtnerin, Erzieherin. Und sie hoffte, dies »mit
ganzem Herzen«, also leidenschaftlich und hingebungsvoll,
sein zu können.[1] Das konnte man von ihrer Studienzeit nicht
sagen.

Wenn also von Sophie selbst und anderen darauf hingewiesen wird, dass sie im Sommersemester 1942 »endlich« mit
dem Studium beginnen konnte, dann meint das Wort wohl
kaum konkrete Studien. Anders als ihr Bruder, der sich zu seinem Studienbeginn im April 1939 einen überbordenden Ter-
minkalender mit medizinischen und philosophischen Lehrver-
anstaltungen verordnete, belegte Sophie nur wenige
Vorlesungen – keine Seminare – in ihren Studienfächern Naturwissenschaft und Philosophie. Ihre Freundin Hildegard
Schüle informierte sie im April 1942, sie werde bald »für kurze

Zeit nach München« gehen, um sich dort »auf alle Fälle« zu immatrikulieren, damit sie nicht »das Arbeitsamt sonst noch holt«.[2] Die vielen neuen Eindrücke und Bekanntschaften waren ihr wichtiger als die Universität: »Ich führe hier ja ein so freies Leben, u. kann meine Zeit ganz so ausfüllen, wie es mir am besten erscheint.«[3] Darauf kam es ihr an. Im Juni 1942 fragte ihre Schwester Elisabeth darum kritisch: »Ich höre nur von Philosophiererein, Teetrinken, Segeln und an sich ist doch Dein Studium auch nicht gerade Nebensache und vielleicht doch ein konkretes Ding?« Auch Waldemar Gabriel bezweifelte ihren Studieneifer: »Welche Vorlesungen hören Sie eigentlich?«[4]

Inge Scholl versuchte, Sophies Motivation zuerst aus der Ablehnung zu erklären: Sie habe sich gegen Kunst entschieden, denn »Kunst, das kann man doch nicht studieren. Das kommt mir zu komisch vor«. Naturwissenschaft hingegen schien nahezuliegen für die zutiefst naturverbundene Sophie. Sie scheint sich aber nicht über die Inhalte der von ihr gewählten Fächer informiert zu haben. Beide Studiengänge waren fest in nationalsozialistischer Hand – besonders an der Münchner Ludwig-Maximilians-Universität. Wusste sie das nicht, oder nahm sie die Hochschule von Anfang an nicht ernst?

Von Sophie könnte man annehmen, dass sie im Trubel Münchens auflebte – doch sie war unglücklich, zumindest anfangs. Aus einem Brief von Fritz geht hervor, dass sie lieber alleine gewesen wäre, sie vermisste die Einsamkeit. Fritz riet ihr, einfach für ein paar Tage wegzufahren, denn es sei doch wichtiger, dass sie in sich einen festen Grund finde, als nur irgendein Wissen hineinzupfropfen. Da er nicht bei ihr sein könne, sei seine »einzige Macht« das Gebet, in das er sie und sich einschließe. Darauf vertraue er und hoffe für sie, ließ er sie aus der Ferne wissen.[5] Kurz bevor Fritz Hartnagels Einheit Ende Mai 1942 nach Russland verlegt wurde, verbrachten er und Sophie allerdings noch einmal gemeinsame Stunden.[6] Vermutlich gab Fritz bei diesem Treffen »im Mai« 1942 Sophie tausend Reichsmark »für einen guten Zweck«.[7] Das war eine außerordentlich hohe Summe, denn 1942 betrug das jährliche Durchschnittsentgelt im Deutschen Reich 2310 Reichsmark.[8] Außerdem bat sie ihn wohl, so erinnerte er sich nach Kriegsende, um die Beschaffung eines Bezugsscheins beim Militär für einen Vervielfältigungsapparat. Sicher war er sich darüber, dass er sie gefragt habe, ob sie sich im Klaren darüber sei, dass sie das Geplante »den Kopf kosten« könne. Sie habe geantwortet: »Ja, darüber bin ich mir im Klaren.« Sie hätten nicht weiter darüber gesprochen, weil sie »vielleicht [...] die letzten Stunden vor ihrer Trennung nicht mit so schweren Problemen belasten wollten«. Fest steht, dass er sich bis zum 31. August nicht darum bemühte, das Dokument ausstellen zu lassen, da er, wie er ihr dann gestand, »immer noch Bedenken« habe und nicht wisse, »ob der Zweck eventuelle Unannehmlichkeiten rechtfertigen würde«.[9] Wenn die Datierung »im Mai« stimmt, bedeutete das: Sophie war schon in den ersten Tagen nach ihrer Ankunft in München in die Pläne ihres Bruders und Alexander Schmorells, Flugblätter zu produzieren, eingeweiht worden.

Am 30. Mai schrieb Sophie ihrer Freundin Lisa Remppis.[10] Sie war durch das, was sie in München erlebte, stark gefordert, zuweilen fühlte sie sich überfordert. Sie erläuterte, sie müsse »jeden Tag etwas neues [...] verdauen«. So habe sie mit Hans und den Intellektuellen Carl Muth, Sigismund von Radecki und einem von ihnen »bloß der Philosoph« Genannten ein »dreistündiges, pausenloses und anstrengendes Gespräch« erlebt.[11] Die Diskussionen waren keine Freude für sie: »Eigentlich habe ich eher das Bedürfnis, für mich zu sein, denn es drängt mich danach, durch ein äußeres Tun das in mir zu verwirklichen, was bisher nur als Gedanke, als richtig Erkanntes in mir ist.« Gerne wäre sie mit Lisa »einige Tage allein«. Aber sie sei doch froh, aufnehmen zu können, auch

wenn sie noch auf schwankendem Boden stehe. Verbirgt sich
hinter der Formulierung, sie wolle vom Gedanken zur Tat
kommen, der Wille zum aktiven Widerstand? Bei Hans Scholl
und Alexander Schmorell war das der Fall, denn sie starteten
keinen Monat später ihre erste Flugblattaktion. Auf jeden
Fall waren die Geschwister in den vergangenen Wochen emotional dichter zueinander gerückt: »Hans ist ein guter Bruder
für mich, ich gewinne ihn immer lieber«, beschrieb sie ihr
Miteinander. Reichte das, um Teil der Widerstandsgruppe zu
werden?

Bereits im Februar 1942 hatte Hans begonnen, Leseabende
»vor etwa 20 Personen« zu organisieren. Sophie, die ab Mai
daran teilnahm, berichtete von einer sehr lustigen schauspie-
lerischen Darbietung durch Sigismund von Radecki bei einer
dieser Gelegenheiten. Sie hatte offensichtlich Anschluss gefunden, vor allem an den Kreis rund um ihren Bruder. Auch wenn
der Abend völlig unpolitisch verlief, glaubte Sophie, Radecki
sei nach der Rückkehr von einer dreimonatigen Reise »bereit,
allerhand mitzumachen«.[12] Es dauerte nur drei Wochen, bis
»allerhand« geschah: Hans Scholl und Alexander Schmorell
setzten ihre Widerstandsgedanken in Taten um. Die ersten vier
Flugblätter entstanden. Innerhalb von sechzehn Tagen, zwischen dem 27. Juni 1942 und dem 12. Juli 1942, wurden sie in
einer Auflage von jeweils ungefähr hundert Exemplaren an
»ausgewählte« Personen versandt, deren Anschriften größten-
teils aus »Telefon- und Adressbüchern« stammten.[13]

Hans Scholl sagte später vor der Gestapo, er habe die Flugblätter 1, 4 und 5 allein verfasst, bei den Flugblättern 2 und 3
jeweils den ersten Teil, Alexander Schmorell den zweiten.[14]
Schmorell bezeichnete die ersten vier Schriften »als mein und
Scholl's geistiges Eigentum, weil wir alles gemeinschaftlich gemacht haben«.[15] Der Inhalt war jedenfalls im Sinne aller Beteiligten:

Nichts ist eines Kulturvolkes unwürdiger, als sich ohne Widerstand von einer verantwortungslosen und dunklen Trieben
ergebenen Herrscherclique »regieren« zu lassen. Ist es nicht
so, dass sich jeder ehrliche Deutsche heute seiner Regierung
schämt, und wer von uns ahnt das Ausmass der Schmach, die
über uns und unsere Kinder kommen wird, wenn einst der
Schleier von unseren Augen gefallen ist und die grauenvollsten
und jegliches Mass unendlich überschreitenden Verbrechen
ans Tageslicht treten? Wenn das deutsche Volk schon so in
seinem tiefsten Wesen korrumpiert und zerfallen ist, dass es
ohne eine Hand zu regen, im leichtsinnigen Vertrauen auf eine
fragwürdige Gesetzmässigkeit der Geschichte, das Höchste,
das ein Mensch besitzt, und das ihn über jede andere Kreatur
erhöht, nämlich den freien Willen, preisgibt, die Freiheit des
Menschen preisgibt, selbst mit einzugreifen in das Rad der
Geschichte und es seiner vernünftigen Entscheidung unterzu-
ordnen, wenn die Deutschen so jeder Individualität bar, schon
so sehr zur geistlosen und feigen Masse geworden sind, dann,
ja dann verdienen sie den Untergang.

Steckte hierin nicht all das, was auch Sophie bewegte? In ihren
Briefen an Fritz Hartnagel, Otl Aicher und Waldemar Gabriel
hatte sie solche Gedanken mindestens angedeutet. Nach und
nach schärfte sie an deren Reaktionen und einer sich verän-
dernden Welt ihre Haltung. Was fehlte noch, um – wie sie Lisa
bekannte – ihrem Wunsch zu folgen, vom Wort zur Tat zu
kommen? Verbarg sich am 12. Juli hinter einer scheinbar
harmlosen Mitteilung an die Blumberger Freundin Hildegard
Schüle mehr, als vordergründig erkennbar war? Sophie
schrieb: »Ich bedaure es, daß das Semester schon zu Ende ist,
vor allem weil sich jetzt schon so viele schöne Dinge ange-
bahnt haben. Aber die werden sich ja im Herbst fortsetzen
lassen«.[16]
   Eine Woche später nahm Sophie in München eine Bildpost-

karte mit einem Stillleben von Paul Cézanne zur Hand: Auf ihr leuchten rote Tulpen, weiße Wildanemonen und gelbe Butterblumen. Sie sind in einer dunkelgrün-ockerfarbenen Vase arrangiert, die auf einem braunen Holztisch steht; daneben liegen drei rot-gelbe Äpfel.[17] Auf die Rückseite schrieb sie Grüße an einen Unbekannten: Dies werde »für längere Zeit der letzte Gruß aus München« sein. In ihrem Zimmer sehe es »wüst« aus, was auch »ein bißchen« auf ihre Stimmung abfärbe. Sie sei froh, wenn sie wieder in Ulm sei. Ihr Bruder müsse »übermorgen nach Russland«, wohin ihr jüngerer Bruder »bereits vorausgegangen« sei, »ebenso die meisten Freunde«. Sie frage sich, wie ihr nächstes Zusammentreffen werde. Dann folgen zwei besondere Sätze: »In diesem Jahr wird noch eine Entscheidung fallen. Mit jeder Fiber seines Wesens wartet man auf sie.« Die ruhige Schönheit des Stilllebens von Blumen, Früchten und Interieur war der gelassene Gegenpol zur seelischen Anspannung Sophies. Darum wirken die letzten Worte wie der Untertitel zu dem berühmten Foto, auf dem Hans, Sophie und Christoph Probst ernst und entschlossen zusammenstehen.[18] Mit jeder Faser, voll angespannter Willenskraft und Hoffnung, erwartete sie eine Entscheidung, die sie mit herbeiführen wollte: »Wenn viele mitmachen, dann kann in einer letzten, gewaltigen Anstrengung dieses System abgeschüttelt werden«, hatte ihr Bruder im zweiten Flugblatt geschrieben. Darum ging es.

Dass Sophie schon im Frühjahr 1942 Widerstandsgedanken und mögliche Taten in allgemeiner Form mit ihrem Bruder besprach, zeigen viele schon benannte Indizien. Einen Beweis indessen gibt es nicht: Die vier »Flugblätter der Weißen Rose« überschriebenen Texte erarbeiteten Alexander Schmorell und Hans Scholl ohne fremde Beteiligung in Schmorells Elternhaus[19] – so, wie sie es übereinstimmend und glaubwürdig vor der Gestapo aussagten.[20] Vermutlich hätte Sophie sofort mutig und entschieden mitgemacht, aber Hans und Alexander

Sophie Scholl im Alter von vier Jahren

Rathaus Forchtenberg im
baden-württembergischen
Hohenlohe, um 1950

Familie Scholl, um 1925: Sophie, Inge und Werner (v. l., vorn im Bild) und
Elisabeth (r.), im Hintergrund die Eltern Magdalene und Robert, zwischen
ihnen Ernst Gruele, Hans (l.) sitzend auf der Mauer

Sophie als Schülerin, um 1936

Stadtpfarrer Gustav Oehler, Landesbischof Theophil Wurm, Landesbischof Hans Meiser und Dekan Theodor Kappus (v.l.n.r.) vor dem Reformationsportal des Ulmer Münsters am Bekenntnistag, 22. April 1934

Der Ulmer Münsterplatz an einem Heldengedenktag in den Dreißigerjahren. Im Hintergrund das Haus, in dem die Familie Scholl ab Juni 1939 wohnte.

Sophie Scholl als Jungmädel, 1936

Lisa Remppis, 1935     Susanne Hirzel, 1936

Sophie und Susanne als Jungmädel,
1936

»Leibeserziehung«: Sophie Scholl in der Hitlerjugend, 1937

Juden in Ulm nicht erwünscht!

»Juden in Ulm nicht erwünscht!«: Das jüdische Ehepaar Jacob Guggenheimer und Irene Guggenheimer-Einstein auf der Eisenbahnbrücke in der Stuttgarter Straße, ca. 1937

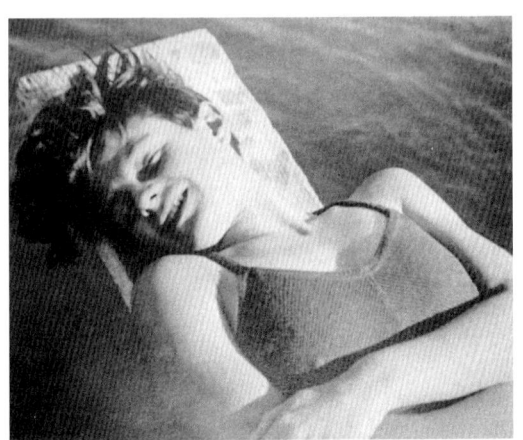

Sophie an der Iller, 26. Juni 1938

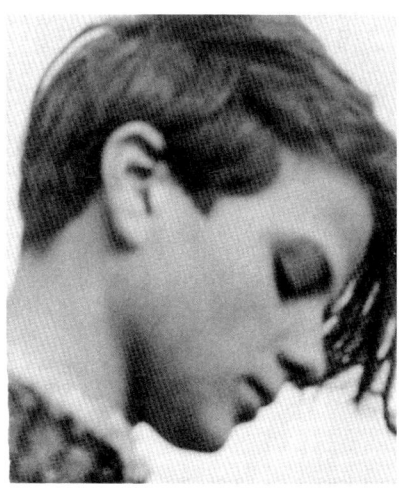

Sophie, 1938

Luise Nathan an ihrem
17. Geburtstag, 3. Mai 1938

Fritz Hartnagel in Amsterdam, Anfang 1940

Sophie (vorne) im Reichs-
arbeitsdienstlager in Krauchenwies (Württemberg)

Am 9. Mai 1941 feierte Sophie (u. r.) in Krauchenwies ihren 20. Geburtstag.

Kapelle »Mariä Heimsuchung« in Blumberg-Zollhaus (Baden) an einem Fronleichnamsfest. Die Ausmalung bestand von 1921 bis 1955.

Vor der Frontfamulatur in Russland: Hubert Furtwängler, Hans Scholl, Raimund Samüller, Sophie Scholl und Alexander Schmorell (v. l. n. r.) am Münchner Ostbahnhof, 23. Juli 1942

Hans und Sophie mit Christoph Probst (v. l. n. r.), am selben Tag am Münchner Ostbahnhof

Der Mann, der Sophie
verhörte: SS-Obergruppen-
führer und Kriminalober-
sekretär Robert Mohr, 1941

Aktenzeichen des RJM.: I p = *W. 2789.*

| 1. Vor- und Zuname: (akademischer Grad) | Albert Weyersberg |
|---|---|
| 2. Geburtstag und -ort: | 19. Juli 1887 Köln |
| 3. Deutschblütige Abstammung: (wodurch nachgewiesen?) | nachgewiesen im Sinne der AV. vom 1.4.1935. |
| Glaubensbekenntnis: | katholisch |

Reichsanwalt Albert Weyersberg vertrat die Anklage vor dem Volksgerichtshof (Personalakte, 1937).

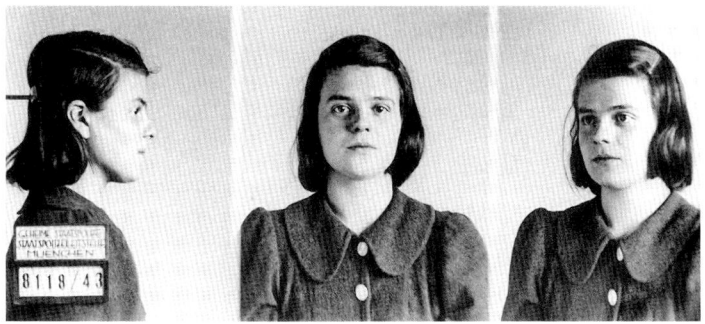

Sophie nach ihrer Verhaftung am 18. Februar 1943 (Aufnahme der Gestapo)

Der Volksgerichtshof unter Vorsitz seines Präsidenten Roland Freisler

Sophie 1940 (o.) und 1941 (u.)

haben sie nicht gefragt, wahrscheinlich, weil sie die junge Frau nicht in Gefahr bringen wollten. Wann Sophie von der Urheberschaft ihres Bruders und Schmorells an den ersten vier Flugblättern erfahren hat, ist nicht eindeutig geklärt. Doch ihre Formulierung, der alles bestimmende Entschluss falle in den nächsten Monaten, und sie erwarte das mit äußerster Nervosität, legt nahe, dass sie von Hans spätestens vor seiner bedrohlichen Frontfamulatur eingeweiht worden war.

Zwei Tage nachdem Alexander Schmorell und Hans Scholl ihr erstes Flugblatt verbreiteten, rang Sophie in ihrem Tagebuch darum, Gott nahe zu sein:

> Mein Gott, ich kann nicht anders als stammeln zu Dir. Nichts anderes kann ich, als Dir mein Herz hinhalten, das tausend Wünsche von Dir wegziehen. Da ich so schwach bin, daß ich freiwillig nicht Dir zugekehrt bleiben kann, so zerstöre mir, was mich von Dir wendet, und reiß mich mit Gewalt zu Dir. Denn ich weiß es, daß ich nur bei Dir glücklich bin [...].[21]

Weder ihre Familie, Fritz Hartnagel, Lisa Remppis noch die Ausflüge, neue Begegnungen oder das Studium machten sie im tiefsten Inneren glücklich. Sie litt unter der großen Distanz zu Gott. Solange er nicht diese Entfernung aufhebe, bleibe ihr nur der Schmerz darüber: »[...] ach, wieweit bin ich weg von Dir, und das beste an mir ist noch der Schmerz, den ich darüber empfinde. Doch ich bin so tot und stumpf oft.« Sie suchte ein persönliches Verhältnis zu Gott:

> Hilf mir einfältig werden, bleibe bei mir, o, wenn ich einmal Vater sagen könnte zu Dir. Doch kann ich Dich kaum mit »Du« anreden. Ich tue es in ein großes Unbekanntes hinein, ich weiß ja, daß Du mich annehmen willst, wenn ich aufrichtig bin, und mich hören wirst, wenn ich mich an Dich klammere.

Tatsächlich sind Sophies Worte ein schriftlich formuliertes Gebet. Doch ihr war das nicht genug, sie flehte geradezu: »Lehre mich beten.« Und dann folgte, was ihr Wesen auszeichnete: nur keine Gleichgültigkeit, keine Oberflächlichkeit,

> lieber unerträglichen Schmerz als ein empfindungsloses Dahinleben. Lieber brennenden Durst, lieber will ich um Schmerzen, Schmerzen, Schmerzen beten, als eine Leere zu fühlen, eine Leere, und sie zu fühlen ohne eigentliches Gefühl. Ich möchte mich aufbäumen dagegen.

Ähnliches hatte sie schon am 12. Februar des Jahres ihrem Tagebuch anvertraut: Sie habe es »sehr nötig, zu beten, zu bitten«, damit Gott sie nicht verlasse.

Neben dem Tagebuch waren es Briefe, in denen Sophie ihre Gedanken mitteilte, obwohl weniger offen. Fritz Hartnagel war überglücklich, wenn er von ihr hörte:

> Oh liebe Sofie, Du machst mich so froh mit Deinen Briefen. Da ist mir's, als ob Du ganz nahe bei mir wärst und mein Herz fängt an zu klopfen als ob ich Dich in meinen Armen halten würde und unsere Gedanken sich in Liebe vereinen, wie in den seligsten Stunden unseres Zusammenseins.[22]

Er schilderte ihr freimütig seine Eindrücke von der Ostfront, Sophie hingegen hielt sich bedeckt. Ohne konkret zu werden, schrieb sie, sie wolle Fritz nicht mit ihren »Sorgen belasten«. Fritz antwortete, ihre Sorgen seien auch seine Sorgen, wie auch ihre Freude die seine sei.[23] Und auch zehn Tage später, mitten im Vormarsch, fand er noch Zeit, einen Brief an Sophie zu schreiben. Er bat sie nochmals, ihn doch teilhaben zu lassen an ihren Schmerzen. Da sie nicht konkret wurde, forderte er sie erneut auf: »Laß uns den Knoten gemeinsam lösen. Du hilfst auch mir damit. Laß mich wissen was Dich schmerzt, was Dich verwirrt und mutlos macht.«[24] Ihre »Gedanken und Gefühle [...], Schmerzen und Freuden« empfinde er als die seinen, er bete für sie und sich.[25]

In einem weiteren längeren Brief hatte Hartnagel zwischenzeitlich seine Gedanken zum Unterschied von Mensch und Tier entwickelt.[26] Der Mensch könne – anders als die Tiere – aufgrund seines Gewissens für sein Tun zur Verantwortung gezogen werden. In Fritz' Überlegungen keimte ein wichtiger ethischer Gedanke: dass im Gewissen dem Menschen die Möglichkeit einer eigenständigen Urteilsfindung gegeben ist. Sie mache ihn unabhängig von Befehl und Gehorsam, ziehe ihn aber auch zugleich zur Rechenschaft und Verantwortung. Das Gewissen wird so zur Grundlage für widerständiges Denken und Handeln. Ein Gedanke, der Sophie gefallen haben dürfte.

Sophies Schmerzen und Sorgen mochten mehrere Auslöser haben: Vielleicht hatte sie nach dem 29. Juni 1942 von der ersten Flugblattaktion erfahren. Es lief aber auch ein Gerichtsverfahren gegen ihren Vater, ihre sehnsüchtige Liebe Lisa Remppis hatte sich verlobt, und sie quälte sich mit ihrer Beziehung zu Gott. Wie tief diese Pein war, zeigt ihr fast verzweifeltes Gebet vom 15. Juli 1942:

> Wie ein dürrer Sand ist meine Seele, wenn ich zu Dir beten möchte, [...] gib mir die Unruhe, damit ich hinfinden kann zu einer Ruhe, die lebendig ist in Dir. O, ich bin ohnmächtig, nimm Dich meiner an und tue mit mir nach Deinem guten Willen, ich bitte Dich, ich bitte Dich.[27]

Sophie hatte dieselbe Fruchtbarkeitsmetapher bereits am 1. November 1941 gebraucht, als sie in ihr Tagebuch eintrug, sie möchte sich für Gott »ausbreiten wie ein Tuch, das darin seinen Tau sammle«. Jetzt wollte sie »eine gute Erde« für den göttlichen Samen sein. Sie nahm damit Bezug auf das Gleich-

nis Jesu vom Sämann, dessen Saat die Vögel fressen, die auf
Felsen verdorrt und unter Dornen erstickt. Aber »all das Übrige fiel auf gutes Land, ging auf und wuchs und brachte
Frucht, und einiges trug dreißigfach und einiges sechzigfach
und einiges hundertfach«.[28] Sophie strebte gewiss – ehrgeizig,
wie sie war – den maximalen Ertrag an, und darum quälte es
sie auch, scheinbar noch nichts Wesentliches geleistet zu
haben. – Umso entschiedener war sie später, als es darum ging,
bei den Widerstandsaktionen ihres Bruders und Alexander
Schmorells tatkräftig mitzumachen. War es nicht das, was sie
von Gott erbeten hatte?

Zum Schluss des Briefes dachte sie an Freunde und Bekannte: »Du willst es, daß wir bitten und hast uns auch im
Gebet für unseren Bruder verantwortlich gemacht. So denke
ich an alle anderen. Amen.« Hatte sie gerade noch erklärt,
»nichts« von Gott zu wissen, so ist sie sich nun sicher, dass es
Gottes Wille sei, für andere im Gebet einzutreten. Der Gedanke, für andere Verantwortung zu übernehmen, war Sophie
wichtig. Er bezog sich zunächst auf persönliche Beziehungen,
führte dann aber allmählich auch zu einer politischen Ethik,
die in scharfem Gegensatz zur Indifferenz stand: »Zerreisst
den Mantel der Gleichgültigkeit, den Ihr um Euer Herz gelegt!«, würde später die Gruppe den Deutschen im fünften
Flugblatt zurufen.

Am 26. Juli 1942, »eben, zum Sonntagmorgenkaffee«, berichtete Sophie Lisa Remppis, was es Neues gab.[29] Ein
zweimonatiger Rüstungsdienst in einem kleinen Ort bei Ulm
stand unmittelbar bevor. Dieser Fabrikdienst war für Studentinnen während der Semesterferien zur Pflicht gemacht worden. Für Lisa beließ sie es bei diesem kurzen Hinweis. Doch
Hildegard Schüle teilte sie mit, sie nehme den Fabrikdienst
»gelassen« auf sich, und setzte die mehrdeutige Bemerkung
hinzu: »Hoffentlich ist so etwas nächstes Jahr nimmer
nötig.«[30]

Gegenüber Fritz äußerte sie sich einige Wochen später aus-
führlicher: Von Montag bis Samstag arbeite sie täglich zehn
Stunden in der *Ulmer Schraubenfabrik Fervor – Constantin
Rauch KG*, Oberelchingen, rund zwölf Kilometer nordwest-
lich von Ulm, in der auch Rüstungsmaterialien produziert
wurden.[31] Die Firma war 1938 von den Nationalsozialisten
»arisiert«, also zwangsenteignet worden. Der Besitzer Max
Sternweiler musste seinen Betrieb verkaufen und emigrierte in
die USA. 1942 waren in dem Ulmer Werk »über 900 Beschäftigte in 2 Schichtarbeiten« tätig. »Hievon etwa 400 weibliche
Arbeitskräfte u. ca. 100–150 ausländische Arbeitskräfte.
Diese Zahlen schwanken [...] beträchtlich infolge von Einbe-
rufungen u. unregelmäßiger Zuweisung von Gefangenen.«[32]
Arbeiterinnen und Arbeiter aus den Ostgebieten waren durch
ein kleines rechteckiges Stoffstück gekennzeichnet, das auf der
rechten Brustseite der Kleidung angebracht werden musste.
Auf blauem Grund stand dort mit weißen Buchstaben »OST«.
Zwar gab es auch Freiwillige, die meisten waren allerdings ab
1942 unter Waffengewalt und in Viehtransportern in den Westen gezwungen worden. Darunter befanden sich viele Jugendliche. Vom minimalen Lohn wurde die Unterbringung in Ba-
racken einbehalten.[33] Fritz gestand sie, wie monoton sie die
Arbeit empfand. Es sei eine »schrecklich seelen- und lieblose
Beschäftigung, den ganzen Tag an der Maschine die ewig gleiche Bewegung zu machen [...]. Körperlich müde und seelisch
angeödet« kehre man abends heim. »Der Anblick der vielen
Menschen vor den vielen Maschinen« sei traurig und erinnere
sie an Sklaven: »Nur daß ihr Sklavenhalter ein von ihnen
selbst gekrönter ist.« Das galt für die Deutschen, die zum al-
lergrößten Teil Hitler ihre Zustimmung gegeben hatten. Sie
freute sich, neben einer russischen Zwangsarbeiterin eingesetzt zu sein. Diese sei »ein Kind in ihrem arglosen rührenden
Vertrauen«, selbst gegenüber den brutalen Vorarbeitern. Sie
versuche, »das Bild, das sie von den Deutschen erhalten

könnte, ein bißchen zu korrigieren«. Aber auch andere Deutsche seien »freundlich und hilfreich, erstaunt darüber, auch in den Russen Menschen vorzufinden, und noch dazu solch Unverbildete, denen Misstrauen etwas Fremdes ist«. Dass sie hier ein sehr idealisiertes Bild von den »zahlreichen Russen und Russinnen« in der Fabrik zeichnete, schien Sophie zu ahnen. Es sei »bloß eine Beurteilung«, räumte sie Fritz gegenüber ein, »die Deinige wird mehr Geltung haben«.

Sophie fühlte sich in diesen Tagen »öder als eine Sandwüste«, es sei »eine tatsächliche Leere im Augenblick«, wie sie Otl Aicher mitteilte.[34] Aber immerhin konnte sie zu Hause wohnen. Am 22. September, drei Tage nach Beendigung ihres Fabrikdienstes, schilderte sie ihrem Vater, was sie bei der Arbeit empfunden hatte.[35] Sie habe »den Eindruck«, die Menschen

> wären gar nicht mehr Herr über sich und ihre Taten, sondern würden von einer bösen Macht getrieben. [...] Wenn ich den großen Fabriksaal überblickte und die hundert Menschen an den Maschinen stehen sah, als gehorchten sie, selbst ahnungslos und doch unbewußt darunter leidend, einer Macht, die sie zwar selbst erschaffen, dann aber zu ihrem Tyrannen erhoben hatten. Die Maschine erhält hier etwas Dämonisches – und es bedürfte doch nur einer geistigen Umstellung der Menschen, um sie an ihren rechten Platz zu rücken.

Gegenüber dem politisch gleichgültigen Fritz deutete Sophie ihre Fabrikerfahrung sozial (»Sklave« und »Sklavenhalter«), bei ihrem politisch wachen Vater metaphysisch: Eine böse Macht halte die Menschen gefangen, aber eine spirituelle Wende könne sie zu ihrer eigentlichen Bestimmung erlösen. »Beim Anblick aber eines Abendhimmels über den Bergen und bei dem sanften Klang der Glocken erhebt sich ein anderes Menschenbild vor mir.« Sophie Scholl war eine Frau, die an Veränderung glaubte.

Lisa Remppis konnte sie von alldem nichts mitteilen, aber schon sie musste Sophie als belastet wahrnehmen. Die schrieb nämlich, dass zudem »in einer Woche« die »Gerichtsverhandlung wegen meines Vaters« sei und sie »kaum Hoffnung hegen« könnten, »daß er danach noch einmal heimkehren« dürfe. Der Vorsitzende Richter Hermann Cuhorst, der 1938 schon über Hans Scholl geurteilt hatte, verurteilte Robert Scholl am 3. August 1942 wegen »Heimtücke« zu vier Monaten Gefängnis, von denen wenig später zwei zur Bewährung ausgesetzt wurden.[36] Scholl hatte Hitler in seinem Büro eine »große Gottesgeißel« genannt und ergänzt, wenn der nicht bald den Krieg beende, »werden in zwei Jahren die Russen in Berlin stehen«.[37] Von ihrem Bruder Werner hätten sie tags zuvor die erste Nachricht aus Russland erhalten[38]; Hans sei letzte Woche »nach Rußland gekommen mit allen den anderen«. All die anderen, das waren besonders Alexander Schmorell und Willi Graf. Im Laufe der vergangenen Wochen und Monate seien sie Freunde geworden. Jedes kleine Wort und jede kleine Gebärde des Abschieds sei noch so lebendig in ihr. Sie hatte nicht geglaubt, daß sie »so an ihnen allen, vor allem an Hans, hänge«. Die Studentenkompanie war am 23. Juli von München abgefahren. Dort am Ostbahnhof entstand das bekannteste Foto der »Weißen Rose«. Es zeigt die Geschwister Scholl – Sophie hält eine Margerite – mit Christoph Probst. Am 6. November 1942 kehrten die jungen Männer zurück: noch entschlossener, Hitler zu beseitigen, und um einen Mitstreiter – Willi Graf – reicher.[39]

Fritz Hartnagel rang derweil mit sich. Während Sophie ihn zwar nicht explizit einweihte, aber ihre zunehmende Entschlossenheit zum Widerstand andeutete, wurde er in einem verbrecherischen System zum Hauptmann befördert, das bedeutete die Führung einer Kompanie von rund zweihundertfünfzig Soldaten. Er habe diese Nachricht mit »zweifelhaften Gefühlen« aufgenommen, schrieb er ihr. Er sei »wieder eine

Stufe [...] in ein System gedrängt«, dem er »am liebsten den
Rücken kehren möchte«. Er komme sich vor »wie eine Puppe,
die nach außen etwas darstellt, was sie innerlich gar nicht ist«.
Wenn es Fritz Hartnagel wirklich ernst damit gewesen wäre,
»am liebsten« aus der Militärlaufbahn auszusteigen, hätte er
das ohne Weiteres tun können. Ein konsequentes Handeln
wäre allerdings mit dem Verlust von Befehlsgewalt, Ansehen
und Geld verbunden gewesen. Das wollte er dann doch
nicht.[40] In einem weiteren Brief zeichnete er die Gegensätze
noch schärfer: Auf der einen Seite sehne er sich »nach dem
Guten und Echten und Lichten«, auf der anderen sehe er bei
seinen Offizierskollegen, dass sie aus »Schwachheit« und
»Mangel an Selbstbewusstsein« folgten, nicht dem »inneren
Befehl«, ihrem Gewissen; er erkannte bei ihnen eine »sklavi-
sche Unterwürfigkeit«, die zugleich gepaart sei mit »Selbst-
überheblichkeit« und »engstirnige[r] Borniertheit«. In ihrer
Gegenwart sei ihm »grässlich [...] zu Mute«, doch fühle er sich
»glücklich«, darüber hinaussehen zu können und sicher zu
wissen, wonach er zu streben habe. »Oh liebe Sofie«, rief er
aus, »laß uns fern von all diesen Scheußlichkeiten sein, wir
könnten sonst nie von Herzen froh werden.«[41] Und ebenso
betonte er, wie es ihm gelang, sich aus dem direkten Töten
herauszuhalten: Kurz nach seiner Beförderung zum Hauptmann wurde er – so schrieb er – durch einen russischen Luft-
angriff auf den Flugplatz der Deutschen erst »das zweite Mal
in diesem Kriege zum Schießen auf den Gegner gezwungen«.[42]
Fritz fühlte sich in einem Rechtfertigungszwang gegenüber
Sophie. Er wusste, dass sie, die Entschiedenheit und Eindeutigkeit über alle Maßen leben wollte und die inzwischen die
Sinnhaftigkeit des Krieges nicht mehr sah, seine Wankelmütigkeit kaum ertrug. So schilderte er sich ständig als einen Berufs-
soldaten, der eigentlich keiner mehr sein wollte – aber doch
blieb.

Doch auch bei Sophie hörte mit dem Studium der Zugriff

des Staates nicht auf: Um weiter immatrikuliert zu bleiben,
musste sie in den Semesterferien zur Waffenproduktion beitragen. Sie wurde gezwungen, für einen Krieg zu arbeiten, den sie
zutiefst verabscheute. Dabei war Sophies Schicksal nicht ungewöhnlich: staatliche Bevormundung und Gängelung erfuhren Millionen. Erstaunlich ist aber, wie geduldig und träge die
meisten das ertrugen oder wie sehr sie glaubten, dadurch zu
einem glorreichen Deutschland beizutragen. Nur wer – wie
Sophie und Hans – die Freiheit als höchstes Gut ansah und von
einer Alternative zur NS-Ideologie überzeugt war – bei den
Geschwistern ein christliches Deutschland –, rebellierte gegen
die Unterdrückung.

Sophie reflektierte in dieser Zeit die Diskrepanz zwischen
dem, was sie als Gottes Willen empfand, und dem, was sie
selber wollte. Sie sei »unklug und eigensüchtig«, dabei wolle
sie sich doch »Seinem Willen« überlassen, denn sie sei »glücklich« bei dem Gedanken, dass Gott alles regiere:

> Jeden Abend bete ich, daß er meinen Willen, den ich nicht aus
> meinen törichten Händen freiwillig lassen kann, mir heraus-
> reiße, um mich unter seinen zu stellen, den ich doch schon
> lange als gut erkannt habe und dem ich dienen möchte – wenn
> ich nicht selbst mir im Wege stünde.

Sie stand zwischen Egoismus und Altruismus. Sie fühlte sich
»in allem so seicht«, da sie oft »die Schmerzen der Menschen«,
die sie »doch erdrücken müssten«, vergesse. Sophie spürte die
Aufgabe, sich für Menschen einzusetzen, doch zugleich fühlte
sie sich zu »schwach«, das von ihr »erkannte [...] wahr und
wirksam« werden zu lassen. Darum legte sie ihre »ohnmächtige Liebe« in Gottes Hand, »damit sie mächtig werde«.[43] In
diesem Gebet geht es nicht um eine abstrakte Entscheidung
zwischen persönlichem und göttlichem Willen. Diese Worte
waren – im Gegensatz zu den abstrakten Bekundungen einige

Monate zuvor – sehr konkret gemeint: Sophie Scholl wusste zu diesem Zeitpunkt von den vier Flugblättern, und sie verstand die Aktion als göttlichen Auftrag. Sie fühlte sich aber noch zu »schwach« und »seicht«, um mitzumachen. Mit ihrer Bitte um ein »mitleidiges Herz«, damit sie »lieben« könne, bat sie um das cœur doux – ein zartes Herz –, Empathie, um Widerstand leisten zu können. Dem Karitativen folgte das Politische. Mitgefühl und Liebe waren die Wurzeln für ihren Widerstand und Freiheitskampf.

Als ob nicht alles schon kompliziert genug wäre, verliebte sich Sophie in diesen Tagen in den »Russen«, Alexander Schmorell. Die Gefühle müssen so heftig gewesen sein, dass sie am 9. August 1942 ihrem Tagebuch anvertraute: »Eben habe ich eine Seite aus dem Heft ausgerissen, weil sie von Schurik handelte.« Dass sie damit nicht ihre Gefühle für ihn tilgen, sondern nur anders einordnen wollte, zeigen die nächsten Sätze: »Warum aber soll ich ihn aus meinem Herzen reißen? Ich will Gott bitten, daß er ihm den rechten Platz darin anweise. Darum soll er auch in dem Heft stehen, jetzt wieder.« Und dann brachte sie die beiden Männer, die sie umtrieben, in einem Satz zusammen: »Und jeden Abend will ich ihn, ebenso wie Fritz und alle anderen, in mein Gebet einschließen.«[44]

Alexander Schmorell war bis dahin der wichtigste und engste Freund ihres Bruders gewesen – und blieb es. Am 16. September 1917 in Orenburg am Ural geboren, verlor er ein Jahr später seine Mutter. Als er dreieinhalb war, zog die Familie im Mai 1921 nach München. Die Sehnsucht nach dem fernen Geburtsland bestimmte ihn zeitlebens. Er wuchs zweisprachig und mit zwei Kulturen auf, was für ihn auch eine tiefe Verbundenheit mit dem russisch-orthodoxen Christentum bedeutete. 1937 erwarb er die Hochschulreife, 1939 immatrikulierte er sich in München und traf auf Sophies Bruder. Und nun – 1942 – auf sie.

Sophie fühlte sich von Anfang an zu Alexander Schmorell

hingezogen. Sie und ihre Freundinnen und Freunde waren – bei allem politischen Bewusstsein – junge Menschen, die glücklich sein wollten und nach passenden Partnern suchten. Auch ihre Liebesverflechtungen im Sommer 1942 zeigten das: Sophies Schwärmerei für Schmorell war aussichtslos, denn Alexander liebte Christoph Probsts Schwester Angelika, verehelichte Knoop, die zuvor die Geliebte des verheirateten Komponisten Carl Orff gewesen war. Sophie hielt weiterhin zu Fritz Hartnagel, der in nahezu jedem Brief ihre gemeinsame Liebe beschwor, 1940 aber eine Affäre gehabt hatte.[45] Otl Aicher umwarb 1942 Sophie – mit einigem Erfolg.[46] Inge hatte bis zum Tod Ernst Redens – des Freunds der Familie – im August 1942 gehofft, er werde sie heiraten. Reden aber liebte Jungen und Männer und wollte lediglich eine Tarnehe mit ihr eingehen.[47] Hans' problematische und platonische Beziehung zu Traute Lafrenz war im Sommer 1941 nach wenigen Wochen gescheitert.[48] 1942/43 waren dann Traute Lafrenz und Werner Scholl liiert. Ungeachtet einer kurzen Liebschaft Anfang 1943 mit Gisela Schertling bestand seit Sommer 1942 die innigste Vertrautheit Hans Scholls mit Alexander Schmorell.

Doch Sophie nahmen im August 1942 die Gedanken an Alexander Schmorell so gefangen, dass sie von ihm und ihrem Bruder Hans – nicht Fritz – träumte. Sie müsse einen

> seltsamen Traum niederschreiben, einer von jenen, die nicht von einem so seltsam bedrückenden Gefühl beherrscht sind: Ich ging spazieren, mit Hans und Schurik. Ich ging in der Mitte und hatte bei beiden eingehakt. Halb ging ich im Schritt, halb hüpfte ich und ließ mich, von beiden in die Höhe gehalten, ein Stück schwebend mitziehen.[49]

Normalerweise spielen Erwachsene so mit einem Kind. Doch hier lassen zwei junge Männer die Einundzwanzigjährige fast schwerelos schweben. Dann lieferte ihr Bruder einen »Gottesbeweis«, der, wie das nur Träume können, Sophie absolut schlüssig erschien – solange der Schlaf währte:

> Ich weiß einen ganz einfachen Beweis für die Existenz und das Wirken Gottes auch in der Gegenwart. Die Menschen müssen doch soviel Luft haben zum Atmen und mit der Zeit müßte doch der ganze Himmel verschmutzt sein von dem verbrauchten Atem der Menschen. Aber, um den Menschen diese Nahrung für ihr Blut nicht ausgehen zu lassen, haucht Gott von Zeit zu Zeit einen Mund voll seines Atems in unsere Welt, und der durchsetzt die ganze verbrauchte Luft und erneuert sie.[50]

Sophie fühlte sich getragen und aufgehoben, von zwei Menschen und von Gott. Im Chaos der Welt sehnte sie sich nach einer harmonischen Ordnung. Es war ein überaus glücklicher Traum, den Sophie in ihrem Tagebuch notierte. Begleitet wurden sie und ihr Bruder darin nicht von Fritz Hartnagel, sondern von Alexander Schmorell. Es war vielleicht eine Vorahnung, mit wem sie in den nächsten Monaten ihre Gedanken teilen würde. In München schien Sophie mehr und mehr entschlossen, mit Hans und Alexander in den aktiven Widerstand zu gehen.

Doch auch Fritz Hartnagel blieb für Sophie ein wichtiger Partner. Im Sommer 1942 ging es in ihrer Korrespondenz um den Münsteraner Bischof Clemens August Graf von Galen.[51] Die politische Schnittmenge zwischen dem antidemokratischen, regressiven Katholiken von Galen und den Nationalsozialisten war erheblich. Wo aber der Staat sich in kirchliche Belange einmischte, verteidigte der Bischof vehement das Terrain der römisch-katholischen Institution. Im Euthanasieprogramm der Nationalsozialisten erkannte von Galen eine Übertretung des göttlichen Tötungsverbots; wer hier nachgebe, leiste der Abschaffung der Zehn Gebote Vorschub, dem müsse entschieden widerstanden werden. Das tat der Geist-

liche besonders im Sommer 1941 in drei Predigten. Sie propagierten den biblischen Grundsatz, dass man Gott mehr gehorchen müsse als den Menschen.[52] Tausendfach abgeschrieben,
durch die Alliierten vervielfältigt und abgeworfen, waren diese
Worte im gleichgeschalteten NS-Staat für Unzählige eine große
Ermutigung. So auch für Sophie Scholl. Endlich war da eine
christliche Stimme, die aus dem Einheitslärm der braunen Propaganda klar herausklang und das formulierte, was Sophie
antrieb: Es gab ein höheres Ziel, für das es sich einzustehen
lohnte.

# 10. REBELLIN

Am Montag, dem 23. August 1942, erfuhr Sophie Scholl vom Tod eines guten Freundes der Familie: Ernst Reden.[1] Sie war erschüttert: wieder ein sinnloser Tod an der Front. Inge Aicher-Scholl erinnerte sich nach dem Krieg, wie Sophie auf die Todesnachricht reagierte. Sie habe gesagt, jetzt werde sie handeln und seinen Tod rächen. Glaubt man Inge, so war Reden »jahrelang ein starker Anreger für uns Geschwister, jedoch politisch wenig maßgebend, wenn man davon absieht, daß allein sein literarisches und geistiges Leben eine Kontrahaltung gegen den NS-Kult ausströmte«.[2] Aber er stimmte nicht nur schöngeistig mit den Scholls überein, sondern hatte, wie sein Biograf Kuhn schreibt, »wohl auch an Sofie Interesse, was aber letztlich seiner sexuellen Orientierung wegen ebenso wenig weitergeführt hätte als bei Inge«.[3] In jedem Fall finden sich in seiner Korrespondenz zwischen 1938 bis 1941 einige Bezüge zu Sophie. So erkannte er ihre zeichnerischen und musikalischen Fähigkeiten an, unterstützte sie bei einem Referat über den Schriftsteller Bernt von Heiseler, vermittelte ihr die Teilnahme an einer Gruppen-Illustration von Georg Heyms Novelle *Ein Nachmittag* und dachte über weitere Möglichkeiten nach, ihre zeichnerische Begabung einzusetzen.[4] Neben diesen konkreten Hinweisen auf seine Wertschätzung zeigte

er sich emotional verbunden mit Sophie, so in einem Brief an
Inge Scholl vom 22. September 1941:

> Du schreibst so viel von deiner Schwester Sofie. Ich bin richtig
> stolz, daß Sofie so sehr vertrauensvoll an mich denkt. Weißt
> du noch, ganz früher, während meiner Ulmer Militärzeit, als
> ich oft in euer Haus kam, habe ich mich jedesmal so über Sofie
> gefreut und mich manchmal danach gesehnt, einmal mit ihr
> sprechen zu können und einmal eine solche Freundin zu
> haben. Auch heute noch bin ich über jeden Gruß von ihr froh
> und wünsche nichts mehr, als daß gerade Sofie glücklich wird
> in ihrem Leben. Sie hat Sonne und Glück so besonders not-
> wendig.[5]

Sophie Scholl fühlte sich von Ernst Reden in ihren künstlerischen Ambitionen verstanden und ermutigt, vielleicht auch in
ihrer schwermütigen, dunklen Seite erkannt, wie es der letzte
Satz andeutet. In seiner Korrespondenz war Reden ausgesprochen höflich, charmant, anerkennend, und so trat er auch in
der persönlichen Begegnung auf.[6] Darüber hinaus hatte Sophie von ihm keine erotischen Annäherungen zu fürchten.
Dass Sophie bei der Mitteilung seines Todes geschockt war
und sich ohnmächtig fühlte, liegt also nahe.[7] Verständlich sind
sogar ihre Rachegedanken, die Inge erwähnt, aber Vergeltung
und Hass waren nicht der Grund ihrer Gegenhandlungen. Das
war – das zeigten die nächsten Monate erneut – ihre Fähigkeit
zur Mitmenschlichkeit. Diese wurde zur Quelle und zum Antrieb ihres gesellschaftlichen Handelns, sie erlaubte ihr, sich
gegen Unrecht und Unfreiheit aufzulehnen.

Zudem geschah 1942 ganz offensichtlich Weiteres, das Sophie Scholl dazu brachte, sich ganz und gar dem Widerstand
zu verschreiben. So hatte sie während ihrer Arbeit in der Ulmer
Schraubenfabrik Kontakt zum siebzehnjährigen Schüler Hans
Hirzel aufgenommen, dem jüngeren Bruder ihrer Freundin

Susanne, die inzwischen in Stuttgart Musik studierte. Nach dem Krieg schrieb »Suse«, Sophie habe ihrem Bruder achtzig Reichsmark gegeben, um einen »Vervielfältiger« zu erwerben. Er habe ihn nur unter Angabe eines falschen Namens kaufen können.[8] Sophie konnte sich auf Hirzels Stillschweigen verlassen, denn der war längst im Bilde. Bereits im Februar 1942 hatte Hans Scholl ihm gegenüber keinen Hehl aus seiner Verachtung des Regimes gemacht und ihm im Sommer anonym mehrere Flugblätter der »Weißen Rose« zugesandt.[9] »Im Herbst 1942« habe ihn dann Sophie »mehrfach darüber informiert, daß ein mehr grundsätzlich orientiertes Flugblatt in Vorbereitung« sei.[10]

Am 3. Oktober erhielt sie einen Brief von Fritz, der das Grauen in Stalingrad schilderte:

> Man wird schon ganz stumpffühlig wenn man auf Schritt und Tritt den verhungerten und zerlumpten Flüchtlingen aus Stalingrad begegnet, um das noch immer heftig gekämpft wird, und das wohl noch den Winter über ein Kampffeld bleiben wird, da die Russen auf dem anderen Wolgaufer sitzen. Oder eine Gefangenenkolonne, sie bringt soviel Elend, daß man davor die Augen schließen möchte.

Sophie schloss ihre Augen, um sie nach innerer Sammlung umso deutlicher zu öffnen. Zunächst aber klärte sie in den Tagebuchaufzeichnungen der kommenden Wochen erneut ihr Verhältnis zu Gott. In ihrem Eintrag vom 5. Oktober rief sie Gott sechsmal an, bat ihn, sie zu halten, wenn sie sich von ihm entferne. Sie sei träge in ihrer Suche nach ihm, begebe sich gedankenlos in Gefahr, vertraue aber darauf, von ihm behütet zu werden. Doch ihr Ende könne schon bald kommen: »O Herr, wenn ich Deine Hand loslassen sollte, so halte Du mich fest, daß ich nicht von Dir falle. Ach ich bin ein fauler Sucher, ich stürze mich von der Zinne des Tempels und

denke, Deine Engel halten mich schon und behüten mich vor
dem schrecklichen Fall.«[11] Das ist die Versuchungsgeschichte
Jesu, aber unter anderen Zeichen: Sophie will sich hinabstür-
zen.[12] – Sah sie in dieser Geschichte ihr eigenes Schicksal?
Spürte sie, dass sie vor einem Sprung ins Ungewisse und Ge-
fahrvollen stand, vor dem Schritt in den aktiven Widerstand,
und dass sie eine Entscheidung treffen musste, die tödlich
enden konnte? Warum sollte sich die Einundzwanzigjährige
sonst mit ihrem möglicherweise nahen Tod auseinanderset-
zen?

In der ihr noch verbleibenden »Frist« wollte Sophie Gott
suchen, und sie war gewiss, ihn auch zu finden, um im »Chor
der Engel und unschuldigen Geschöpfe« zu singen. Dann aber
schrak sie wieder zurück und meinte, ihr Gebet sei hochmütig,
weil der Abstand zwischen Gott und ihr zu groß sei. Der
Macht und Größe Gottes habe sie nur »den Trotz des Sün-
ders« entgegenzusetzen. »Allen Gewalten zum Trutz« – da
war es wieder, das Ermutigungsmotto der Familie Scholl. Ei-
gensinn und Renitenz gehörten zur Familie, besonders, wenn
man meinte, moralisch im Recht zu sein. Hier aber wertete
Sophie ihren Trotz als Ausdruck von Uneinsichtigkeit und
Überheblichkeit. Zum Schluss nahm sie Zuflucht zu einem
Kindergebet: »Ich bin klein, mein Herz mach rein.« – Sophies
Gebete waren lebendige Kommunikation mit Gott. Ihre spirituelle Entwicklung führte zu einer anderen Wahrnehmung der
materiellen Welt und zur Forderung nach politischen und sozialen Veränderungen, zur Aktion.

Fritz' Erlebnisse im Krieg konfrontierten Sophie immer wieder mit einer zentralen Glaubensfrage: Wie war die Vorstellung von einem guten und allmächtigen Gott mit der Ungerechtigkeit und dem Leid in der Welt zu vereinen?[13] Zu diesem
Thema der Theodizee las sie in Theodor Haeckers *Schöpfer
und Schöpfung*[14] einen Satz, der in ihr eine »schon lange [...]
ungelöste Frage« wieder anrührte: »Eine Theodizee, die nicht

zur Einsicht gelangt, daß nicht nur im Himmel und in der Seligkeit alle Tragik gelöst ist, sondern auch in der Hölle und in
der ewigen Verdammnis, hat nicht Gott gerechtfertigt, sondern das Nichts.« Sophie war mit dieser Aussage »ganz und
gar einverstanden«, doch dann fragte sie klug, warum in der
Hölle alle Tragik gelöst sei: »Wie kann ich glücklich sein,
wenn ich Brüder unglücklich weiß?« Dann erinnerte sie sich
an die Geschichte vom reichen Mann und dem armen Lazarus,
die Jesus erzählt haben soll.[15] In ihr muss ein Reicher, der auf
Erden »alle Tage herrlich und in Freuden« lebt, aber den kranken Lazarus vor seiner Tür ignoriert, nach dem Tod in eine
qualvolle Flammenhölle; Lazarus hingegen tragen Engel in
Abrahams Schoß, also in den Himmel. Des Reichen Wunsch,
Abraham möge Lazarus zur Linderung seiner Pein nur »die
Spitze seines Fingers in Wasser tauche[n]« lassen und damit
seine Zunge kühlen, wird mit der Begründung abgelehnt, er
habe ja früher sein Gutes empfangen und Lazarus das Böse,
jetzt seien die Rollen vertauscht.

Vielleicht sollte diese Erzählung die ersten Christen zu er-
höhter karitativer Tätigkeit anspornen, oder der Verfasser
wollte zum Ausdruck bringen, dass es nach dem Tode einen
gerechten Ausgleich gebe – doch das ist nicht entscheidend,
denn in Sophie Scholls Interpretation war es Lazarus selbst,
der »dem durstigen Reichen in der Hölle einen einzigen Tropfen Wassers« verweigert. Das sei ihr »unbegreiflich«. Sie
könne es sich nur damit erklären, dass Lazarus vielleicht »die
Bitte des Reichen gar nicht vernommen« habe. Dann fiel ihr
ein Satz aus Georges Bernanos' *Tagebuch eines Landpfarrers*
ein: »›Die ewige Verdammnis ist das Nicht-mehr-lieben-Kön-
nen.‹«, und sie fragte: »Vielleicht ist es auch das Nicht-mehr-
geliebt-Werden?« Für sie sei die Theodizeefrage »schrecklich
und ausweglos« und »die Antwort darauf [könne] nur geglaubt werden – weil die Hölle ein ebenso großes Geheimnis
ist wie der Himmel«. Sophie ergab sich in die Unsicherheit:

»Warum sollte ich an einer Wahrheit zweifeln, bloß weil sie
mir noch verborgen ist?«

Sophie Scholl schrieb diese Gedanken für Fritz im Haus Carl
Muths in München-Solln auf. Zu ihm war sie wenige Tage
zuvor gefahren, um dem alten, durch Diabetes geschwächten
Gelehrten zur Hand zu gehen. Wahrscheinlich hatte sie Theodor Haecker durch ihn kennengelernt. Schließlich veröffentlichte der zum konservativen Katholizismus konvertierte Pri-
vatgelehrte auch in der von Muth herausgegebenen Zeitschrift
*Hochland*. Jedenfalls propagierte Haecker über Jahre hinweg
einen von christlichen Stereotypen durchsetzten dissimilatori-
schen Antijudaismus, den Sophie entweder nicht erkannte,
oder der sie nicht störte.[16] Letztlich sind es nicht Sophies noch
unausgereifte theologische Überlegungen, mit denen sie hier
beeindruckt, sondern ihre Empathiefähigkeit. Für sie liegt der
Schlüssel zur Klärung von Gottes Gerechtigkeit nicht in einer
abstrakten Spekulation, sondern in der praktischen Nächsten-
und Selbstliebe. Sophie war davon überzeugt, Lazarus hätte
dem Reichen gewiss Linderung verschafft, wenn er dessen
Leid wahrgenommen hätte. Lieben und Geliebtwerden war
für sie der Himmel, Lieblosigkeit und ohne Liebe zu sein die
Hölle. Sie konnte nicht glücklich sein, wenn sie andere leiden
sah.

Sophie Scholl meinte es ernst mit ihrem Glauben, und er war
konstitutiv für den Widerstands- und Freiheitskampf, der sie
mental mit ihrem Bruder Hans, Alexander Schmorell und bald
darauf auch mit Willi Graf verband. Teil dieser Erkenntnis
war ihr Rückzug ins Innere. Als sie in Harlaching bei der Familie Schmorell in Alexanders Zimmer nach Büchern suchte,
wurde ihr klar, warum sie »vor Monaten noch gedacht« habe,
ihre Zuneigung zu ihm »sei größer als zu manchem anderen«.
Aber wie »verlogen« sei dieser »Wahn von Anfang an« gewesen. Sie habe nur in ihrer »Eitelkeit« einen Menschen »besitzen« wollen, der von anderen wertgeschätzt werde: »O es

ekelt mir vor mir selbst! Wie lächerlich verzerre ich mein Bild,
und – nein, ich wünsche die Möglichkeit herbei, um mich anders bewähren zu können.«

Von einer Bewährungsprobe hatte sie schon am 5. Oktober
in ihrem Tagebuch geschrieben, denn um nichts anderes geht
es in der Versuchungsgeschichte Jesu. Sie deutete diese Erzählung um: Sie wollte unbedingt springen, obwohl sie dann vielleicht zerschmettert am Boden liegen würde. Für sie war der
Sprung – die Gegenhandlungen – der Glaubensakt. Sie wollte
sich bewähren, sich als geeignet für eine ihr zugeteilte Aufgabe
erweisen.

Und immer wieder erfüllte sie »eine [...] sanfte [...] Traurigkeit. Ein unschuldiges Hineingezogenwerden in eine Schuld,
in meine Schuld.« Warum fühlte sich Sophie Scholl schuldig?
Für den Gesamterfolg des Nationalsozialismus konnte man sie
nur marginal mitverantwortlich machen. Aber Schuld ist relativ, und im Rahmen ihrer Möglichkeiten hatte sie jahrelang
tatkräftig zur emotionalen Akzeptanz des Regimes beigetragen. Hinzu kam jetzt: Wer noch im Herbst 1942 angesichts
eines millionenfachen Mordens tatenlos wegschaute, akzep-
tierte Unrecht, verstrickte sich – so sah es Sophie – Tag für Tag
in Schuld. Sie fühlte sich verantwortlich vor Menschen und
Gott. Und sie wollte nicht wieder einen Fehler begehen.

In ihrem Brief an Lisa Remppis vom 10. Oktober beschrieb
sie sehr farbkräftig die Schönheit des Herbstes im Garten von
Carl Muth: »Rote Dahlien, goldbehangene Birken, grünes und
rostfarbenes Laubwerk. [...] Alles ist so zum Staunen schön,
daß ich noch nicht weiß, was für ein Gefühl mein sprachloses
Herz dafür entfalten soll [...].«[17] Sei es nicht »beinahe furcht-
erregend, daß alles so schön ist? Trotz des Schrecklichen, das
geschieht.« Für Sophie blieb es aber nicht bei einer Naturbe-
trachtung. Für sie verwies deren Schönheit auf Gott: »In meine
bloße Freude an allem Schönen hat sich etwas großes Unbe-
kanntes gedrängt, eine Ahnung nämlich von seinem Schöpfer,

den die unschuldigen erschaffenen Kreaturen mit ihrer Schönheit preisen.« Eigentlich könne nur der Mensch »hässlich«
sein, »weil er den freien Willen hat, sich von diesem Lobge-
sang abzusondern«. Und gegenwärtig könnte man meinen,
der Mensch »brächte es fertig, diesen Gesang zu überbrüllen
mit Kanonendonner und Flüchen und Lästern«. Doch »im
letzten Frühling« sei es ihr »aufgegangen, er kann es nicht«. Es
wird deutlich, für wen und mit wem sie kämpfen will: »Und
ich will versuchen, mich auf die Seite der Sieger zu schlagen.«
Das war für sie die Seite Gottes und seiner Mitstreiter gegen
die Nationalsozialisten. Sophie Scholl wollte mit Gott gegen
Hitler kämpfen.

In ihre Reflexionen mischten sich immer wieder Überlegungen, die von aktuellen Ereignissen ausgelöst wurden. Ihr Brief
vom 28. Oktober an Fritz Hartnagel gab einen tiefen, außergewöhnlichen Einblick in ihr Denken.[18] »Ich wollte«, beginnt
sie, »ich könnte Dir in dem Streit, den Du oft in Gesprächen
mit Deinen Offizieren führen musst, mit dem, was ich weiß
und bin, zur Seite stehen.« Fritz hatte ihr geschrieben, dass es
zwei nächtliche angeregte Diskussionen gegeben habe. »Der
Ausgangspunkt ist meist ein politisches Problem, das folge-
richtig zu philosophischen oder religiösen Fragen führen
muß.« Leider sei er wieder allein mit seiner Meinung gewesen,
dass die Natur nicht als Vorbild für menschliches Handeln
dienen könne. Seine Mitdebattierer hätten dagegen die Ansicht vertreten, die Natur sei als Werk Gottes gut und damit
auch der in ihr stattfindende »Kampf aus Selbsterhaltungs-
trieb«, denn »nur aus dem Tod entstünde Leben, das ewige
Stirb und Werde. So sei auch der Kampf Volk gegen Volk, die
Unterdrückung oder Vernichtung des Schwächeren ein Gesetz
der Natur und deshalb gut.« Fritz' Zusammenfassung des Gesprächs offenbarte, wie sehr der Sozialdarwinismus nationalsozialistischer Prägung in den Köpfen der Menschen präsent
war und einen verbrecherischen Eroberungs- und Vernich-

tungsfeldzug rechtfertigen sollte. Nach einem weitverbreiteten politischen Konzept mussten Staaten ein Territorium gewinnen und beherrschen, um ihre Existenz zu sichern. Völker wurden als Organismen verstanden, die sich – wie alles andere Leben – in einem ständigen Existenzkampf befanden. Die von Fritz geschilderte Diskussion zeigte aber auch, dass seine Gesprächspartner – wie die meisten Menschen – eine positive Begründung, eine moralische Rechtfertigung für ihr Handeln brauchten, seien die Taten auch noch so verwerflich. Gewalttaten bedurften der Legitimation, sie erschienen dann als Notwendigkeit und nicht mehr als Verbrechen, sogar wie etwas Gutes.

Sophie bemühte sich in ihrem Brief, ihm Argumente dafür zu liefern, dass die Natur kein Vorbild für das Handeln der Menschen sein könne. Dabei ging sie zunächst von ihren eigenen Gefühlen aus. Schon als Kind habe es sie »mit Grauen erfüllt«, wenn sie »den Sieg eines mächtigen Tieres über ein schwaches und dessen Untergang miterleben« musste. Der »Anblick eines unschuldigen kleinen Mäuschens in der Falle« habe ihr »immer Tränen in die Nase steigen lassen«. Das habe sie auch später »immer sehr bewegt und traurig gemacht«. Dass die Offiziere um ihn so ganz anders dächten, entsetzte sie:

> Weißt Du, daß sich nicht ihr ganzes Inneres gegen dieses Naturgesetz, den Sieg des Mächtigen über das Schwache, aufbäumt, scheint mir schrecklich und entweder entartet oder ganz und gar unempfindsam.

Sie könne es »nie und nimmer« glauben, »daß es ein Mensch gut findet, wenn ein schwaches Land, von einem mächtigen Heer überfallen, zugrunde geht«. Man merkt ihre Wut, wenn sie ergänzt, der »schlechteste Mensch [...] wird das nicht gut finden«. Das war leider nur Wunschdenken, denn die Eroberungszüge der Wehrmacht waren ja gerade darauf angelegt,

die unterworfenen Länder systematisch auszuplündern, damit
Deutsche davon profitierten und der Krieg finanziert werden
konnte. Auch ihre Einschätzung, es werde »nicht mehr lange
dauern«, bis sie »dies alles« hinter sich gelassen hätten und
»aufatmen« könnten, sollte sich weder für die Kriegführenden
noch für sie selbst erfüllen. Doch Sophie hatte sich inzwischen
richtig in Rage gedacht: Das »sentimentale Stirb und Werde«
sei grundfalsch, dass »nur aus Tod [...] Leben« entstehe, sei
widersinnig, im Gegenteil: »nur aus Leben entsteht Leben«.
Eine tote Mutter gebäre kein Kind, und Steine vermehrten sich
nicht, und – beinahe prophetisch – »mit ihrem Selbsterhal-
tungstrieb werden sie ihrer Selbstvernichtung entgegensteu-
ern«.

Fritz Hartnagels Gesprächspartner hatten Adolf Hitlers
Doktrin der Mitleidlosigkeit verinnerlicht. Der hatte seine Ge-
neräle vor dem Polenfeldzug explizit aufgefordert, ihr Herz
gegen Mitleid zu verschließen.[19] Ganz anders Sophie Scholl.
Sie besaß eine sehr niedrige Schwelle, um Empathie zu empfinden, viel niedriger als die meisten Menschen damals und heute.
Sie ließ sich vom Mitleid bewegen. Ihre grundsätzliche Distanzierung lautete: »Sie wissen nichts von einer Welt des Geistes,
in der das Gesetz der Sünde und des Todes überwunden wird.«
Sie hingegen habe sich schon früh »das Hirn zermartert«, wie
man sich aus dem »allgemeinen Zustand« des Fressens und
Gefressenwerdens »heraushalten könnte«. Weil sie zu keinem
befriedigenden Ergebnis gekommen sei und um noch froh
leben zu können, habe sie das Problem verdrängt. Das Vergessen sei »aber doch keine Lösung«, und: »Es kann ja hier auf
Erden auch keine Lösung geben.«

Mit diesem Satz betrat sie die zweite Argumentationsebene.
Protestantisch-pietistisch sozialisiert, wollte sie nun anhand
der Bibel nachweisen, dass die Schöpfung mit dem Sündenfall
von Adam und Eva auch »gefallen« und damit nicht mehr
»sehr gut« sei. Sie zitierte mehrere Verse aus dem achten Ka-

pitel des Briefs des Apostels Paulus an die Römer, unter anderem: »Denn das ängstliche Harren der Kreatur wartet auf die
Offenbarung der Kinder Gottes. Sintemal die Kreatur unterworfen ist der Eitelkeit ohne ihren Willen, sondern um deß
willen, der sie unterworfen hat, auf Hoffnung.«[20] Dabei ver-
ändert sie die Reihenfolge und unterstrich ein Wort: »ohne«.
Mit der Unterstreichung wollte Sophie wohl betonen, dass die
Kreatur für den jetzigen grauenvollen Zustand nicht verantwortlich gemacht werden könne. Gemeint waren damit Fritz'
Gesprächspartner, die glaubten, sie seien dem Gesetz des Sozialdarwinismus unterworfen und müssten grausam handeln,
um überleben zu können. Fritz solle seine Mitdiskutierer fragen, ob sie auch an eine »Welt des Geistes« glaubten und ob
»ein Sieg des Fleisches und der brutalen Gewalt in der Welt des
Geistes nicht eine Schmach sei«. – Und dann kam der für Sophie Scholl entscheidende, weil ihr Wesen kennzeichnende
Satz:

> Ja wir glauben auch an den Sieg der Stärkeren, aber der Stär-
> keren im Geiste.

Sophie eignete sich in diesem langen Brief einen Bibeltext existenziell an. Das geschah unmittelbar, ohne akademisch-theo-
logische Reflexion, ohne dogmatisches Wissen oder kirchliche
Vermittlung. Und sie argumentierte unpolitisch. Sie hätte auf
die Notwendigkeit einer friedlichen Koexistenz der Staaten
hinweisen können, ohne den es keinen Wohlstand gebe. Sie
hätte auf die Verpflichtung der Politik verweisen können, nicht
nur für die Interessen des eigenen Volkes zu sorgen, sondern
darüber hinaus das Wohl der ganzen Welt, einschließlich der
Pflanzen und Tiere, im Auge zu haben. Sie hätte das tun können, aber sie hatte das Politische hier gar nicht im Blick. Das
ist an dieser Stelle kein Manko, denn ihre emotionale und religiöse Argumentation ist auch ohne direkten Politikbezug

überzeugend. Bei Sophie Scholl entstand aus religiöser Motivation die soziale Tat des Widerstands. Ihre Rebellion war primär ein geistiger Kampf, zu dem erst später politische Mittel zur praktischen Umsetzung traten.

Fritz konnte dieser fulminante Brief argumentativ nicht unterstützen, weil er ihn in Russland nicht erhielt. Heute aber ist er für Sophie Scholls Charakterbild von unschätzbarem Wert.

Doch nicht immer gab sich Sophie so bestimmt und kämpferisch. Oft belasteten sie die Schatten der Unsicherheit, in der sie dauernd lebten.[21] Es bedrücke sie »Tag und Nacht« und verlasse sie »eigentlich keine Minute«. Das Vertrauen zu anderen sei »Mißtrauen und Vorsicht« gewichen, es sei ermüdend und entmutigend: »Doch nein«, raffte sie sich auf, »ich will mir meinen guten Mut durch nichts nehmen lassen, diese Nichtigkeiten werden doch nicht Herr über mich werden können, wo ich ganz andere unantastbare Freuden besitze.« Daraus fließe ihr Kraft zu, und sie wolle allen, die ähnlich niedergedrückt seien, ein »erfrischendes Wort« zurufen.

Das musste sie offenbar nicht nur sich selbst gegenüber tun, sondern auch für Fritz. Von ihm erhielt sie wieder und wieder schwermütige Briefe aus Stalingrad. Nachdem Sophie Fritz' lethargische Zeilen gelesen hatte, wollte sie ihn »immer mehr aufhetzen gegen die Gleichgültigkeit«, die innere »Öde« und »Wüste«, die er beim Militär erlebe. Sie wünschte, dass der Gedanke an sie »ein steter Stachel« dagegen sei.[22] Und dann fasste sie zusammen, wie viel für sie der Glaube bedeute: »Ja könntest Du dort einmal in eine Kirche und am Abendmahl teilnehmen. Welche Trost- und Kraftquelle könnte Dir das sein. Denn gegen die Dürre des Herzens hilft nur das Gebet, und sei es noch so arm und klein«, resümierte sie. Religion war für Sophie Scholl lebendige Ermutigung und dynamische Energie; beides erfuhr sie im Sakrament von Brot und Wein. Ganz anders als ihr Bruder Hans, der der Mutter auf ihre Aufforderung, er solle zum Abendmahl gehen, geantwortet hatte,

diese »Geste« mache »doch nicht frei von Sünde«. Es sei doch
»nur eine Äußerlichkeit«, deren »Sinn [er] wohl zu verstehen
glaube und die [er] billige, da sie sehr vielen Menschen eine
gewisse Erlösung zuteilwerden lassen kann«. Er selbst habe
Karfreitag in der Matthäuspassion Johann Sebastian Bachs
erlebt und werde in der Bergeinsamkeit Ostern feiern.[23] Sophie war also deutlich mehr als ihr älterer Bruder auf die
kirchliche Frömmigkeit und ihre Symbolkraft bezogen. Zutiefst religiös waren beide von Jugend an.

Sophie kämpfte mit Angst- und Teufelsattacken, Gottes-
ferne und dem Nichts. Sie fühle sich wie ein »Versinkender«,
dem »die unheimlichen Wesen auf dem Meeresgrunde [...]
Beine und Arme umklammern, und die Wogen über ihm zusammenschlagen«.[24] Sie könne sich jetzt nicht, »anstatt um
Hilfe zu rufen [...], über irgendein wissenschaftliches, philo-
sophisches oder theologisches Thema« auslassen, weil sie
»Angst in sich habe und nichts als Angst« und sich nur nach
dem sehne, der ihr diese Angst abnehme. Doch:

> Ich bin Gott noch so ferne, daß ich ihn nicht einmal beim
> Gebet spüre. Ja manchmal, wenn ich den Namen Gott aus-
> spreche, will ich in ein Nichts versinken. Das ist nicht etwa
> schrecklich, oder schwindelerregend, es ist gar nicht – und das
> ist noch viel entsetzlicher. Doch hilft dagegen nur das Gebet,
> und wenn in mir noch so viele Teufel rasen, ich will mich an
> das Seil klammern, das mir Gott in Jesus Christus zugeworfen
> hat, und wenn ich es nicht mehr in meinen erstarrten Händen
> fühle.

Diese tiefe seelische Krise hatte wahrscheinlich mit der Vorbereitung der zweiten Flugblattaktion zu tun. Es ging bei diesem
Unternehmen, das ahnte sie, um Leben und Tod, und sie wollte
bei dem, was sie tat, Gott auf ihrer Seite wissen, sie wollte ihn
dabei »spüren«. Jesus Christus wurde für sie dabei »das Seil«,

das ihr Gott »zugeworfen« habe, damit sie nicht im Angst-
meer versank. Daran wollte sie sich »klammern«, selbst wenn
sie es nicht mehr in ihren »erstarrten Händen fühle«. Sie orientierte sich an Christus, wie ihr Bruder Hans, der in Russland
notierte, er bringe sich nur deshalb nicht um, weil Christus
gelebt habe und gestorben sei.[25] Hans hatte daran gedacht,
sich selbst zu töten. War dieser Gedanke auch Sophie nahe?

Noch klammerte sie sich an die Aussicht auf Frieden. Am
19. November berichtete sie Fritz, dass der Nationalsozialistische Rechtswahrerbund über Robert Scholl ein Berufsverbot
verhängt habe.[26] Er durfte nicht mehr als Treuhänder, sondern
nur noch als Buchhalter arbeiten. Das brachte die Familie in
arge finanzielle Bedrängnis, sodass Sophie auf Fritz' früheres
Angebot einer direkten Unterstützung zurückkam. Erstaunli-
cherweise rechnete die Familie damit, dass der Krieg »in ab-
sehbarer Zeit zu Ende« sei, und »wegen diesem einen Jahr
oder wie lange es noch gehen mag« wollten sie nicht die teure
Wohnung im Zentrum von Ulm aufgeben. Das heißt, die
Scholls waren davon überzeugt, Hitler werde um den Jahreswechsel 1943/44 den Krieg verlieren und die NSDAP ent-
machtet sein, denn sonst konnten sie nicht davon ausgehen,
dass Robert Scholl wieder als Unternehmensberater zugelas-
sen werden würde und der finanzielle Engpass überstanden
sein würde. Was die Scholls zu diesem Optimismus – oder dieser Naivität – veranlasste, ist nicht klar. Die Niederlage in Af-
rika war bekannt, aber die Katastrophen von Moskau und
Stalingrad waren zu diesem Zeitpunkt für die normal infor-
mierten Deutschen nicht vorhersehbar – es sei denn, man
glaubte völlig dem deutschsprachigen Nachrichtendienst der
BBC. Bis zur Kapitulation im Mai 1945 sollten noch zweiein-
halb Jahre vergehen. Sophie war die Geldangelegenheit peinlich, sie empfand ihre Vorschläge zum Geldtransfer als »fast
unverschämt«, sodass sie Fritz bat, den Brief nicht aufzuhe-
ben. Es könnte später ein »verzerrtes Bild« entstehen, weil

man ihre gegenwärtige Notsituation nicht mehr verstünde. Ihr Freund hat sich zum Glück nicht daran gehalten, und so wissen wir auch, dass sich »seit einigen Tagen Hans und Schurik« in Ulm aufhielten und Sophie einen »Pack Briefumschläge« brauchte. Aufgrund dieser immer konkreter werdenden Pläne mag Sophies Satz am Ende des Briefes auch mehr bedeuten als nur die Fortsetzung ihres Studiums: »In der nächsten Woche werden wir wieder in München anfangen.«[27]

Hans und Alexander Schmorell nutzten die Zeit nach der Rückkehr von der Frontfamulatur in Russland, um Mitstreiter zu gewinnen. Hanspeter Nägele, der ältere Bruder von Rose, lehnte ihr Ansinnen als »Selbstmord« ab, doch Hans Hirzel erklärte sich bereit mitzumachen, und Eugen Grimminger, ein Geschäftsfreund Robert Scholls, der während dessen Inhaftierung aushalf, unterstützte sie finanziell mit erheblichen Geldbeträgen.[28]

Am 25. November besuchte Hans Scholl auch den Philosophen und Musikpsychologen Kurt Huber in seiner Wohnung in München-Gräfelfing.[29] Der Neunundvierzigjährige hatte eine außerordentliche Professur an der Ludwig-Maximilians-Universität inne. Beide waren sich das erste Mal während eines Gesprächsabends am 3. Juni 1942 begegnet. In einer erregten und heftigen Diskussion, wie man »der Zerstörung der inneren Werte« begegnen könne, soll Huber damals mit »ungewöhnlich exaltierter Stimme« gerufen haben: »Man muss etwas tun, und zwar heute noch.« Als seine Hochschulkarriere stockte, war er im April 1940 aus Opportunismus – aber nicht gegen seine politische Überzeugung – in die NSDAP eingetreten.[30] Politisch wollte er die seiner Ansicht nach »ausgesprochen links eingestellte Staatsform«, die »Bolschewisierung« der NS-Bewegung, in eine »wirklich ständische Form« zurückführen. Das »Führerprinzip« sollte »mit der unbedingten Freiheit und Selbstverantwortlichkeit des Einzelnen« verbunden werden.[31] Da die Ernennung zum Ordinarius ausblieb

und die Katastrophe in Russland sich immer deutlicher ab-
zeichnete, war er in Gesprächen mit Hans Scholl und Alexander Schmorell offen für deren Ideen und Pläne und signalisierte seine Bereitschaft, ein Flugblatt zu verfassen.

Vermutlich Anfang Dezember 1942 und erneut am 8. und
9. Februar 1943 fanden Treffen mit dem Drehbuchautor und
Regisseur Falk Harnack in Chemnitz und München statt. Er
hatte Kontakte zum Berliner Widerstandskreis um seinen Bruder Arvid und Harro Schulze-Boysen. Dabei ging es eher
– auch kontrovers – um inhaltliche Abstimmungen als um lo-
gistische Absprachen und konkrete Aktionen. Am 28. November hatten die Geschwister ihren Einzug in eine gemeinsame Wohnung in einem Schwabinger Hinterhaus in der
Franz-Joseph-Straße 13b gefeiert. Als Harnack sie dort auf-
suchte, war er »ausgesprochen entsetzt« über die »Leichtsin-
nigkeit« der Studenten. 1947 erinnerte er sich: »So befanden
sich in der Wohnung in der Franz-Joseph-Straße nicht nur die
Manuskripte der Flugblätter, der Abzugsapparat, die Adres-
senverzeichnisse, sondern gleichzeitig traf sich hier der
Münchner Freundeskreis fast täglich.«[32]

In die Vorbereitung und Durchführung der zweiten Wider-
standsunternehmung ab Herbst 1942 war Sophie Scholl nicht
nur durch konspirative Gespräche eingebunden, sondern aktiv
beteiligt. In der gemeinsamen Wohnung konnten sich die Geschwister nun in geschützten Räumen austauschen und arbeiten. Ab Dezember plante man, »ein Flugblatt […] in größerer
Zahl herzustellen«, wie Sophie später, am 18. Februar 1943,
vor der Gestapo sagte.

Zur Vorbereitung diente wohl auch ein Besuch in Stuttgart.
Sophie verabredete sich dort für den 3. Dezember mit Susanne
Hirzel.[33] Vermutlich erinnerte sich Hirzel fünf Jahrzehnte spä-
ter an genau dieses Treffen, wenn sie schilderte, sie seien zu-
sammen die Calwer Straße entlanggegangen, um sich im Café
»Rosenstöckl« mit Hans Scholl zu treffen. Sophie habe da

gesagt, sie sei »entschlossen, etwas zu tun«. Die gegenwärtige Katastrophe sei nur möglich, weil keiner schreie. Die einen arbeiteten brav zu Hause, die anderen kämpften brav an der Front. Doch wer jetzt nicht gegen den NS-Staat handele, mache sich schuldig: »Ich jedenfalls«, so Sophie, »will nicht schuldig werden.« Dann wurde sie deutlich: Hätte sie jetzt eine Pistole zur Hand und Hitler wäre da, würde sie ihn erschießen. »Wenn es Männer nicht machen, muss es eben eine Frau tun.« Die Bedenken, die Hirzel äußerte, seien an ihr völlig abgeglitten: Sophie »lebte auf einer anderen Ebene, fühlte sich von ihrem Gewissen gerufen und hatte [...] bei ihren Überlegungen ihr eigenes Sterben miteinbezogen«.[34] Susanne Hirzel schilderte dieses Gespräch mit großem zeitlichem Abstand. Dass sich Sophie Scholl in der Öffentlichkeit tatsächlich so freimütig und ungeschützt geäußert hat, ist unwahrscheinlich, aber Hirzel wird die moralischen Beweggründe ihrer Freundin für die politische Aktion richtig wiedergegeben haben. Sophie konnte angesichts der offensichtlichen Gräuel nicht gleichgültig bleiben, sie war darüber moralisch grenzenlos empört. Sie hatte ein Gespür für Gerechtigkeit, für Richtig und Falsch. Verstieß sie gegen ihre ethische Überzeugung, fühlte sie sich schuldig und handelte. Gerechtigkeitssinn und Schuldgefühl gehörten für sie zusammen. Sie musste Verantwortung übernehmen und handeln.

Einer ihrer Mitstreiter war der Saarländer Willi Graf. Sophie Scholl hatte ihn durch ihren Bruder Hans kennengelernt. Nach dem gemeinsamen Russlandeinsatz der 2. Studentenkompanie kam der Medizinstudent oft in die Josephstraße. Am 2. Dezember 1942 notierte der Vierundzwanzigjährige in seinem Tagebuch: »Bei Hans sitzen wir spät und lange zusammen, denn Christl [Christoph Probst] wird jetzt wegfahren. Gespräche über den Aufbau, manche Gedanken sind mir neu.«[35] Für den 13. Juni ist ihr wahrscheinlich erster näherer Kontakt nachweisbar. Graf notierte: »Gespräch mit Hans Scholl. Hof-

fentlich komme ich öfter mit ihm zusammen.«[36] Bereits 1940
hatte er als Sanitäter in Polen und Jugoslawien gedient. Er und
Hans Scholl hatten gemeinsam in Russland die Sinnlosigkeit
und das Grauen des Krieges hautnah erlebt, als dort unzählige
Menschen und ganze Ortschaften vernichtet worden waren.
Schon als Schüler hatte er sich in katholischen Jugendbünden
engagiert, selbst als sie verboten worden waren. 1938 war er
deshalb drei Wochen lang inhaftiert gewesen. Für ihn bedeutete Christsein Hingabe und Handeln: Das »Christentum [ist]
ein viel schwereres und ungewisseres Leben, das voller Anstrengung ist und immer wieder neue Überwindung kostet, um
es zu vollziehen. Der Glaube ist keine solch einfache Sache
[...].«[37] Das hätte sicher auch Sophie unterschrieben.

Und auch Christoph Probst, den Willi Graf am 2. Dezember
erwähnte, war kein Unbekannter mehr für Sophie. »Christl«,
wie er genannt wurde, kam aus einem künstlerisch-musischen
Haus, in dem unter anderem die Maler Emil Nolde und Paul
Klee und der Lyriker Rainer Maria Rilke verkehrten. Probst
hielt sich bei den Diskussionen und Entwürfen der Studenten
sehr zurück. »Er war eigentlich mehr dabei, als er mitmachte«,
beschrieb später Hans Hirzel dessen Verhalten bei den Ge-
sprächsabenden.[38] Es ist verständlich, dass der Medizinstudent einer Studentenkompanie der Luftwaffe im Hintergrund
blieb, trug er doch eine hohe Verantwortung für seine Frau
Herta, die ihr drittes Kind erwartete, und die zwei kleinen
Kinder zu Hause in Zell bei Ruhpolding. Lange hatte er den
»Aktionismus« sogar abgelehnt, bis er sich nach Stalingrad
doch entschloss, ein Flugblatt zu entwerfen und es Hans Scholl
zu geben.[39]

Während in München alles einer neuen Flugblattaktion zu-
strebte, erlebte Fritz Hartnagel den Beginn der militärischen
Katastrophe, die die Wende im Kriegsverlauf bedeuten sollte:
»Nun stehen wir schon 14 Tage den Russen gegenüber, es
waren oft furchtbare Tage. Es ist schwer Entschlüsse zu fassen,

die in jedem Fall über Menschenleben entscheiden.«[40] Die eigentliche Gefahr des Krieges bestehe darin, »dumpf und gleichgültig« zu werden gegenüber »Elend, Leid und Tod«.[41] Bitter kommentierte er: »Hart werden nennt man dieses gleichgültig werden und hält es für eine hervorragende Tugend!« Fritz Hartnagel nahm auch die Qual des Gegners wahr: »So viel Leiden und der Tod drüben oder hier.« Am 25. November 1942 begann die sogenannte Stalingrad-Luftbrücke. Bis zum 2. Februar 1943 versuchten Luftwaffen-Transportverbände vergeblich, die 6. Armee ausreichend zu versorgen. Vor dem Schrecklichen floh Fritz ins Metaphysische: »Ich will mich immer bemühen mich über all das Furchtbare, all den Wahnsinn zu erheben, dorthin wo ich sicher bin, was auch um mich vorgehen mag.«[42] Und er rettete sich in seine Liebe zu Sophie. Als ringsherum der Kriegslärm tobte, »saß plötzlich ein Vöglein am Rande meines Schützenlochs und piepste vergnügt, als ob es sich darum gar nicht kümmern würde«. Er war sich in dem Moment sicher, dass dies nur ein Gruß von seiner Geliebten sein konnte: »Dann fühlte ich mich auf einmal so sicher in meinem Loch als ob mir nichts auf dieser Welt etwas zu Leide tun könnte.« Er hoffte, der Brief werde Sophie noch zu Weihnachten erreichen, es sei alles, was er ihr mit einem »lieben und innigen Gruß« schicken könne. – Was Sophie da las, wird sie tief bewegt haben. Es war ein weiterer Impuls, dass aus ihrer verzweifelten Wutglut ein radikaler Widerstandskampf wurde.

Für den brauchte es Unterstützer, und so versuchte Sophie für den 21. Dezember 1942 ein Treffen mit Lisa Remppis in Stuttgart zu vereinbaren.[43] Die Verschwiegenheit gegenüber ihrer Familie »(zu Haus weiß man es nicht!)« deutet an, dass die Zusammenkunft mit derselben Intention erfolgte wie bei Susanne Hirzel Anfang Dezember. Lisa Remppis sollte eingeweiht und für die Mitarbeit gewonnen werden. Doch das Treffen kam nicht zustande. Die Freundin habe eine Zusammenarbeit »auch auf Drängen von August Schlehe« abgelehnt, erzählte später Elisabeth Hartnagel.[44] Lisa war der Verlobte inzwischen wichtiger als Sophie: »Wir wollen leben und eine Familie haben«, hatte sie zu ihm gesagt.[45] Sophie Scholl hatte ihre große Liebe verloren. Das muss für sie aufgrund der politischen Einstellung Schlehes umso schmerzhafter gewesen sein. Nach dem Krieg erklärte der ehemalige kriegsversehrte Offizier, er sei politisch neutral gewesen. Es sei ihm »weder dran gelegen, im Sinne der Nationalsozialisten was für Deutschland zu tun«, noch habe er geglaubt, »im Widerstand etwas tun zu können«.[46] Sophie Scholl kennzeichnete ihn bei ihrer Vernehmung mit den Worten, er sei »positiv für den heutigen Staat eingestellt«.[47]

Konnte sich Sophie denn auf die Mithilfe Otl Aichers verlassen? Vermutlich wollte sie das erfahren und traf sich mit ihm kurz vor Weihnachten 1942. Der Gefreite Aicher verbrachte aufgrund einer Gelbfiebererkrankung etliche Wochen in einem Lazarett im österreichischen Bad Hall. Dort besuchte ihn Sophie. Über das Treffen gab Aicher Jahrzehnte später Auskunft. Wie verlässlich seine Angaben sind, ist unklar. Der Kern wird wohl stimmen, doch benutzte Aicher die Erinnerungen an Sophie Scholl auch für eigene Zwecke. Das zeigt sich daran, dass er behauptete, ein Teil des Gesprächs habe Stalingrad gegolten. Für beide sei das »ohne frage die wende des krieges« gewesen.[48] Die 6. Armee kapitulierte allerdings erst am 2. Februar 1943. Weiter schrieb er, beide hätten »selbst gefängnisse dieses staates von innen gesehen, waren als kinder eingelocht worden«. Aicher war – seinen Angaben zufolge – 1937 in Berlin zusammen mit einem älteren Freund verhaftet und mehrere Tage festgehalten worden.[49] Sophie war vor dem 18. Februar 1943 niemals in Haft. Im Bewusstsein von Sophies Widerstand benutzte der Dreiundsechzigjährige sie 1985 in seinen Erinnerungen als Stichwortgeberin für staatstheoretische Ausführungen. So habe sie in der nächtlichen Diskussion ge-

fragt, warum »gerade katholische länder so eine starke affini-
tät zum faschismus haben: bayern, österreich, italien, spanien,
portugal.« Er habe geantwortet, weil die

> katholische gesellschaftslehre und staatslehre immer eine ord-
> nung von oben nach unten hat und immer von einer erhabe-
> nen spitze ausgeht, die fast gottgewollt über allem steht und
> das ganze repräsentiert und präsentiert.[50]

Selbstgefällig glaubte Aicher, auch für Sophie sprechen zu können:

> für uns bedeuteten aristoteles und thomas von aquin und auch
> augustinus sehr viel. die auseinandersetzung mit ihnen hat
> unser denken geschärft und zu einer autonomie geführt, die es
> uns erlaubte, gegen eine ganze welt zu stehen, wenn wir uns
> im einklang mit uns selbst fühlten, im einklang mit unserem
> trainierten kopf und seinen perspektiven.[51]

Sophie hingegen bekundete mehrfach, welche Mühe es ihr bereite, die *Bekenntnisse* des Augustinus oder deren Interpretation zu lesen.

Aicher formte ein Bild von Sophie Scholl, wie er es brauchte,
wie es ihm als Gestalter gefiel. Die Aussagen, die er ihr in den
Mund legte, könnten in einem Fachbuch oder Parteiprogramm
stehen. Doch es findet sich nichts Vergleichbares in ihren Briefen, Tagebüchern und Texten. Diese Passagen sind also mit
Vorsicht zu genießen, wenn auch andere seiner Formulierungen wohl eher der Realität entsprechen: So, wenn er Sophie
eine »moralistin« nennt.[52] Sophies Vorstellung, wie es »nach
dem kriege« aussehe, was »mit den nazis geschehen« solle,
entsprach ihrem Rigorismus: »jeder trägt die nummer seines
parteibuches auf seinem rücken und hilft organisiert mit am
aufbau des zerschossenen europa, sagt sophie. dauer je nach

zugehörigkeit zur partei.«[53] Das war kein Scherz, sondern eine ernst gemeinte Stigmatisierung. Galt das auch für Martha Vogeler, Jürgen Wittenstein und Kurt Huber? Der von Aicher beschriebene Glaube Sophies an die politischen Möglichkeiten des Einzelnen passte gleichfalls zu ihr in diesen letzten Wochen vor der zweiten Flugblattaktion: »revolutionen entstehen, sie werden nicht vorhergedacht«, soll sie gesagt haben.

die geschichte hat nichts von denen, die darüber spekulieren, sondern von denen die revolutionen auslösen. sie müssen ja nicht im großen beginnen. revolutionen stauen sich auf, wenn es leute gibt, die im kleinen anfangen.[54]

Der Staat, in dem Sophie Scholl und Otl Aicher lebten, war durch eine Revolution entstanden. Er war für Sophie sehr lange das Ideal schlechthin gewesen, jetzt sollte das einstige Vorbild gestürzt werden.

Aicher kommentierte Sophies Meinung, eine Revolution fange »im kleinen« an, mit den Worten: »ich sah niemanden, der da im kleinen angefangen hätte.«[55] Hatte er nicht wahrgenommen, dass eine vor ihm saß, die bereit war, den Anstoß zu einem Umsturz zu geben? Eine aktive Beteiligung hätte er vermutlich abgelehnt. Schon als Werner Scholl ihn zwei Tage nach Kriegsbeginn gefragt hatte, ob er »mitmachen würde, eine widerstandsgruppe aufzubauen, eine sabotagegruppe«, habe er gesagt: »mach keinen blödsinn, [...] eine widerstandsgruppe fliegt in diesem partei- und polizeistaat über kurz und lang auf, jeder ist des anderen spitzel geworden.«[56] Auch 1980 bestritt Aicher kategorisch, irgendetwas von der Beteiligung der Geschwister am Widerstand gewusst zu haben: »Wann immer wir über Politik sprachen, nie erhielt ich eine Andeutung darüber, daß Sophie und Hans die Urheber jener Aktionen waren, die uns so stark beschäftigten.«[57] Doch acht Monate nach den Hinrichtungen hatte er am 31. Oktober 1943 gegenüber Carl Muth eingeräumt: »Ich weiß auch, wie ich selbst in diesen Tod verflochten bin. Sie hat mir in Bad Hall alles dargelegt, ohne daß ich auch nur im Entferntesten hätte auf diese Dummheit schließen können.«[58] Aus Aichers ausführlichem Brief wird deutlich, dass er den Freiheitskampf in Gänze für eine Dummheit hielt, nicht nur den spontanen Abwurf der Flugblätter im Lichthof der Ludwig-Maximilians-Universität. Den Aktionen hätten »schiefe Gedanken« zugrunde gelegen, es sei ein »widersinniger, sprunghafter, gar nicht durchleuchteter Einfall« gewesen; »kopflos« hätte Sophie »einen Strohhalm für Gold« gehalten und um ihn gekämpft, »als sei er alles«. Dabei mache doch »Klugheit« erst »die Tapferkeit gut« – und daran habe es gemangelt.

Ein größerer Abstand als zwischen »nie eine Andeutung« und »alles dargelegt« ist kaum denkbar. Aicher kannte sicher keine Details, aber im Grundsatz wusste er vom Widerstand der Münchner, wie seine zeitnahe Äußerung belegt. Er war emotional mit Sophie und Hans verbunden. Fühlte er sich schuldig, weil er nicht eingeschritten war, obwohl er umfassend informiert war? Oder gab es noch einen anderen Grund? Sein Verhalten am Vorabend der Verhaftung der Geschwister würde diese Frage erneut aufwerfen.

In seiner Schilderung des Treffens von Bad Hall stilisierte sich Otl Aicher eitel zum profunden Ideengeber für Sophie Scholl. Er war nie in die Aktivitäten der Münchner Gruppe eingebunden, aber man sollte aus seinen *innenseiten* den Eindruck gewinnen, er habe sie mit seinem Gedankengut wesentlich inspiriert.[59] Er entwarf sich als geistig-moralischen Mentor und Sophie als politisch-philosophische Denkerin. Hans und Sophie Scholl hatten sich aber schon lange vor den Tagen in Oberösterreich zum Kampf gegen Hitler entschlossen.

Am Ende dieses Jahres fuhren die Geschwister Scholl nicht, wie in den Jahren zuvor, über Neujahr in eine Berghütte, sondern verbrachten die Tage zu Hause in Ulm. Sophie nutzte den Abend des 30. Dezember für eine Kunstreflexion zu Renée Sintenis.[60] Aus dem Radio habe sie

> eine schöne alte Musik hergeholt, eine Musik, die die Sinne beruhigt, die mit ordnender Hand durch das verwirrte Herz geht. Diese Schönheit kann niemals schlecht sein, sie atmet ja das Leben eines reinen Geistes, und eines klaren, manchmal mathematischen Geistes.

Dass ihr verstörtes Herz und ihr verunsicherter Geist sich ob der schwierigen nächsten Zeit nach Ruhe und Klarheit sehnten, ist verständlich.[61] Mit Hans war sie sich inzwischen einig, mit Flugblättern gegen Hitler vorzugehen. Doch das sollten weder die Eltern noch die übrigen Geschwister erfahren. Ein offenes Gespräch darüber war also zu Hause nicht möglich. Um ausführlich über konkrete Gegenaktionen zu sprechen, blieben also nur Spaziergänge zu zweit, die aber auch nicht allzu oft stattfinden durften, um bei der Enge der Familienbande neugierige Fragen zu vermeiden.

Bei einer dieser kleinen Fluchten konnte sie sich ausführlich und ungestört mit Hans unterhalten.[62] Sie machten »einen schönen Spaziergang« in das rund dreißig Kilometer nordöstlich von Ulm gelegene Geislingen an der Steige – »am hellen Mittag [...], den Bergrand entlang durch den lichten Buchenwald, und den herrlichen frischgefallenen Schnee«. Sie waren erfüllt von »ausgelassenem Übermut [...], wie im Backfischalter« und einer »erwartungsvollen feierlichen Stille, wie vor Weihnachten«. Die einundzwanzig Jahre alte Kindergärtnerin, die gerade zu studieren begonnen hatte, und ihr zwei Jahre älterer Bruder, Student und Soldat, stapften und tobten durch die verschneite Schwäbische Alb und planten die Revolution – denn das war es, was sie wollten.

In Geislingen wohnte der mit den Scholls befreundete Pädagoge und Maler Albert Kley, den beide schon lange kannten. Sehr wahrscheinlich übernachteten sie im Haus der Familie »zusammen in dem oberen Stüblein«. Kurz nach dem Krieg erinnerte sich Kley, dass »Anfang Januar 1943« Hans Scholl ihm »und dem Kunstmaler Geyer in Ulm [...] noch einmal seine Pläne, die schon sehr konkrete Form hatten« dargelegt habe.[63] Das »noch einmal« deutet an, dass Scholl bereits zuvor mit ihm darüber gesprochen hatte.

Im Gegensatz zur Offenheit gegenüber Kley ließ Sophie in ihrem Schreiben an Fritz die Umsturzpläne nicht einmal versteckt durchblicken – das wäre viel zu gefährlich gewesen. Aber sie beschrieb ausführlich, worüber sie und Hans sich vor dem Einschlafen unterhielten. Es war ein theologisch-philosophisches Thema, das sie während der Haecker-Lektüre schon einmal durchdacht hatte, nämlich, ob die Vorstellung von einem allmächtigen Gott mit dem Leid in der Welt zu vereinen sei. Die Antwort Haeckers muss sie aber nicht zufriedengestellt haben, denn nun studierte sie nichts Geringeres als das Grundlagenwerk zu diesem Problem: *Abhandlungen über die Theodizee von der Güte Gottes, der Freiheit des Menschen und dem Ursprung des Bösen* von Gottfried Wilhelm Leibniz. In dem 1710 veröffentlichten Essay vertritt der Philosoph die Ansicht, in einer offenen, komplexen Welt gehöre das Böse unvermeidbar dazu. Selbstverständlich seien die Menschen für ihre Taten verantwortlich, und sie würden dafür auch zur Rechenschaft gezogen werden. Die Geschwister suchten intensiv nach einer religiösen Antwort auf ihre Situation. Sie wollten verstehen, wie das verbrecherische Chaos um sie herum mit einem liebevollen, allmächtigen Gott vereinbar sei. Wo war Gott? Was sollten sie tun? Das waren existenzielle Fragen.

Und noch etwas wollte Sophie finden: die Aufforderung zur Tat. In ihrer Lektüre der *Theodizee* wird Sophie vielleicht genau auf diese Ermutigung gestoßen sein. Da erklärt Leibniz: »Alles Zukünftige ist ohne Zweifel bestimmt, allein da wir

dieses Bestimmte und das Vorgesehene und Beschlossene nicht
kennen, so sollen wir unsere Pflicht der von Gott empfangenen
Vernunft gemäß erfüllen nach den Regeln, die er uns vorgeschrieben hat. Dann sollen wir ruhig im Gemüte sein und Gott
die Sorge für den Erfolg überlassen.«[64] Der Widerstand war
für Sophie eine moralische Pflicht, eine innere Verpflichtung
zum Handeln. Hier las sie nun, dass ihre Aufgabe allein die Tat
sei und sie darauf vertrauen konnte, Gott werde das Beste daraus machen.

Sophie musste etwas tun, das hatte sie schon früher Susanne
Hirzel gesagt. Die moralische Rigorosität, der außerordentlich
hohe ethische Anspruch und die Bereitschaft zu leiden, waren
starke Triebfedern, sich der Verantwortung zu stellen und in
den Widerstand zu gehen. Sie ermahnte Fritz, bei seinen Ent-
scheidungen als Offizier immer zu bedenken, »wie schwer ein
Menschenleben wiegt, und man muß wissen, wofür man es in
die Waagschale wirft«.[65] Das war auch eine Selbstaussage.
Wofür war sie bereit, ihr Leben in die Waagschale oder gar ins
Feuer zu werfen, wie sie es oft gesungen hatte:

> Die Stunde kommt, da man dich braucht.
> Dann sei du ganz bereit
> Und in das Feuer, das verraucht,
> Wirf dich als letztes Scheit.[66]

Das Rebellische, das sich aus dieser Erkenntnis ergab, stand in
der langen Tradition einer Leidensmystik, dem Martyrium in
der Nachfolge Christi. Ihre Freundin Susanne Hirzel sagte
nach dem Krieg:

»Ich kannte Sophie nicht als Heldin. Sie war mit den Jahren
beinahe katholisch geworden, so überkandidelt religiös, sonst
hätte sie das auch nicht machen können.«[67]

# 11. MÄRTYRERIN

Sophie Scholl – die Märtyrerin. Bis heute ist dieses Bild vorherrschend. Die Evangelische Kirche in Deutschland initiierte 2006 eine Dokumentation der evangelischen Märtyrer des 20. Jahrhunderts: *Ihr Ende schaut an …* [1] Dieses Ende und die religiöse Komponente von Sophies Schicksal sind der Grund dafür, dass sie selbstverständlich zu dieser Zusammenstellung gehört.

Wie stark Sophie religiöse Fragen beschäftigten, zeigt ihr ganzer Lebensweg. Das beweist auch die enge Freundschaft zu Wilhelm Geyer, der ab Januar 1943 häufig in München arbeitete und viel Zeit mit Hans und Sophie verbrachte. Geyer entwarf dort im Auftrag einer Münchner Firma ein gewaltiges Glasfenster für die katholische Pfarrkirche St. Margareta im schwäbischen Albstadt-Margrethausen. [2] Er hatte keine Münchner Bleibe, weshalb Hans Scholl dem langjährigen Freund den Kontakt zum Architekten Manfred Eickemeyer vermittelte, der ein Atelier im Universitätsviertel unterhielt. Eickemeyer, der überwiegend im besetzten und »judenfreien« Krakau arbeitete, gestattete Geyer die zeitweilige Nutzung seiner Werkstatt. Dessen Arbeiten waren 1937 – vermutlich wegen ihrer expressiven Religiosität – von nationalsozialistischen Kulturpolitikern als »entartet« aus den Museen in Stuttgart und Ulm entfernt worden. Sein umfangreiches Werk ist ohne seine tiefe katholische, ökumenisch-offene Religiosität undenkbar. Am 11. Januar 1943 feierte man: »Herr Geyer ist schon in Eickemeyers Atelier eingezogen«, teilte Sophie am 12. Januar ihrer Schwester Inge mit. Der Schwabe war schon lange ein Freund der Familie Scholl, seit 1941 hatten sich die Kontakte noch verstärkt.[3] »Wahrscheinlich werden wir manchen Abend mit ihm verbringen. Seine Anwesenheit wirkt sehr beruhigend, er strahlt direkt eine Atmosphäre des Vertrauens aus.«[4] Das konnte Sophie sicher brauchen. Häufig gingen sie zu dritt in eine Gastwirtschaft, oder sie aßen bei den Scholls. Wenn Geyer nicht beschäftigt sei, so erzählte Sophie ihrem Bruder Werner, sei er bei ihnen.[5] Hans und Sophie Scholl hatten mit keinem, der etliche Jahre älter war – die Eltern und Carl Muth ausgenommen –, so häufig Kontakt wie zu Wilhelm Geyer, der für sie – inmitten seiner religiösen Bildwerke – ein wichtiger spiritueller Impulsgeber wurde.

Nachdem Sophie Scholl sich am Neujahrstag 1943 am Thema der Rechtfertigung Gottes abgearbeitet hatte, machte sie sich knapp zwei Wochen später Gedanken darüber, ob alles durch Gott vorherbestimmt sei. Passte die Lehre von der Prädestination mit dem freien Willen des Menschen zusammen, fragte sie sich.[6] Zu beiden Theorien hatte sie inzwischen eine gewisse Distanz gewonnen, sodass sie ihr »eigentlich nicht mehr viel Schmerzen« machten, obwohl sie sie genauso »wenig erklären kann wie vorher«.

> Daß Gott allwissend ist, daran glaube ich, und die notwendige Folgerung daraus ist, daß er auch von jedem einzelnen weiß, was nach seiner Zeit mit ihm ist, und von uns allen weiß, was nach der Zeit ist. Dies verlangt auch seine Eigenschaft als unendlicher Gott. Meinen freien Willen fühle ich, wer kann ihn mir beweisen!

Das war existenziell. Sophies Leben stand an einem Scheide-
weg. Sie musste sich entscheiden, ob sie das hohe Risiko ihrer
bevorstehenden Aktionen eingehen wollte.

Doch neben diesen ganz konkreten Überlegungen standen
metaphysische Reflexionen: Sie dachte über den Unterschied
zwischen »Vorbestimmen« und »Vorwissen« nach und kam
zu zwei interessanten Schlüssen: Erstens sei es »Vorherwissen
viel eher, obwohl es noch unbegreifliches Geheimnis bleibt«.
Und zweitens, beachtlich, ihre Schlussfolgerung: »Übrigens ist
›Vorherwissen‹ menschlich gesprochen, da Gott ja nicht an
unsre Zeit gebunden ist, man müßte die Vorsilbe ›Vorher‹
streichen und nur Wissen sagen.« – Sophie wäre eine wunderbare Seelsorgerin und Theologin geworden. Sie hätte Liebe
und Rationalität, ein »mitfühlendes Herz« mit »klarem Geist«
verbunden.

In diesen Tagen fühlte sich Sophie – das vertraute sie ihrem
Tagebuch an –, als würde sie neben sich stehen.[7] Eine tiefe
Traurigkeit entzog ihr jede Lust, etwas zu tun. Wenn sie ein
Buch in die Hand nahm, dann nicht aus Interesse, sondern es
schien ihr, als ob das ein anderer täte. Gegen diesen »entsetz-
lichen Zustand« könne nur eines helfen: »Die schlimmsten
Schmerzen, und wären es bloß körperliche, sind mir tausendmal lieber als diese leere Ruhe.« Es war eine beängstigende
Stille vor dem Orkan. Sophie wollte spüren, dass sie lebte.
Darum stürzte sie sich hinein in die Flugblattaktion; sie würde
ihr schlimmste Schmerzen und den Tod bringen. – Womöglich
spricht hier eine von Zeit zu Zeit Depressive, schwingt eine
gewisse Todessehnsucht mit. War Sophie des Lebens müde?
Suchte sie einen Weg, ihrem Leben – und ihrem Tod – einen
höheren Sinn zu verleihen? Voller Furcht und Zagen, Zweifel
und Unsicherheit erhob sie ihre Stimme gegen das Unrechts-
regime.

Flugblatt 5 wurde Mitte Januar 1943 produziert und verteilt. Die Studenten fühlten sich durch einen Vorfall in der

Münchner Universität dazu ermutigt. Der amtierende Gauleiter von München-Oberbayern Paul Giesler hatte am 13. Januar 1943 in einer Rede im Deutschen Museum anlässlich der
470-Jahr-Feier der Ludwig-Maximilians-Universität die anwesenden Studentinnen dazu aufgefordert, sie sollten, statt zu
studieren, dem Führer Kinder schenken. Er könne dazu not-
falls auch seine Adjutanten zur Verfügung stellen. Danach war
es zu lautstarken Protesten eines Teils der rund zwölfhundert
Soldatenstudenten und dreihundert Studentinnen und – für
damalige Verhältnisse – tumultuösen Szenen gekommen, sodass die Veranstaltung unterbrochen wurde. Erst nach dem
Einsatz von Sicherheitskräften konnte der Festakt zu Ende
geführt werden.[8]

Als Heinrich Himmler davon erfuhr, bezeichnete er die Aufregung spöttisch als »Studentenwirbel«.[9] Obwohl Anwesenheitspflicht bestand, waren Sophie und Hans Scholl, Alexander Schmorell, Christoph Probst und Willi Graf nicht bei der
Feier, aber Gisela Schertling, Jürgen Wittenstein und Willi
Grafs Schwester Anneliese. Was sie von ihnen und anderen
hörten, verleitete die Gruppe dazu, die spontan aufgeflackerte
Renitenz im Deutschen Museum als Hinweis auf ein verlässli-
ches revolutionäres Potenzial der Studierenden zu deuten.[10] In
völliger Verkennung der gesellschaftlichen Tatsachen schien
für sie die entscheidende Auseinandersetzung, eine Studenten-
revolte und die Beseitigung Hitlers, unmittelbar bevorzustehen. So produzierten sie die nächste Kampfschrift:

Flugblätter der Widerstandsbewegung in Deutschland.
A u f r u f   a n   a l l e   D e u t s c h e !
Der Krieg geht seinem sicheren Ende entgegen. Wie im Jahre
1918 versucht die deutsche Regierung alle Aufmerksamkeit
auf die wachsende U-Bootgefahr zu lenken, während im
Osten die Armeen unaufhörlich zurückströmen, im Westen
die Invasion erwartet wird. Die Rüstung Amerikas hat ihren

Höhepunkt noch nicht erreicht, aber heute schon übertrifft sie alles in der Geschichte seither Dagewesene. Mit mathematischer Sicherheit führt Hitler das deutsche Volk in den Abgrund. H i t l e r  k a n n  d e n  K r i e g  n i c h t  g e w i n n e n ,  n u r  n o c h  v e r l ä n g e r n ! Seine und seiner Helfer Schuld hat jedes Mass unendlich überschritten. Die gerechte Strafe rückt näher und näher! [...]

Im Wesentlichen hatte Hans Scholl – mit einigen Ratschlägen Kurt Hubers – den Text formuliert.[11] Davon wurden mehrere Tausend Stück hergestellt – ein Affront gegen einen Staat, der sklavischen Gehorsam erwartete.[12] Die Gestapo beauftragte Richard Harder, Altphilologe und seit 1941 Lehrstuhlinhaber für klassische Altertumswissenschaft an der Ludwig-Maximilians-Universität, mit einer semantischen Prüfung der Flugblätter. Am 17. Februar 1943 stellte er in seinem Gutachten über das Flugblatt fest, dass dessen Aussagen vom Geist protestantischer Theologie durchdrungen seien: »Der Verfasser erweist sich stilistisch als ein Mensch, dem die lutherische Bibelübersetzung als vertrauter Besitz im Ohr liegt.«

So klar wie Sophie Scholl die Inhalte des Flugblatts unterstützte, so unklar empfand sie sich selbst. Während sie von Fritz erschütternde Nachricht über die Bedingungen in Stalingrad erhielt, schüttete sie Otl Aicher am 19. Januar ihr Herz aus. Sie sei »gerade nicht beieinander«, schrieb sie.[13] Sie könne sich nicht konzentrieren: »Meine Gedanken springen hierhin und dahin, ohne daß ich richtig über sie gebieten könnte.« Dauernd habe sie »kleinere Reibereien« mit sich selber, es sei für sie unbegreiflich, dass »einige Menschen nur Augenblicke der Versuchung« hätten. Ihr ginge es ganz anders: Sie »rudere« ständig »im Trüben herum«, und es seien nur »Augenblicke«, wo sie »klarer sehe«. Das Kopfweh, über das sie klagte, war wohl Ausdruck ihrer psychischen Belastung. Sie

war verwirrt und traurig. Doch raffte sie sich zu einer Betrach-
tung über Ordnung, Ehrgeiz und Bescheidenheit auf. Sie sei zu
der Überzeugung gekommen, dass es eine »ewige Ordnung«
gebe, in die der Mensch sich einzufügen habe. Das sei »ganz
richtig so«. Früher habe sie sich vorgeworfen, nicht ehrgeizig
genug zu sein. Nun vermisse sie den Ehrgeiz nicht mehr, er sei
vielmehr die Ursache allen Übels: Der Ehrgeiz des Menschen
störe die Wohlordnung. Er wolle »alle Ordnung auf den Kopf
stellen, […] den von ihm [dem Ehrgeiz] Besessenen an einen
Platz rücken, der ihm nicht gebührt«. Sie verwarf das Gel-
tungsstreben »ganz und gar und möchte keine gute Faser mehr
an ihm lassen«. Auf einmal stellte sie sogar ihre eigene Motivation infrage: »Ja, ich bemerkte auf einmal mit Schrecken,
daß ich alles anscheinend Gute getan hatte, nicht um Gutes zu
tun, sondern um in den Augen anderer für gut zu gelten […].«
Das war wohl nun eher der Wunsch nach Anerkennung und
minderte den Wert ihrer guten Taten keineswegs. Doch Sophie
übernahm den strengen Maßstab Jesu. Der hatte gelehrt, wer
Bettlern Geld gebe oder seine Frömmigkeit öffentlich zur
Schau stelle, nur um von anderen bewundert zu werden, habe
seinen Lohn damit schon erhalten.[14] Er könne also nicht mehr
mit einer himmlischen Vergütung rechnen. Früher habe sie
versucht, so Sophie, wie ein Wettläufer einen guten Menschen
einzuholen, anstatt anzuerkennen, dass er der bessere Läufer
sei, statt den »zweiten oder zwanzigsten Platz als ganz gerecht
und mit Bescheidenheit« einzunehmen. War das nun undiffe-
renzierte Unbedingtheit oder jugendliche Selbstfindung? Vermisste sie früher den Ehrgeiz bei sich, so verwarf sie ihn nun
pauschal und völlig. Statt Weiß nun Schwarz (oder umgekehrt), Grautöne gab es nicht.

Sophies Handeln aber war durchaus ehrgeizig. Es ging
darum, die Botschaft der »Weißen Rose« zu verbreiten. Dafür
sorgte sie selbst mit zunehmend praktischem Engagement.
Ende Januar suchte sie daher wieder einmal Kontakt zu Hans

Hirzel. Der Volksgerichtshof notierte zu ihrer Rolle im sogenannten »Zweiten Weiße Rose-Prozess« im April 1943: Sophie Scholl

> veranlaßte [...] Hans Hirzel, Flugblätter [...] zu verbreiten; sie
> kündigte auch einmal und dann noch einmal ihr Kommen an
> und verlangte, daß er sie am Bahnhof erwarte. Er wollte aber
> das Zusammentreffen mit ihr vermeiden und kam nicht; aber
> da kam sie zu ihm, brachte etwa 500 Flugblätter und ver-
> langte, daß er sie postfertig zur Absendung an Stuttgarter Ad-
> ressen mache, die er aus dem Telefon- oder Adreßbuch her-
> ausschreiben solle, und daß er sie in Stuttgart in Postkästen
> werfe. Das versprach und tat er.[15]

Weil das Gericht Sophie Scholl die dominante Rolle bei dieser
Tat zuschrieb, verringerte das Gericht Hirzels Strafe auf fünf
Jahre Gefängnis. Er sei, so das Gericht, »nicht einverstanden«
mit dem Inhalt der Flugblätter und »vergiftet [...] durch die
Geschwister Scholl« gewesen.

Aktives Handeln war auch Sophie Scholls Fahrt nach Ulm
am 25. Januar. Bei einem Zwischenstopp in Augsburg warf sie
dort zahlreiche Umschläge in Briefkästen. Alexander Schmorell fuhr am 26. Januar nach Salzburg, Linz und Wien, um
dort Postsendungen aufzugeben. In der Nacht vom 28. auf den
29. Januar streuten Alexander Schmorell, Willi Graf und
Hans Scholl Flugschriften im Münchner Universitätsviertel
aus. Die Männer verweigerten Sophie die Teilnahme, doch
tagsüber legte sie – äußerst riskant – alleine vier- bis sechsmal
Blätter in der Innenstadt aus.[16]

Staatsanwaltschaft und Gestapo spielten zunächst die Bri-
sanz des fünften Flugblatts herunter: Es handele sich zwar um
eine Schrift »antinationalsozialistischen Inhalts«, aber zu erkennen sei lediglich eine »Tendenz« zu Föderalismus und Demokratie. Die Größe der Graffiti wurde mit nur »25 × 15 cm«

angegeben und vermutet, dass es sich um »reisende Täter« handele, »die in Zukunft auch an anderen Orten Süddeutschlands in Erscheinung treten können«. Dementsprechend bat man die Kriminalpolizei(leit)stellen Süddeutschlands, namentlich die in den Städten Stuttgart, Karlsruhe, Nürnberg, Augsburg, Regensburg, Würzburg, sowie Wien und Frankfurt a. M., »im Rahmen der Kriegsfahndung (Zugkontrolle) um Mitfahndung«.[17]

Sophie Scholl glaubte Anfang 1943 euphorisch-naiv, der Krieg werde bald vorbei sein, doch gleichzeitig befand sie sich weiterhin »in einem Zustand der Zerstreutheit«.[18] Sie sei das sonst nicht gewohnt, schrieb sie Lisa Remppis »nur aus der Zeit, da ich einmal verliebt war«, was aber jetzt nicht zutreffe. Wahrscheinlich erinnerte sie sich an den August 1942, wo sie wegen ihrer Gefühle für Alexander Schmorell eine Seite aus ihrem Tagebuch herausgerissen hatte. Erneut klagte sie über Kopfschmerzen, erneut wünschte sie »auch nur so ein Baum sein zu dürfen, oder noch besser bloß ein Stück Rinde von so einem Baum«.[19] Und dann erläuterte sie, was dieser Wunsch bedeutete: Es sei ein »Gefühl der Müdigkeit, die im Nichtsein ihre Erfüllung sucht«. Sophie wollte ganz und gar vergehen. »Oft« werde sie »von einer Traurigkeit, beinahe dauernd, befallen, die mir fast schon lieb zu werden droht. [...] Es ist ein gefährlicher Zustand, eine Sünde sogar, wenn man seinen eigenen Schmerz pflegt.« Auch ihr Bruder Hans war ein Melancholiker. Die Schwermut sei ihm aber »viel zu heilig, um ihr auszuweichen«, notierte er am 17. August 1942 in Russland in seinem Tagebuch, er öffne sich ihr, um schreiben zu können.[20] Für Sophie Scholl hingegen war diese Lethargie die zweite Verhaltensweise – nach der Sexualität –, die sie mit dem Begriff der Sünde verband: Wer träge untätig bleibe, werde schuldig, hatte sie Susanne Hirzel erklärt.[21] Neben Zigaretten rauchte sie Pfeife: »Gegen den Schlaf, der mich oft überfällt.«[22]

»Trägheit« ist tatsächlich eine der sieben Todsünden, die – nach kirchlicher Tradition – den Menschen endgültig von Gott trennen, wenn sie vorsätzlich und ohne Reue begangen werden. Was mit dieser Trägheit gemeint ist, hat im 16. Jahrhundert Pieter Brueghel der Ältere eindrücklich gemalt. Sein Kupferstich der Unbewegtheit ist eine Welt voller Schläfer. In dumpfer Gleichgültigkeit dämmern Menschen und Monster dahin. Ein einbeiniges Ungeheuer zieht humpelnd ein Bett vorüber, auf riesigen Uhren verrinnt die Zeit, Häuser verfallen. Ein sprichwörtlich fauler Esel und kriechend langsame Schnecken symbolisieren Antriebs- und Willenlosigkeit. Durch das Bild geht ein einziges großes Gähnen. Am Bildrand steht: »Trägheit bricht die Stärke, lange Untätigkeit ruiniert die Kraft.« Vielleicht kannte Sophie das Bild und seine Beschreibung. Ihre Schwermut zeigte jedenfalls durchaus depressive Züge. Das fünfte Flugblatt war verteilt – würde es irgendetwas bewegen? Sophie Scholl wollte sich dieser tiefen Traurigkeit nicht kampflos ergeben. »Kennst du das Wort einer Mystikerin, glaube ich«, fragte sie Lisa Remppis und zitierte die unbekannte Autorin: »Wenn ich Gott preise, so empfinde ich nicht die geringste Freude. Ich preise ihn, weil ich ihn preisen will.«[23] Und sie ergänzte: »Ich verstehe diesen Satz sehr gut.« Willenskraft war wohl der »harte, klare Geist«, den sie von sich selbst forderte, nur musste er jetzt gegen die eigene dunkle Gefühlswelt des »weichen, zarten Herzens« kämpfen. Der Kampf, den Sophie focht, sollte offenbar geheim bleiben. Sie wollte nicht, dass Lisa ihren Brief aufbewahrte: »Ich schreibe dies ja auch nur Dir.«

Dass in ihrer fokussierten Wahrnehmung auch Fritz noch eine Rolle spielte, wird ebenfalls aus dem Brief an Lisa Remppis deutlich. Dort erwähnte sie sein letztes Schreiben vom 17. Januar, in dem er seinen möglichen Tod andeutete. Sophie wollte das nicht wahrhaben. Sie las das Schreiben so, als hätte Fritz ihr nur mitteilen wollen, es könne sein letzter Brief aus dem Krieg sein, denn, so Sophie erklärend, »das Kriegsende rückt ja spürbar näher«. Sie hatte den Brief an Lisa schon im Umschlag, da bekam sie die erlösende Nachricht von Fritz' Rettung: Gerade habe sie von ihm erfahren, dass er in Stalino – heute Donezk in der Ukraine – im Lazarett sei, wo ihm zwar »Finger, die Fersen vielleicht auch, abgenommen werden, doch er ist gerettet. Gott sei Dank!« Sie war erleichtert, freute sich ungemein und war voller Ideen für die gemeinsame Zukunft: »Jede Minute schießt ein neuer Plan in mir hervor, wie Unkraut aus dem Misthaufen. Doch leuchtet das Unkraut in allen Farben.« Kokett beschwichtigte sie ihn: Sie werde sich »bezähmen«, er brauche »nicht schon jetzt Angst zu haben«. Drei Tage später nannte sie ihre Ideen »Urwaldblumen«, die »nach einem langen warmen Regen« emporschössen, »so bunt und ungeheuerlich«. Ihre Fantasien seien aber durchaus praktikabel – »alle sehr durchführbar. [...] Meine Ungeduld möchte Dich am liebsten morgen schon hier sehen [...].«[24] Ihre Pläne standen in eigentümlichem Gegensatz zu ihren Todesahnungen, dem fast schon spürbaren Wissen um die Konsequenzen ihres politischen Handelns. Über das »nahe Ende« des Krieges freute sie sich also, aber nicht aufgrund der erhofften bunten Zukunft: »Nein gewiß nicht.« Sie konnte nicht schreiben, sie mache die Niederlage der Nazis froh, weil dann das Morden und die Schreckensherrschaft von Verbrechern zu Ende ginge und die Menschen endlich wieder frei sein könnten. Aber gemeint hat sie das, und Fritz wird verstanden haben, was die drei Worte bedeuteten.

Das Ende der nationalsozialistischen Herrschaft schien für sie dann aber doch nicht unmittelbar bevorzustehen, denn sie rechnete damit, im nächsten Semester wieder zum Arbeitseinsatz herangezogen zu werden. Und sie sei »nicht so unglücklich darüber«, erläuterte sie, und weiter: »weil ich auch leiden will (das ist zuviel gesagt, aber wenigstens noch unmittelbarer betroffen sein will) unter der ganzen Zeit«. Eigentlich recht unüblich für einen Märtyrer: Er sucht nicht bewusst das Leid, sondern ist vor allem Bekennender, der für seinen Glauben stirbt. Da gab es in Sophie Scholl also noch etwas, das über ihren Märtyrermut hinausging. In einem ihrer Briefe fiel diesbezüglich wieder das Wort, das zentral war für ihr Wesen, das der Schlüssel war für das Verständnis ihrer Gegenhandlungen, die im offenen Widerstand endeten: »Verstehst Du, das Mitleiden fällt schwer und wird gerne Phrase, wenn nicht der eigene Körper weh tut.« Sie litt mit dem Leid anderer – nicht nur der Menschen – und wollte es beenden. Solange das aber nicht möglich war, wünschte sie, ihnen wenigstens im Schmerz nahe zu sein.

Anfang Februar fuhr Sophie zu ihrer kranken Mutter. So konnte sie am 7. Februar Theodor Haeckers Besuch in Ulm für eine Begegnung nutzen. Sie erlebte »eindrucksvolle Stunden«, wie sie Fritz berichtete.[25] Der Gast habe bedachtsam, vor gebannt lauschenden Zuhörern gesprochen: »Seine Worte fallen langsam wie Tropfen, die man schon vorher sich ansammeln sieht, und die in diese Erwartung hinein mit ganz besonderem Gewicht fallen.« Er sei ganz in sich gekehrt gewesen: »Er hat ein sehr stilles Gesicht, einen Blick, als sähe er nach innen.« Sie war fasziniert: »Es hat mich noch niemand so mit seinem Antlitz überzeugt wie er.« Sophie beschrieb Äußerlichkeiten – Sprachduktus und Mimik –, aber sie sagte nichts zum Inhalt. Hörte Sophie Haeckers Worte als Bestätigung und Ermutigung, das Rechte zu tun?

In der Zwischenzeit liefen die Ermittlungen der Gestapo weiter. Die Beamten hatten festgestellt, dass nur eine Schreibmaschine (»vermutlich ›Remington‹ oder ›Underwood‹«) für alle Flugblätter benutzt worden war, der Fahndungsraum wurde auf München und Umgebung beschränkt. Weiter wurde festgehalten, dass »Schmierereien in grüner Farbe« auf dem Unigelände in der Nacht vom 8. auf den 9. Februar 1943 angebracht worden seien: »Nieder mit Hitler« mit einem

»(zweimal) durchgestrichenen Hakenkreuz« und »Freiheit«.
Am Salvatorplatz in 40 cm hohen Buchstaben (»Gesamt-
maß 1 × 1,50 cm«): »Nieder mit Hitler«, »Hitler Massenmör-
der«, »Freiheit« am Unigebäude. Am 11. Februar wurde protokolliert, die Großfahndung sei »ergebnislos verlaufen«.

Dies geschah an einem politischen und militärischen Wendepunkt: Nachdem am 2. Februar 1943 die 6. Armee vor Stalingrad kapituliert, und tags darauf die Heeresleitung im Großdeutschen Rundfunk die Niederlage eingestanden hatte,
stilisierte die NS-Propaganda die Katastrophe zu einem
»Opfergang«. Die Widerständigen hingegen waren nach der
militärischen Katastrophe an der Wolga davon überzeugt, dass
die Unfähigkeit des Regimes jedem Denkenden klar sein
musste. Der Moment schien günstig, das Aufbegehren der
Intelligenz zu entfachen – mit einem sechsten Flugblatt:[26]

Kommilitoninnen! Kommilitonen!

Erschüttert steht unser Volk vor dem Untergang der Männer
von Stalingrad. Dreihundertdreissigtausend deutsche Männer
hat die geniale Strategie des Weltkriegsgefreiten sinn- und ver-
antwortungslos in Tod und Verderben gehetzt. Führer, wir
danken dir! Es gärt im deutschen Volk: Wollen wir weiter
einem Dilettanten das Schicksal unserer Armeen anvertrauen?
Wollen wir den niedrigen Machtinstinkten einer Parteiclique
den Rest der deutschen Jugend opfern? Nimmermehr[.]

Der Tag der Abrechnung ist gekommen, der Abrechnung unserer deutschen Jugend mit der verabscheuungswürdigsten
Tyrannis, die unser Volk je erduldet hat. Im Namen der ganzen
deutschen Jugend fordern wir vom Staat Adolf Hitlers die persönliche Freiheit, das kostbarste Gut des Deutschen zurück,
um das er uns in der erbärmlichsten Weise betrogen hat. […][27]

Ab dem 12. Februar wurde dieses sechste Flugblatt in einer Auflage von zwei- bis dreitausend Stück produziert.[28] Wie mit dem fünften geschah das in der Wohnung der Geschwister im Hinter- oder Gartenhaus in der Franz-Joseph-Straße 13b in Schwabing.[29] Wahrscheinlich hielten sich die Geschwister bei ihrer Tag- und Nachtarbeit mit einer stimulierenden psychoaktiven Substanz wach.[30] Die Flugschrift wurde nach Salzburg, Linz, Wien, Augsburg, Stuttgart und Frankfurt am Main versandt. Um die Polizei in die Irre zu führen, gab Alexander Schmorell die Post für Frankfurt in Wien auf. Die Adressen hatte man aus einem Studentenverzeichnis.[31]

Sophie Scholl fuhr am 14. oder 15. Februar von Ulm zurück nach München – zur rechten Zeit. Das letzte Flugblatt stand am 16. Februar fertig zur Verteilung. Sie kannte es also, als sie die folgenden Briefe formulierte. Zunächst schrieb sie zweimal an Fritz.[32] In einem Brief berichtete sie von ihrem zehntägigen Aufenthalt zu Hause. Es tue ihr sehr gut, immer wieder die Liebe der Eltern zu erleben. Der Vater freue sich so, wenn sie komme, und sei erstaunt, wenn sie schon wieder gehe, und die Mutter sei rührend »um 1000 Kleinigkeiten« besorgt: »Diese Liebe, die so umsonst ist, ist für mich etwas Wunderbares. Ich empfinde sie als etwas vom Schönsten, was mir beschieden ist.« In Ulm sei sie ein »harmloses ausgelassenes Kind«, in München sei sie ganz auf sich gestellt und – was sie nicht schrieb – in der »Hauptstadt der Bewegung« keineswegs treuherzig-übermütig, sondern eine verwegene, für den Staat gefährliche Freiheitskämpferin. Das Alleinsein tue ihr gut, »aber geborgen fühle ich mich erst dort, wo ich merke, daß eine selbstlose Liebe da ist. Und das ist doch verhältnismäßig selten.« Mit Fritz hatte sie sich des Öfteren über die Liebe ausgetauscht, die zuerst den anderen suche, und einmal hatte ihr Fritz geschrieben, es sei wichtiger zu lieben, als geliebt zu werden. In Sophies Brief klang das biblische Hohelied der Liebe an: »Die Liebe [...] sucht nicht das Ihre, [...] sie erträgt alles, sie glaubt alles, sie hofft alles, sie duldet alles.«[33] Da sie sich so lange nicht gesehen hatten – zuletzt waren sie vor neun Monaten, Mitte Mai 1942, beieinander –, versuchte sie ihre Gefühle für ihn zu sortieren: »Doch sei versichert, daß es immer die der Liebe und Dankbarkeit sind. Deine Sophie.«

Es ist nicht sicher, ob dies der letzte Brief an Fritz war oder jener, den sie auch mit »M.[ünchen]16. 2. 43.« datierte.[34] Da lauten die letzten Sätze: »Vielleicht können wir bald zusammen irgendwo anfangen! Sei für heute vielmals gegrüßt von Deiner Sophie.« Eine gemeinsame Zukunft schien für sie offen zu stehen. Vielleicht hat Fritz die Post von Sophie am selben Tag bekommen. Dann konnte er später auch den Beginn des zweiten Schreibens als zukunftsorientierten Gruß seiner großen Liebe verstehen: »Gestern habe ich einen wunderbaren blühenden Stock gekauft, er steht vor mir auf dem Schreibtisch am hellen Fenster, seine graziösen Ranken, über und über mit zarten lila Blüten besetzt, schweben vor und über mir. Er ist meinen Augen und meinem Herzen eine rechte Freude, und ich wünschte mir nur, daß Du kommst, bevor er verblüht ist. Wann wirst Du kommen?« Dann grüßte Sophie Fritz noch einmal auf ganz besondere Weise: Sie nahm einige Blütenblätter und legte sie mit in den Umschlag. Als Fritz ihn öffnete, fielen ihm »als Erstes einige zarte, lilarote Blütenblätter in den Schoß«.[35] Sie weckten in ihm die Hoffnung auf einen gemeinsamen Frühling: »Diese Vorfreude rankt um mich und macht mich frohen Herzens, wie Dein üppig blühender Blumenstock, der Dich entzückt.« Fritz schrieb das am 22. Februar 1943 im Lemberger Lazarett. Es war der Tag der Hinrichtung von Sophie, Hans und Christoph Probst. Von ihrem Schicksal wusste er da noch nichts.

Am frühen Nachmittag des 17. Februar, einem Mittwoch, wurde in Ulm Hans Hirzel von der Gestapo verhört. Der Achtzehnjährige hatte versucht, bei einem HJ-Treffen in Stuttgart zwei Kameraden für eine »antihitlersche Aktion« zu gewinnen und dabei auch Sophie Scholl als Gesprächspartnerin für politische Literatur empfohlen.[36] Er wurde angezeigt. In der Vernehmung bestritt er, eine »antinationalsozialistische Propaganda je ernsthaft geplant zu haben«, räumte aber die Verbindung zu Sophie ein. Scheinbar unbehelligt konnte er gehen. Mit Sophie hatte er vereinbart, sie bei Gefahr mit einem Codewort – das Buch *Machtstaat und Utopie* sei vergriffen – zu warnen. Da er sich mitten im schriftlichen Abitur befand, konnte er nicht nach München fahren, sondern machte sich auf den Weg zur Familie Scholl, um sie zu informieren; dabei bemerkte er nicht, dass er beschattet wurde. Er habe Inge angetroffen und sie »beschworen«, sofort zu ihren Geschwistern zu fahren. Sie aber habe »mit dem für ihre Persönlichkeit charakteristischen Phlegma erwidert [...]: ›Ach Hans, so gefährlich wird das doch wohl nicht sein.‹« Von der Flugblattaktion erzählte er nichts, um sie nicht zur Mitwisserin zu machen. Immerhin informierte Inge telefonisch Otl Aicher, den sie bei Carl Muth in München-Solln erreichte.

Jahrzehnte später schilderte Aicher, er habe diesen Anruf »am abend« erhalten, »noch ehe« er während seines Aufenthaltes in München »mit Hans und Sophie Kontakt aufnehmen konnte«.[37] Dementgegen steht die Aussage Sophie Scholls, sie habe sich an jenem Mittwoch, um 16:30 Uhr, mit ihm getroffen.[38] Aicher telefonierte mit Hans Scholl, doch ohne das Stichwort durchzugeben. Er verabredete sich lediglich mit ihm für den nächsten Tag, elf Uhr, in der Scholl'schen Wohnung, denn er habe ihm etwas Wichtiges mitzuteilen.[39] Er sei völlig unbedarft gewesen, was die Bedeutung dieses Auftrags anbelangte: »es störte mich in keiner weise, daß unsere kommunikation in der übermittlung von stichworten bestand.« Weiter als über Mutmaßungen und Einbildungen hinaus wollte er nicht gedacht haben: »und ich überließ es meiner phantasie, aus einem verdacht spekulationen zu entfalten.«[40] Als er tags darauf in der Franz-Joseph-Str. 13b erschien, wurde er von der

Gestapo festgenommen. Die Geschwister Scholl befanden sich
da schon in den Arrestzellen. Eine Stunde lang sei er Zeuge der
Durchsuchung gewesen. Dabei habe er nichts gesehen, was ihn
»auf den Gedanken gebracht hätte, Hans und Sophie hätten
Flugblätter herstellen können«, und er habe nicht vermutet,
»Hans sei in Aktionen gegen das Regime verwickelt«.

Es wurde schon darauf hingewiesen, dass Aicher acht Monate nach dem Tod der Geschwister und Christoph Probsts
seinem väterlichen Freund Carl Muth bekannte, Sophie habe
ihm über den Widerstand »alles dargelegt«. Was Sophie und
Hans gemacht hätten, wenn sie von ihm rechtzeitig gewarnt
worden wären, muss offenbleiben. Aicher versuchte 1985,
seine Fahrlässigkeit zu relativieren: »offensichtlich war meine
warnung zu spät gekommen, oder hans und sophie wußten
bereits selbst, daß man ihnen auf der spur war, und konnten
meinen besuch nicht mehr abwarten.«[41] Er hatte nicht »zu
spät«, sondern gar nicht gewarnt. Das war seine tragische Ver-
flechtung in ihren Tod.

Am Morgen des 18. Februar 1943 verstauten Hans und Sophie Scholl eintausendfünfhundert Exemplare des sechsten
Flugblatts in einem Koffer und einer Aktentasche. Dazu legten
sie fünfzig bis achtzig Bögen von Flugblatt 5.[42] Ungefähr um
10:30 Uhr liefen sie von ihrer Wohnung in der Franz-Joseph-
Straße 13b zu der einen Kilometer entfernten Universität, um
die Aufrufe dort zu verteilen. Nach kurzem Zögern, ob sie die
Aktion durchführen sollten, betraten sie gegen 10:45 Uhr gemeinsam das Gebäude durch den Haupteingang an der Ludwigstraße und legten im Erdgeschoss und im ersten Stock vor
den Hörsälen, die um einen überdachten Lichthof angeordnet
sind, die Schriften aus. Einen weiteren Stapel deponierten sie
am rückwärtigen Ausgang zur Amalienstraße. Dann kehrten
sie um und stiegen wieder zur ersten Etage links vom Haupteingang empor.

Von dort warfen sie eine größere Menge Flugblätter herab.

Dabei beobachtete sie der Hausmeister Jakob Schmid. Was dann geschah, ist zum ersten Mal in den Ermittlungsakten, später vielfach erzählt worden.[43]

Am Tag der Festnahmen der Geschwister Scholl und Willi Grafs hielt abends der Propagandaminister Joseph Goebbels im Berliner Sportpalast eine Rede. Hinter ihm stand auf einem riesigen roten Banner in weißen Großbuchstaben das Thema der Veranstaltung: »TOTALER KRIEG – KÜRZESTER KRIEG«. In einer rhetorisch ausgefeilten Ansprache forderte Goebbels das deutsche Volk auf, es solle bis zum Letzten kämpfen, eine Kapitulation sei ausgeschlossen. Seine Worte kulminierten in der akklamatorisch gestellten Frage: »Wollt ihr den totalen Krieg?« Dreitausend geladene Zuhörer sprangen auf und bejahten das frenetisch. Diese berüchtigte Sportpalastrede endete ähnlich wie das sechste Flugblatt, das Hans und Sophie Scholl am selben Tag vormittags im Lichthof der Münchner Universität auslegten und das zu ihrer Verhaftung führte: mit einem energischen Aufruf an die Deutschen. Beide Texte bezogen sich auf Theodor Körner, einen patriotischen Dichter, der 1813 im Kampf gegen Napoleon gefallen war. Das Flugblatt forderte im Schlusssatz: »Frisch auf mein Volk, die Flammenzeichen rauchen!« Goebbels rief abschließend: »Nun, Volk, steh auf, und Sturm brich los!«[44] Einig waren sie sich darin, dass es um die Freiheit des deutschen Volkes gehe. Für die einen bedeutete das die Beseitigung der nationalsozialistischen Führung, für den anderen die Abwehr des Bolschewismus und damit die Rechtfertigung des Vernichtungskriegs.

Sophie Scholl und ihr Bruder wurden nach ihrer Festnahme umgehend in die Gestapo-Zentrale im Wittelsbacher Palais verbracht. Sophie teilte sich ihre Zelle mit der politischen Gefangenen Else Gebel. Sie war für ihren Bruder Willy, der sich einer kommunistischen Widerstandsgruppe angeschlossen hatte, als Kurierin tätig gewesen. Beide warteten seit über einem Jahr auf ihre Prozesse. Im Gefängnisbüro erledigte

Gebel die Aufnahmeformalitäten. Was die Siebenunddreißig-
jährige über die Tage mit Sophie, für die sie eine große Stütze
war, geschrieben hat, zählt zum Eindrücklichsten aus diesen
Tagen.[45]

Sophie Scholl wurde von Kriminalobersekretär und SS-Ober-
sturmführer Robert Mohr vernommen. Er war Leiter der Ar-
beitsgruppe, die nach dem Erscheinen der ersten Flugblätter
eingesetzt worden war. Das Verhör war, wie die Quellen nahe-
legen, ein Schlagabtausch, in dem erwartete und überraschende
Argumente ins Feld geführt wurden. Auch Taktisches war
dabei, denn als der Fünfundvierzigjährige nach Sophie Scholls
Verhältnis zu Fritz Hartnagel fragte, antwortete sie:

> Seit 8 oder 9 Jahren bin ich mit Fritz H a r t n a g e l ,
> 26 Jahre alt, aus Ulm, bekannt. Genannter ist aktiver Offizier
> der Luftwaffe (Hauptmann), befand sich bei der 6. Armee in
> Stalingrad, hat starke Erfrierungen erlitten und wurde dieser-
> halb noch vor Beendigung der Kämpfe mit dem Flugzeug ab-
> transportiert und befindet sich nunmehr in einem Lazarett in
> Lemberg. Mit Hartnagel verbindet mich seit 1937 ein Liebes-
> verhältnis und hatten wir auch die Absicht, uns später einmal
> zu heiraten.[46]

Wahrscheinlich versuchte Sophie hier am sozialen Prestige des
Berufsoffiziers und Stalingradkämpfers teilzuhaben, indem sie
sich als dessen Verlobte ausgab. Interessant ist die Vergangen-
heitsform der Aussagen im Protokoll: Sie »hatten […] die Absicht« – das war nun offenbar vorbei.[47] Dass Sophie Scholl
sich bei aller geschickten Taktik aber nicht anbiederte, zeigt
ihre klar formulierte Ablehnung des Nationalsozialismus:

> [A]ls hauptsächlichsten Grund für meine Abneigung gegen die
> Bewegung möchte ich anführen, dass nach meiner Auffassung
> die geistige Freiheit des Menschen in einer Weise einge-

schränkt wird, die meinem inneren Wesen widerspricht. Zusammenfassend möchte ich die Erklärung abgeben, dass ich für meine Person mit dem Nationalsozialismus nichts zu tun haben will. [...] Wenn die Frage an mich gerichtet wird, ob ich auch jetzt noch der Meinung sei, richtig gehandelt zu haben, so muss ich hierauf mit ja antworten, und zwar aus den Eingangs angegebenen Gründen.[48]

Sophie war der Meinung und verkündete nachdrücklich, das Beste getan zu haben, »was ich gerade jetzt für mein Volk tun konnte«. Sie bereue deshalb ihr Vorgehen nicht und wolle »die Folgen, die mir aus meiner Handlungsweise erwachsen, auf mich nehmen«.[49]

Aus dem »Führerhauptquartier, 19. 2. 43, 16.20 Uhr« sandte Reichsleiter Martin Bormann an den geschäftsführenden Gauleiter Giesler ein Telegramm:

E i l t   s e h r ! Sofort auf den Tisch! Feldmarschall K e i - t e l  hat auf meine Veranlassung hin der Wehrmachts-Rechts-Abteilung (Ministerialdirektor L e h m a n n ) fernmündliche Weisung erteilt, die verhafteten Studenten sofort aus der Wehrmacht zu entlassen, damit das Verfahren, wie von mir und Ihnen beantragt, schnellstens durch den Volksgerichtshof durchgeführt werden kann.

Das betraf zwar Sophie nicht, zeigt aber, wie brisant das Vorgehen der Widerständigen eingestuft wurde.

Christoph Probst wurde am Samstag, den 20. Februar, in der Gebirgsjägerkaserne Innsbruck verhaftet und nach München in die Gestapoleitstelle im Wittelsbacher Palais gebracht.

Am Montag, den 22. Februar 1943, verkündete das Gericht die Todesurteile. Nachdem Sophie Scholl und Hans Scholl das evangelische Abendmahl, Christoph Probst die katholische Eucharistie gereicht bekommen hatten, wurden sie um

17:00 Uhr, 17:02 Uhr und 17:05 Uhr im Gefängnis München Stadelheim mit der Fallschwertmaschine getötet. Für ihren Henker Johann Reichhart waren sie drei unter vielen.[50] Abends feierten im großen Hörsaal der Universität in einer von der Studentenschaft organisierten Bekenntnisversammlung zum NS-Staat drei- bis viertausend Studierende Hausschlosser Jakob Schmid als Helden.[51] »Noch war das NS-Regime in seinen Fundamenten nicht erschüttert, und auch der Hitler-Mythos hatte seine Wirkungsmacht noch keineswegs völlig eingebüßt.«[52] Die Nachrichtenstelle der bayerischen Landesregierung teilte der Presse noch am selben Tag die Exekutionen mit. Veröffentlicht wurde die Meldung in zahlreichen Zeitungen. Unscheinbar, als eine Notiz unter Dutzenden *Stadtnachrichten* zu Kino, Theater, Gruppentreffen und Auszeichnungen, berichteten beispielsweise die *Münchner Neuesten Nachrichten* bereits tags darauf:

Vorbereitung zum Hochverrat. München. Der Volksgerichtshof verurteilte am 22. Februar im Schwurgerichtssaale des Justizpalastes in München den 24 Jahre alten Hans Scholl, die 21 Jahre alte Sophia Scholl, beide aus München, und den 23 Jahre alten Christoph Probst aus Aldrans bei Innsbruck wegen Vorbereitung zum Hochverrat und wegen Feindbegünstigung zum Tode und zum Verlust der bürgerlichen Ehrenrechte. Das Urteil wurde am gleichen Tage vollzogen. Die Verurteilten hatten sich als charakteristische Einzelgänger durch das Beschmieren von Häusern mit staatsfeindlichen Aufforderungen und durch die Verbreitung hochverräterischer Flugschriften an der Wehrkraft und dem Widerstandsgeist des deutschen Volkes in schamloser Weise vergangen. Angesichts des heroischen Kampfes des deutschen Volkes verdienen derartige verworfene Subjekte nichts anderes als den raschen und ehrlosen Tod.[53]

Nun waren die Fahndungen und die Bestrafung also aus staat-
licher Sicht erfolgreich verlaufen, doch über die Resonanz auf
die schnellen Hinrichtungen in der Bevölkerung war man be-
hördlicherseits besorgt: »Das Münchner Urteil und seine sofortige Vollstreckung [hätten] bei der Münchner Bevölkerung
eine wenig verständnisvolle Aufnahme gefunden«.[54] Das von
den Nationalsozialisten als Rechtsgrundlage propagierte »ge-
sunde Volksempfinden« entsprach in diesem Fall offensichtlich nicht der juristischen Praxis. Auch die ehemalige Vermieterin von Sophie Scholl, die »Schriftstellerswitwe Maria
Lösch-Berrsche«, gab beispielsweise am 20. Februar zu Protokoll, Sophie habe

> viel gelesen und nur ab und zu Besuche empfangen. [...] Frl.
> Scholl machte auf mich den denkbar besten Eindruck – sie
> war sehr ruhig, anständig und zuvorkommend – und ich kann
> ihr in dieser Hinsicht nur ein gutes Zeugnis ausstellen.[55]

Die Beerdigung der Ermordeten erfolgte entsprechend heimlich, unter Aufsicht der Gestapo, am 24. Februar 1943 auf
dem Friedhof am Perlacher Forst, unmittelbar am Gefängnis
Stadelheim gelegen. Zunächst fand die katholische Bestattung
von Christoph Probst statt. Auf derselben Grabstätte wurden
danach Hans und Sophie Scholl evangelisch beigesetzt. Außer
den Familienangehörigen war nur Traute Lafrenz, eine frühere
Freundin Hans Scholls, zugegen.[56] Im Festsaal des Münchner
Hofbräuhauses feierte abends die alte Garde der NSDAP die
Parteigründung von 1920. Himmler flog aus dem masurischen
Lötzen ein, Hitler blieb im ukrainischen Hauptquartier Winniza. Unmittelbar nach der Katastrophe von Stalingrad
scheute er wohl den Auftritt. Er ließ lediglich eine Proklama-
tion verlesen.[57]

Fritz Hartnagel erfuhr erst Tage nach der Hinrichtung vom
Tode seiner Freundin. In den ahnungslosen Grüßen vom 23.,

24. und 26. Februar 1943 berichtete er von den Heilungsfort-
schritten seiner Hand und dem gleichförmigen Rhythmus im
Krankenhaus. In seinem ersten Schreiben ging er auf Sophies
Brief vom 13. Februar ein, wo sie das Verlangen äußerte, leiden zu wollen. Er verstehe ihren »›Wunsch‹ [...] unter unserer
Zeit auch leiden zu müssen«. Doch er wisse, »wie empfindsam
Dich so etwas bedrücken würde, da Du zum Glück noch nicht
so abgestumpft bist gegen solche äußeren Einflüsse, wie ich
etwa«.[58] Wie sehr sie gelitten hatte, konnte er sich nicht vorstellen, denn erst am 23. Februar schrieb in Ulm vormittags
Magdalene Scholl an ihn.[59] Sie wusste zu diesem Zeitpunkt
noch nicht, dass ihre Kinder tot waren, aber die Bedrohung
war ihr klar: »Niemand konnte uns sagen, ob die Urteile sehr
bald vollstreckt werden oder ob meines Mannes Gnadengesuch zuerst geprüft wird.« Sie bat ihn, den »Stalingradkämp-
fer«, telegrafisch auch ein Gnadengesuch zu stellen, was er
tat – wenn es den Volksgerichtshof auch zu spät, nach der
Urteilsverkündigung des geifernden Vorsitzenden, erreichte.
Aber Linas Brief las sich, als rechnete sie sowieso schon mit
der Hinrichtung. Dabei stand sie voll hinter ihren Kindern:
»Es braucht sich niemand ihrer zu schämen, was sie taten,
geschah aus ganz reinem Herzen.« Sie machte sich keine Illusionen über den Ausgang des Verfahrens. Gleichzeitig fürchtete sie, Fritz könnte sich etwas antun: »Lieber Herr Hartnagel, verwerfen sie jetzt nicht das Leben, das Gott ihnen neu [in
Stalingrad] geschenkt hat. Umsonst [d. i. vergeblich] ist das
nicht. [...] Sie sind uns jetzt ein Teil Sofie.« Als Eltern fragten
sie sich natürlich, ob Gott nicht seine Engel zur Rettung hätte
senden können. »Aber da höre ich schon wieder Sofie singen:
Gott hat es so gewollt.« Das Schreckliche könnten sie nicht
aus eigener Kraft tragen, »wir müssen uns ganz in Gottes
Hände fallen lassen«.

Zwei Tage später musste sie ihre Nachrichten aktualisieren –
in der schlimmstmöglichen Weise. Sie berichtete Fritz von der

tags zuvor erfolgten Beerdigung ihrer Kinder. Sophie und Hans ruhten »in einem Grab im Perlacher Forst ganz oben in der Nähe des Waldes«.[60] Zur Hinrichtung konnte sie nur schreiben: »Gleich nach der Stärkung des hl. Abendmahls schon – es läßt sich manches nicht niederschreiben.« Sophie habe gerade noch Fritz' »zweitletzten Brief« lesen können. Lina Scholl war überzeugt, Gottes Wille sei geschehen: »Es ist nun doch alles gekommen, wie es kommen mußte. [...] Wir wollen uns beugen vor dieser Heimsuchung, die unsagbar scheint.« Der Schmerz sei umso größer, weil durch den Tod die besonders engen Familienbande zerrissen seien: »Es gibt wohl wenige Familien, wo die Liebe zueinander und das Sich-verstehen wollen so im Vordergrund stand, namentlich bei den fünf Geschwistern.« Ihre Tochter sah sie als lichte Gestalt, die nun bei Gott sei – ganz Märtyrerin. Sie habe bei ihrem Besuch in der Todeszelle in den letzten Minuten, als sie Sophies lächelndem Gesicht ganz nahe gewesen sei, gesagt: »Aber gelt, Jesus« – und Sophie habe geantwortet »Ja, aber Du auch.« Sophie bestätigte also ihren Glauben an Jesus. Doch zugleich forderte sie ihre Mutter »überzeugend« oder »fast befehlend« auf, in der vor ihr liegenden schweren Zeit Christus zu vertrauen.[61]

Im *Gnadenheft Sophie Scholl* ist nur ein Dokument archiviert. Es ist das von Fritz Hartnagel am 27. Februar 1943 um 00:00 Uhr abgesandte Telegramm mit der »Bitte um Aufschiebung der Urteilsvollstreckung« an Sophie und Hans bis zum Eintreffen seines Gnadengesuchs. Der Eingang wird protokolliert: »28. Februar 1943, 06:40 Uhr, Berlin Volksgerichtshof«.

Welches Vermächtnis von Sophie Scholl und der »Weißen Rose« blieb, konnte und sollte der Vorstand der Strafgefängnisse und Untersuchungshaftanstalt München-Stadelheim nicht erfassen. Stattdessen meldete er am 3. März 1943 dem Oberreichsanwalt beim Volksgerichtshof Berlin auch nur lapidar, welche Utensilien aus dem Besitz von Sophie Scholl verblieben waren: »RM 5,17, 1 Mantel, 1 Halstuch, 1 Büstenhalter, 1 Börse, 4 Marken a 4 dl, 1 geschlossene Schachtel Zigaretten und 1 Schachtel mit 9 Zigaretten, 1 Schachtel Streichhölzer, etwas Schokolade, Äpfel und Gebäck.« Der Verwaltungsangestellte ersuchte bürokratisch »um weitere Veranlassung bez. des hier verwahrten Nachlasses«.

Nicht nur die Eltern mussten mit dem Geschehenen zurechtkommen. Auch die verbliebenen Geschwister machten sich ein Bild und trugen es – nach dem Zusammenbruch des Regimes – auch in die Öffentlichkeit. Elisabeth äußerte sich bereits wenige Monate nach dem Tod der Geschwister. Sie ordnete deren Handeln in einem Brief an Sophies Freundin Hildegard Schüle ein:

> Ich glaube, daß ich Ihnen nicht besonders sagen muß, daß die beiden alles mit reinen Herzen und Händen getan haben. Bei Sophie waren es vor allem religiöse Gründe, sie konnte dieses Unrecht als Christ nicht mehr sehen und ruhig ihr Privatleben daneben weiterleben. Und ihr verklärtes Gesicht bei dem Besuch nach dem Urteil hat uns gezeigt, daß sie den rechten Weg gegangen ist. Wir müssen sie und Hans jetzt noch inniger in unser Gebet einschließen, denn für Gott gibt es ja keine Zeit.[62]

Inge Scholl reflektierte unablässig die Leben und Handlungen von Hans und Sophie. 1946 schrieb sie, ihre Schwester habe das Gedicht »Verborgenheit« des schwäbischen Lyrikers Eduard Mörike geliebt. Besonders habe sie die Zeilen »Immerdar durch Tränen sehe ich der Sonne liebes Licht« angesprochen.[63] Es ist ein Poem über Weltschmerz und Einsamkeit, voller Wehmut und Melancholie:

> Laß, o Welt, o laß mich sein!
> Locket nicht mit Liebesgaben,
> Laßt dies Herz alleine haben
> Seine Wonne, seine Pein![64]

Die Zeilen entsprechen Sophie Scholls mehrfach geäußertem Wunsch, weltabgewandt und asketisch, alleine, nur auf sich gestellt zu leben. Dieses Weltfluchtgedicht sprach auch ihre immer wiederkehrende Todessehnsucht an. Diese Empfindungen verbanden sich mit ihrer außergewöhnlichen Empathiefähigkeit. Ihre tiefe Mitmenschlichkeit ließ sie am täglichen Unrecht leiden, verhinderte eine gleichgültige Abkehr vom Leiden anderer und trieb sie zu einer zuletzt zwar überstürzten, doch mutigen moralischen und politischen Tat.

Für die Überzeugungen ihres Glaubens war Sophie Scholl bereit zu sterben. Hieraus bezog sie die letzten, zwingenden Antriebe für ihr Handeln. Wohlgemerkt nicht nur für ihr Denken, denn Geist und Tat sollten eine Einheit bilden. Dafür wollte Sophie Scholl sogar das höchste Opfer bringen. Sie ließ sich erschüttern, zerriss den Mantel der Gleichgültigkeit und folgte ihrem Gewissen – eine moderne, aber bald schon verklärte Märtyrerin.

# NACHSPIEL

Am 4. Mai 1946 veröffentlichte die Schriftstellerin Ricarda Huch in der *Hessischen Zeitung* einen Aufruf, der bald von anderen Blättern übernommen wurde.[1] Unter dem Titel *Für die Märtyrer der Freiheit* bat sie, ihr Briefe und Erinnerungen an den Widerstand im Nationalsozialismus zur Verfügung zu stellen, denn sie wolle ein »Gedenkbuch« zu Ehren dieser »Heldenmütigen« verfassen. Bereits im August schrieb Inge Scholl überschwänglich an die Dichterin. Sie kündigte einen Beitrag über ihre Geschwister an und äußerte die Hoffnung, Huchs Werk werde »ein starkes Gegengewicht bedeuten gegenüber all dem Unrat, der schon über die Lieben publiziert wurde«, und gegen den sie sich »unaufhörlich wehren mußte und weiterhin wehren werde«.[2] Inge Scholl hatte schon früh den Kampf um die Deutungshoheit der »Weißen Rose« aufgenommen. Sie war zeitlebens fest davon überzeugt, alleine zu wissen, wie die Dinge »wirklich« waren und dass ausschließlich ihre familiäre Interpretation der beteiligten Personen und ihrer Taten richtig sei. Im März 1947 sandte Scholl die sorgfältig ausgearbeiteten *Biographischen Notizen* zur »Weißen Rose« an Ricarda Huch. Es war die erste ausführliche Zusammenfassung und Interpretation des Lebens von Hans und Sophie. »Ganz besonders« wichtig sei ihr die »Aufrichtigkeit und Sachlichkeit der Schilderungen«. Sie habe sich sehr davor gehütet, ihre Geschwister zu »verherrlichen«, sondern sie so geschildert, »wie sie wirklich waren«.[3]

Von neunundvierzig typografisch beschrifteten Seiten widmete sie vierzehn der Persönlichkeit Sophies, sonst war ihr Blick auf Hans, beide gemeinsam oder auf deren Aktivitäten gerichtet, kurz wurden die anderen Beteiligten erwähnt. Die Ausführungen sind ein hochemotionaler psychologischer Erklärungsversuch, eine Rückprojektion und Selbstkonstruktion, eine ahistorische Überhöhung der Geschwister. Sie enthielten in komprimierter Form bereits all das, was Inge Scholl später jahrzehntelang in öffentlichen Auftritten und Publikationen vertrat. Die Notizen sind die Geburtsstunde der Ikone Sophie Scholl.[4]

Glaubt man der fast vier Jahre älteren Schwester, habe man bereits als Kind das Besondere an Sophie bemerken können: Sie habe »eine feine Eigenwilligkeit, [...] gepaart mit einem ausgeprägten Gerechtigkeitsgefühl« gehabt. Beide Charaktereigenschaften »beherrschten« ganz still ihr Wesen, »als lebten sie wie ein kleiner Kern in ihr, der wächst und von innen her prägt«. So sei

auch schon im kindlichen, gesundes Nachahmen bei ihr stets etwas ausgesprochen Eigenes und Ursprüngliches [gewesen]. Ganz voll und tief war Sophie Kind, wie sie später Mensch war. Und dieses Kindsein währte sehr lange, es fiel nie ganz von ihr ab, sondern wuchs hinein in den Kern ihrer grossen, seltenen Reife. [...] Wenn ich nach den Quellen dieser reifen Kindlichkeit frage, so ist es vielleicht ein letztes Ja zu sich selbst, eine letzte Ursprünglichkeit, eine letzte Verantwortungsfreudigkeit und ein Wissen, dass da jemand ist über allem Menschlichen, dem man sich zu verantworten hat, weil er die Welt zusammenhält und weil in ihm ihr Sinn beschlossen ist.

Nicht nur die Kindheit Sophies wird von Inge Scholl über-
zeichnet, auch die Zeit als Jugendliche und junge Erwachsene – teils regelrecht verfälschend, wenn Inge Scholl behauptete, die Geschwister »scheuten die Ismen wie gebrannte
Kinder das Feuer und waren von dem Willen erfüllt, die
Dinge direkt aus der Quelle zu geniessen, ohne Flaschenver-
packung und künstliche Ismen-Kohlensäure«. Scholl margi-
nalisierte Sophies Hitlerjugendjahre unzutreffend als »kurze
Episode«.

Für Inge Scholl war alles eine Vorbereitung auf den großen
Tag der Tat im Februar 1943: »All dies Suchen im Geistigen,
dieser Gang durch den Garten der Kultur, ist wie ein allmähli-
ches Vorbereiten – so erscheint es mir heute mit dem Blick des
Abstandes – auf eine Entwicklung, die mit dem Beginn des
Krieges sich anbahnte. Mir ist, als sei der Kriegsbeginn wie ein
grosser Einschnitt, der unser Leben in diesseits und jenseits
von 1939 trennt.« Auf den letzten Seiten ihrer *Biographischen
Notizen* stilisierte sie sich selbst zur Widerständlerin. Sie reihte
sich ein in den Kampf ihrer Geschwister, sprach von »uns«
und »wir« und erweckte den Anschein, von Anfang an dabei
gewesen zu sein.

Mit der Beschreibung des Todes vollendete Inge die Ikonen-
tafel: Sophie habe in den letzten Stunden »immerzu« ein
»strahlendes Lächeln – als schaue sie in die Sonne« – auf den
Lippen gehabt. Sie sei »aufrecht zum Schafott« gegangen,
»ohne mit der Wimper zu zucken und noch einen Gruss an den
unmittelbar folgenden Bruder auf den Lippen«. Und sie sagt,
wie das Bild zu verstehen sei: Diese »fast selig zu nennende
Heiterkeit im Angesicht des Todes« bedeute

in keiner Weise, dass sie etwa das Leben missachtet hätten. Im
Gegenteil, sie liebten es und nahmen es hin mit derselben Inbrunst, mit der sie sich im Tode verschenkten. Aber sie sahen
seinen letzten Sinn in einer Seligkeit, die jenseits aller Zerstö-

rung ist und der sie entgegengingen im Glauben an Christus den Sohn Gottes, in dem sie die Liebe selbst sahen.

Woher Inge Scholl das alles wusste, bleibt ungeklärt.

Die *Notizen* waren der Vorläufer zu Inge Scholls fünf Jahre später publiziertem Buch *Die Weiße Rose*. Das simplifizierende, inzwischen millionenfach aufgelegte Andachtstraktat prägt bis heute das Bild von Sophie Scholl und mit ihr der anderen Freiheitskämpfer. Sie erscheint darin als schmiegsame, säkulare Konsensheilige, mit der sich jeder schmücken kann: eine selbstbewusste, emanzipierte junge Frau, an der nichts Unvorteilhaftes, Anstößiges, Widersprüchliches war – immer sympathisch, brillant und edel. Sie ist inzwischen so unantastbar-sakrosankt wie Anne Frank.

Nach einigen Jahren des Beschweigens begann diese Legendenbildung in der Bundesrepublik durch die unermüdliche Arbeit Aicher-Scholls – Inge war mittlerweile mit Otl Aicher verheiratet – das Meinungsbild zu bestimmen. Der *Bayerische Rundfunk* übernahm, als er sich 1958 das erste Mal in einem dreißigminütigen Dokumentarfilm mit Hans und Sophie Scholl auseinandersetzte, die fantasievolle Darstellung. Doch in der breiten Mehrheit galten noch in den Sechzigerjahren die militärischen Attentäter des 20. Juli 1944 als »Vaterlandsverräter«, die Mitglieder der »Weißen Rose« als naive Idealisten. Es überwog die Ansicht, dass sie eines mit Sicherheit nicht waren: Vorbilder. Erst später wandelte sich diese Einschätzung, die in den Siebzigerjahren so treffend von Eve Nägele, einer jüngeren Schwester von Hans' und Inges Freundin Rose, formuliert wurde:

Sophie ist der Weg zu jedem Menschen geworden, zum Menschheitlichen in ihm. Sie fordert stets auf zur Selbstentwicklung, zum Opfer, zum Bauen an der Gemeinschaft, zur Hingabe an das, was höher ist, als man selbst. Hans und

Sophie, als Doppelgestirn, sind zur universellen Macht geworden, deren Stimme nicht aufhört, zu unserem Herzen zu sprechen.[5]

In Ostdeutschland verlief die Anerkennung wesentlich schneller als in Westdeutschland, sie war aber mit einer Mythenbil-
dung eigener Art verbunden: Dort erkor man Hans und Sophie zu antifaschistischen Sozialisten. Schon am
23. September 1949, noch vor Gründung der Deutschen Demokratischen Republik (DDR), hatte im sächsischen Freiberg
auf Beschluss der Stadtverordnetenversammlung die 1515
gegründete humanistische Lateinschule den Namen Geschwis-
ter-Scholl-Gymnasium erhalten. Die Vorreiterrolle, auf ihrem
Territorium die erste Scholl-Schule zu haben, war dem Osten
nicht zu nehmen, aber in der Quantität übertraf der Westen sie
bei Weitem: Hunderte von Institutionen schmücken sich – in-
flationär und unverbindlich – mit ihrem Namen.

Die Ikonisierung Sophie Scholls ließ sich beidseits der Mauer
gerade auch an Ehrungen auf Briefmarken ablesen: Die Deutsche Post der DDR veröffentlichte 1961 die erste Briefmarke
zu ihren Ehren. Die 25(+ 10)-Pfennigmarke zeigt auf blauem
Hintergrund Zeichnungen der scheu nach unten blickenden,
kindlichen Sophie neben einem entschieden aufwärts schauen-
den, angejahrten Hans. Sie scheint dreizehn, er vierzig Jahre
alt zu sein. 1964, zum zwanzigsten Jahrestag des Attentats
gegen Hitler, brachte die Bundespost erstmals einen Briefmar-
kenblock mit acht Widerstandskämpfern heraus. Vor grau-
blauem Hintergrund versammelte man dunkle Zeichnungen
von drei Militärs (Beck, Moltke, Stauffenberg), zwei Kirchen-
vertretern (Bonhoeffer, Delp) und zwei Politikern (Goerdeler,
Leuschner). Da das alles Männer waren, sollte auch eine Frau
geehrt werden. Man wählte aber keine aus dem Umfeld des
Attentats, sondern Sophie Scholl. Als Vorlage für ihr realisti-
sches Porträt wurde ein Foto von 1942 gewählt.

1980 wollte die Ludwig-Maximilians-Universität die Studierenden mit einer »Broschüre« über die »Weiße Rose« informieren.[6] Im Vorwort bedauerte der Präsident, dass »viele von uns kaum etwas über die ›Weiße Rose‹« wüssten: »Man geht an ihrem Denkmal im Lichthof achtlos vorbei, die Gedenkfeiern waren – zumal in den letzten Jahren – nicht immer unumstritten.« Da »insbesondere die Studierenden« das zweiundsechzigseitige Heft lesen sollten, verbreitete man es gegen eine formale »Schutzgebühr« von »DM 1,–«. Die »Weiße Rose« und mit ihr Sophie Scholl sollten darin für die Gegenwart aktualisiert werden. Darum zeichnete der mit der Abfassung beauftragte einunddreißigjährige Student das Bild einer durch und durch politisierten Persönlichkeit. Er hielt Sophies ethischen Rigorismus für politisches Bewusstsein und glaubte, »hinter einer scheinbaren Indifferenz« habe sich bei ihr »ein starkes politisches Engagement« verborgen. Das sei »bereits zu Beginn ihrer Studienzeit voll ausgeprägt« gewesen und habe dazu geführt, »daß politische Fragen in ihrem Leben die erste Stelle einnahmen und existentiellen Wert gewannen, weil sie von ihr zu persönlichen Problemen gemacht wurden«.

1991 legte die Deutsche Bundespost der BRD in der Reihe »Frauen der deutschen Geschichte« eine hundertfünfzig Pfennig teure Marke mit einem Einzelporträt Sophie Scholls auf. Die Blaustiftzeichnung auf hellem Untergrund orientierte sich gleichfalls an dem Porträtfoto von 1942, nahm aber markante Eingriffe vor: Die jünger gezeichneten Gesichtszüge sind deutlich akzentuiert, die kleineren Lippen liegen fest aufeinander, die Augen funkeln, und der Kopf ist selbstbewusst leicht angehoben. Auf dem Foto wirkt Sophie eher depressiv, auf der Marke offensiv. Wer diese Porträtzeichnung sah, sollte in ihr sofort die Widerständlerin erkennen. Sieht es auf der DDR-Marke von 1964 so aus, als spiele Sophie noch mit Puppen, hat sie in der BRD-Version von 1991 bereits entschlossen die Tat vor Augen – oder hinter sich.

Drei Spielfilme haben das Bild der Widerstandsgruppe in der breiten Öffentlichkeit Deutschlands und darüber hinaus enorm beeinflusst: *Die weiße Rose* von Michael Verhoeven (1982), *Fünf letzte Tage* von Percy Adlon (1982) und *Sophie Scholl – Die letzten Tage* von Marc Rothemund (2005).[7] Alle rücken Sophie Scholl in den Mittelpunkt. Sie, das jüngste und einzige weibliche Mitglied der Widerstandsgruppe, erscheint als die zentrale, tragische Figur der Münchner Revolte. Dieses unzutreffende Bild ist so dominant, dass 2019 Bundespräsident Frank-Walter Steinmeier an das »Schicksal der Gruppe um Sophie Scholl« erinnerte.[8]

Die Ikonisierung Sophie Scholls ist auch in der bildnerischen Erinnerungskultur präsent: Seit 2003 wird in der Gedenkstätte bedeutender Deutscher, der Walhalla bei Regensburg, aus dem Münchner Kreis allein Sophie Scholl mit einer prominent platzierten, überlebensgroßen, merkwürdig unscheinbaren Marmorbüste geehrt. Der Furtwangener Künstler Wolfgang Eckert formte sie banal-statisch als junges Mädchen mit halblanger Haarpracht. Hier war wieder das Foto von 1942 Vorlage. An den Widerstand im Allgemeinen erinnert eine Tafel am Sockel: »Im Gedenken an alle, die gegen Unrecht, Gewalt und Terror des ›Dritten Reiches‹ mutig Widerstand leisteten.« Sophie Scholl wird so zur Inkarnation des Widerstands, zum nationalen Mythos – künstlerisch fragwürdig und historisch falsch, denn diese verklärende Bewunderung widerspricht klar den geschichtlichen Tatsachen: Die treibende Kraft, der kreative Kopf des Münchner Widerstands, war eindeutig Hans Scholl. Als im bayerisch-germanischen Ehrentempel die Marmorbüste eingeweiht wurde, äußerte sich Sophies Schwester Elisabeth: »Sophie würde die Hände über dem Kopf zusammenschlagen« angesichts der Ehrung, zumal sie in der Tat nie »anders als die anderen« innerhalb der Widerstandsgruppe hatte behandelt werden wollen.[9] Seit 2005 ist zudem ausschließlich Sophie mit einer personalisierten Bronzebüste im Lichthof der Münchner Universität, durch den die Flugblätter flatterten, präsent. Das ausdrucksstarke Werk des Münchner Künstlers Nicolai Tregor orientiert sich an den Aufnahmen der Jugendlichen mit Kurzhaarschnitt – dynamisch, verletzlich, androgyn.

Es gab durchaus Kritik an diesem öffentlichen Erinnerungskult. 1968 veröffentlichte Christian Petry die erste wissenschaftliche Monografie zur »Weißen Rose«.[10] Seine auf den damals bekannten Fakten beruhende, historisierende Untersuchung wurde vom Aicher-Scholl-Kreis vehement bekämpft. Man fürchtete eine Enteignung der privaten Geschichte durch »unfähige« Historiker und fühlte sich aufgrund der Blutsbande moralisch im Recht, das Erbe der »Weißen Rose« alleine sachgemäß zu wahren.[11] Doch zum ersten Mal schien es, als könnte die Familie das Monopol der Interpretation verlieren. Als Sönke Zankel die Methode und Ergebnisse von Petry aufgriff und 2006 sowie 2008 seine umfangreiche Dissertation vorlegte – zum »[Hans]Scholl-Schmorell-Kreis«, wie er korrekt formulierte –, waren die Reaktionen ganz überwiegend negativ: »absurd«, »abenteuerlich«, »bizarr« hieß es, man glaubte, es werde ein »Kreuzzug« gegen die Weiße Rose geführt. Kaum ein Rezensent war damals bereit, Zankels radikaler Entmythisierung der Gruppe zu folgen.[12] Das hat sich inzwischen geändert. Mit dazu beigetragen hat die exzellente Biografie von Barbara Beuys über Sophie Scholl. Sie wäre ohne den Nachlass Inge Aicher-Scholls im Institut für Zeitgeschichte München und die Forschungsergebnisse Zankels nicht möglich gewesen. Mit Beuys' Arbeit, die als Biografieliteratur – trotz gänzlich fehlender Anmerkungen – seit 2010 Referenzstatus besitzt, wurde die Rezeption Sophie Scholls auf eine neue Stufe gehoben. 2020 zeichnete Maren Gottschalk ein farbiges und eingängiges Bild von Sophie Scholl.

Das vorliegende Porträt setzt die begonnene Entmythologisierung und Historisierung fort – ohne Sophie Scholl dabei als

Vorbild zu schmälern. Vielmehr ist erst jetzt – nach einer wis-
senschaftlich verantworteten, historisch-kritischen Analyse,
der Trennung von Realität und Legende, Fakt und Fiktion –
Sophie Scholl als selbstbewusste Frau ein authentisches Leitbild. Da es um den Menschen, nicht um das Idol geht, werden
auch ihre ausgeprägt depressiven Sehnsüchte und sexuellen
Ängste offen geschildert, bisher übergangene Briefe und Tagebucheinträge einbezogen, auf heroisierende, zweifelhafte
Zitate hingewiesen oder ganz auf sie verzichtet. Zahlreiche
unbelegte Episoden und offensichtlich falsche Überlieferungen werden als Fiktionen benannt. Mythen sollten Sophie Scholls Nimbus intensivieren oder Überzeugungen legitimieren. Doch schwärmerische Sakralisierung und triviale
Politisierung machen die Schülerin, Kindergärtnerin, Studentin, die Liebende und Gottsucherin als Menschen unglaub-
würdig. Auch ohne legendenhafte Überhöhung und wohlfeile
Instrumentalisierung ist Sophie Scholl eine Ausnahmeerschei-
nung.

Sophies eigene Tagebucheintragungen und Briefe zeigen sie
nicht als Figur und Fiktion, sondern als verletzbaren und ver-
letzenden Menschen: mit- und zartfühlend, spirituell, um
Glauben und Liebe ringend, unsicher, zweifelnd, aber auch
willkürlich, unausstehlich, gehemmt, eine, die zwischen hoher
Begeisterung und tiefer Niedergeschlagenheit wankte,
»schwankend zwischen Lust und Traurigkeit«, wie sie selbst
notierte.[13] Eines ihrer Tagebuchhefte eröffnete sie mit einem
Gedicht Matthias Claudius' voller überschäumender Lebens-
lust. Es beginnt mit den Worten:

Heute will ich fröhlich, fröhlich sein,
keine Weis und keine Sitte hören;
will mich wälzen, und für Freude schrein,
und der König soll mir das nicht wehren[14]

Auf die letzte Seite ihres Tagebuchs notierte sie ein Jesuswort über Lebenstraurigkeit und Lebensmut, das die entgegengesetzte Grenze ihrer Emotionsskala markierte:

> In der Welt habt ihr Angst; aber seid getrost, ich habe die Welt überwunden.[15]

Sophie Scholl war eine außergewöhnliche, bewundernswerte Frau. Sie darf angesichts ihrer Tat Ikone – ein Vor- und Leitbild – für Glaubensmut, Mitmenschlichkeit und Widerständigkeit sein. Aber sie war und ist mehr als das.

# Epilog

Wie wird aus Widerworten Widerstand? Und: Was und wie viel muss geschehen, damit sich jemand nicht in die innere Emigration zurückzieht, sondern bereit ist, sein Leben einzusetzen? Wie wird aus einer jungen Frau eine potenzielle Attentäterin?[1] – Der Weg bis zur Gegentat war für Sophie Scholl ein sehr langer, schmerzhafter Lernprozess, der sich über Jahre hinzog. Dass ihre hohen ethischen Ideale nicht zum Nationalsozialismus passten und es sich um ein verbrecherisches System handelte, hatte sie noch 1941 nicht vollständig erkannt. Pflicht wog da für sie weiterhin mehr als Freiheit. Erst im Laufe des Jahres 1942 wandelte sich Widerwillen in Widerhandeln und das Hitlermädel Sophie Scholl zur antitotalitaristischen Freiheitskämpferin.

Das widerspricht der »Saulus-Paulus-Konversion«, die Inge Aicher-Scholl kolportierte. Sie sprach vom plötzlichen Erwachen im Frühjahr 1936 wegen eines Vorfalls in der Hitlerjugend: Ein Dienstvorgesetzter hatte Hans eine individuelle Fahne verboten. Das habe den Geschwistern die Augen geöffnet.

Die Geschichte gleicht anderen aus der Widerstandsliteratur: Entweder waren die späteren Dissidenten von Anfang an gegen Hitler, oder sie erkannten rasch, nach kurzer Verblendung, das Verwerfliche des Systems. Doch die in der Bibel und in Heiligenlegenden so oft beschworene ruckartige Bekehrung ist in der Realität meist eine Erinnerungskonstruktion – die Vergangenheit als Fiktion. Diese verklärte Sicht verkennt die anhaltende Faszination, die von der nationalsozialistischen Revolution – gerade für junge Leute, aber nicht nur für sie – ausging. Für den militärischen Widerstand des 20. Juli 1944 ist nachgewiesen, dass ihre wichtigsten Protagonisten – Claus Schenk Graf von Stauffenberg und Henning von Tresckow – noch bis weit in den Russlandfeldzug 1941 hinein Hitlers Eroberungs- und Vernichtungspolitik befürworteten oder zumindest akzeptierten.[2] Bei Hans und Sophie Scholl war es nicht anders. Sie konnten sich der ungeheuren Dynamik des neuen deutschen Staates und seiner revolutionären Ideen einer Überwindung von Klassengrenzen in einer »Volksgemeinschaft«, Solidarität und Patriotismus nicht entziehen und haben den Nationalsozialismus begeistert mit aufgebaut und getragen.

Sophie Scholl ist zu einem Klischee für das Gute und Einfache geworden, eine Heilige ohne negative Züge. Dabei ist die Wirklichkeit ihres Widerstands komplex und sie selbst voller charakterlicher Widersprüche und Ungereimtheiten. Sicher ist nur: Sie handelte – wie auch ihr Bruder – aus ethisch-religiöser Überzeugung.

Weil sich die Münchner Gruppe – anders als die meist aristokratischen Attentäter des 20. Juli 1944 – nur sehr vage Gedanken über einen militärischen oder politischen Plan nach der Beseitigung Hitlers machte – dazu fehlte ihnen Wissen und Vision –, war die Flugblattaktion im Wesentlichen ein verzweifeltes Fanal. Es war – im Unterschied zur konzis geplanten militärischen Erhebung – eine symbolische Tat. Die politische Position der Gruppe bestand aus der Negation des Bestehenden. Eine positive Option für die Zukunft hatte sie nur in Schlagworten. Diese bürgerliche Hochschulopposition war von Anfang an zum Scheitern verurteilt, weil sie die Macht des Wortes überschätzte und die Trägheit der Menschen unterschätzte. Politisch war der Widerstand also aussichtslos, moralisch aber für sie unausweichlich.

Mit ihrer Tat setzten Sophie Scholl und die anderen ein öffentliches Zeichen, nicht zur Welt des Nationalsozialismus zu gehören. Es war ein Akt des Andersseins, ein patriotischer Opfergang für ein besseres Deutschland. Sophie Scholl handelte jenseits jeder Effizienzerwartung. Sie musste ihrem Gewissen folgen, und deshalb reute sie nichts. Sie war vielmehr davon überzeugt, »das Beste getan zu haben«. Dieses Ethos der Tat gilt für jeden Einzelnen in der »Weißen Rose«. Bei allen Unterschieden verband sie ein ethischer Anspruch, so, wie ihn auch Henning von Tresckow für die Verschwörer des 20. Juli formulierte: »Der sittliche Wert eines Menschen beginnt erst dort, wo er bereit ist, für seine Überzeugung sein Leben einzusetzen.«[3] – Zu dieser Ansicht kommt niemand von heute auf morgen. Es ist eine meist lange Entwicklung, in der sich zuerst unter die Begeisterung Unbehagen und Zweifel mischen, in der Kritik und Empörung Schritt für Schritt wachsen und aus Entfremdung Entsetzen wird. Jugendlicher Nonkonformismus, wachsender Dissens, innere Abkehr und eine partielle Distanzierung sind noch kein Widerstand. Sie können Vorstufen dazu sein. In der NS-Zeit war »Widerstand im eigentlichen Sinn« ein »Handeln, das […] darauf abzielte, das Ende des Regimes herbeizuführen«.[4] Sophie Scholl erreichte diese Stufe: Sie kämpfte mit Worten, aber sie hätte auch Waffen sprechen lassen.

Die universitären Widerständler waren keine liberalen Demokraten, sie dachten christlich-elitär und nationalkonservativ, sie waren unbedarft, unrealistisch, illusionär. Doch sie waren durchdrungen von einer hohen sittlichen Geisteshaltung, Verantwortungsbewusstsein, Empathiefähigkeit und Freiheitsleidenschaft – etwas, das gegenwärtig und zukünftig dringend gebraucht wird. Aber gerade deshalb ist das Bild des Münchner Widerstands anfällig für Überhöhung und Überfrachtung. So wird auch heute das Reden über ihn schmiegsam an die jeweilige gesellschaftliche Problemlage angepasst. Als Reaktion auf die öffentliche Meinung, politische Programme oder soziale Desiderate, steht die Gruppe dann beispielhaft für sozialistischen Antifaschismus, westliche Demokratie, aufgeklärten Humanismus, eine offene Gesellschaft, für Toleranz, Philosemitismus, Natur- und Klimaschutz, nationalen Konservativismus oder internationalen Europäismus. Die »Weiße Rose« wird so zur retrospektiven Projektion, einem beliebig füllbaren Hohlraum, einer Rose ohne Dornen. Sophie Scholl hat in dieser kollektiven Erinnerungskonstruktion stets eine besondere Rolle gespielt: die Jüngste. Die einzige Frau. Die nahbar Unnahbare. Um sie als Vorbild anzuerkennen, braucht es keinen Verweis auf Überirdisches. Ihre Stärke liegt gerade darin, als widersprüchlicher, fragender, zögernder Mensch hineingewachsen zu sein in die Klarheit: Ich schweige nicht.[5]

Auf die Freiheitskämpfer können sich – im Rahmen von Grundgesetz, EU-Grundrechtecharta und UN-Menschenrechten – Individualisten, Freiheitsenthusiasten und Nonkonformisten berufen, Verweigerer und Protestler, alle, die beherzt und unangepasst sind, die quer oder queer, alternativ denken und handeln. Für sie ist die »Weiße Rose« ein Hoffnungszeichen.

Was bleibt? Eine Gewissheit: Keine Politik, Ideologie oder gesellschaftliche Norm ist alternativlos. Eine Ermutigung: Glaube gibt Kraft zu Personalität, Widerstand und Freiheitskampf. Eine Zuversicht: Jede und jeder kann ihrem und seinem Gewissen mehr gehorchen als den Menschen.

# DANK

Dieses Porträt Sophie Scholls konnte nur entstehen, weil viele dazu beitrugen:

Im Propyläen Verlag gestalteten und bereicherten Programmleiterin Kristin Rotter und Lektorin Dr. Heike Wolter das Buch durch strukturierende Korrekturen, inhaltliche Überlegungen und eine leserorientierte Kritik.

In den Archiven legten kompetente Mitarbeiter\*innen durch teilweise detektivische und außerordentlich hilfsbereite Dokumentensuche die wissenschaftliche Grundlage dieser Biografie. Ihnen und allen anderen Expert\*innen danke ich namentlich und explizit in den Quellenangaben und in den Anmerkungen.

Dr. Jud Newborn, New York, ließ mich großzügig an seinen wegweisenden Forschungsergebnissen zur Weißen Rose teilhaben: »Solving Mysteries: The Secret of the White Rose« – www.judnewborn.com.

Die Senior\*innen der Sütterlinstube Hamburg – besonders Ermina Freytag und Barbara Sommerschuh – transkribierten geduldig manch kaum lesbares Wort.

Dr. Detlef Bald, München, Prof. Dr. Uwe Gerber, Schopfheim, Dres. Angela und Burkhard Löser, Duisburg, Prof. Dr. Freiherr Claus von Rosen, Hamburg, und Prof. Dr. Ewald Stübinger, München/Hamburg, waren mir eine stete Ermutigung.

Dr. Konrad Rahe, Cleverbrück, verdanke ich wesentliche Korrekturhinweise.

Als Zeitzeugin begleitete das Werden Ingeborg Neubert-Boonen, Antwerpen. Von ihr ist das Gedicht über Sophie Scholl.

Ihnen allen gilt mein herzlicher Dank!

*die widmung sagt, wie viel ich meiner frau beatrix verdanke*

# Sophie Scholl

Deine Zeit bleibt ewig jung
und im Zauber der Erwartung
wird sie immer neu geboren.
Die Regung kann ich fühlen.

Ich nahm teil an deinem Leben
bewusst und mittendrin
beeindruckt über deinen
stark geprägten Sinn.
Meine Kinder fragen
was heißt: »mittendrin«?

Mittendrin
in einem Krieg der Härte
der die Lage stets verschärfte
sich die Männer einfach holte
und Gegnern
mit Ermordung drohte.

Befehl, das war Gesetz.
Verboten eig'ne Meinung.
Unauffällig in der Kleidung
sollten deine Schriften
fliegen, fallen, auseinanderdriften.

Empörung und Verrat.
Tödlich traurig war der Hass
doch die Welt dreht immer weiter.
Menschen reden leise
Trauern auf verborg'ne Weise.

»Dem Führer«
ihm gebühret kein Verzeih'n.
Absurd und voll des Grauens
vernahm die Welt das Urteil
gnadenlos dein Gang zum Fallbeil.

Wann wird man je versteh'n ...?

*Ingeborg Neubert-Boonen (2020)*
*geb. 1934 in München*

# ANHANG

*Editorische Notiz zu den Dokumenten im Anhang und den Zitaten im Text:*

Offensichtliche Schreib- bzw. Druckfehler in den Textvorlagen wurden meist stillschweigend verbessert, ältere Schreibweisen aber nicht durch die heute üblichen ersetzt. Die Interpunktion und Sprachgestalt der Vorlage wurde nur dann korrigiert, wenn sie sinnstörend wirkte.

Hervorhebungen in den Textvorlagen sind getilgt, soweit nicht zum Verständnis notwendig. In Kursivschrift gesetzt wurden Werktitel und Namen von Zeitschriften, Jahrbüchern, Almanachen und dergleichen. In Großbuchstaben und gesperrt Abgedrucktes wurde dagegen beibehalten.

# DOKUMENTE

Ermittlungsakte, 1943
Vernehmung Sophie Scholl, 1943
Vernehmung Jakob Schmid, 1943
Erinnerungen Else Gebel, 1946
Erinnerungen Susanne Hirzel, 1946

# Auszug aus der Ermittlungsakte,

## 20. Februar 1943

Oberreichsanwalt beim Volksgerichtshof, Strafsache gegen Scholl und 2 andere, wegen Hochverrat und Feindbegünstigung.

Um etwa 11 Uhr rief der Syndikus der Universität bei der Staatspolizeileitstelle an, weil in der Universität soeben eine Flugschriften-Streuaktion stattfindet. Durch den Universitätsdiener Schmidt [sic] seien zwei Verdächtige festgehalten worden. Der Syndikus bat um Entsendung von Kriminalbeamten, was auch sofort geschah. Gleichzeitig wurde durch die Staatspolizei veranlasst, dass alle Ausgänge der Universität gesperrt würden. Nach den nötigen kriminalistischen Erhebungen wurde um etwa 16 Uhr die Sperre der Universität wieder aufgehoben. Einige Personen mussten zur Ausweisleistung längere Zeit festgehalten werden. Alle Festgenommenen wurden zur Staatspolizei gebracht. Die vom Universitätsdiener Festgenommenen sind der Sanitätsfeldwebel Hans S c h o l l , 1918 geboren und dessen Schwester Sophie, 1921 geboren. Obwohl der Universitätsdiener ihnen gegenüber behauptete, dass nur sie beide als Täter in Frage kämen, leugneten beide. Endlich gab Sophie S c h o l l zu, dass sie auf einem Mauersims im ersten Stockwerk der Universität einen Stoss Flugschriften liegen gesehen

und ihn aus Übermut heruntergestossen habe. Verdächtig erschien
sofort, dass sie nicht hinreichende, ja sogar absolut unglaubwür-
dige Angaben über das Mitführen eines leeren Coupékoffers
machte. Später stellte sich heraus, dass die eingesammelten Flugschriften genau den Koffer ausfüllten. Trotz ununterbrochener
Vernehmung leugneten beide bis um etwa 4 Uhr früh. Erst als dem
Hans Scholl ein Briefumschlag aus seinem Schreibtisch gezeigt
wurde, in welchem sich ein Bogen 8 Pfg.-Marken zu 100 Stück
befand, begann er mit seinem Geständnis. Hier muss eingefügt
werden, dass die Vorerhebungen ergeben hatten, dass in einem
Postamt Münchens vor 4 Tagen ein Mann 500 und am nächsten
Tage 1200 Briefmarken zu 8 Pfg. eingekauft hatte. Die Briefmarken benötigte dieser Mann nämlich zum Versenden der Flugschriften. Scholl gestand, mit seiner Schwester die Flugschriften in die
Universität verbracht und dort gestreut zu haben. Weiter gestand
er, dass er den Text zu beiden Flugschriften, nämlich ›Widerstandsbewegung Deutschlands‹ und ›Kommilitoninnen! Kommilitonen!‹
entworfen und die Flugblätter selbst und allein und in seiner Wohnung vervielfältigt habe. Von der ersten Sorte habe er 5000, von
der zweiten 2000 Stück hergestellt. Er gestand weiter, zusammen
mit seinem Freund, dem Wehrmachtsangehörigen S c h m o -
r e l l , in der Nacht vom 28. zum 29. Januar etwa 1500 Flugschriften der Widerstandsbewegung in München gestreut zu
haben. Ferner gestand er, diese und die anderen Flugschriften per
Post in verschiedenen Städten Süddeutschlands aufgegeben zu
haben. Seine Schwester Sophie hätte derartige Briefe in Augsburg
und Stuttgart, sein Freund Schmorell in Salzburg, Linz und Wien
aufgegeben. Schmorell habe von Wien aus auch die Briefe nach
Frankfurt a. M. versendet. Die Anschriften hätten sie aus den Ad-
ressen-Büchern, welche im Deutschen Museum aufliegen, entnommen. Bei der Abfassung der Flugschriften-Texte habe ihm der
Sanit.Fledwebel [sic] und langjähriger Freund Graf und dessen
Schwester geholfen. In der Rocktasche des Scholl wurde ein zerrissenes handgeschriebenes Papierstück gefunden. Trotz Ähnlichkeit

wurde mit seiner Handschrift keine Identität festgestellt. Nach längerem Vorhalt gab er zu, diesen Flugblatt-Entwurf (übelster Sorte) von seinem Freund P r o b s t , Angehöriger der Studenten-kompanie der Luftwaffe Innsbruck, 1919 geboren, verheiratet, Vater von 3 Kinder[n], bekommen zu haben.

Die Streu- und Postversand-Aktionen der beiden Flugblattarten in München und den genannten Städten sind damit also aufge-klärt. Die Schreibmaschinen und der Vervielfältigungs-Apparat sind sichergestellt. Weiterhin ist die Schmieraktion in München ›Nieder mit Hitler‹ dadurch aufgeklärt, dass sowohl der Pinsel als auch die Schablone aufgefunden wurden. Somit sind alle Schmier- und Streuaktionen restlos aufgeklärt.

Schmorell dürfte flüchtig sein, die Grenzen sind verständigt. Probst müsste noch festgenommen werden. Zu bemerken ist, dass alle 4 Männer Wehrmachtsangehörige und zur Studentenkompa-nie beurlaubt sind.

(Bundesarchiv Berlin, R 3017 34635, Hauptband, S. 61 f.)

# Vernehmung Sophie Scholl

18. Februar 1943

Zur Person:

Die bereits angegebenen Personalien sind richtig. Ich bin in Forchtenberg, LA. Öhringen/Württemb. geboren, wo mein Vater Berufsbürgermeister der Gemeinde (Stadtgemeinde) Forchtenberg war. Gemeinsam mit 4 Geschwistern (2 Brüdern und 2 Schwestern) wurde ich im Elternhaus erzogen. Eine weitere Schwester von mir ist im Alter von einem Jahr an Lungenentzündung gestorben. Bis zum Jahre 1930 besuchte ich die Volksschule in Forchtenberg bis zur 2. Schulklasse. Im gleichen Jahr übersiedelten meine Eltern nach Ludwigsburg/Wttbg., da mein Vater nach Ablauf seiner Amtsperiode in Forchtenberg nicht mehr als Bürgermeister gewählt wurde. In Ludwigsburg besuchte ich die Volksschule bis zur 4. Schulklasse. Mein Vater war während unseres Aufenthalts in Ludwigsburg vom Jahre 1930 bis 32 Angestellter einer Treuhandgesellschaft in Stuttgart. Im Jahre 1932 verzogen meine Eltern nach Ulm, wo mein Vater als Mitinhaber in eine Treuhänder-Firma eintrat, welches Geschäft von meinem Vater 1933 als Alleininhaber übernommen wurde. In Ulm besuchte ich die Mädchenoberschule bis zur Prima-Reife (Abitur). Nach Erreichung der Primareife (März 1940) besuchte ich ein Jahr lang das Kindergärtnerinnenseminar (Fröbelseminar) in Ulm. Um für alle Fälle einen Zivilberuf zu haben, habe ich im Frühjahr 1941 mein Staatsexamen als Kindergärtnerin bei dem angegebenen Seminar abgelegt. Als Prüfungsnote erhielt ich gut = 2. Anschliessend meldete ich mich freiwillig in den weiblichen Arbeitsdienst, wurde Anfang April 1941 zum Arbeitsdienstlager 13/122 nach Krauchenwies bei Sigmaringen eingezogen, wo ich bis Oktober ds. Jahres die vorgeschriebene Arbeitsdienstzeit ableistete. Gleich anschliessend kam ich bis Ende März 1942 in das Kriegshilfsdienstlager nach Blumberg in Baden, wo ich in einem Kinderhort der NSV Blumberg eingesetzt war.

Inzwischen entschloss ich mich, Naturwissenschaft und Phylosophie zu studieren, weshalb ich mich erstmals zum Sommersemester 1942, das Ende April begann, bei der Universität München einschrieb. Im 2. Semester höre ich nunmehr die Vorlesungen der Prof. v. Frisch, v. Faber, Gerlach, Huber und Buschor.

Zur Bestreitung meines Lebensunterhalts und Studiums erhalte ich von meinem Vater monatlich einen Betrag von 150.–RM. Irgendwelche Stipendien oder Unterstützung von anderer Seite erhalte ich nicht. Das Einkommen meines Vaters dürfte sich auf mehr als 1500.–RM belaufen, weshalb es ihm nicht schwer fallen dürfte mein Studium zu bestreiten. Mein Bruder, der in München nun im 9. Semester Medizin studiert, bedarf keiner weiteren Unterstützung seitens der Eltern, da er seine Löhnung als Sanitätsfeldwebel bezieht, womit er sowohl seinen Lebensunterhalt als auch sein Hörgeld bezahlen kann.

Mein Vater war meines Wissens parteipolitisch vor der Machtübernahme in keiner Weise gebunden. Soviel weiss ich jedoch, dass er demokratisch eingestellt ist, d. h. die Meinung vertritt, dass die Völker demokratisch regiert werden müssten, sofern sie die notwendige Reife hierzu besässen. Wenn ich über die politischen Gedankengänge meines Vaters richtig unterrichtet bin, schwebt ihm eine demokratische Regierungsform mit gewissen Vollmachten vor. Wohl aus dieser Grundeinstellung heraus ist mein Vater gegen den Nationalsozialismus als solchen, bezw. gegen die heutige Staatsführung eingestellt. Hier möchte ich jedoch besonders erwähnen, dass uns (Kinder) mein Vater bei der Erziehung nie in demokratischem Sinne beeinflusst hat. So hat mein Vater ohne weiteres geduldet, dass wir der Hitlerjugend beitraten und dort Dienst verrichteten. Ich selbst trat im Januar 1934, damals 13-jährig in die Jungmädelschaft der HJ ein und gehörte der HJ bezw. dem BDM bis 1941 an. Etwa im Jahre 1935 wurde ich Jungmädelschaftführerin, 1936 Scharführerin und 1937/38 Gruppenführerin. Wegen Differenzen mit der Obergauführerin des BDM, Obergau 20, Obergauführerin Schönberger, habe ich mein Amt als Gruppenführerin niedergelegt. Bei diesem Zerwürfnis handelte es sich um eine rein innerdienstliche Angelegenheit des BDM ohne jeden politischen Hintergrund. Nach meiner Amtsniederlegung liess ich mich aus der Jungmädelschaft in den BDM übernehmen, wo ich bis kurz vor meinem Staatsexamen als Kindergärtnerin Dienst verrichtete. Den BDM-Dienst habe ich ziemlich regelmäßig besucht. In diesem Zusammenhang gebe ich ganz ehrlich zu, dass ich in den letzten 2 Jahren meiner Zugehörigkeit zum BDM mit dem Herzen nicht mehr bei der Sache war. Die erste Abneigung gegen den BDM war darauf zurückzuführen, dass ich den Dienst langweilig und vom pädagogischen Standpunkte aus unrichtig fand.

Die Gründe meiner weltanschaulichen Entfremdung vom BDM und damit der NSDAP, etwa im Jahre 1938, liegen in erster Linie darin begründet, dass meine Schwester Inge, meine Brüder Hans und Werner im Herbst 1938, wegen sogen. Bündiger Umtriebe von Beamten der Geheimen Staatspolizei verhaftet und einige Tage bezw. Wochen in Haft behalten wurden. Ich bin heute noch der Auffassung, dass das Vorgehen gegen uns sowohl als auch anderer Kinder aus Ulm vollkommen ungerechtfertigt war. Mein Bruder Werner gehörte etwa in den Jahren 1932/34[,] er war damals zehn bis zwölf Jahre alt, der bündischen Jugend an, was wohl der Grund war für das spätere Vorgehen gegen uns. Als weiteren und schliesslich als hauptsächlichsten Grund für meine Abneigung gegen die Bewegung möchte ich anführen, dass nach meiner Auffassung die geistige Freiheit des Menschen in einer Weise eingeschränkt wird, die meinem inneren Wesen widerspricht. Zusammenfassend möchte ich die Erklärung abgeben, dass ich für meine Person mit dem Nationalsozialismus nichts zu tun haben will.

Als ich im Mai 1942 zu Beginn des Semesters nach München kam, wohnte ich zuerst, da ich kein Zimmer fand bei meinem Bruder Hans in München, Lindwurmstr. 13, im Juni zog ich bei der Frau Berrsche ein, Mandelstr. 1, seit 1. Dez. wohne ich in der Franz-Josef-Str. Nr. 13 b. Frau Schmidt in Untermiete, mit meinem Bruder; wir haben 2 Zimmer. Damit kein Irrtum entsteht, solange mein Bruder Lindwurmstr. 13 wohnte, befand ich mich bei Frau Berrsche.

Ich selbst habe in München nur eine Freundin und zwar Frl. Gisela Schertling, Studentin der Germanistik, wohnhaft in München, Lindwurmstraße 13, bei Wertheimer. Diese lernte ich beim RAD in Krauchenwies kennen und pflege seitdem ständig Umgang mit ihr. Die politische Einstellung der Schertling deckt sich nicht mit der meinen, denn sie ist im allgemeinen nationalsozialistisch eingestellt und ist von Haus aus zweifellos in diesem Sinne erzogen.

Mit Frl. Schertling komme ich fast täglich zusammen. Sie kam meistens zu uns in die Wohnung und zwar Nachmittags oder Abends, sofern ich nicht Besuche bei ihr gemacht habe.

Bei meinem Bruder und mir verkehren weiter, die Angehörigen der Studentenkomp. Willi Graf, Feldwebel, Student der Medizin und Alexander Schmorell, Feldwebel, ebenfalls Student der Medizin. In beiden Fällen handelt es sich um Studienfreunde meines Bruders Hans. Schmorell lernte ich etwa vor einem Jahr durch meinen Bruder kennen, im vorigen Sommer kam ich wöchentlich durchwegs 1–2 × in die Wohnung des Schmorell, der bei seinen Eltern in München, Benediktenwandstr. (Nr. unbekannt) wohnte, um gemeinsam mit ihm zu arbeiten. Schmorell modellierte, während ich mich mit zeichnen beschäftigt habe. Schmorell selbst halte ich politisch für ein unbeschriebenes Blatt, ein reiner Gefühls-mensch, der politischen Gedankengängen unzugänglich ist. In kultureller Hinsicht steht er dem Nationalsozialismus ablehnend gegenüber und zwar aus den gleichen Gründen wie ich.

Willi Graf kommt erst seit etwa 8 Wochen ab und zu in den Nachmittags- oder Abendstunden zu meinem Bruder und mir zu Besuch. Unser Zusammentreffen wie auch die Unterhaltung mit Graf war rein geselliger Natur. Soweit vorhanden, haben wir gelegentlich eine Flasche Wein zusammen getrunken, sangen Lieder, musizierten oder unterhielten uns in anderer Weise. Wenn ich recht orientiert bin, deckt sich die politische Auffassung des Graf mit der meinen bezw. mit der meines Bruders, ohne dies jedoch bestimmt behaupten zu können.

Sonstige Personen pflegten bei uns keinen ständigen Verkehr. Mein Bruder erhielt ausser von den genannten Personen ab und zu mal kurzen Besuch, von Personen die mir auch vorgestellt wurden, die ich aber heute den Namen nach nicht mehr kenne.

Die in unserer Wohnung befindliche Schreibmaschine ist Eigentum unserer Wohnungsgeberin, Frau Schmidt. Vor etwa 14 Tagen haben wir diese Schreibmaschine im Wohnzimmer der Frau Schmidt in deren Anwesenheit entdeckt. Hier möcht ich erwähnen, dass Frau Schmidt sich nur selten in ihrer Wohnung in München aufhält, denn sie befindet sich zumeist wochenlang bei ihrer verh. Tochter (Name unbekannt) in Steinebach b. Landsberg a. L. Jetzt ist diese Frau seit 10 Tagen schon wieder bei ihrer Tochter. Es mag etwa 14 Tage her sein als wir die Schreibmaschine der Frau Schmidt erstmals benützten. Es handelte sich um die Fertigung eines Aufsatzes über philosophische oder theologische Fragen, den mein Bruder, wie er dies auch vorher schon getan hatte, an Freunde und Bekannte an die Front schickte. Zu dem gleichen Zweck hat Schmorell vor einigen Wochen seine Reiseschreibmaschine zur Verfügung gestellt.

Heute Vormittag gegen 9 Uhr sind mein Bruder und ich aufgestanden. Ich habe uns zu Hause einen Tee gekocht, worauf wir gegen 10 1/2 Uhr unsere Wohnung verliessen. Eigentlich hätte ich schon um 8 Uhr eine Vorlesung des Vertreters von Prof. Gerlach

über Physik besuchen sollen, habe davon aber abgesehen, weil ich
mich mal richtig ausschlafen wollte. Ich gehe nachts meistens erst
um 12 oder 1 Uhr zu Bett, weil ich mich bis dahin mit meiner wis-
senschaftlichen Arbeit befasse oder Bücher lese und dergl. Mit Gisela Schertling hatte ich gestern Abend beim Abendessen im See-
haus (Englischer Garten) vereinbart, dass mich diese heute gegen
12 Uhr in meiner Wohnung abholen solle, um gemeinschaftlich die
Mittagsmahlzeit einzunehmen. Diesen Plan habe ich gestern
Abend nach einer Aussprache mit meinem Bruder aufgegeben und
mich entschlossen, heute um 12 Uhr 48 mit dem Schnellzug nach
Ulm zu fahren. Die Gründe für diese plötzliche Reise waren folgende:

Eine Bekannte unserer Familie Namens Kley Heilwig, wohnhaft
in Geislingen a. St., Ehefrau des Lehrers Albert Kley, die aus Hamburg stammt, ist im vorigen Sommer mit der Bitte an meine Eltern
herangetreten, sie möchten eine Freundin von ihr (Kley) aus Hamburg, die ein Kind erwarte bei sich aufnehmen. Nach Einwilligung
meiner Eltern kam diese Freundin der Kley, Ruth Düsenberg, led.,
Säuglingspflegerin, im Oktober 1942 nach Ulm, von wo sie nach
Geburt ihres Kindes (29. 11. 42) am nächsten Freitag oder Samstag
wieder nach Hamburg abreisen will. Weil ich Frl. Düsenberg und
ihr Kind nochmals sehen wollte, beabsichtigte ich heute nach
Hause zu fahren. Weil mein Geld zur Reise nach Ulm nicht ausge-
reicht hätte (ich hatte nur noch 7 RM in meinem Besitz und die
Fahrt dorthin kostet 7,40 RM), wollte mein Bruder vor meiner
Abreise zur Bank gehen, dort Geld abheben und mir aushändigen.
Bei welcher Kasse oder Bank mein Bruder ein Konto hat, weiss ich
nicht, bekannt ist mir lediglich, dass sich die betreffende Bank oder
Sparkasse gegenüber vom Holzkirchnerbahnhof befindet.

Schon vor dem Verlassen unserer Wohnung habe ich meinem
Bruder gesagt, wir würden auf dem Weg zur Kasse bezw. zum
Bahnhof an der Universität vorbeigehen, wo ich meine Freundin
Gisela davon verständigen wolle, dass ich meinen ursprünglichen
Plan geändert, nach Hause fahren werde, weshalb sie mich nicht

zum Mittagessen abholen könne. Es war mir bekannt, dass Gisela
Schertling die Vorlesung des Prof. Huber über Einführung in die
Phylosophie, die in einem Hörsaal über eine Stiege im rechten Sei-
tenbau (Hörsaal Nr. nicht bekannt) besuchen wird, und dass diese
Vorlesung bis gegen 11 Uhr dauere. Beim Betreten des Universitätsgebäudes sind meinem Bruder und mir auf der Treppe zum
1. Stock verschiedene Studenten und Studentinnen begegnet, die
gerade aus der Vorlesung des Prof. Huber kamen. Bei diesen Studenten habe ich die mir bekannte Studentin Traute Laffrenz aus
Hamburg gesehen, die hier im 7. oder 8. Semester Medizin studiert. Die Laffrenz, die ich durch meinen Bruder seit etwa einem
Jahr kenne, habe ich im Vorbeigehen gegrüsst und hat diese meinen
Gruss erwidert, sie muss mich also gesehen haben. Als wir an den
Hörsaal des Prof. Huber kamen, war die Vorlesung noch nicht
beendet, weshalb ich mit meinem Bruder noch eine Treppe höher
ging um ihm das Psychologische Institut zu zeigen, wo ich öfters
Vorlesungen besuche. Als wir im 2. Stock angelangt waren, bemerkte ich, dass auf dem Marmorgeländer, das den 2. Stock vom
Lichthof abgrenzt, ein Stoss Flugblätter lag, der eine Höhe von
ungefähr 5–6 cm hatte. Schon zuvor hat mein Bruder und ich auf
dem Flur des 1. Stocks solche Flugblätter gefunden, die auf dem
Boden ausgestreut oder in unregelmässigen Haufen umherlagen.
Jedes von uns hat sich hier eines der Blätter aufgehoben, flüchtig
gelesen, worauf wir die Flugblätter behielten, mein Bruder, der
über die Flugblätter lachte, steckte seines in die Tasche, während
ich meines in meine Mappe oder meine Manteltasche eingesteckt
habe. Später hatte ich es jedenfalls in der Manteltasche stecken. Als
ich die Flugblätter oben im 2. Stock auf dem Geländer aufgeschich-
tet liegen sah, wusste ich sofort, dass es sich hier um die gleichen
Flugblätter handeln müsse, wie sie zuvor von mir und meinem
Bruder auf der Treppe und im Flur im 1. Stock gefunden wurden.
Im Vorbeigehen habe ich den auf dem Geländer aufgeschichteten
Flugblättern mit der Hand einen Stoss gegeben, sodass diese in den
Lichthof hinunterflatterten.

Mein Bruder wurde auf diese Flugblätter erst aufmerksam, als sie bereits im Lichthof in der Luft flatterten. Ich sehe nun ein, dass ich durch mein Verhalten eine Dummheit gemacht habe die ich bereue aber nicht mehr ändern kann.

Wie bereits eingangs erwähnt, habe ich mit meinem Bruder etwa 10 Min. vor 11 Uhr das Universitätsgebäude betreten. Die ersten Flugblätter lagen auf der Treppe zum 1. Stock, und zwar ziemlich auf dem oberen Teil der Treppe. Auf dem ersten Teil der Treppe, also ganz unten und schon im Gang zu ebener Erde begegneten uns die bereits erwähnten Studenten darunter die Studentin Traute Laffrenz, die aus der Vorlesung des Prof. Huber kamen. Von dem Zeitpunkt ab, als wir die ersten Flugblätter im oberen Teil der Treppe im 1. Stock liegen sahen, bis zu dem Augenblick, als ich die Flugblätter von dem Geländer im 2. Stock in den Lichthof hinunterwarf, mögen ungefähr 4 Minuten vergangen sein. Mein Bruder und ich gingen im gemächlichen und langsamen Schritt die Treppen hinauf, haben unterwegs, wie bereits angegeben, Flugblätter aufgehoben und im Weitergehen flüchtig gelesen, wodurch sich unsere Gangart noch etwas verlangsamte. Als wir gerade im Begriffe waren, vom 2. in den 1. Stock herunter zu gehen, kam uns ein Mann entgegengestürmt, der meinen Bruder am Arm packte, indem er sagte, »ich verhafte Sie!«. Mein Bruder und ich gingen widerspruchslos mit diesem Mann (Hausschlosser der Universität Jakob Schmid) in die Amtsräume des Syndikus der Universität, Dr. Häfner.

Frage: Als Sie von dem Hausschlosser der Universität heute Vormittag gegen 11 Uhr im Universitätsgebäude betroffen wurden, war Ihr Koffer vollkommen leer, was auffallen muss, zumal Sie sich angeblich auf dem Wege zum Bahnhof befanden um nach Hause zu fahren. Was haben Sie dazu anzugeben:

Antwort: Vom 6. – Sonntag, den 14. 2. 43 hielt ich mich bei meinen Eltern in Ulm auf, habe auf der Rückfahrt von dort die Wäsche für meinen Bruder und mich mitgebracht und die schmutzige Wäsche von uns beiden am 6. 2. mit nach Ulm genommen. Inzwischen hat es bei uns keine schmutzige Wäsche gegeben und auch etwas anderes hatte ich nicht zum Mitnehmen.

Frage: Wenn Sie erst vom 6.–14. 2. 43 in Ulm waren, also erst vor einigen Tagen nach München zurückkehrten, dann ist es vollkommen unverständlich, dass Sie nun nach wenigen Tagen einen Betrag von nahezu 15.– RM ausgeben, um angeblich nochmals Frl. Düsenberg mit ihrem Kind zu sehen, mit denen Sie doch erst vor Tagen zusammen waren.

Antwort: Mit meinen Eltern hatte ich bereits verabredet, am kommenden Freitag zu ihnen nach Ulm zu kommen, weil ich das Wochenende zu Hause verbringen wollte. Ich habe daher die Reise nach Ulm um einen Tag vorverlegt, um Frl. Düsenberg nochmals zu sehen. Ausserdem besuchte uns gestern Nachmittag gegen 16 1/2 Uhr der Freund oder Verehrer meiner Schwester Inge, Otto A i c h e r , aus Ulm, der mir mitteilte, er wolle heute ebenfalls nach Ulm fahren um den Rest seines Urlaubes dortselbst zu verbringen. Es war mir ferner bekannt, dass Aicher um 11 1/2 Uhr mit dem Personenzug von Solln hier eintreffen wird, weshalb ich ihn am Holzkirchnerbahnhof abholen wollte.

Frage: Sie haben im Laufe Ihrer Vernehmungen an[ge]geben, auf dem Wege zur Universität keine Ihnen bekannten Personen gesehen zu haben, auf der Treppe zum 1. Stock in der Universität dagegen sei Ihnen die Medizinstudentin Traute Laffrenz begegnet. Haben Sie innerhalb der Universität nicht doch noch andere Ihnen bekannte Personen gesehen?

Antwort: Auf der Treppe zum 1. Stock ist mir ausser der Lafrenz eine weitere Studentin aus Ulm gesehen [sic], deren Name mir jedoch augenblicklich nicht mehr in Erinnerung ist. Ich habe dieses Frl. erstmals im Universitätsgebäude hier gesehen, weiss aber nicht, welche Vorlesungen sie besucht.

Frage: Können Sie sich nicht erinnern, innerhalb der Universität auch den Studenten Willi Graf gesehen zu haben?

Antwort: Einige Medizinstudenten in Uniform sind auf der Treppe zum 1. Stock an uns vorbeigegangen. Möglicherweise war

Graf dabei, ohne dass ich ihn bemerkt habe. Soviel weiss ich bestimmt, dass Lafrenz und die andere Studentin aus Ulm, die uns auf der Treppe begegneten, sich bei jener Gruppe von Studenten und Studentinnen befanden, von denen einzelne bereits Flugblätter der hier infrage stehenden Art in der Hand hatten. Nachdem diese Studenten aus der Vorlesung des Prof. Huber kamen, dessen Hörsaal sich im 1. Stock befindet, muss ich annehmen, dass die Flugblätter bereits im 1. Stock verbreitet waren, bevor mein Bruder und ich die Treppe hinaufkamen.

Frage: Unterhalten Ihr Bruder und Sie regen Briefwechsel mit Freunden und Bekannten?

Antwort: Nein. Mein Bruder und auch ich bekommen verhältnismässig wenig Post. Vielleicht alle 2 oder 3 Tage, manchmal auch in kürzeren oder längeren Zeitabständen erhält der eine oder andere von uns Post.

Frage: Wann kommt in der Regel die Früh- oder Nachmittagspost? Wo befindet sich Euer Briefkasten? Von wem wird der in der Regel entleert? Haben Sie heute Vormittag Post erhalten? Gegebenenfalls wer hat sie aus dem Briefkasten geholt?

Antwort: Die Frühpost kommt in der Regel um 9 1/2 Uhr, die Nachmittagspost kurz nach 17 Uhr. Ein gemeinsamer Briefkasten für das Anwesen Franz-Josef-Str. 13 Gartenhaus, befindet sich an der Innenseite unserer Haustüre im Gartenhause selbst. In diesen Briefkasten wird die Post für die Familie Langenlois, Familie Pichler, die Frau Schmidt und meinen Bruder und mich von der Aussenseite aus eingeschoben. Im allgemeinen wird der Briefkasten von der Frau Pichler entleert und die Post an die übrigen Hausgenossen verteilt. Da Frau Pichler seit etwa 8 Tagen beruflich ausserhalb des Hauses tätig ist, haben wir seitdem den Briefkastenschlüssel, den Frau Pichler zuvor in Besitz hatte. Heute Vormittag gegen 1/2 10 Uhr habe ich im Briefkasten nach evtl. eingelaufener Post nachgesehen und festgestellt, dass für uns nichts eingetroffen war. Lediglich für Frau Pichler war ein Brief und eine Postkarte eingegangen, die ich aus den Briefkasten nahm und im Hausflur auf unseren Garderobenständer legte (richtig, diese Post lag bei der Suchung auf dem Garderobenständer). Nach Entleerung des Briefkastens habe ich meinem Bruder mitgeteilt, dass für uns keine Post angekommen sei. Ob mein Bruder für heute Post erwartet hat, weiss ich nicht.

Als mein Bruder und ich heute Vormittag etwa um 10 Uhr 30 unsere Wohnung verliessen, war der Hausbriefkasten bestimmt leer, denn ich hatte ja denselben etwa eine Stunde vorher entleert. Nach Entleerung des Briefkastens habe ich denselben wieder verschlossen und den Schlüssel innerhalb unseres Glasabschlusses zwischen den Garderobenständer und dem Glasabschluss zu noch anderen Schlüsseln an einen Nagel gehängt. Beim Verlassen des Hauses um 10 1/2 Uhr verliessen mein Bruder und ich zusammen die Wohnung. Während mein Bruder die Wohnungstüre verschloss, habe ich entweder im Hausflur oder an der Haustüre auf ihn gewartet.

Unser Hausbriefkasten hat an der Rückseite ein kleines Glasfenster. Wenn sich also Post im Kasten befindet, kann man diese von aussen ohne weiteres sehen. Als ich gemeinsam mit meinem Bruder um die angegebene Zeit das Haus verliess, war der Briefkasten bestimmt leer, weil mir das im anderen Falle aufgefallen wäre.

Frage: Wer hat den Koffer vom Verlassen der Wohnung bis zu Ihrer Festnahme getragen?

Antwort: Vom Verlassen der Wohnung bis vor das Universitätsgebäude, hat meines Wissens mein Bruder den Koffer getragen. Innerhalb des Gebäudes haben wir den Koffer abwechselnd getragen, genau weiss ich das nicht mehr.

Frage: Haben Sie in letzter Zeit Briefmarken gekauft, wenn ja welche Sorten, welche Mengen und bei welchem Postamt?

Antwort: Vor etwa 10 oder 12 Tagen habe ich beim Postamt 23x in der Leopoldstrasse etwa 10 12er, vielleicht 5 6er, 4 4er und 4 8er Briefmarken gekauft, die ich inzwischen zusammen mit meinem Bruder vermutlich bis auf einen kleinen Rest, der sich in meinem Geldbeutel befinden muss, verbraucht habe.

Frage: Den Umständen nach, unter denen Sie im Universitätsgebäude angetroffen wurden, sind Sie dringend verdächtig, gemeinsam mit Ihrem Bruder die in Frage stehenden Flugblätter in Ihrem
Koffer in das Universitätsgebäude gebracht und dort verbreitet zu
haben. Es liegen eine Reihe von Tatsachen vor, die diesen Verdacht
rechtfertigen. Ich gebe Ihnen den dringenden Rat, speziell auf diese
Frage uneingeschränkt und ohne Rücksicht auf etwaige Nebenum-
stände, die Wahrheit zu sagen.

Antwort: Trotz ernster Vorhaltungen und Ermahnungen muss
ich nach wie vor bestreiten, sowohl mit der Herstellung als auch
mit der Verbreitung der infrage stehenden Flugblätter auch nur das
Geringste zu tun zu haben. Ich sehe selber ein, dass eine Reihe von
Verdachtsmomente[n] gegen meinen Bruder und mich sprechen
und dass dann, wenn die richtigen Täter nicht gefunden werden
sollten, dieser Verdacht unter Umständen an uns haften bleiben
wird.

Frage: Es kann also keinem Zweifel unterliegen, dass Sie heute
Vormittag beim Verlassen Ihrer Wohnung an der Haustüre DES
[sic!] Gartenhauses auf Ihren Bruder warteten, der inzwischen die
Wohnungsabschlusstüre zugeschlossen hat. Sie hätten es demnach
doch sehen müssen, wenn noch weitere Post im Hausbriefkasten
gewesen wäre, bezw. wenn Ihr Bruder zu diesem Zeitpunkt etwas
aus dem Briefkasten herausholte.

Antwort: Ich kann nur wiederholen, dass ich nicht gesehen habe,
dass sich noch Post im Briefkasten befand. Wenn mein Bruder zu
diesem Zeitpunkt etwas aus dem Briefkasten herausgenommen
hätte, wäre mir das bestimmt aufgefallen, zumal er ja zuerst den
Schlüssel hinter der Abschlusstüre im Wohnungsflur hätte holen
und den Briefkasten aufschliessen müssen. Ausserdem hätte ich
mich gegebenenfalls für diese Post evtl. interessiert, die ja auch an
mich selbst hätte adressiert sein können.

Beim gemeinsamen Weggehen vom Gartenhaus aus hat mein
Bruder bestimmt keinen Brief geöffnet oder gar gelesen *soweit ich
mich entsinnen kann [handschriftlich dazwischengefügt].*

Wenn dies der Fall gewesen wäre, müsste ich dies gesehen haben.

| Aufgenommen: | s. g. u. u.: |
|---|---|
| *Mohr* | *Sophie Scholl* |
| KOS. | |
| [Kriminalobersekretär] | |

Anwesend:
*Unterschrift*
Verw.Ang.

Geheime Staatspolizei
Staatspolizeileitstelle München

Fortsetzung der Vernehmung der Beschuldigten
Sophie S c h o l l

Nachdem mir eröffnet wurde, dass mein Bruder Hans S c h o l l sich entschlossen hat, der Wahrheit die Ehre zu geben und von den Beweggründen unserer Handlungsweise ausgehend die reine Wahrheit zu sagen, will auch ich nicht länger an mich halten all das was ich von dieser Sache weiss zum Protokoll zu geben. Nochmals eingehend zur Wahrheit ermahnt habe ich das folgende Geständnis abzulegen:

Es war unsere Überzeugung, dass der Krieg für Deutschland verloren ist, und dass jedes Menschenleben das für diesen verlorenen Krieg geopfert wird, umsonst ist. Besonders die Opfer die Stalingrad forderte bewogen uns, etwas gegen dieses unserer Ansicht nach sinnlose Blutvergiessen zu unternehmen.

Die ersten Gespräche die sich mit diesem Problem befassten, fanden im Sommer 1942 zwischen meinem Bruder und mir statt. Eine Möglichkeit diesem Lauf der Dinge entgegenwirken zu können, fanden wir vorläufig nur in einer Auseinandersetzung mit unseren ernstzunehmenden Bekannten über das, was uns am tiefsten bewegte. Sehr bald mussten mein Bruder und ich einsehen, dass durch dieses Vorgehen unsererseits eigentlich nichts getan sei, das geeignet sein könnte den Krieg auch nur um einen Tag abzukürzen. Bei der gegenseitigen Aussprache mit meinem Bruder kamen wir schliesslich im Juli vorigen Jahres überein, Mittel und Wege zu finden auf die breite Volksmasse in unserem Sinne einzuwirken. Es tauchte damals auch der Gedanke auf Flugblätter zu verfassen, herzustellen und zu verbreiten, ohne die Verwirklichung dieses Planes schon ins Auge zu fassen. Ob der Gedanke der Flugblattherstellung von meinem Bruder oder mir ausging, weiss ich heute nicht mehr genau. Etwa im Juni 1942 haben wir Alexander S c h m o r e l l , mit dem wir schon seit längerem befreundet sind und den wir gesinnungsmässig für zugänglich hielten, ins Vertrauen gezogen. Hier möchte ich erwähnen, dass der Vater des Schmorell Deutsch-Russe und seine Mutter Russin ist (letztere ist bereits gestorben). Vor Ausbruch des Krieges gegen Sowjetrussland war Schmorell politisch vollkommen uninteressiert. Erst später d. h. nach Beginn der Feindseligkeiten mit Russland begann er sich für den Verlauf des Krieges zu interessieren, besonders für die militärischen Ereignisse. Schmorell hängt mit grosser Liebe an Russland, obwohl seine Eltern seinerzeit aus Russland flüchten mussten, nach Deutschland emigrierten, hier die deutsche Staatsangehörigkeit erwarben, die auch der Sohn Schmorell heute besitzt. Wenn er auch innerlich ein absoluter Gegner des Bolschewismus ist, hegt er dennoch Gefühle für sein Vaterland, das ihn in politischer Hinsicht unsicher macht. Bei den ersten Besprechungen mit Schmorell, hat dieser verschiedene Einwände gegen unsere Pläne erhoben indem er darauf hinwies, das gäbe sich alles von selbst und bedürfe keines Zutuns. Wenn Schmorell sich schliesslich bereit erklärte mit uns der Verwirklichung unserer Pläne näher zu treten, dann in erster Linie deshalb, weil er politisch nicht nüchtern genug denkt und sehr begeisterungsfähig ist.

Nach vielen und langen Unterredungen über dieses Thema zwischen meinem Bruder und mir, reifte im Dezember 1942 bei uns der Entschluss, ein Flugblatt zu verfassen in grösserer Zahl herzustellen und zu verbreiten. Schmorell hat wohl um diese Zeit von unserem feststehenden Plan gewusst, trat jedoch aktiv nicht in Erscheinung, sondern war vielmehr zuerst Mitwisser und Zuhörer.

Das erste Flugblatt mit der Überschrift »Flugblätter der Widerstandsbewegung in Deutschland. Aufruf an alle Deutsche!« und dem Schlussatz »unterstützt die Widerstandsbewegung, verbreitet die Flugblätter!«, hat mein Bruder zusammen mit mir verfasst und zwar kurz nach Neujahr 1943. Der Text des Flugblattes in Form eines Probeentwurfs auf der Schreibmaschine haben wir »Alex« gezeigt, der den Inhalt hinnahm ohne irgendwelche Ergänzungs- oder Abänderungsvorschläge zu machen. Nachdem die Sache soweit gediehen war, bestand die nächstliegende Aufgabe darin das nötige Abzugspapier, Briefumschläge und Matrizen beizuschaffen. Mein Bruder und ich machten uns auf den Weg und kauften in den hiesigen Papierwarengeschäften zusammen etwa 10 000 Blatt Abzugspapier, ferner zusammen etwa rund 2000 Briefumschläge. Weiter hat mein Bruder bei einem hiesigen Fachgeschäft einen neuen Vervielfältigungsapparat (Marke unbekannt), zum Preise von RM 200.– gekauft. Auch die Matrizen, etwa 20 Stück hat mein Bruder gekauft.

Die Matrizen zu den einzelnen Flugblättern hat mein Bruder auf der Schreibmaschine, die uns »Alex« zur Verfügung stellte in meinem Beisein geschrieben. Die Abzüge haben wir dann gemeinsam auf unserem Vervielfältigungsapparat hergestellt.

Die Adressen wurden nur und zwar ausschl. von meinem Bruder und mir geschrieben. Ich benützte meistens die Schreibmaschine der Frau Schmidt und schrieb jene Adressen, bei denen Anrede, Name und Wohnort nicht untereinander, sondern auf dem Briefumschlag nach rechts abgestuft, niedergeschrieben sind. Mein Bruder dagegen benützte die Schreibmaschine des »Alex« und schrieb auf den Umschlägen Anrede, Name und Ort genau untereinander. Die notwendigen Adressen von Wien, Salzburg, Linz, Augsburg, Stuttgart und Frankfurt haben in der Hauptsache mein Bruder und ich im Deutschen Museum aus den dort aufliegenden Adressbüchern der Städte, Jahrgänge 39–41 herausgeschrieben. Einmal hat auch »Alex« solche Adressen mit herausgeschrieben. Die Briefe mit Flugblättern zur Verbreitung in den Städten ausserhalb Münchens, haben wir in einem Zeitraum von etwa 14 Tagen postversandfertig gemacht und erst dann die Briefe an den einzelnen Orten aufgegeben. Am 25. Januar 1943 fuhr ich nachmittags um 15 Uhr mit dem Schnellzug nach Augsburg wo ich eine Stunde später ankam. In einer Aktentasche führte ich rund 250 Briefe an in Augsburg wohnende Adressaten mit. Da etwa 100 dieser Briefe nicht frankiert waren kaufte ich mir beim Bahnpostamt in Augsburg 100 Briefmarken a 8 Pfennig und habe die unfrankierten Briefe mit Marken versehen und bei der Bahnpost eingeworfen. Ungefähr die Hälfte der Briefe habe ich in den Schalterbriefkasten geworfen und die andere Hälfte in den Hausbriefkasten vor dem Postgebäude. Darnach fuhr ich am gleichen Abend um 20 Uhr 15 von Augsburg zurück nach München wo ich mit dem um 21 Uhr 6 ankommenden Schnellzug eintraf. Am nächsten Vormittag (26. 1. 43) etwa um 6 Uhr fuhr Schmorell mit dem Schnellzug über Salzburg, Linz nach Wien und hat auf der Strecke in Salzburg und Linz die Briefe für diese Städte aufgegeben und schliesslich in Wien jene für Wien und Frankfurt. Für Salzburg waren 200, für Linz 200, für Wien 1000, für Frankfurt 300 hergerichtet. Nur die für Frankfurt bestimmten Briefe mussten noch frankiert werden. Ursprünglich beabsichtigten wir, auch die Frankfurter Briefe aus Portoersparnisgründen in Frankfurt selbst aufzugeben. Von diesem Plan kamen wir schliesslich ab, weil wir errechneten, dass das Fahrgeld nach Frankfurt mehr ausmachte als wir an Porto hätten sparen können, wenn jemand nach Frankfurt gefahren wäre. Aus diesem Grunde wurden die für Frankfurt bestimmten Briefe voll frankiert und von »Alex« in Wien aufgegeben.

Die für Stuttgart bestimmten Briefe, zwischen 600 und 700 Stück, habe ich nach Stuttgart gebracht und dort aufgegeben. Ich fuhr am Mittwoch, den 27. 1. 43 um 16 Uhr 30 mit dem Schnellzug hier ab und traf um 19,55 Uhr in Stuttgart-Hauptbahnhof ein. Von den in einem kleinen Koffer mitgeführten Briefen, alle

frankiert für den Ortsverkehr, habe ich noch am Abend des
27. 1. 43, alsbald nach meiner Ankunft, nicht ganz die Hälfte zum
Teil am Bahnhof und in Stuttgart Süd, in Briefkästen eingeworfen.
Den Rest habe ich am 28. 1. 43 im Laufe des Tages in den Vororten
von Stuttgart in Briefkästen geworfen. In der Nacht vom 27./28.
hielt ich mich im Wartesaal 2. oder 3. Klasse auf. Übernachtet habe
ich jedenfalls nicht. Die Rückreise nach München trat ich am
28. 1. 43 um 23 Uhr 25 an und kam in München am 29. 1. 43 um
3 Uhr 5 an. Weil um diese Zeit noch keine Strassenbahn ging,
musste ich den Weg zu meiner Wohnung zu Fuss zurücklegen.

Wenn ich zuerst, wenn auch nur bei der Unterhaltung, angegeben habe, bei der Flugblattaktion in München in der Nacht von
28./29. gemeinsam mit meinem Bruder, die hier zur Verbreitung
gelangten, etwa 2000 Flugblätter, ausgestreut zu haben, so muss
ich nun zugeben, dass dies nicht richtig ist, denn in der Nacht v.
28./29. befand ich mich, während hier in München die Flugblätter
ausgestreut wurden, auf dem Wege von Stuttgart nach München.
Die Verbreitung bezw. Ausstreuung der Flugblätter in München
wurde von meinem Bruder und Schmorell durchgeführt. Wie man
mir mitteilte, haben beide abends am 28. 1. 43 um 11 Uhr mit der
Verbreitung begonnen und bis kurz vor 4 Uhr etwa 2000 Flugblätter ausgestreut. Mein Bruder hat angeblich vom Bahnhof aus in
nördlicher Richtung die Flugblätter verteilt, während Schmorell
den südlichen Teil der Stadt bearbeitete.

Nach der mir bekanntgegebenen Beschreibung eines Mannes,
etwa 30 bis 35 Jahre alt, etwa 1,70 m gross, schlank, usw., der am
Vormittag des 4. 2. 43 zwischen 7 und 8 Uhr im Hauptpostamt
München in der Vorhalle, Flugblätter der Widerstandsbewegung
in Deutschland in dort aufliegende Telefonverzeichnisse gelegt
haben soll, kann ich nur angeben, dass ich mir nicht denken kann,
wer dies gewesen sein könnte, sofern nicht mein Bruder in Betracht
kommt. Mein Bruder ist allerdings grösser als 1.70 m, besitzt keinen grauen Gummimantel mit breitem Kragen und trug noch nie
ein sogen. Lippen- oder Menjou-Bärtchen. Auch aus meinem üb-

rigen Bekanntenkreis ist mir niemand bekannt, auf den diese Beschreibung auch nur annähernd passen könnte.

Ich gebe auch zu, bei meinen Besorgungen in der Stadt, in der
Zeit vom 30.1.–6. 2. 43 etwa, in 4 oder 6 Fällen, Flugblätter »der
Widerstandsbewegung« in Telefonkabinen, parkenden Autos etc.
abgelegt zu haben. Wo dies im einzelnen war, weiss ich heute nicht
mehr. Jedenfalls führte ich zu dem angegebenen Zweck bei meinen
Gängen durch die Stadt, jeweils einige Flugblätter in meiner Hand-
tasche bei mir, um gegebenenfalls bei günstigen Gelegenheiten
davon Gebrauch machen zu können.

Der Student Willi G r a f , wohnhaft in München, Mandelstr. 1,
war an der Herstellung und Verbreitung der Flugblätter in keiner
Weise beteiligt. Ich nehme an, dass er von unserer Flugblattaktion
Kenntnis hatte, muss jedoch erwähnen, dass er von mir nicht unterrichtet war. Aus Bemerkungen von ihm bei gelegentlichen Gesprächen, habe ich geschlossen, dass er wissen musste und den
Umständen nach angenommen hat, dass wir uns mit der Herstellung und Verbreitung von Flugblättern befassen. An einzelne Bemerkungen solcher Art, kann ich mich heute nicht mehr erinnern.

In München haben wir neuerdings etwa 1200 Flugblätter mit der
Überschrift »Kommilitoninnen! Kommilitonen!« in der Zeit vom
6.–15. 2. vervielfältigt, die Briefumschläge bezw. Wurfsendungen
mit Anschriften versehen und versandfertig gemacht. Bei dieser
Arbeit hat neben meinem Bruder und mir Schmorell lediglich beim
Zukleben der Briefe mitgewirkt. Den braunen Klebestreifen zum
Verschliessen der Wurfsendungen hat er zur Verfügung gestellt und
die Wurfsendungen zugeklebt.

Auch bezüglich des Vorganges heute Vormittag in der Universität München möchte ich nun die Wahrheit sagen, wobei ich bekennen muss, dass diese Flugblätter durch meinen Bruder und
mich in dem, bei meiner Festnahme sichergestellten Koffer, in die
Universität gebracht und dort ausgestreut wurden. Es handelte
sich meiner Schätzung nach um 1500–1800 Flugblätter mit der
Überschrift »Kom[m]ilitoninnen! Kom[m]ilitonen!« und etwa

50 Stück mit der Überschrift »Aufruf an alle Deutsche«. Diese Flugblätter transportierten wir zum grösstenteil in dem erwähnten Koffer, aber auch die Aktentasche meines Bruders war mit solchen Flugblättern angefüllt. Innerhalb des Universitätsgebäudes trug mein Bruder den Koffer, während ich die Flugblätter an den verschiedensten Orten ablegte, oder ausstreute. In meinem Übermut oder meiner Dummheit habe ich den Fehler begangen, etwa 80 bis 100 solcher Flugblätter vom 2. Stockwerk der Universität in den Lichthof herunterzuwerfen, wodurch mein Bruder und ich entdeckt wurden.

Ich war mir ohne weiteres im Klaren darüber, dass unser Vorgehen darauf abgestellt war, die heutige Staatsform zu beseitigen und dieses Ziel durch geeignete Propaganda in breiten Schichten der Bevölkerung zu erreichen. Unsere Absicht war ferner, in geeigneter Weise weiter zu arbeiten. Wenigstens vorerst und auch für später hatten wir nicht die Absicht, noch weitere Personen ins Vertrauen zu ziehen und zur aktiven Mitarbeit zu gewinnen. Dies schon deshalb nicht, weil uns dies zu gefährlich schien. Gerade diese Frage habe ich vor einiger Zeit mit meinem Bruder besprochen, kam jedoch nach Abwägung von Vor- und Nachteilen zu der Überzeugung, dass dies zu gefährlich sei.

Wenn die Frage an mich gerichtet wird, ob ich auch jetzt noch der Meinung sei, richtig gehandelt zu haben, so muss ich hierauf mit ja antworten, und zwar aus den Eingangs angegebenen Gründen. Ich bestreite ganz entschieden, von dritter Seite gemeinsam mit meinem Bruder zu unserem Vorgehen veranlasst, aufgefordert oder finanziell unterstützt worden zu sein. Mein Bruder und ich haben vollkommen aus ideellen Gründen gehandelt und alle entstandenen Unkosten, die sich meiner Schätzung nach auf ungefähr 800–1000 RM belaufen dürften, aus eigener Tasche bestritten. Schmorell hat uns zur Durchführung der Flugblattaktion einen Betrag von 150.– bis 200 RM geliehen, den wir im Laufe der nächsten Monate zurückerstatten wollten.

Den Vervielfältigungsapparat, welcher von meinem Bruder

eigens zum Zwecke der Herstellung von Flugblättern gekauft
wurde, haben wir vor 14 Tagen oder 3 Wochen in dem Atelier des
Kunstmalers E y c k e m e i r , Leopoldstr. 38, Rckg., hinterstellt.
Eyckemeir befindet sich z. Zt. als Architekt in Krakau und hat seit
einiger Zeit das Atelier an den Kunstmaler Wilh. G e y e r aus
Ulm, Syrlinstr. Nr.?, vermietet. Geyer übergab uns den Schlüssel zu
diesem Atelier um dadurch in die Lage versetzt zu sein, unseren
Freunden und Bekannten, einige Bilder vorzuzeigen die Geyer in
diesen Räumen aufgehängt hat. Geyer hat keine Ahnung davon,
dass wir unseren Vervielfältigungsapparat im Keller des erwähnten
Atelier's hinterstellt haben. Hierzu kommt, dass sich Geyer nur
einige Tage in der Woche zur Arbeit in München aufhält und die
andere Zeit in Ulm tätig ist.

Zum Schlusse möchte ich noch erwähnen, dass unsere Mietge-
berin Frau Schmidt, gut nationalsozialistisch eingestellt ist und von
unserem Tun und Treiben keinerlei Ahnung hat. Soweit notwendig, bitte ich, der Frau Schmidt und deren Tochter das Vorgefallene
schonend beizubringen, zumal die Tochter Schmidt sich in geseg-
neten Umständen befindet und demnächst ihrer Niederkunft ent-
gegensieht. Ich möchte daher jede Aufregung bei diesen Leuten
vermeiden.


Aufgenommen:                          selbst gelesen u. unterschrieb.:
*Mohr*                                        *Sophie Scholl*
KOS.

                                                    Anwesend:
                                                    Verw.Ang.


II A/Sond./Mo. München, den 20. 2. 43


Fortsetzung der Vernehmung Sophie Scholl


Frage: Seit wann kennen Sie den San.Feldw. Willi G r a f , in welchem Verhältnis standen Sie zu ihm und in welcher Weise war die-

ser an der Flugblattaktion beteiligt? Sie haben sich zu dieser Frage bei Ihrer früheren Vernehmung schon einmal kurz geäussert, es ist jedoch der dringende Verdacht gegeben, dass Sie gerade in diesem Punkte, aus welchen Gründen sei dahingestellt, noch nicht die volle Wahrheit gesagt haben.

Antwort: Feldwebel Graf habe ich erstmals gesehen und vielleicht auch kurz gesprochen, als mein Bruder Hans S c h o l l Mitte Juli 1942 zusammen mit der Studentenkomp. nach Russland abgestellt wurde. Zur Verabschiedung von meinem Bruder begab ich mich zum Ostbahnhof, wo mir Graf durch meinen Bruder vorgestellt wurde. Ob ich mich bei dieser Gelegenheit mit Graf unterhielt weiss ich heute nicht mehr.

Graf hab ich dann erst wiedergesehen, nachdem er Mitte November 1942, wie auch die übrigen Angehörigen der Studentenkomp., aus Russland zurückgekommen war und sich wieder in München aufhielt. Die zweite Begegnung mit ihm erfolgte meines Wissens Anfang Dezember 1942, gelegentlich eines Konzert's, wo weiss ich nicht mehr.

Bis Ende Juli 1942 wohnte ich in München, Mandelstr.l/I b.Berrsche. Ich habe diese Wohnung aufgegeben, weil mir das zur Verfügung stehende Zimmer zu klein war. Andere Gründe die mich zu einem Wohnungswechsel veranlasst hätten, waren nicht gegeben, schliesslich nur noch, dass ich nach einer Gelegenheit suchte, mit meinem Bruder in ein und derselben Wohnung unterzukommen. Ich erwähne ausdrücklich, dass um die damalige Zeit von einer etwaigen Propaganda gegen den heutigen Staat zwischen meinem Bruder und mir in keiner Weise die Rede war. Um wieder auf mein früheres Zimmer im Hause Mandelstr. 1 zurückzukommen, muss ich noch hinzufügen, dass Graf nach seiner Rückkunft aus Russland ein Zimmer suchte und ihn mein Bruder auf mein früheres Zimmer Mandelstr. 1, aufmerksam machte, das um diese Zeit noch frei war, weil die Vermieterin eine weitere Vermietung gar nicht mehr beabsichtigte. Graf hat dieses Zimmer dann auch bekommen, wo er bis zum Schluss wohnte. Auch die Schwester des

Graf, die Studentin Anneliese Graf, kam Anfang Januar bei der
Familie Berrsche in Untermiete.

   Willi Graf kam in der Zeit von Anfang Dez. 42 bis zuletzt ungefähr 10–12 × zu einem kürzeren oder längeren Besuch zu meinem
Bruder und mir nach Franz-Josef-Str. 13. Es handelte sich meistens
um kürzere Besuche und nur 4 oder 5 × hielt er sich in den Abendstunden länger als eine Stunde, höchstens bis 2 1/2 Stunden auf. Ich
erkläre ausdrücklich, dass Graf an der von meinem Bruder und mir,
unter Mitbeteiligung des S c h m o r e l l , durchgeführten Propagandatätigkeit (Abfassung, Herstellung und Verbreitung von Flugblättern) in keiner Weise aktiv tätig war. Auch haben mein Bruder
und ich es gemieden, andere Personen in diese Angelegenheit einzu-
weihen, dies schon aus Sicherheitsgründen, nicht zuletzt aber um
andere Menschen bezw. Freunde und Bekannte nicht auch mit zu
belasten. Ich versichere wiederholt, dass Willi Graf und dessen
Schwester Anneliese weder durch mich, noch in meinem Beisein
von meinem Bruder Hans, nicht einmal andeutungsweise, von unserer Propaganda-Tätigkeit unterrichtet wurde. Richtig ist dagegen, dass wir (mein Bruder und ich) mit Graf offen und frei Tages-
fragen oder die politische bezw. militärische Lage besprachen. Graf
hat unsere Meinung, dass wir den Krieg nicht gewinnen könnten
und sich dadurch die heutige Regierungsform nach einem Zusammenbruch automatisch ändern müsse und auch ändern werde,
weitgehendst geteilt. Oft haben wir uns auch über allgemeine Fragen unterhalten, zwischendurch jedoch auch über Politik, philosophische oder theologische Fragen. Einmal erinnere ich mich, haben
wir uns eingehend mit der Frage befasst, ob die christliche und nationalsozialistische Weltanschauung miteinander in Einklang gebracht werden könnten. Nach einer längeren Debatte waren wir
schliesslich der übereinstimmenden Meinung, dass der christliche
Mensch Gott mehr als dem Staat verantwortlich sei. Ein andermal
wurde zwischen uns (mein Bruder, Graf und mir) ausgehend von
den heutigen Kriegsereignissen, die Frage erörtert, ob der Mensch,
besonders aber der christliche Mensch, der an die Gebote Gottes

gebunden ist, töten dürfe, wie dies von den Soldaten an der Front verlangt wird. Hier kamen wir zu dem Ergebnis, dass auch der christliche Mensch im Kampf gegen den Feind töten dürfe, weil der Kämpfer nicht als Einzelperson für sein Tun verantwortlich sei, denn er handle ja als unselbständiges Glied einer übergeordneten Macht. Solche und ähnliche Themen wurden gemeinsam mit Graf des öfteren besprochen, wobei ich feststellen konnte, dass im allgemeinen unsere Meinung übereinstimmte.

Nach dem Umfang und der verhältnismässig grossen Zahl von Flugblättern die fast gleichzeitig an verschiedenen Orten Süddeutschlands auftauchten, konnte man als Uneingeweihter zweifellos der Meinung sein, es handle sich um eine grössere Organisation, die diese Propaganda planmässig betreibe. Wenn wir die Flugblätter z. B. in Wien, Salzburg, Linz, Augsburg und Stuttgart an dort wohnende Adressaten an Ort und Stelle bei der Post aufgaben, dann geschah dies nicht nur aus Ersparnisgründen, sondern wir wollten dadurch den Eindruck erwecken, als befände sich an Ort und Stelle eine Organisation, die sich in ihrer Propaganda gegen den heutigen Staat wendet. Der Gedanke durch dieses Vorgehen von München, d. h. dem Ort unserer Tätigkeit abzulenken, lag uns dabei vollkommen fern.

Mit meinem Bruder hab ich auch einmal darüber gesprochen, dieses Thema wurde sogar öfters behandelt, dass die Gestapo nach dem Auftauchen der Flugblätter, insbesondere fast gleichzeitig an verschiedenen Orten und der verhältnismässig grossen Zahl, der Meinung sein wird, dass hier eine grössere Organisation am Werk sein wird. Wir haben uns über diese Irreführung sogar öfters lustig gemacht, und zwar hauptsächlich dann, wenn mein Bruder und ich zu später Nachtstunde einmal etwa 6000 Flugblätter herstellten. Die gesamten, von uns zur Verbreitung gebrachten Flugblätter, wurden einzig und allein durch meinen Bruder und mich in 2 verschiedenen Nächten hergestellt. Im ersteren Falle handelte es sich um etwa oder annähernd 6000 Flugblätter mit der Überschrift: »Flugblätter der Widerstandsbewegung in Deutschland« und der

Überschrift »Aufruf an alle Deutsche!«, die entweder in der Nacht vom 21./22. oder 22./23. 1. 43 hergestellt wurden. Auf einem Teil dieser Flugblätter, die textlich alle gleich sind, fehlt lediglich die Überschrift »Flugblätter der Widerstandsbewegung in Deutschland«, dies kam daher, dass die Matrize während unserer Arbeit oben abriss und an der Abriss[s]telle verklebt werden musste, wodurch die Überschrift nicht mehr auf den Abzügen erschien, weil sie verklebt war.

Wenn mir vorgehalten wird, dass zur Herstellung dieser Flugblätter mindestens 8 verschiedene Matrizen verwendet wurden, so muss ich dies zugeben, denn beim Herstellen der Abzüge ist uns die Matrize immer wieder zerrissen, musste verklebt und schliesslich wegen Unbrauchbarkeit neu geschrieben werden.

Von der zweiten Art von Flugblättern wurden insgesamt rund 3000 hergestellt. Diese tragen die Überschriften »Kommilitoninnen! Kommilitonen!« und »Deutsche Studentin! Deutscher Student!«. Auch diese Flugblätter sind textlich vollkommen gleich, nur die Überschrift wurde einmal geändert. Diese Änderung ist darauf zurückzuführen, dass die Matrize nach der Herstellung von schätzungsweise etwas mehr als der Hälfte der Flugblätter vollkommen unbrauchbar war, von meinem Bruder neu geschrieben werden musste, welche Gelegenheit er dazu benützte die Überschrift zu ändern. Diese Herstellung erfolgte ebenfalls wieder durch meinen Bruder und mich, etwa in der Nacht vom 4./5. 2. 43. Im ersteren Falle begannen wir etwa um 20 Uhr und waren um 3 oder 4 Uhr fertig und im zweiten Falle, arbeiteten wir ungefähr von 21 Uhr – 1 Uhr.

Ich erwähnte dies alles so ausführlich um zu zeigen, dass die beim Herstellen der Flugblätter zu bewältigende Arbeit bei der uns zur Verfügung stehenden Einrichtung von meinem Bruder und mir ohne weiteres bewältigt werden konnte. Mehr Arbeit und Zeitaufwand als beim Vervielfältigen war notwendig, all die vielen Briefumschläge zu besorgen und zu adressieren. Lediglich beim Zukleben der Wurfsendungen war uns Schmorell am letzten Sonntag

Abend (14. 2. 43) in soweit behilflich, als er die zuammengefalzten und mit einer Adresse versehenen Flugblätter auf der Rückseite mit braunen Klebestreifen verschloss. Eine andere Person als S c h m o r e l l hat bei dieser Arbeit nicht mitgewirkt, besonders auch G r a f hatte damit nichts zu tun.

Ich erwähnte schon einmal, dass ich der Meinung bin, dass Graf den Umständen nach wissen oder vermuten musste, dass wir als Hersteller und Verbreiter dieser Flugblätter in Betracht kommen. Es ist dies allerdings nur eine Annahme von mir, denn sicher bin ich mir in diesem Punkte nicht. Mit aller Bestimmtheit kann ich jedoch sagen, dass er durch mich über unsere Tätigkeit in keiner Weise, nicht einmal andeutungsweise orientiert wurde.

Frage: In welchem Verhältnis stehen Sie zu der Schwester des Willi G r a f , Anneliese G r a f , bezw. in welcher Weise steht sie im Zusammenhang mit Ihrer Propagandatätigkeit?

Antwort: Anneliese Graf habe ich erstmals gesehen, als ich im Dezember 1942 (es war zu Anfang des Monats) einen Koffer bei meiner früheren Wirtin, Frau Berrsche, abholte. Bei dieser Gelegenheit wurde mir die Graf von ihrem Bruder vorgestellt. Ich hab mich auch kurz mit ihr unterhalten, jedoch nur über Fragen ihres Studiums. Insgesamt bin ich 8–10 × mit der Anneliese Graf in Berührung gekommen. Unsere Unterhaltung bezog sich durchwegs auf literarische, musikalische oder andere Gebiete der Wissenschaft, niemals jedoch auf Politik. Die Graf halte ich, ohne mir ein abschliessendes Urteil erlauben zu wollen, für vollkommen unpolitisch. Ich bleibe nach wie vor darauf bestehen, dass die Anneliese Graf mit unserer propagandistischen Tätigkeit, dem Herstellen der Flugblätter, dem Besorgen oder Schreiben der Briefumschläge nicht das Geringste zu tun hat. Ich bin sogar der festen Meinung, dass sie davon nicht einmal eine Ahnung hatte.

Frage: Bei Durchsuchung der Räume des Ateliers Eickemeyer, bezw. der Kellerräume desselben wurde u. a. eine Schablone zur Fertigung der Schrift »Nieder mit Hitler!« gefunden. Dabei befanden sich 1 paar Handschuhe, Farbe und Pinsel etc. Was ist Ihnen über die Beschaffung der Schablone und des Zubehörs und über deren Verwendung bekannt?

Antwort: Die mir vorgezeigte Schablone sehe ich jetzt zum ersten Mal, von deren Vorhandensein war mir bisher nicht das Geringste bekannt. Im Zusammenhang mit dieser Frage erinnere ich mich nun, vor etwa drei Wochen auf dem Schreibtisch meines Bruders kleine etwa 6 bis 8 mm breite Blechstreifen vorgefunden zu haben, über deren Herkunft ich mir damals keine Vorstellung machen konnte. Weil ich mir weiter nichts dabei dachte, habe ich meinen Bruder nicht darüber befragt, wo diese Blechstreifen hergekommen seien. Nachdem ich aber nun diese Schablone gesehen habe, bin ich der Meinung, dass es sich bei diesen Blechstreifen um die Buchstabenausschnitte der in Frage stehenden Schablone waren [sic!]. Auch bei diesen Blechstreifen handelte es sich um Weissblech von der Art, der mir vorgezeigten Schablone.

Im Laufe unserer propagandistischen Tätigkeit haben wir vornehmlich in der letzten Zeit den Gedanken erwogen, uns mit Flugblättern an die Studenten zu wenden, weil wir die Auffassung vertraten, dass die meisten der Studenten revolutionär und begeisterungsfähig sind, sich vor allem aber etwas zu unternehmen getrauen. Wenn ich in diesem Zusammenhang von revolutionären spreche, dann ist das nicht so aufzufassen, als seien die Studenten in Revolutionsstimmung gegen den heutigen Staat, was ja keinesfalls zutrifft. Jedenfalls habe ich meinem Bruder bei Erwägung dieser Gedanken den Vorschlag gemacht, man solle an der Universität und deren Umgebung Farbaufschriften anbringen, welche Aufschriften zeigen sollten, dass noch Kräfte vorhanden seien, die gegen den heutigen Staat arbeiten. Bestimmte Vorschläge textlicher Art habe ich meinem Bruder nicht gemacht. Mein Bruder gab mir auf meinen Vorschlag hin zur Antwort, wir wollten uns vorerst einmal an die Verbreitung von Flugblättern halten, die Wirkung abwarten und sehen, was man weiter unternehme. Nebenbei erwähnte mein Bruder, wenn man Aufschriften anbringen wolle, müsse man zuerst Farbe herbeischaffen, was jedenfalls einige

Schwierigkeit bereiten würde, da heute Farbe schwer zu bekommen ist.

Als ich am Donnerstag, den 4. 2. 43 gegen 10 Uhr zur Universität kam, um dort bei Professor Huber die Vorlesung zu besuchen, sah ich, dass an der rechten Seite des Einganges zur Universität zweimal in grosser Schrift das Wort »Freiheit« angeschrieben war. Ferner sah ich, dass verschiedene Stellen an Häusern der Ludwigstrasse mit weissem Papier überklebt waren. An einer Stelle haben Strassenpassanten ein solches Papier weggerissen, worauf ich mich davon überzeugen konnte, dass jedenfalls mittels Schablone die Aufschrift »Nieder mit Hitler« und ein mit zwei Strichen durchkreuztes Hakenkreuz aufgemalt war.

Als ich nach der Vorlesung nach Hause kam, gab ich meinem Bruder von meinen Wahrnehmungen Kenntnis. Mein Bruder war über meine Mitteilung nicht überrascht, hat sie als interessante Neuigkeit hingenommen und sogleich die Frage an mich gerichtet, ob die Aufschrift schon weggemacht sei oder nicht und wie diese Aufschrift von den Studenten aufgenommen worden sei. Ich erzählte meinem Bruder, dass zahlreiche Putzfrauen damit beschäftigt seien die Aufschrift abzuwaschen, was aber einige Schwierigkeiten verursachte. Bezüglich der Studenten sagte ich, einige hätten die Aufschrift als eine »Schweinerei« bezeichnet, während andere darüber gelacht hätten.

Am Abend vor diesem Vorfall hat mein Bruder bereits beim Abendessen etwa um 7 Uhr (19 Uhr) gesagt, er müsse noch zur Frauenklinik zu einer Entbindung. Nach dem Abendessen begaben sich mein Bruder, meine Schwester Elisabeth, die sich damals vorübergehend bei uns aufhielt und ich zum Bayerischen Hof, wo wir einem Konzert beiwohnten. Nach dem Konzert begleitete uns unser Bruder nach Hause und ging nach 1/2 Stunde, etwa um 11 (23 Uhr) in seiner alltäglichen Kleidung von zu Hause weg. Ob er eine Aktenmappe oder ein anderes Beförderungsmittel mitgenommen hat, weiss ich nicht. Auch kann ich nicht angeben, wann mein Bruder in jener Nacht (3./4. 2. 43) nach Hause kam. Ich habe ihn erst wieder gesehen, als ich am nächsten Vormittag aus dem Bett aufstand. Ob wir am Vortage Herrenbesuch hatten, weiss ich nicht mehr genau, glaube dies aber nicht.

Frage: In Ihrer Wohnung wurde ein Notizbuch (Notenheft) gefunden, in welchem sich eine grössere Anzahl von Adressen und anderer Aufzeichnungen befinden. Was haben Sie dazu anzugeben?

Antwort: Die Zeichen und Zahlen auf der ersten Seite dieses Notizbuches enthalten Ausgaben, (geldlicher Art) die ich für persönliche Dinge und die Beschaffung von Papier, Briefumschläge, Briefmarken etc. zur Herstellung der Flugblätter und deren Versand aufgewendet habe. Die nunmehr rot unterstrichenen Zeichen und Zahlen beziehen sich auf Ausgaben, für Zwecke der Propaganda. Die Gesamtsumme beläuft sich auf RM 385.–, soweit es meine Aufstellung betrifft, bezw. soweit überhaupt von mir etwas aufgeschrieben wurde. Hier möchte ich erwähnen, dass in dem soeben festgestellten Betrag nur ein Teil unserer Gesamtausgaben für Zwecke der politischen Propaganda enthalten sind. Unsere Gesamtausgaben dürften sich nach meiner Schätzung auf etwa RM 800.– bis 1000.– belaufen, einschliesslich der Bahnfahrten.

Dieses Notizbuch enthält ferner 272 Adressen von Personen in Augsburg und 14 Adressen von Personen in München. Diese Adressen habe ich selbst aus Adressbüchern, (Jahrgang ist mir nicht bekannt) die im Deutschen Museum aufliegen, herausgeschrieben.

Die Adressaten von Augsburg erhielten bis auf etwa 12 Propagandabriefe der sogenannten »Widerstandsbewegung in Deutschland«. Nur Personen, deren Anschrift ich beim Schreiben der Adresse nicht mehr gut lesen konnte, habe ich ausgelassen, dies waren ungefähr 12. Die Münchner Adressaten, die in diesem Buch verzeichnet sind, erhielten überhaupt keine Briefe.

Frage: In Ihrer Wohnung wurde auch ein Verzeichnis der Studenten der Universität München für das Wintersemester 1941/42 vorgefunden. Wie kamen Sie zu diesem Verzeichnis und in welcher Weise haben Sie davon Gebrauch gemacht?

Antwort: Dieses Verzeichnis hat mein Bruder am letzten Sonntag (14. 2. 43) bei Vorbereitung von Propagandabriefen mit der Überschrift »Kommilitoninnen! Kommilitonen!« oder »Deutsche Studenten! Deutsche Studentin!« beigebracht. Ob mein Bruder dieses Verzeichnis schon früher im Besitz hatte, weiss ich nicht. Jedenfalls haben wir aus diesem Verzeichnis und zwar wahllos etwa 1500 Adressen von Studenten herausgeschrieben, die auf dem Postwege mit den erwähnten Propagandaschriften versorgt wurden.

Frage: U. a. wurden auch Angehörige von Studentenkompanien mit Propagandabriefen ihrer Art versorgt. Woher hatten Sie diese Adressen und wer hat sie geschrieben?

Antwort: Mir ist nur bekannt, dass verschiedene Angehörige der in der Bergmannschule untergebrachten Studentenkompanie Propagandabriefe von uns erhielten. Die Adressen hat mein Bruder, der dieser Kompanie angehört, geschrieben. Wieviel Briefe an Angehörige der Studentenkompanie hinausgingen, weiss ich nicht. Auch vermag ich nicht anzugeben, ob auch Angehörige anderer Studentenkompanien mit solchen Briefen bedacht wurden. An die Front wurden meines Wissens, ich kann das sogar bestimmt sagen, keine Briefe mit Flugblättern geschickt.

Frage: Nach den Sachverständigenfeststellungen ist anzunehmen, dass bei der Beschriftung der Briefe bezw. beim Schreiben der Anschriften mehr als zwei verschiedene Schreibmaschinen benützt wurden. Ferner möchte ich von Ihnen wissen, wie Sie zu der Remington-Schreibmaschine gekommen sind.

Antwort: Hier kann ich nur wiederholen, dass zum Schreiben der Anschriften bei den zahlreichen Briefen (zwischen drei- und viertausend) nur zwei verschiedene Schreibmaschinen und zwar jene der Frau Schmitt (kleine Erica) und die Schreibmaschine die Schmorell besorgt hat, benützt wurden.

Auch zu der Frage, wo S c h m o r e l l die Remington-Schreibmaschine hergebracht hat, kann ich mich nur auf meine früheren Angaben berufen. Es war Mitte Januar 1943, als S c h m o r e l l eines Tages während meiner Abwesenheit die in Frage kommende

Remington-Schreibmaschine gebracht hat. Ich habe Schmorell nicht aufgefordert eine Schreibmaschine zu besorgen und nehme daher an, dass die Anregung dazu von meinem Bruder ausging, wem diese Schreibmaschine gehört, weiss ich nicht. Ich nehme jedoch an, dass sie Schmorell bei einem Freund oder Bekannten geliehen hat. Genau weiss ich dies allerdings nicht.

Frage: Wann und durch wen erhielten Sie Kenntnis von dem Flugblatt »Die Weisse Rose«? Was hatten Sie selbst mit dieser Sache zu tun?

Antwort: Im vorigen Sommer etwa Mitte Juli hat mir Frl. Traute L a f r e n z , Studentin der Medizin, (Wohnung in München unbekannt) mit der ich gut bekannt bin, während einer Vorlesungspause in der Universität ein Flugblatt mit der Überschrift »Flugblätter der Weissen Rose« zum Lesen gegeben. Meines Wissens war dieses Flugblatt am Kopf mit der Zahl IV (römische Zahlen) versehen. Ich glaube mich auch erinnern zu können, dass mir die Lafrenz bei der Übergabe dieser Druckschrift mitteilte, sie habe diese am gleichen Tage oder einige Tage vorher erhalten. Die Schrift wurde ihr in einem Briefumschlag durch die Post zugesandt. Als ich diese Flugschrift durchgelesen habe, standen mein Bruder und meines Wissens auch der Student Hubert F u r t w ä n g l e r (ein Neffe des bekannten Dirigenten) aus dem Schwarzwald, nähere Anschrift unbekannt, neben mir und haben die Schrift über meine Schulter hinweg mitgelesen. Mein Bruder hat weder durch Mienen, Gebärden oder Bemerkungen erkennen lassen, dass er mit. dieser Schrift, d. h. mit der Herstellung und Verbreitung irgendetwas zu tun hatte. Noch während des Lesens habe ich an die umstehenden Personen die Frage gerichtet, was wohl die Überschrift »Die weisse Rose« zu bedeuten habe. Meines Wissens gab mein Bruder zur Antwort, dass seiner Erinnerung nach während der franz. Revolution die verbannten Adeligen eine weisse Rose als Symbol auf ihren Fahnen geführt hätten. Wenige Tage später habe ich mich mit meinem Bruder nochmals über dieses Flugblatt unterhalten, wobei er auf meine Frage, wer wohl als Verfasser dieses

Flugblattes in Frage komme zur Antwort gab, es sei nicht gut nach dem Verfasser zu fragen, weil man diesen dadurch nur gefährde.

In sonstiger Weise habe ich von dem Flugblatt »Die Weisse Rose« nichts gesehen und nichts gehört. Ich muss ganz entschieden bestreiten, sowohl mit der Abfassung der Herstellung oder Verbreitung dieser Schrift auch nur das Geringste zu tun zu haben. Noch im Juli 1942 ging unter den Studenten das Gerücht, wer mir das damals gesagt hat, weiss ich heute nicht mehr, die Verbreiter der »Weissen Rose« habe man gefasst, d. h. verhaftet, abgeurteilt und hingerichtet.

Frage: Den Umständen nach ist anzunehmen, dass Sie zur Bestreitung der Ihnen zur Durchführung der Flugblattpropaganda entstehenden Kosten von dritter Seite finanzielle Zuwendungen erhielten.

Antwort: Ich habe schon einmal angegeben, dass dies nicht der Fall ist. Sämtliche entstandenen Unkosten für Beschaffung des nötigen Materials des Vervielfältigungsapparates, der Briefmarken, Reisekosten usw., wurden einzig und allein von meinem Bruder und mir bestritten. Richtig ist allerdings, dass die uns zur Verfügung stehenden Geldbeträge zur Bestreitung unseres Lebensunterhaltes, Bezahlung der Vorlesungsgebühren, Beschaffung des zur Herstellung der Flugschriften notwendigen Materials etc. nicht ausreichte, weshalb ich gezwungen war, bei verschiedenen Freunden und Bekannten Geld zu leihen. So habe ich mir von Schmorell kurz nach Weihnachten 1942 einen Betrag von RM 200.– und vor etwa 4 Wochen nochmals RM 45.– geliehen. Schmorell habe ich nicht gesagt, dass diese Geldbeträge zur Bestreitung der durch die Herstellung der Flugblätter notwendigen Auslagen seien, doch konnte oder musste er dies den Umständen nach annehmen. Ich bin seit 1 Jahr mit Schmorell bekannt, mein Bruder etwa seit 2 Jahren, zu früheren Zeiten habe ich von Schmorell nie Geld geliehen.

Seit 8 oder 9 Jahren bin ich mit Fritz Hartnagel, 26 Jahre alt, aus Ulm, bekannt. Genannter ist aktiver Offizier der Luftwaffe (Hauptmann), befand sich bei der 6. Armee in Stalingrad, hat starke Erfrierungen erlitten und wurde dieserhalb noch vor Beendigung der Kämpfe mit dem Flugzeug abtransportiert und befindet sich nunmehr in einem Lazarett in Lemberg. Mit Hartnagel verbindet mich seit 1937 ein Liebesverhältnis und hatten wir auch die Absicht, uns später einmal zu heiraten. Im Mai 1942 hat mir Hartnagel während eines kurzen Urlaubs einen Betrag von RM 200.– für meine Zwecke zur Verfügung gestellt. Später und zwar im Juli erhielt ich nochmals 100.– RM. Von diesem Betrag von insgesamt RM 300.– habe ich für Hartnagel ungefähr 40.– RM zum Ankauf von Büchern für ihn ausgegeben. Den Restbetrag von RM 260.– habe ich seit Beginn unserer Flugblattaktion verbraucht.

Zur Berichtigung obiger Angaben möchte ich nachtragen, dass die Vorlesegebühren für mich und meinen Bruder von meinem Vater bezahlt werden.

Frage: Seit wann sind Sie mit dem Student der Medizin Christof P r o b s t aus Lermoos bei Garmisch bekannt und in welchem Verhältnis standen Sie zu ihm? Was hatte er mit der Flugblattaktion zu tun, bezw. in welcher Weise war er beteiligt?

Antwort: Im Mai 1942 wurde mir Probst bei einem Konzert durch Schmorell oder meinen Bruder vorgestellt. In der Folgezeit kam ich und zwar bis Beendigung des Sommersemesters wöchentlich etwa 2 bis 3 mal bei Konzerten oder in seiner bezw. unserer Wohnung mit ihm zusammen und habe mich mit ihm unterhalten. Verschiedentlich war mein Bruder zugegen, oft aber auch nicht.

Die politische Einstellung des Probst deckt sich im Wesentlichen mit der meines Bruders und der meinen. Auch er vertrat die Meinung, dass wir diesen Krieg nicht mehr gewinnen könnten. In seinen Äusserungen gegen den heutigen Staat hat er sich uns gegenüber zurückgehalten, wohl mit Rücksicht auf seine zahlreiche Familie. Seine Frau wurde erst unlängst von dem dritten Kind entbunden und hat jetzt noch Wochenbettfieber. Mit der Abfassung der Flugblätter, deren Herstellung und Verbreitung hat er meines Wissens nicht das Geringste zu tun.

Wenn mir vorgehalten wird, dass Probst erst unlängst einen Entwurf zu einem neuen Flugblatt geliefert habe, so muss ich der Wahrheit gemäss angeben, davon bis jetzt nichts gewusst zu haben.

Mit Probst und dessen Frau bin ich eng befreundet. Bei der Frau des Probst habe ich im Laufe des letzten Jahres etwa viermal einen Wochenendbesuch gemacht. Bei Probst handelt es sich nach meiner Meinung charakterlich und geistig um einen über dem Durchschnitt gefestigten bezw. begabten Menschen, der verantwortungsbewusster zu sein scheint, als Schmorell. Die Frau des Probst lebt ganz ihrer Familie und geht vollkommen in der Sorge um ihre Kinder auf. Meines Erachtens ist diese Frau vollkommen unpolitisch.

Frage: Nennen Sie der Reihe nach Ihre gut Bekannten und befreundeten Personen.

Antwort: Ausser den bereits besprochenen Freunden und Bekannten etc. wären hier noch folgende nachzutragen:

M u t h  Karl, Professor, wohnt München-Solln, Dittlerstr. 10, durch Otto A i c h e r  vor 1 Jahr kennengelernt, komme selten zu ihm zur Erkundigung seines Wohlergehens, sehr religiöser Mann, politische Gespräche wurden bisher nicht geführt. 77 Jahre alt, körperlich sehr schwach.

A i c h e r  Otto, Wehrmachtangehöriger, z. Zt. wegen Krankheit Genesungsurlaub, Truppenteil unbekannt. Aicher ist aus Ulm, wo seine Eltern Glockengasse 10 wohnen.

Ist der Geliebte der Schwester Inge, hat 8 Klassen Realschule, jedoch nicht das Abitur, weil er nicht der HJ angehört hat. Er ist sehr religiös und nicht nationalsozialistisch eingestellt, sonst aber unpolitisch, da er ganz andere (philosophische und künstlerische) Interessen verfolgt.

R e i f f  Erika, Ulm, Weinsteige 8.

Abiturientin, im 7. oder 8. Semester als Medizinstudentin

an der Universität München seit Dezember 1942. Hier einmal im Konzert getroffen, sonst keinen Umgang mit ihr.
Politisch gut nationalsozialistisch eingestellt.

R e m p p i s  Lisa, wohnt Leonberg b. Stuttgart Adolf Hitler-
strasse 16.
      Jugendfreundin, 19 Jahre alt, Schülerin des Fröbelseminars
      in Stuttgart. Regen Schriftwechsel, persönlicher Natur.
      Selbst unpolitisch, ihr Verlobter, ehem. Offizier, (Kriegsbe-
      schädigter) positiv für den heutigen Staat eingestellt.

Andere Freundschaften unterhalte ich nicht.
      Frage: Im Laufe der Vernehmung habe ich ihnen zwischendurch
einen Schal vorgezeigt und die Frage an Sie gerichtet, ob er Ihnen
oder ihrem Bruder gehöre oder ob Sie sonst wüssten, wer der Ei-
gentümer desselben sei.
      Antwort: Dieser Schal gehört weder meinem Bruder noch mir,
ferner ist mir nicht bekannt, wessen Eigentum er sonst sein könnte.
Ich kann mit bestem Gewissen zu dieser Frage keine positiveren
Angaben machen.
      Wenn mir vorgehalten wird, dass in diesen Schal Flugblätter ein-
gewickelt waren, die kurz nach unserer Festnahme im Universitätsgebäude gefunden wurden, so kann ich mir die Zusammenhänge
nicht erklären.
      Frage: Was wissen Sie von einem Flugblatt mit der Überschrift:
»10 Jahre Nationalsozialismus!«?
      Antwort: Ein Flugblatt mit diesem Titel war mir bis jetzt voll-
kommen fremd. Nachdem mir dieses Flugblatt im Original vorgezeigt wurde, kann ich mit Sicherheit sagen, dass dieses Flugblatt
weder von meinem Bruder noch von mir stammt. Über den Hersteller oder Verbreiter vermag ich keinerlei Angaben zu machen.
      Frage: Wann ist Schmorell zur Besorgung der Propagandapost
nach Salzburg, Linz und Wien gefahren, wann kam er zurück und
wo hat er gegebenenfalls übernachtet?

Antwort: Schmorell ist am 26. 1. 43 (an einem Dienstag) vormittags um 6 Uhr mit dem Schnellzug von München nach Salzburg, Linz und Wien gefahren und kam am 28. 1. 43 vormittags um 4 Uhr wieder nach München zurück. Ob er in einer dieser Städte übernachtete, weiss ich nicht, nehme es aber nicht an, da Schmorell sehr wenig Geld bei sich hatte, weshalb er vielleicht gar nicht übernachten konnte, selbst wenn er dies gewollt hätte.

Frage: Ich habe schon einmal die Frage an Sie gerichtet, was die benützte Vervielfältigungsmaschine gekostet hat. Sie sagten 200.– RM, ist das richtig?

Antwort: Mein Bruder hat den Vervielfältigungsapparat gekauft und weiss ich nicht genau, was er gekostet hat, ich glaube aber etwa RM 200.– vielleicht auch etwas mehr.

Frage: Zum Schlusse Ihrer nun umfangreichen Vernehmung habe ich die Frage an Sie zu richten, ob Sie nicht aus eigenem Entschluss etwas anzugeben haben, was zur Klärung der Sache beitragen kann oder noch nicht aufgeklärt ist.

Antwort: Auf diese Frage möchte ich noch angeben, dass ich am 5. oder 6. Februar 1943, nachdem ich am 4. 2. an der Universität die Aufschrift »Freiheit« gesehen hatte, meinen Bruder unter vier Augen mit den Worten zur Rede stellte: »Das stammt wohl von Dir?« ich meinte damit, das Anschreiben des Wortes »Freiheit«, worauf ich von ihm lachend die Bestätigung erhielt. Ich weiss nicht mehr ob er nur mit dem Kopf nickte, oder meine Frage mit »ja« beantwortete. Ich habe meinem Bruder in diesem Zusammenhang den Rat gegeben, mich bei ähnlichen Schmierereien mitzunehmen, um ihn vor evtl. Überraschungen zu schützen. Ich erwähnte noch, dass wir gegebenenfalls im Falle einer Überraschung Arm in Arm weitergehen könnten und wir dann nicht auffallen würden. Mein Vorschlag leuchtete ihm wohl ein, er hat sich jedoch nicht einverstanden erklärt, weil er die Meinung vertrat, solche Arbeiten seien für ein Mädchen nicht geeignet.

Auch in einem anderen Punkt habe ich nicht die Wahrheit gesagt, was ich vor Abschluss meiner Vernehmung berichtigen möchte.

Die auf Seite 1 des bei mir vorgefundenen Notizbuches vorgetragenen Geldbeträge wurden restlos und ausschliesslich für Zwecke der politischen Propaganda (Herstellung von Flugblättern) verwendet. Auf der linken Seite oben befindet sich der Buchstabe E, soll heissen Einnahmen und auf der rechten Seite der Buchstabe A, soll heissen Ausgaben. Der Gesamtbetrag von E (Einnahmen) beläuft sich auf RM 1103,50 und jener der Ausgaben auf RM 690,50. Ich muss hier betonen, dass ich nicht alle Auslagen notiert habe. Ausserdem glaube ich, dass ich unter der Rubrik Einnahmen den einen oder anderen Betrag entweder doppelt aufgeschrieben habe, oder dass Einzelbeträge in anderen grösseren Summen bereits enthalten waren, also doppelt verbucht wurden. Die Einnahmen und Ausgaben müssen sich ungefähr auf gleicher Höhe bewegen, denn andere Beträge als angegeben, standen mir nicht zur Verfügung und unsere Kasse ist bis auf einen Restbetrag von rund RM 40.– aufgebraucht.

Zum Schlusse meiner Angaben möchte ich noch anführen, dass ich nun alles angegeben habe, was mir von dem Ermittlungsgegenstand überhaupt bekannt ist. Ich habe mit Wissen nichts verschwiegen oder etwas hinzugesetzt, das nicht der Wahrheit entspricht. Sollte mir noch nachträglich etwas einfallen, was mit der Sache in Zusammenhang steht und noch nicht eingehend geklärt und besprochen ist, so werde ich mich freiwillig zur weiteren Vernehmung melden.

Schlussfrage: Während der Gesamtvernehmung, die sich über zwei volle Tage erstreckte, haben wir zwischendurch, wenn auch nur streiflichtartig, verschiedene politische und weltanschauliche Fragen besprochen. Sind Sie nach diesen Aussprachen nun nicht doch zu der Auffassung gekommen, dass man Ihre Handlungsweise und das Vorgehen gemeinsam mit Ihrem Bruder und anderen Personen gerade in der jetzigen Phase des Krieges als ein Verbrechen gegenüber der Gemeinschaft insbesondere aber unserer im Osten schwer und hart kämpfenden Truppen anzusehen ist, das die schärfste Verurteilung finden muss.

Antwort: Von meinem Standpunkt aus muss ich diese Frage verneinen. Ich bin nach wie vor der Meinung, das Beste getan zu haben, was ich gerade jetzt für mein Volk tun konnte. Ich bereue deshalb meine Handlungsweise nicht und will die Folgen, die mir aus meiner Handlungsweise erwachsen, auf mich nehmen.

Aufgenommen:                          Laut diktiert und auf noch-
  *Mohr*                              malige Nachlesung und Über-
  KOS.                                prüfung verzichtet:
                                      *Sophie Scholl*

  Anwesend:
  *Unterschrift*
  VA.

(Bundesarchiv Berlin R 3001 147268)

# Vernehmung Jakob Schmid

II A-So./Schm.                      München, den 18. Febr. 1943.

<u>Vernehmung</u>.

Bestellt, findet sich ein, der verh. Hausschlosser der Universität
Jakob <u>Schmied</u>,

geb. 25. 7. 86 zu Traunstein, in München, Türkenstr. 33/I HE.
wohnhaft, und gab an:

»Als ich heute, den 18. 2. 43 gegen 11,15 Uhr meinen üblichen
Kontrollgang durch das Universitätsgebäude machte und dabei im
Lichthof die Treppe herunterging, sah ich auf einmal, dass von der
Rampe des Lichthofes im 2. Stock eine größere Menge Papier herabgeworfen wurde. Von meinem Standort aus, konnte ich nicht an
die Abwurfstelle hinschauen. Ebenso war es auch ganz unmöglich,
daß mich jemand ohne weiteres sehen konnte, der sich auf dem
Gang im 2. Stock aufgehalten hat. Ich habe mich nun nicht lange
besonnen und auch nicht weiter überlegt, sondern bin gleich auf
meiner Treppe bis zum Mittelstockwerk hinabgelaufen, um dann
von dort aus auf der anderen Treppe empor zu laufen. Ich war also
schon nach etwa einer Minute auf dem Gang im 2. Stock und habe
dort einen unbekannten Studenten und eine unbekannte Studentin
den Gang entlang gehen gesehen. Weitere Personen waren nicht zu

sehen. Ich bin sofort auf die Beiden zugegangen und habe ihnen ohne Umschweife gesagt, daß sie mit mir kommen müßten. Dieser Aufforderung kamen sie auch nach. Ich habe ihnen dann gesagt, daß sie soeben dieses Papier hinabgeworfen hätten. Daraufhin machte der Studen[t] die Bemerkung: ›Lächerlich so etwas, es ist eine Unverschämtheit einem in der Universität herinnen festzunehmen!‹

Ich ließ mich aber von dieser Bemerkung nicht irre machen und erklärte den Beiden, dass sie verhaftet seien.

Als ich die Beiden im Gang des 2. Stockwerks angetroffen habe, trug die Studentin einen rötlichen Handkoffer bei sich. Diese Studentin war es auch, die mir gegenüber ohne weiteres zugegeben hat, den Stoß Papier in den Lichthof hinabgeworfen zu haben. Den betr. Gang können alle Leute, die die Universität besuchen, betreten. Es fällt dort auch weiter nicht auf, wenn fremde Personen dorthin kommen, weil sich im 2. Stock 2 Hörsäle und 2 Seminare befinden. Nach der ganzen Sachlage kann das Papier aber nur von den Beiden herabgeworfen worden sein. Ich ging damit in die Hausverwaltung. Mit dem Hausverwalter, Sekr. Scheidhammer, führte ich die Festgenommenen zum Syndikus, RR. Hefner, der die Polizei verständigte. Die herbeigerufenen Kriminalbeamten nahmen dann bei dem von mir festgenommenen Studenten eine körperliche Durchsuchung vor. Dabei wurden in seinen Taschen mehrere Flugblätter (gefalzt) vorgefunden und sichergestellt. Weiter habe ich beobachtet, daß der Student mehrere Papierfetzchen zu Boden fallen ließ bezw. unter anderes Papier hineinfallen lassen wollte.

Ich glaube nicht, dass die nach der Festnahme der Beiden auf dem Boden zusammengesuchten Flugblätter längere Zeit auf dem Gang des 2. Stockwerkes gelegen haben konnten. Da die betr. Studentin einen leeren Handkoffer bei sich hatte, wohin die abgeworfenen Flugblätter mengenmäßig genau hineinpassen, kann kaum ein Zweifel darüber bestehen, dass die Beiden die fragl. Flugblätter selbst in die Universität hineingebracht und dort in den Lichthof hinabgeworfen haben.

Ich werde in der Öffentlichkeit über meine Wahrnehmungen Stillschweigen bewahren. »

Aufgenommen:                                                        Lt. U.
*Schmauß*, KS.                                              *Schmid Jak.*

(Bundesarchiv Berlin R 3017 34635, S. 6 ff.)

# Erinnerungen Else Gebel, 1946

Dem Andenken an Sophie S c h o l l

Vor mir liegt Dein Bild, Sophie, ernst fragend, zusammen mit Deinem Bruder und Christoph Probst aufgenommen. Als ob Du ahnen würdest, welch schweres Schicksal Du erfüllen musst, das Euch drei im Tode vereint. –

Heute, nach fast 3 Jahren, soll ich Deinen Lieben Deine letzten Erdentage schildern. Gerne erfülle ich den Wunsch, denn sie sind mir trotz all dem Schweren, das auch mich traf, noch so lebendig in Erinnerung.

Februar 1943. Als politische Gefangene werde ich in der Gefängnisverwaltung der Gestapo-Leitstelle München in der Aufnahmestelle beschäftigt und meine Tätigkeit besteht darin, andere Unglückliche, die in die Hände der Gestapo gefallen sind, zu registrieren und sie in die immer größer werdende Kartei einzureihen. Tagelang herrscht schon fiebernde Aufregung unter Gestapo-Beamten. Immer mehr häufen sich die nächtlichen Beschreibungen der Straßen und Häuser mit »Nieder mit Hitler«, »es lebe die Freiheit« und nur »Freiheit«.

In der Universität werden in kurzen Abständen Flugblätter gefunden, die verstreut in den Gängen und auf den Treppen liegen. Alle rufen die Studenten zum Widerstand auf. – In der Gefängnis-

Verwaltung fühlt man die Spannung, die in der Luft liegt, sehr deutlich. Kein Sachbearbeiter kommt vom Hauptgebäude, die meisten sind zur »Sonder-Such-Aktion« eingesetzt. Was für mutige Kämpfer für die Freiheit werden sie zu Fall bringen? Wir, die wir die Methoden dieser brutalen, gnadenlosen Menschen kennen, bangen voll Sorge für die, welche es wiederum ereilt.

Am Donnerstag, den 18. Februar früh, wird vom Hauptgebäude telefonisch durchgegeben: »Einige Zellen für heute freihalten.« Ich frage den Beamten, dem ich unterstellt bin, wer wohl kommen wird und erhalte zur Antwort: »Die Maler«.

Ein paar Stunden später und du stehst, von einem Beamten begleitet, im Aufnahmeraum, Sophie. Ruhig, gelassen, fast heiter über all die Aufregung rings um dich. Dein Bruder Hans war kurz vorher aufgenommen und bereits in einer Zelle verwahrt worden. – Jeder Neueingelieferte muss sich seiner Papiere und Habseligkeiten entledigen und wird dann einer Leibesvisitation unterzogen. In der Gestapo sind keine weiblichen Gefängnis-Beamtinnen und so soll ich dies Amt übernehmen. Wir stehen uns das erste Mal allein gegenüber und ich kann dir zuflüstern:

»Wenn Sie irgendein Flugblatt bei sich haben, vernichten Sie es jetzt, ich bin selbst Häftling.« Glaubst du mir, oder meinst du, die Gestapo stellt dir eine Falle? Deinem ruhigen, freundlichen Wesen kann man nichts anmerken. Du bist nicht im Geringsten aufgeregt. Ich fühle den Druck von mir weichen; hier hat man sich gründlich getäuscht. Niemals hat sich dies liebe Mädel mit dem offenen Kindergesicht bei solch waghalsigen Unternehmungen beteiligt. Du kommst sogar in eine Ehrenzelle, die sonst meist nur »entgleiste« Nazi-Größen beherbergt. Die »Ehre« besteht darin, daß ein größeres Fenster, ein kleiner Spind drin ist und die Decken weiß überzogen sind. Ich muss unterdessen meine riesige Habe aus meiner bisherigen Zelle unter Aufsicht holen und werde zu dir reinverlegt. Wieder sind wir kurze Zeit allein. Du hast dich auf das Bett gelegt und fragst, wie lange ich schon in Haft sei und wie ich es hier hätte. – Gleich erzählst du mir, dass du wohl ein schwerer Fall seiest und mit nichts Gutem zu rechnen hättest. Ich rate dir noch, ja nichts einzugestehen, wovon sie keine Beweise hätten. – »Ja, das habe ich bis jetzt auf der Uni und bei der kurzen Vernehmung in der Gestapo getan«, gibst Du mir zurück, aber es ist da noch so Manches, was sie finden können. –

Schritte nähern sich der Zellentür, du wirst zur Vernehmung geholt, ich zur Arbeit. – Indessen ist es wohl 3 Uhr geworden. Es werden noch verschiedene Studenten und Studentinnen eingeliefert, manche nach kurzem Verhör wieder entlassen. – Dein Bruder Hans ist schon beim Verhör. – Was werden die »oben« wohl indessen an Belastendem entdeckt haben? – Es wird 6 Uhr, das Abendessen wird verteilt, da werdet ihr, getrennt voneinander, ins Gefängnis runtergebracht. Ein Hausbursche, auch Häftling, bringt Dir die heisse Suppe und Brot, da kommt ein Telefonruf: »Die beiden Scholl's dürfen nichts zu essen bekommen, sie werden in einer halben Stunde weiterverhört.« Hier unten denkt aber niemand daran, euch das Essen zu entziehen und so seid ihr Beide doch etwas gestärkt für das kommende Verhör. Es ist 8 Uhr und ich bin mit meiner letzten Arbeit, der »Gefängnis-Belege-Liste« fertig. Wieder ein paar Unglückliche mehr in diesem Leidenshaus. Um 10 Uhr lege ich mich zu Bett und warte auf Dein Kommen, schlaflos liege ich da und starre mit Angst im Herzen in die sternklare Nacht hinaus. Ich versuche zu beten für Dich, um ruhiger zu werden. Die Beamten flüsterten am Abend so geheimnisvoll miteinander. Selten bedeutet dies etwas Gutes und nun verrinnt eine Stunde nach der anderen und Du kommst nicht zurück. Übermüdet schlafe ich gegen Morgen ein. – Um ½ 7 Uhr wird der Kaffee von einem Hausburschen reingereicht. Dabei erfahre ich, wenn sich etwas Neues ereignet hat. Meine kleine Hoffnung, Du wärest in der Nacht vielleicht doch entlassen worden, wird schnell zunichte. Ihr wäret beide die ganze Nacht verhört worden; gegen Morgen hättet ihr unter dem Druck des Belastungsmaterials, nach vorher stundenlangem Leugnen, gestanden. – Vollkommen niedergeschlagen nehme ich meine trostlose Tätigkeit wieder auf. Mir ist bange, in welcher Verfassung du runterkommen wirst und ich traue meinen Augen nicht, als du gegen 8 Uhr, wohl etwas angegriffen, aber so vollkommen ruhig dastehst. Du bekommst, noch bei mir im Aufnahmeraum stehend, Dein Frühstück und erzählst dabei, dass Du heute Nacht sogar Bohnenkaffee beim Verhör bekommen hast. Du wirst dann in die Zelle zurückgebracht und ich gehe unter dem Vorwand, etwas vergessen zu haben, mit. Bis der Beamte mich wieder holt, habe ich doch allerhand von Dir erfahren. – Du hast lange versucht, zu leugnen. Aber man hatte ja bei Hans in der Uni ein aufgesetztes Flugblatt gefunden. Hans hatte es wohl sofort zerrissen und gab an, es von einem Studenten zu haben, dessen Name er nicht wisse. Aber die Gestapospitzel hatten Eure Zimmer bereits auf das Genaueste durchsucht. Das zerrissene Flugblatt war säuberlich zusammengeklebt und stimmte die Handschrift mit der eines Freundes überein. – Da wusstest Du, daß für Euch zwei nichts mehr zu retten war und von diesem Moment an war Deine Losung nur mehr, »alle Schuld auf uns nehmen, daß kein neuer Freund in Gefahr kommt.« Für ein paar Stunden lässt man Dich in Ruhe, und du schläfst fest und tief. Ich fange an, dich zu bewundern. All diese stundenlangen Verhöre ändern nichts an Deiner ruhigen, gelassenen Art. Dein unerschütterlicher, tiefer Glaube gibt dir die Kraft, Dich für andere zu opfern. Heute, Freitag Abend. Du mußtest den ganzen Nachmittag so viel Fragen und Antworten über dich ergehen lassen, bist aber keineswegs abgespannt. Du erzählst mir von der baldigen Invasion, die ja unbedingt in spätestens acht Wochen eintreten wird. Dann wird es Schlag auf Schlag gehen und wir werden endlich von dieser Tyrannei befreit sein. Wie gerne will ich es glauben, nur, daß du nicht mehr dabei sein sollst? Du bezweifelst es. Als ich Dir aber sage, wie lange schon mein Bruder ohne Verhandlung in Haft ist, über ein Jahr, hoffst auch Du. Und bei Euch dauert es bestimmt auch lang. Zeit gewonnen, alles gewonnen. – Heute erzählst Du mir, wie oft Du schon die Flugblätter in der Uni verstreut hättest und trotz dem Ernst der Lage müssen wir beide lachen, als du erzählst, Du seiest kürzlich auf dem Rückweg Deiner

»Streutour« auf eine Putzfrau zugegangen, welche die Flugblätter von der Treppe einsammeln wollte, und sagtest zu ihr: »Wozu heben Sie die Blätter auf? Lassen Sie die ruhig liegen, die sollen doch die Studenten lesen.« – Dann wieder, wie sehr ihr Euch stets bewußt wart, wenn je uns die Häscher der Gestapo erwischen, müssen wir mit dem Leben bezahlen. Wie gut kann ich verstehen, daß Euch oft geradezu eine übermütige Stimmung erfasste, wenn wieder eine Nachtarbeit, ob es Straßen-Transparente oder ein Schub Briefe der »Weißen Rose« waren, die wieder in den verschiedenen Briefkästen des Versandes harrten, getan war. Wenn ihr gerade im Besitz einer Flasche Wein gewesen seid, so wurde sie ob des guten Gelingens geleert. Auch eure gemeinsame letzte Tat schilderst Du mir. – Du hättest mit Hans bereits den Großteil der Flugblätter in der Uni verstreut und Ihr standet mit Eurem Koffer schon wieder in der Ludwigstraße, da fandet Ihr beide, man müßte doch eigentlich mit leerem Koffer heimkommen. Kurz entschlossen macht Ihr kehrt, zurück bis in die Uni bis oben rauf und werft mit Schwung den Rest in den Lichthof.

Das verursachte natürlich Lärm und die seit Tagen sich in der Uni befindlichen Gestapobeamten lassen sofort sämtliche Türen schliessen. Jeder muß sich genau ausweisen. Vollkommen leer sind mit einem Male die Gänge. Als Ihr die Treppe runtergeht, kommt euch schon der Pedell Schmiedel entgegen, um Euch der Gestapo zu übergeben. Spät hören wir an diesem Abend zu erzählen auf. Ich kann keinen Schlaf finden, Du aber atmest bereits tief und gleichmäßig.

Der Samstagvormittag bringt Dir wiederum stundenlange Verhöre, und als ich mittags reinkomme, um Dir froh zu verkünden, dass Du jetzt bestimmt bis Montag früh in Ruhe gelassen wirst, bist du darüber garnicht erfreut. Du findest die Vernehmungen anregend, interessant. Wenigstens hast Du das Glück, einen der wenigen sympathischen Sachbearbeiter zu haben. Er hat Dir (Mohr ist sein Name) an diesem Vormittag einen längeren Vortrag gehalten über den Sinn des Nationalsozialismus, Führer-Prinzip,

deutsche Ehre und wie sehr Ihr doch mit eurem Tun die deutsche
Wehrkraft zersetzt hättet. Er will Dir vielleicht noch eine Chance
bieten, als er Dich fragt: »Fräulein Scholl, wenn Sie dies alles, was
ich Ihnen jetzt erläutert habe, vorher gewußt und bedacht hätten,
so hätten Sie sich doch nie zu derartigen Handlungen hinreißen
lassen.« Und was ist Deine Antwort, tapferes, wahrheitsliebendes
Mädel? »Sie täuschen sich, ich würde alles genau noch einmal so
machen, denn nicht ich, sondern Sie haben die falsche Weltanschauung.«

Betreut werden wir an diesem Samstag und Sonntag von zur
Arbeit eingesetzten Haftkameraden. Ich habe die Möglichkeit, Tee
und Kaffee zu brauen, und jeder gibt sein Scherflein dazu. Wir
haben in unserer kleinen Zelle auf einmal die seltensten Reichtü-
mer: Zigaretten, Keks, Wurst und Butter. Wir können auch deinem
Bruder, um den du dich sehr bangst, davon raufschicken. Auch von
Willi Graf wird eine Zigarette mit der Aufschrift »Freiheit« geschickt. Der Sonntag-Morgen bringt Dir noch einen großen Schrecken. Beim Morgenkaffee wird mir zugeflüstert: »Heute Nacht ist
noch ein Hauptbeteiligter gekommen.« Ich erzähle es dir und du
denkst an keinen anderen als Alexander Schmorell. – Als ich um
10 Uhr zu evtl. Eintragungen geholt werde, ist der nächtliche Neu-
zugang schon registriert, die Karteikarte schon eingereiht. Ich
suche sie mir raus und lese: Christoph Probst, Hochverrat. 2 Stunden bin ich glücklich, Dir sagen zu können, dass es nicht Alex ist,
den die Häscher gefangen haben, aber dein Gesicht zeigt Entsetzen,
als ich dir Christl's Namen nenne. Zum ersten Mal sehe ich Dich
fassungslos. Christl, der gute, treue Freund, Vater von 3 kleinen
Kindern, den man gerade wegen seiner Familie nie mit einbezogen
hatte, ist dieses ersten Flugblattes wegen nun auch mit in den Strudel gerissen worden. Aber Du beruhigst Dich wieder; – man kann
Christl höchstens eine Freiheitsstrafe zudiktieren und die ist ja bald
überstanden. Mittag kommt Dein Sachbearbeiter, bringt auch
Obst, Keks und ein paar Zigaretten mit und erkundigt sich bei mir,
wie es Dir ginge. – Es ist wohl Mitleid, denn er weiß ja mit am

besten, was für schwarze Wolken über Euch sich zusammengezo-
gen haben. Wir sitzen am Nachmittag zusammen in unserer Zelle,
da wirst Du (es ist wohl 3 Uhr) geholt, um deine Anklageschrift in
Empfang zu nehmen. Mir erzählt man schnell, daß ihr drei morgen
schon Verhandlung habt. Der gefürchtete Volksgerichtshof tagt
hier und Freisler und seine brutalen Helfershelfer werden den Stab
über euch brechen. Liebe, liebe Sophie – Dein Schicksal ist bereits
entschieden. Du kommst nach wenigen Minuten zurück, blass,
sehr erregt. Deine Hand zittert, wie Du die umfangreiche Anklageschrift zu lesen beginnst. Aber je weiter du liest, umso ruhiger werden deine Züge und bis du zu Ende bist, hat sich deine Erregung
gänzlich gelegt. »Gott sei Dank« ist alles, was du sagst. Dann
fragst Du mich, ob ich den Schriftsatz lesen darf, ohne Unannehmlichkeiten zu bekommen. Selbst in dieser Stunde möchtest Du
nicht, dass Deinetwegen jemand in Gefahr kommt. Du lieber, reiner Mensch, wie habe ich Dich in den paar Tagen liebgewonnen.

Draußen ist ein sonniger Februartag. Menschen gehen froh und
heiter an diesen Mauern vorüber, nicht ahnend, daß hier wieder
drei mutige, wahrhafte Deutsche dem Tod überantwortet werden
sollen. Wir haben uns auf unsere Betten gelegt, und Du stellst mit
leiser, ruhiger Stimme Betrachtungen an. »So ein herrlicher sonniger Tag, und ich muss gehen. – Aber wieviele müssen heutzutage
auf den Schlachtfeldern sterben, wie viele junge, hoffnungsvolle
Männer … was liegt an meinem Tod, wenn durch unser Handeln
tausende von Menschen aufgerüttelt und geweckt werden. – - –
Unter der Studentenschaft gibt es bestimmt eine Revolte.« –

O, Sophie, Du weißt noch nicht, wie feig die Herde Mensch ist!
»Ich könnte doch auch an einer Krankheit sterben, aber hätte das
den gleichen Sinn?« – Ich versuche, Dir wieder einzureden, daß es
doch leicht möglich sein könnte, daß Du mit einer längeren Freiheitsstrafe durchkommst. Aber davon willst Du, getreue Schwester, nichts wissen. »Wenn mein Bruder zum Tode verurteilt wird,
so will und darf ich keine mildere Strafe bekommen. Ich bin genauso schuldig wie er.« Das Gleiche erklärst Du dem Pflichtvertei-

diger, den man pro forma herzitiert hat. Ob Du irgendeinen Wunsch hast? Als ob man von einer solchen Marionettenfigur einen Wunsch erfüllt bekäme! – Nein, du willst nur von ihm bestätigt haben, dass dein Bruder das Recht auf den Tod durch Erschiessen hat. Schließlich ist er doch Frontkämpfer gewesen. Er kann Dir darauf schon keine präzise Antwort geben. Über Deine weiteren Fragen, ob Du selbst wohl öffentlich aufgehängt oder durch das Fallbeil sterben sollst, ist er geradezu entsetzt. Derartiges in so ruhiger Art gefragt, noch dazu von einem jungen Mädchen, hat er wohl nicht erwartet. Wo sonst starke, kriegsgewohnte Männer zittern, bleibst du ruhig und gefasst. Aber er gibt dir natürlich ausweichende Antwort.

Mohr kommt noch einmal vorbei, Dir zu raten, möglichst heute noch Briefe an Deine Lieben zu schreiben, da Du in Stadelheim sicher nur kurze Briefe schreiben dürftest. Meint er es gut mit Dir, oder hofft man, durch den Inhalt der Briefe neues Material zu finden? Die Deinen haben jedenfalls nie eine Zeile dieser Briefe zu lesen bekommen. Nach 10 Uhr legen wir uns nieder. Du erzählst noch von Eltern und Geschwistern. Der Gedanke an Deine Mutter bedrückt dich sehr. Gleich zwei Kinder auf einmal zu verlieren, und der andere Bruder irgendwo in Rußland! »Der Vater versteht unser Tun da besser.« – Heute bleibt die ganze Nacht das Licht brennen und alle ½ Stunde muss ein Beamter nachsehen, ob noch alles in Ordnung ist. – Was haben diese Menschen für eine Ahnung von Deiner tiefen Frömmigkeit, Deinem Gottvertrauen! – Endlos dehnt sich für mich die Nacht, während Du wie immer fest und tief schläfst. – Kurz vor 7 Uhr muss ich Dich für diesen schweren Tag wecken. Du bist sofort munter und erzählst mir, noch im Bett sitzend, Deinen gehabten Traum. Du trugst an einem schönen Sonnentag ein Kind in einem langem, weißen Kleid zur Taufe. Der Weg zur Kirche führte auf einen steilen Berg hinauf. Aber fest und sicher trugst Du das Kind. Gänzlich unerwartet tat sich auf einmal eine Gletscherspalte auf. Du hattest gerade noch soviel Zeit, das Kind auf die gesicherte Seite zu legen, da stürztest Du in die Tiefe. –

Du legtest Dir den Traum so aus: Das Kind im weißen Kleid ist unsere Idee, sie wird sich trotz aller Hindernisse durchsetzen. Wir durften Wegbereiter sein, müssen aber vorher sterben, für sie. –

Ich werde bald zur Arbeit geholt werden. Wie sehr ich für Dich hoffe, wie meine Gedanken dauernd bei Dir sein werden, fühlst du wohl. Ich verspreche Dir, in ruhigeren Zeiten Deinen Eltern von unserem Zusammensein zu erzählen. Dann ein letzter Hände-druck, »Gott sei mit Ihnen, Sophie« und ich werde geholt. Kurz nach 9 Uhr wirst Du, von zwei Beamten begleitet, in einem Privat-wagen zum Justizpalast gebracht. Im Vorbeigehen trifft mich ein letzter Blick. Gesondert von Dir wird Dein Bruder Hans und Chris-toph Probst, jeder gefesselt, fortgebracht.

Wie ausgestorben ist heute hier unten das Gefängnis. Das Leute-Kommen und -Gehen der letzten Tage ist einer drückenden Stille gewichen. Nach 2 Uhr kommt vom Hauptgebäude die entsetzliche Nachricht: Alle Drei sind zum Tod verurteilt. – Wie gelähmt höre ich die entsetzliche Botschaft. – Arme, liebe Sophie, in was für einer Verfassung wirst Du sein. So unerschrocken, tapfer sollst Du bei der Verhandlung gewesen sein. Gott gebe Dir Kraft, auch jetzt durchzuhalten. Vielleicht hat ein Gnadengesuch doch noch Erfolg! All Eure Lieben werden doch sofort alle irgendwie nur möglichen Wege unternehmen. Ich beginne wieder ein wenig zu hoffen. Aber ein Volksgerichtshof wirft jedes althergebrachte Gesetz um.

Um ½ 5 kommt Mohr zur Türe rein. Noch in Hut und Mantel, kreidebleich. Ich frage als Erste sofort: »Herr Mohr, ist es denn wirklich wahr, alle drei müssen sterben?« Er nickt nur, selbst noch erschüttert von dem Erlebten. »Wie nahm sie das Urteil auf, haben Sie Sophie noch gesprochen?« Mit müder Stimme spricht er. »Sie war sehr tapfer, ich habe sie in Stadelheim noch gesprochen. Sie durfte auch ihre Eltern noch sprechen.« Ängstlich frage ich: »Be-steht denn gar keine Aussicht auf ein Gnadengesuch?« – Da blickt er zur Wanduhr rauf und sagt leise, tonlos: »Denken Sie in einer halben Stunde an sie, da hat sie es überstanden.« Wie ein Keulen-schlag fallen die Worte auf uns alle. Jeder ist wie gelähmt, zu wis-

sen, daß drei reine, unschuldige Menschen sterben müssen, weil sie
es wagten, aufzustehen gegen eine organisierte Mörderbande, weil
sie diesen sinnlosen Krieg beenden helfen wollten. Rausschreien
möchte ich es und muß stumm dasitzen. »Herr, erbarme Dich ihrer,
Christus, erbarme Dich ihrer, Herr, erbarme Dich über sie« – das
Einzige, was ich denken kann. Die Minuten dehnen sich zur Ewig-
keit. Ich möchte die Uhr weiterdrehen, schneller, schneller, damit
das Schwerste hinter Euch liegen möge. Aber gleichmäßig verrinnt
eine Minute nach der anderen.

Endlich: 5 Uhr – - – - $5^{04}$ – - – - $5^{08}$.

Ihr seid heimgegangen in das Licht. Der Herr schenke Euch die
ewige Ruhe und das ewige Licht leuchte Euch.

November 1946                                              Else Gebel
(IfZ 12.13., Band 223)

# Erinnerungen Susanne Hirzel

Stuttgart, den 14. August 1946.

Sehr verehrte Frau Huch!

Über Ihren Aufruf, der vor mehreren Wochen durch unsre Blätter ging, freuten wir uns sehr. Was Sie vorhaben, ist nötig, denn fast alles, was bisher an die Öffentlichkeit kam, war tendenziös. Wir danken Ihnen für Ihre Mühe. – Im Einverständnis mit Inge Scholl will ich versuchen, zu dem Bild von Sofie Scholl, das Sie entwerfen wollen, etwas beizusteuern. Wir waren Freundinnen. Durch ihren Tod ist sie mir ein heiliges Vorbild geworden.

Wir lernten uns mit 14 Jahren im Jungmädelbund kennen. Sie war wie ein feuriger wilder Junge, trug die dunkelbraunen glatten Haare im Herrenschnitt u. hatte mit Vorliebe eine blaue Fischerbluse oder eine Winterbluse ihres Bruders an. Sie war lebhaft, keck, mit heller klarer Stimme, kühn in unsern wilden Spielen u. von einer göttlichen Schlamperei. Fast jedes Wochenende fand sich privatim eine kleine Schar, die sich stolz als »Elite« fühlte, zusammen, um an der Iller oder am Donauufer zu zelten. Da sehe ich Sofie, am Feuer sitzen u. in jagendem Rhythmus, atemlos, in begeisterter Hingabe Rilkes »Cornet« vorlesen. Die Worte flogen ihr nur so vom Munde weg, durch u. durch lebendig, erfüllt – sie war ganz

Werkzeug. Da begann ich sie zu lieben. Ich sah, wie heilig bemüht
sie war, welche Ungeduld sie in sich trug: ich muß Genüge finden,
ich will den Preis erringen! Fast in allen Ferien machten wir Fahrten; aus dem Bedürfnis nach Freiheit, auf der Suche nach dem
wirklichen Leben, um durchdrungen, durchrüttelt, durchleuchtet
zu werden. Wir suchten die Gefahren. Wir schwammen durch die
beiden mittleren Pfeiler der großen Ulmer Donaubrücke, weil dort
die Wellen am gewaltigsten waren, u. hielten uns dabei an d. Hand.
Wir badeten am späten Abend im Hochwasser der Iller u. schwammen auf dem Rücken, um so die Strudel recht deutlich zu empfinden. Wir schaukelten in den höchsten Wipfeln der Tannen mit aller
Kraft u. saßen miteinander still am Feuer u. lauschten in die
schweigende, immer kühler werdende Nacht hinaus. Wir lasen
viel, zeichneten, sangen. Selbstzucht war uns lange ein hohes Ideal.
Letzten Endes ging es um die »Freiheit«. Diesem Ziele wollten wir
unser Leben weihen, hätten jedoch niemandem genauer sagen können, was das ist: »Freiheit«.

17–18jährig [1938/39] konnte ich mich dieser Freundschaft
nicht mehr in ungetrübter Freude hingeben. Wir waren als J. M.-
führerinnen längst abgesetzt worden. Meine Mutter war ängstlich
u. außerdem eifersüchtig. Aber immer beschäftigte [mich] auch
Sofie. Wir fanden uns immer wieder zusammen zum Lesen, zum
Baden, zum Spazierengehen. Mit ihr zusammen hatte ich, wie
sonst mit keinem Menschen das Gefühl: wir machen Sprünge, wir
fliegen. Sie konnte sich freuen wie ein Kind über die kleinsten
Dinge, war geistvoll, hatte Phantasie – u. war gut. Sie war ein gutes
Mädchen. Da fällt mir ein, wie wir zusammen Heidelbeeren suchten im Sommer 38 auf dem Rachel im Böhmerwald. Wir suchten
im kniehohen wilden Heidelbeergestrüpp die dicksten Beeren,
sammelten sie in einem hohlen Baumstumpf. Dann legten wir uns
ins warme Moos u. schütteten uns gegenseitig mit beiden Händen
die Beeren in den Mund.

Das erkannte ich erst richtig mit 18–19 Jahren, als wir, als die
einzigen Abiturientinnen in einem Kindergärtnerinnenseminar

[Beginn: 08/04/1940] uns auf neuer Stufe kennen lernten. Sie war ruhiger u. stiller geworden, stolz u. bescheiden zugleich u. drängte sich nie hervor. Sie spottete nie über einen Menschen u. liebte die Kinder unbeschreiblich. Dieselbe Freude hatte sie an den Blumen, u. war selbst wie eine Blume, so irdisch, so vegetierend u. in sich ruhend. Das dachte ich oft, wenn sie am Fenster oder auf einer Wiese saß u. sich von der Sonne bescheinen ließ. Ich erinnere mich an einen Ausflug im Vorfrühling 1941, auf der Alb; ohne Ziel gingen wir. Kaum sah sie das erste besonnte Moosplätzchen, so legte sie sich hin voll Innigkeit, Andacht u. wie mit leichter Wehmut. Sie war wie im Himmel, so beseligt, an diesem Tag. Und jedes mal wo ein paar schöne Blumen beieinander standen, sagte sie: ach, da bleiben wir eine Weile. Sie verstand zu genießen voll Andacht u. Schönheit. Es waren nicht viele Menschen, die ihr wirklich nahe standen. Bei allen galt sie als Ausnahme. Niemand konnte sie hassen oder ihr Vorwürfe machen, u. doch war sie nie »populär«. Sie galt als eingebildet, überheblich, stolz. Ich glaube aber, daß hier nur der Neid u. die Sehnsucht der andern Menschen spricht, die spüren, daß sie in einem freieren Weltraum lebt u. viel viel Luft in sich hatte. Die Menschen erwarten immer, daß man sich für sie interessiert; Sofie hätte ihnen entgegenkommen sollen u. ihnen alles, was in ihr wohnte, schenken sollen, das konnte sie noch nicht. Sie half in aller Selbstverständlichkeit, wo man sie bat. Aber die große Aktivität, das zupackende Interesse für Menschen hatte sie nicht, sie war wohl zu jung dazu u. war viel zu sehr mit sich selbst beschäftigt. Sie las viel, vor allem Rilke, Pascal, Plato, Thomas von Aquin, Newman u. geriet immer mehr in die kath. Philosophie hinein.

In ihrem Elternhaus sah ich sie zum letztenmal im Sommer 42. Wir saßen auf dem Fenstersims des westlichen Zimmers u. schauten, hoch über dem Treiben der Stadt, über die glänzenden Dächer in die untergehende Sonne. Dann lasen wir auf dem Sofa kauernd Claudel in verteilten Rollen u. berauschten uns an der herrlichen Sprache. Ich weiß noch, wie lachend glücklich Sofie war, einfach begeistert. Als es zu dunkel wurde, ging ich u. sie begleitete mich, kurz entschlossen, nur mit den Hausschuhen u. dem Bademantel bekleidet, ging mit vors Haus, über den ganzen Münsterplatz, die Hirschgasse hinunter; keck, leichtsinnig, fröhlich. Wir reichten uns die Hand, waren 10 m schon auseinander, da rief sie mit heller Stimme: »Suse, der Mond!«, ging unwillkürlich ein paar Schritte auf mich zu, winkte dann lächelnd u. ging mit leichten raschen Schritten wieder dem Hause zu. Da war der Mond neben dem Münsterturm hochgestiegen als ein glühender Ball, in herrlicher trauriger Pracht. Ich sah ihr nach u. liebte sie.

Mit ungefähr 16 Jahren war sie sich klar in der Ablehnung des Nat. soz. Sie hatte den nötigen Instinkt dazu, u einen außerordentlich klaren Verstand u. konnte Lügen u. Compromisse nicht ertragen. Sie lebte in dauernder Unruhe: was ist unsere Aufgabe? Unser ganzes kulturelles u. familiäres Leben war vom politischen Geiste bestimmt u. von ihm infiziert. So galt ihr höchstes Interesse unserm Staat. Im Januar 43 besuchte sie mich in Stuttgart u. erzählte mir vom Münchner Kreis, sie würden u. a. um Flugblätter drucken. »Siehst du: einer muß anfangen, Mut zu haben. Ich weiß es endlich: wenn ich Gelegenheit hätte, Hitler zu erschießen, so müßte ich es tun, auch als Mädchen. Wenn ich erkenne, daß diese Leute Verbrecher sind u. tue nichts dagegen, so bin ich genau so nichtswürdig.« Nüchtern u. kompromißlos war sie u. besaß die Kühnheit, das was sie eingesehen hatte, konsequent u. unbeirrt in die Tat umzusetzen.

Als ich in München ins Gestapogefängnis eingeliefert wurde, kam ich zufällig in die Zelle u. in dasselbe Bett zu liegen, in dem Sofie 5 Tage vorher noch gelegen hatte. Die Mitgefangene erzählte von ihr. »Sofie wußte genau, was ihr bevorstand u. war absolut ruhig, ja heiter u. machte kleine Scherze über dies u. jenes, nicht etwa in erzwungener Haltung, sondern ganz locker u. fröhlich. Am Sonntag, (22. II) [21.2], lag sie auf dem Bett, nachdem sie die Anklageschrift gelesen hatte, ließ sich von der scheuen Frühlingssonne bescheinen u. sagte wehmütig: »Nun kommt der Frühling so schön

u. ich lebe nur noch ein paar Tage.« Dann nach einer Pause: »Meine Mutter tut mir so leid. Aber sie muß sich sagen, ich könnte ja auch an einer Krankheit sterben.« In d. Verhandlung war sie, wie ihre Eltern sagten, ernst u. unerschrocken u. sprach nur das allernötigste. Sie starb am Montag, 23. 11. [22.2.] ohne Haß, ruhig, bereit u. ohne eine Träne zu vergießen. Sie ist nicht zu betrauern, denn die Form ihres Lebens ist erfüllt. (wenn wir Menschen das überhaupt sagen können).

Wie oft hörte ich: »es war eine Torheit. Es kam doch nichts heraus bei der Sache. Alles war doch von vornherein zum Mißlingen verurteilt. Größenwahnsinnige Narren!« Man spottet so gerne über Idealisten.

Nein! Wir müssen sie sehen und in unsern Herzen empfangen, denn Gottes Atem blies in ihre Segel. Um nicht in die Barbarei zu versinken, um wieder lieben u. wieder verehren zu können, brauchen wir solche einzigartigen Sinnbilder. Es ist ein Geschenk [an], wenn immer wieder Menschen über die Erde gehen, die ohne Zwiespältigkeit u. Verwirrung sich <u>einem</u> unbedingt hingeben können, weil sie von einer großen, unpersönlichen Leidenschaft erfüllt sind. Es ist der Geist der Liebe u. der Herzensreinheit.

Susanne Hirzel.

Stuttgart-Sillenbuch, Schlieffenstr. 33.
(IfZ ZS/A 26, Band 4)

# QUELLEN UND LITERATUR

## Ungedruckt

Amerikanische Interniertenkartei Nr. 75410, Landesarchiv Baden-Württemberg – Staatsarchiv Ludwigsburg – Bestand EL 904/2. Ich danke Dr. Martin Stingl und Hartmut Obst.

Archivio Amministrativo, Città di Lugano. Ich danke Manuela Pintus.

Bundesarchiv Berlin, Signaturen NJ 15738/13778 und R301813512. Ich danke Dr. Karola Kröll, Erzbischöfliche Stiftung Lübecker Märtyrer.

Bundesarchiv Berlin, Weiße Rose, Signaturen R 3001 147268/ R 147268 E/R 3017 34635/R 3017 36639/R 3018 1704 und R 3018 5053. Ich danke besonders Andreas Grunwald und Michael Hemmler.

Bundesarchiv Freiburg im Breisgau, Abteilung Militärarchiv, Signatur RH 7/1182. Ich danke Jürgen Adolph.

Institut für Zeitgeschichte München (IfZ), Nachlass Inge Aicher-Scholl, ED 474. Ich danke besonders Alexander Markus Klotz M. A.

Landesarchiv Baden-Württemberg, Staatsarchiv Ludwigsburg. Signatur FL 30/34 II Bü 1196. Ich danke Gabriele Benning.

Library of the University of Virginia, University Archives, Papers of Oron J. »Pat« Hale [1822] 1891–1991, RG – 21/98 911, Box 19. Ich danke Jean L. Cooper, Charlottesville, VA.

Niedersächsisches Landesarchiv, Abteilung Hannover, Signatur NLA HA, Nds. 720, Hannover, Acc. 2009/126, Nr. 08021. Ich danke Isabel Schönecker.

Niedersächsisches Landesarchiv, Abteilung Stade, Signatur NLA ST, Rep. 210, Nr. 2460. Ich danke Robert Gahde.

Privatarchiv Angelika Maus, Blumberg-Zollhaus. Ich danke Angelika Maus.

Stadtarchiv Crailsheim, Scholl-Grimminger-Sammlung und Sammlung Hartnagel. Ich danke Folker Förtsch, Lisa Bührer, Ursula Mroßko und Jörg Hartnagel.

Stadtarchiv München, Meldekarte Dr. Ernst Karl Haeffner (EWK-76-H). Ich danke Pia Frendeborg.

Stadtarchiv Ulm, Signatur G4 Chr. Beilagen Nr. 384 a. Ich danke Sabine Schmidt.

Wirtschaftsarchiv Baden-Württemberg, Signatur: A 9 Fi 1640, Laufzeit: 1945–1974. Ich danke Thorsten Maentel.

National Archives at College Park, Maryland/Textual Reference Archives II Branch (RDT2)/Record Group 153 Entry 142/European Name Index to War Crimes Case Files/Record Group 153 Entry 144/War Crimes Branch; Persons and Places Case File (Dossier File), 1944–49. Ich danke Suzanne Zoumbaris.

Zentrale Personenkartei der Deutschen Dienststelle (WASt), Bundesarchivsignatur: B 563/G-1329/57. Ich danke Andrea Mietle.

## Gedruckt

manuel aicher, prägung, rätsel und geschenke, in: Abele-Aicher, Christine, Die sanfte Gewalt. Erinnerungen an Inge Aicher-Scholl, Ulm 2012.

otl aicher, innenseiten des kriegs, Frankfurt am Main 1985.

Götz Aly, Europa gegen die Juden, 1880–1945, Frankfurt am Main 2017.

– : –, Hitlers Volksstaat, Raub, Rassenkrieg und nationaler Sozialismus, Frankfurt am Main 2005, hier durchges. u. erw. Ausgabe 2006.

»Baedekers Generalgouvernement« von 1943. Ein NS-»Reiseführer« für das besetzte Polen. Materialien für die politische Bildung und die Demokratiebildung. Landeszentrale für politische Bildung Hamburg, Hamburg 2020.

Detlef Bald, Die »Weiße Rose«. Von der Front in den Widerstand, Berlin 2003, bearbeitete Neuauflage 2004.

J. M. Barrie's Peter Pan & Wendy. Für kleine Leute erzählt von May Byron. Ins Deutsche übertragen von Hanspeter Nägele. Mit Zeichnungen von Sophie Scholl, München 1989.

Sibylle Bassler, Die Weiße Rose. Zeitzeugen erinnern sich, Reinbek bei Hamburg 2006.

Wolfgang Benz, Im Widerstand: Größe und Scheitern der Opposition gegen Hitler, München 2019.

Ingo Bergmann, 1938 – Das Novemberpogrom – seine Vorgeschichte und Folgen, Hg. Dokumentationszentrum Oberer Kuhberg e. V. (DZOK), Haus der Stadtgeschichte – Stadtarchiv Ulm, Ulm 2018.

– : –, Und erinnere dich immer an mich, Gedenkbuch für die Ulmer Opfer des Holocaust (Hrsg.: Stadt Ulm), 2009.

Georges Bernanos, Tagebuch eines Landpfarrers. Journal d'un Curé de Campagne, Paris 1936; deutsch: Wien 1936.

Barbara Beuys, Paula Modersohn-Becker. Oder: Wenn die Kunst das Leben ist, München 2007.

– : –, Sophie Scholl, Biografie, München 2010.

Susanne Breit-Keßler, Predigt anlässlich der Fusion der Kirchengemeinden Offenbarung und Rogate zur Ev. Luth. Kirchengemeinde München – Sophie Scholl, 20. Januar 2019. Ev.-Luth. Kirche in Bayern, Kirchenkreis München und Oberbayern, München 2019.

Leigh Anne Casey, Jacques Maritain, »l'esprit dur et le cœur doux«: an assessment of his far-reaching and fragmented legacy, including his contribution to Catholic-Jewish relations, as shown through Le paysan de la Garonne, Warwick 2014.

Ulrich Chaussy/Gerd R. Ueberschär, »Es lebe die Freiheit!« Die Geschichte der Weißen Rose und ihrer Mitglieder in Dokumenten und Berichten, Frankfurt a. M. 2013.

Das Schicksal der Ulmer Familie August, Margarete, Luise und Erich Nathan infolge des Nationalsozialismus. Eine Beschreibung basierend auf Tagebüchern, Briefen, Fotos und Dokumenten. Zusammengetragen und abgefasst von Nicole Strate. Bottmingen 2017, hier: 2018.

Der neue Conrady, Das große deutsche Gedichtbuch. Von den Anfängen bis zur Gegenwart, neu hg. und aktualisiert von Karl Otto Conrady, Düsseldorf und Zürich 2000.

Die Geschichte der Stadt Blumberg. Geschichte einer außergewöhnlichen Stadt. Hrsg. im Auftrag der Stadt Blumberg von Joachim Sturm, Vöhrenbach 1995.

Die Organisation des Terrors – Der Dienstkalender Heinrich Himmlers 1943–1945, Hg. im Auftrag des Deutschen Historischen Instituts Moskau von Matthias Uhl, Thomas Pruschwitz, Martin Holler, Jean-Luc Leleu und Dieter Pohl, unter Mitarbeit von Henrik Eberle und Wladimir Sacharow, München 2020.

Die Tagebücher von Joseph Goebbels. Im Auftrag des Instituts für Zeitgeschichte und mit Unterstützung des Staatlichen Archivdienstes Rußlands, hrsg. von Elke Fröhlich, Teil II, Diktate 1941–1945, Band 7, Januar bis März 1943, bearbeitet von Elke Fröhlich, München 1993.

Die Weiße Rose. Kurt Hubers letzte Tage, hg. von Wolfgang Huber, München 2018.

Barbara Ellermeier, Hans Scholl. Biographie, Hamburg 2012.

Christian Ernst, Die Weiße Rose – eine deutsche Geschichte? Die öffentliche Erinnerung an den Widerstand in beziehungsgeschichtlicher Perspektive, Göttingen 2018.

Joachim C. Fest, Hitler, Eine Biographie, Frankfurt am Main, Berlin, Wien 1973.

Miriam Gebhardt, Die Weiße Rose. Wie aus ganz normalen Deutschen Widerstandskämpfer wurden, München 2018.

Johann Wolfgang von Goethe, Werke, Vollständige Ausgabe letzter Hand, Band 47. Goethe's nachgelassene Werke, siebenter Band, Stuttgart und Tübingen 1833.

– : –, West-östlicher Diwan, Kapitel 9, Suleika Nameh: Buch Suleika.

Maren Gottschalk, Schluss, jetzt werde ich etwas tun. Die Lebensgeschichte der Sophie Scholl, Weinheim, Basel 2012.

– : –, Wie schwer ein Menschenleben wiegt. Sophie Scholl. Eine Biographie, München 2020.

Willi Graf, Briefe und Aufzeichnungen, hg. von Anneliese Knoop-Graf und Inge Jens. Mit einer Einleitung von Walter Jens, Frankfurt am Main 1988.

Richard Hanser, Deutschland zuliebe. Leben und Sterben der Geschwister Scholl. Die Geschichte der Weißen Rose, München 1982. Amerikanische Originalausgabe: A Noble Treason, New York 1979.

Katja Happe, Michael Mayer, Maja Peers (Bearb.), Die Verfolgung und Ermordung der europäischen Juden durch das nationalsozialistische Deutschland 1933–1945. Band 5: West- und Nordeuropa 1940–Juni 1942, München 2012.

Hannes Hartleitner/Giselher Technau, »Grimminger verrät seine Freunde nicht!« Alfred König und Berta Wagner, in: Widerstand – Scholl, Grimminger, hg. vom Weiße Rose-Arbeitskreis Crailsheim e. V. 2011.

Manfred Hausmann, Lilofee – Eine dramatische Ballade, Berlin 1936.

– : –, Jahre des Lebens. Gedichte. Berlin 1938.

Klaus-Dietmar Henke, Die amerikanische Besetzung Deutschlands, Quellen und Darstellungen zur Zeitgeschichte, Band 27, hrsg. vom Institut für Zeitgeschichte, München 1996.

Christine Hikel, Sophies Schwester. Inge Scholl und die Weiße Rose. Quellen und Darstellungen zur Zeitgeschichte, hg. vom Institut für Zeitgeschichte, Band 94, München 2012.

Jürgen Hillesheim, Elisabeth Michael, Lexikon nationalsozialistischer Dichter. Biographien – Analysen – Bibliographien, Würzburg 1993.

Hans Hirzel, Flugblätter der Weißen Rose in Ulm und Stuttgart, in: Hochverrat? Die »Weiße Rose« und ihr Umfeld, hg. von Rudolf Lill unter Mitarbeit von Michael Kißener, Konstanz 1993, S. 89–119.

– : –, Im Umfeld der »Weißen Rose«, Erinnerungen an die Jahre 1942 bis 1945, Schnellroda 2014.

Susanne Hirzel, Vom Ja zum Nein – Eine schwäbische Jugend von 1933 bis 1945, Tübingen 1998, hier: 2000.

Eckard Holler, Auf der Suche nach der Blauen Blume, Die großen Umwege des legendären Jugendführers Eberhard Koebel (tusk). Eine Biografie. Geschichte der Jugend, Band 28, Berlin 2020.

Esther-Julia Howell, Von den Besiegten lernen? Die kriegsgeschichtliche Kooperation der U. S. Armee und der ehemaligen Wehrmachtselite 1945–1961, Berlin, Boston 2016.

Richarda Huch, In einem Gedenkbuch zu sammeln, Bilder deutscher Widerstandskämpfer, hg. von Wolfgang Matthias Schwiedrzik, Leipzig 1998.

Christoph Hünermann, Chronik 1941, Tag für Tag in Wort und Bild, Gütersloh/München 1989.

Francis Jammes, Ma fille Bernadette, Paris 1910, deutsch: Die kleine Bernhardine, übertragen von Georg von der Vring, Hellerau 1927.

– : –, Quatorze Prières, Paris 1913, deutsch: Die Gebete der Demut, Übersetzung: Ernst Stadler, Berlin 1917/20.

Annette Jansen-Winkeln, Künstler zwischen den Zeiten, Band 5: Wilhelm Geyer, Eitorf 2000.

Harro Jenss, Rena Noltenius, Martha Vogeler 1879–1961, Schriftenreihe Haus im Schluh, 2. überarbeitete Auflage, Worpswede 2017.

Junge Kämpfer, alte Opportunisten, Die Mitglieder der NSDAP 1919–1945, hg. von Jürgen F. Falter, Frankfurt/New York 2016.

Kristina Kargl, Die Weiße Rose – Defizite einer Erinnerungskultur. Einfluss und Wirkung des Exils auf die Publizität der Münchner Widerstandsgruppe, München 2014.

Thomas Karlauf, Stauffenberg, Porträt eines Attentäters, München 2019.

Heinz Keil, Dokumentation über die Verfolgung der jüdischen Bürger von Ulm. Hergestellt im Auftrag der Stadt Ulm, Ulm 1961.

Alfons Kenkmann, Zwischen Nonkonformität und Widerstand – Abweichendes Verhalten unter nationalsozialistischer Herrschaft, in: Dietmar Süß, Winfried Süß (Hg.), Das »Dritte Reich«, München 2008, hier: Augsburg 2012, S. 143–162.

Ian Kershaw, Hitler, zwei Bände, Stuttgart 1998–2000, Kindle-Edition.

Silke Kettelhake, Renée Sintenis, Berlin, Boheme und Ringelnatz, Berlin 2010.

Günther Kirchberger, Die »Weiße Rose«. Studentischer Widerstand gegen Hitler in München, Hg.: Der Präsident der Ludwig-Maximilians-Universität München, München 1980.

Alard von Kittlitz, Die Todesstrafe ist abgeschafft, in: Die Zeit, Nr. 21, 16. Mai 2019, S. 15.

Albert Kley, Erinnerungen an die befreundeten Geschwister Scholl, Textfragment, in: Günther Currle (Hg.): Viele Wege und ein Ziel – Albert Kley zum 100. Geburtstag, Geislingen an der Steige 2007, S. 8.

Arno Klönne, Jugendliche Opposition im »Dritten Reich«, Erfurt 2013.

Konfirmationsbüchlein der evangelischen Kirche Württembergs. Nebst einem Anhang von Gebeten. Ausgabe von 1908, Stuttgart 1933.

Thomas G. Kortenkamp, Weisse Rose, Die Vervielfältigung im Detail, Gedenken ihrer Ideale 1942–43, Hagenbach 2019.

Thomas Kreutzer, Dr. Ferdinand Dietrich, Als Kreisleiter in Öhringen ein geistiger Brandstifter, in: Täter, Helfer, Trittbrettfahrer, NS-Belastete aus dem Norden des heutigen Baden-Württemberg, hrsg. von Dr. Wolfgang Proske, Band 8, Gerstetten 2018, S. 136–158.

Ferdinand Krogmann, Worpswede im Dritten Reich 1933–1945, Bremen 2011.

Jörg Hannes Kuhn, Im Schatten der Rose, Ernst Reden, Schöngeist und Lyriker – ein kurzes jungenschaftliches Leben, Universität Leipzig, Leipzig 2020, https://nbn-resolving.org/um:nbn:de:bsz:15-qucosa2-387351.

Barbara Leisner, »Ich würde es genauso wieder machen« – Sophie Scholl, München 2000.

Johann Konrad Wilhelm Löhe, Berufs-Ordnung für die Diakonissen des westfälischen Diakonissenhaus Sarepta [Bethel] bei Bielefeld, Manuskript, Bielefeld 1906.

Peter Longerich, Hitler, Biographie, München 2015, Kindle-Edition.

Eberhard Mayer, Die evangelische Kirche in Ulm 1918–1945, Forschungen zur Geschichte der Stadt Ulm, Band 26, Ulm 1998.

Karl Benno von Mechow, Vorsommer, München 1934.

Guus Meershoek, Der Widerstand in Amsterdam während der deutschen Besatzung, in: Die Bekämpfung von Partisanen- und Widerstandsbewegungen gegen die deutsche Besatzung in West- und Südeuropa. Beiträge zur national-sozialistischen Gesundheits- und Sozialpolitik, Band 14, Berlin, Göttingen 1997, S. 13–25.

Thomas Mertz, Christoph Probst, Ein Student der »Weißen Rose«, Trier 2020.

Thorsten Mietzner, Zwischen Demokratie und Diktatur. In: Die Geschichte der Stadt Blumberg. Geschichte einer außergewöhnlichen Stadt. Hrsg. im Auftrag der Stadt Blumberg von Joachim Sturm, Vöhrenbach 1995, S. 195–231.

Paula Modersohn-Becker 1876–1907, Werkverzeichnis der Gemälde, im Auftrag der Paula Modersohn-Becker Stiftung hrsg. von Günter Busch und Wolfgang Werner, Band 2, München 1998.

eva moser, otl aicher, gestalter, Ostfildern 2012.

Jud Newborn, Annette E. Dumbach, Sophie Scholl and the White Rose, Rev. expanded ed., Oxford 2006.

Harry Oelke, evangelischer-widerstand.de, Gestalt und Genese einer virtu-ellen Ausstellung im Internet, in: Pastoraltheologie. Monatszeitschrift für Wissenschaft und Praxis in Kirche und Gesellschaft, 2012/10, S. 386–407.

Organisationsbuch der NSDAP, Hg.: Der Reichsorganisationsleiter der NSDAP, Dr. Robert Ley, München 1943.

Christine Ott, Der lyrische Augenblick: Eine Denkfigur der Romania, hg. von Milan Herold, Michael Bernsen, Liebe geht durch die Augen, Berlin/Boston 2015.

Christian Petry, Die Weiße Rose oder: Deutsche Studenten gegen Hitler. 10. George J. Wittenstein Lecture in der Universität Santa Barbara, Weinheim/Santa Barbara 2011, Manuskript.

– : –, Studenten aufs Schafott, Die Weiße Rose und ihr Scheitern, München 1968.

Hermann Pölking, Wer war Hitler. Ansichten und Berichte von Zeitgenossen, Berlin-Brandenburg 2017.

Dieter Pohl, Die Ermordung der Juden im Generalgouvernement, in: Ulrich Herbert (Hg.), Nationalsozialistische Vernichtungspolitik 1939–1945. Neue Forschungen und Kontroversen, Frankfurt am Main 1998, S. 98–121.

Heribert Prantl, Vom großen und kleinen Widerstand – Gedanken zu Zeit und Unzeit, München 2018.

Bernhard Prillwitz, Blumberg, Die Reihe Archivbilder, Erfurt 2005.

Hans-Joachim Ramm, »… stets einem Höheren verantwortlich« – Christliche Grundüberzeugungen im innermilitärischen Widerstand gegen Hitler, Neuhausen/Stuttgart 1996.

Rainer Maria Rilke, Sämtliche Werke. Band 1–6, Band 1, Wiesbaden und Frankfurt a. M. 1955–1966.

– : –, Das Stundenbuch (Vom mönchischen Leben, Von der Pilgerschaft, Von der Armut und dem Tode), Leipzig 1905.

Irena Scherbakowa, Heinrich-Böll-Stiftung (Hg.), Für immer gezeichnet. Die Geschichte der »Ostarbeiter« in Briefen, Erinnerungen und Interviews, Berlin 2019.

Richard Scheringer, Unter Soldaten, Bauern und Rebellen – Das große Los, München 1979, hier: Köln 1988.

Karin Schick, Das Bild als Kosmos. Zu einigen späten Werken von Paula Modersohn-Becker, in: Uwe M. Schneede und Kathrin Baumstark, Paula Modersohn-Becker, Der Weg in die Moderne, Hamburg 2017, S. 58–69.

Alexander Schmorell/Christoph Probst, Gesammelte Briefe, hg. von Christiane Moll, Berlin 2011.

Wolfgang Schöllkopf, Hans Scholl und seine Frage nach verantwortbarem Glauben – Darstellung und Interpretation seiner Zeit in Ulm (1932–1943), in: Ulm und Oberschwaben. Zeitschrift für Geschichte, Kunst und Kultur, Bd. 61, Ulm 2019, S. 372–390.

Hans Scholl – Sophie Scholl, Briefe und Aufzeichnungen, hg. von Inge Jens, Frankfurt am Main 1984, hier: Berlin 1987.

Inge Scholl, Die Weiße Rose, Frankfurt am Main 1955. Erweiterte Neuausgabe, Frankfurt am Main 1982. Hier: 2009.

Sophie Scholl – Fritz Hartnagel, Damit wir uns nicht verlieren, Briefwechsel 1937–1943, hg. von Thomas Hartnagel, Frankfurt am Main 2005.

Babara Schüler, »Im Geiste der Gemordeten … «: Die »Weiße Rose« und ihre Wirkung in der Nachkriegszeit, Paderborn, München, Wien, Zürich 2000.

Klaus-Peter Schuster: Nationalsozialismus und »Entartete Kunst«, die »Kunststadt« München 1937, München 1998.

Alice Schwarzer, Ich würde es genauso wieder tun, EMMA, 1. März 2005 (emma.de/artikel/sophie-und-hans-scholl-ich-wuerde-es-genau-so-wieder-tun-263137).

Albert Schweitzer, Die Ehrfurcht vor dem Leben, Grundtexte aus fünf Jahrzehnten, hg. von Hans Walter Bähr, München 2013.

– : –, Gesammelte Werke in fünf Bänden, Band 2, München o. J.

Wolf-Ingo Seidelmann, »Eisen schaffen für das kämpfende Heer!« Die Doggererz AG – ein Beitrag der Otto-Wolff-Gruppe und der saarländischen Stahlindustrie zur nationalsozialistischen Autarkie- und Rüstungspolitik auf der badischen Baar, Konstanz, München 2016.

Paul Shrimpton, Conscience before Conformity, Hans and Sophie Scholl and the White Rose resistance in Nazi Germany, Leominster, Herefordshire 2018.

Renée Sintenis, hg. von Hanna Kiel, Berlin 1935.

Kerstin Sonnenwald, »Mit aller Liebe« – Die Beziehungen der Lisa Remppis zu Sophie und Hans Scholl, in: Nonne, Magd oder Ratsfrau. Frauenleben in Leonberg aus vier Jahrhunderten. Hg.: Stadt Leonberg, Stadtarchiv und Frauenbeauftragte, Bearb. von Renate Dürr, Redaktion Bernadette Gramm, mit Unterstützung von Birgit Schneider, Beiträge zur Stadtgeschichte 6, Leonberg 1998, S. 215–227 und S. 315–320.

Albert Speer, Erinnerungen, Berlin 1969.

Sybille Steinbacher, Frauen im »Führerstaat«, in: Dietmar Süß, Winfried Süß (Hg.), Das »Dritte Reich«, München 2008, hier: Augsburg 2012, S. 103–119.

Joachim Sturm, Sophie Scholl in Blumberg, in: Die Geschichte der Stadt Blumberg. Geschichte einer außergewöhnlichen Stadt. Hrsg. im Auftrag der Stadt Blumberg von Joachim Sturm, Vöhrenbach 1995, S. 232–234.

Hans-Ulrich Thamer, Adolf Hitler, Biographie eines Diktators, München 2018.

Robert Thoms, Die »Organisation Todt« (dhm.de/lemo/kapitel/ns-regime/ns-organisationen/organisation-todt.html).

Volker Ullrich, Adolf Hitler – die Jahre des Aufstiegs 1889–1939. Biographie, Band 1, Frankfurt am Main 2013, Kindle-Edition.

– : –, Adolf Hitler – die Jahre des Untergangs 1939–1945, Biographie, Band 2, Frankfurt am Main 2018, Kindle-Edition.

Petra Umlauf, Studentinnen an der LMU 1933–1945: Versuch einer Annäherung, in: Die Universität München im Dritten Reich – Aufsätze. Teil 1. hg. von Elisabeth Kraus. Beiträge zur Geschichte der Ludwig-Maximilians-Universität München für das Universitätsarchiv hg. von Hans-Michael Körner, Band 1, München 2006, S. 505–560.

Universität München, Vorlesungsverzeichnis für das Wintersemester 1942/43 und das Sommersemester 1942, München 1942, epub.ub.uni-muenchen.de/836/1/vvz_lmu_1942-43_wise.pdf. / epub.ub.uni-muenchen.de/835/1/vvz_lmu_1942_sose.pdf.

Hermann Vinke, Das kurze Leben der Sophie Scholl, Ravensburg 1980.

Peter Voswinckel, Nach 61 Jahren komplett. Abschiedsbriefe der vier Lübecker Märtyrer im historischen Kontext, in: Zeitschrift des Vereins für Lübeckische Geschichte und Altertumskunde, Band 85, Lübeck 2005, S. 279–329.

– : –, Märtyrer-Testamente im Archiv der Hansestadt Lübeck, in: ebd., Band 87, Lübeck 2007, S. 203–228.

Hanna Walsdorf, Bewegte Propaganda: politische Instrumentalisierung von Volkstanz in den deutschen Diktaturen, Würzburg 2010.

Wie wurde man Parteigenosse? Die NSDAP und ihre Mitglieder. Hrsg. von Wolfgang Benz, Frankfurt am Main 2009.

Wir Mädel singen, Liederbuch des Bundes Deutscher Mädel, hg. von der Reichsjugendführung, Wolfenbüttel und Berlin, 1937 und 1939 (2. erweiterte Ausgabe).

Sönke Zankel, Die WEISSE ROSE war nur der Anfang, Geschichte eines Widerstandskreises, Köln, Weimar, Wien 2006.

– : –, Mit Flugblättern gegen Hitler, Der Widerstandskreis um Hans Scholl und Alexander Schmorell, Köln, Weimar, Wien 2008.

– : –, Vom Helden zum Hauptschuldigen – Der Mann, der die Geschwister Scholl festnahm, in: Die Universität München im Dritten Reich – Aufsätze. Teil 1. hg. von Elisabeth Kraus. Beiträge zur Geschichte der Ludwig-Maximilians-Universität München für das Universitätsarchiv hg. von Hans-Michael Körner, Band 1, München 2006, S. 581–607.

Alexander Zinn, »Aus dem Volkskörper entfernt«? Homosexuelle Männer im Nationalsozialismus, Frankfurt 2018.

Robert M. Zoske, Flamme sein! Hans Scholl und die Weiße Rose, München 2018.

– : –, Sehnsucht nach dem Lichte. Zur religiösen Entwicklung von Hans Scholl. Unveröffentlichte Gedichte, Briefe, Texte. München 2014.

# Anmerkungen

## Allgemein zur Quellennutzung

Sofern nicht anders vermerkt stammen die Quellen aus dem Bestand des Bundesarchivs zur »Weißen Rose«.

## Motto

Das Zitat lautet vollständig: »Tat. Nicht das Beliebige, sondern das Rechte tun und wagen, nicht im Möglichen schweben, das Wirkliche tapfer ergreifen, nicht in der Flucht der Gedanken, allein in der Tat ist die Freiheit. Tritt aus ängstlichem Zögern heraus in den Sturm des Geschehens nur von Gottes Gebot und deinem Glauben getragen, und die Freiheit wird deinen Geist jauchzend empfangen.« »Tat« ist die zweite Strophe von Bonhoeffers Gedicht *Stationen auf dem Wege zur Freiheit*, dessen Stufen »Zucht«, »Tat«, »Leiden« und »Sterben« lauten und das Attentat vom 20. Juli 1944 reflektieren. Bonhoeffer sandte die Verse seinem Freund Eberhard Bethge als Geburtstagsgeschenk zum 14. August 1944. (Widerstand und Ergebung, Briefe und Aufzeichnungen aus der Haft. Hg. von Christian Gremmels, Eberhard Bethge und Renate Bethge in Zusammenarbeit mit Ilse Tödt, DBW Bd. 8, Gütersloh 1998, S. 570 f.).

## Prolog

1 Gestapo-Vernehmung, 20. Februar 1943 (BArch R 3018/1704 und R 3017/34635)

2 Brief an Waldemar Gabriel, 15. November 1942 (IfZ ED 474, Nachlass Inge Aicher-Scholl, 6. 5., Band 72)

»Freiheit« ist das letzte Wort, das von Sophie Scholl überliefert ist. Sie schrieb es auf die Rückseite der Vorladung zum Gerichtstermin, die ihr am Tag vor Verhandlung und Vollstreckung des Urteils, am 21. Februar 1942 ausgehändigt wurde. (IfZ 1. 3., Band 3)

## Endspiel

1 Die Angaben sind – wenn nicht anders angegeben – den Akten des Bundesarchivs Berlin zu den Gerichtsverfahren gegen die »Weiße Rose« entnommen. (BArch R 3018/1704 und R 3017/34635) Der Name Walter Roemer (1902–1985), zur Zeit des Nationalsozialismus als Erster Staatsanwalt Leiter der Vollstreckungsabteilung des Münchner Landgerichts für bayerische Delinquenten in München-Stadelheim, wird in den Vollstreckungsbänden nicht als Beteiligter des Verfahrens genannt.

2 Notizen Himmlers zum Vortrag bei Hitler am 20. 2. 1943. BArch NS 19/1447, Bl. 113. Demnach begann Himmler seinen acht Punkte umfassenden Vortrag um 16 Uhr. Nach überwiegend internationalen Themen wie Iran, England, Norwegen und Kroatien war der Münchner Widerstand der vorletzte Besprechungspunkt. Im Anschluss fuhr Himmler zu seinem nahe gelegenen Hauptquartier »Hegewald« bei Schitomir. Sein Dienstkalender nennt als Abfahrtszeit »17:40 Uhr«. Die Hinrichtungen erfolgten zwei Tage später gegen 17 Uhr. (Die Organisation des Terrors – Der Dienstkalender Heinrich Himmlers 1943–1945, Hg. im Auftrag des Deutschen Historischen Instituts Moskau von Matthias Uhl, Thomas Pruschwitz, Martin Holler, Jean-Luc Leleu und Dieter Pohl, unter Mitarbeit von Henrik Eberle und Wladimir Sacharow, München 2020, S. 157). Bereits am 17. Fe-

bruar hatte Himmler auf die Verteilung des sechsten Flugblattes reagiert und telefonisch den SS-Obergruppenführer Friedrich Karl Freiherr von Eberstein in München mit »Sicherungsmaßnahmen« zur Verhinderung weiterer Straftaten beauftragt. (Telefonbuchnotiz, 17. Februar 1943, 16:15 Uhr, a. a. O., S. 150)

3 Vermutlich assistierte ihm dabei der Erste Staatsanwalt Bischoff.

4 Die Flugblätter der Weißen Rose sind unterschiedlich nummeriert. Während die ersten vier mit »Flugblätter der Weißen Rose« überschrieben sind und eine lateinische Zahl aufweisen, fehlt dies und eine Einordnung auf den folgenden beiden Flugblättern; deren Reihenfolge ergibt sich aus den Verhörprotokollen. Zur Vereinheitlichung werden die Flugblätter in diesem Buch durchgehend mit arabischen Ziffern bezeichnet.

5 Personalakte Weyersberg. Bundesarchiv Berlin, Signaturen R 3001–80297/80298, R 9361–3906, NSDAP-Gaukarteikarte.

6 Kriminalrat Schmauß notierte an Reichsanwalt Weyersberg: »Meldung. Hans Scholl bezeichnete die heutige Verhandlung als ›ein Affentheater‹.« (BA R 3017/34635)

7 Nach Jürgen Wittenstein (später auch George J. Wittenstein) soll Sophie Scholl auf die Frage Freislers nach dem Grund für ihre Taten geantwortet haben: »Einer muß ja doch mal schließlich damit anfangen.« Ein andermal habe sie ihm erwidert: »Was wir schrieben und sagten, das denken Sie ja alle auch, nur haben Sie nicht den Mut, es auszusprechen.« (Jürgen Wittenstein, Die Muenchner Studentenbewegung, Manuskript 1947. IfZ 12. 12., Band 228) Nach Inge Aicher-Scholl lauteten Sophies Worte: »Was wir sagten und schrieben, denken ja so viele. Nur wagen sie es nicht, es auszusprechen.« (Die Weiße Rose, S. 61) Inhaltlich sind diese Sätze unzutreffend, denn die Widerständler waren eine kleine Minderheit – erst recht im Gerichtssaal. Ob die Sophie Scholl zugeschriebenen Worte authentisch sind, ist zumindest zweifelhaft, denn der anwesende Referendar Leo Samberger erwähnt sie nicht in seinem Bericht (Die Weiße Rose,

S. 183–187). Zu Wittenstein siehe auch die Anmerkung 4 im Kapitel Nachspiel, S. 439.

8   Nach Samberger »klangen die Worte des Anklägers [...] sachlich und relativ milde.« (a.a.O., S. 185)

9   Nach Samberger, in: Inge Scholl, Die Weiße Rose, ebd. und Wittenstein.

10  »Er [Giesler] persönlich war es, der den Plan ausgeheckt hatte, Hans und Sophie Scholl, zusammen mit Christof [sic] Probst, [...] vor der Universität in München öffentlich vor einer Massenversammlung hängen zu lassen. Die Galgen waren schon beim Schreiner in Auftrag gegeben, als aus Furcht vor einer öffentlichen Gegenbewegung in letzter Minute das vorbereitete Schaustück abgesagt und die nichtöffentliche Hinrichtung befohlen wurde.« (Gieslers Blutabschied von München – Ein authentischer Bericht, Süddeutsche Zeitung, 19. Oktober 1945, S. 1)

11  Weyersberg ist mitverantwortlich für die Hinrichtung Hans Konrad Leipelts, der in München Flugblätter der Weißen Rose verbreitete, und für die Ermordung von vier Geistlichen, die in Lübeck opponierten. Er wird noch vor der Kapitulation des Deutschen Reiches am 8. Mai 1945 von der amerikanischen Spionageabwehr Counter Intelligence Center (CIC) verhaftet und am 6. des Monats in das Internierungslager des Seventh Army Interrogation Centers (SAIC) in Heidelberg eingeliefert. Im August interviewt ihn dort Lieutenant Colonel Dr. Oron J. Hale. Er kommt zu dem Schluss, Weyersberg sei ein unbedeutender Mensch, ein zögerlicher Dummkopf, der als Mitläufer Parteimitglied war, um seine Karriere voranzutreiben. Auf dem Dokument ist vermerkt: »3rd Category«, das heißt, man zählte ihn zu den »Minderbelasteten«, der »Bewährungsgruppe«. Albert Emil Rudolf Weyersberg stirbt am 25. November 1945 im Alter von 58 Jahren während seiner Internierung im amerikanischen Militärhospital 2 in der Karlsruher Grenadierkaserne. (Leipelt: BArch R 3018 5053 | Lübeck: NJ 15738/13778 /

R 3018 13512 und Peter Voswinckel (a.a.O.) | Weyersberg: Library of the University of Virginia und Amerikanische Interniertenkartei (a. a. O.).

## KAPITEL 1. TOCHTER

1  Zit. nach Joachim C. Fest, Hitler, Eine Biographie, Frankfurt/M., Berlin, Wien 1973, S. 206 f.

2  Susanne Hirzel, Vom Ja zum Nein, S. 181, und Brief an Ricarda Huch, 14. August 1946 (IfZ ZS/A 26, Band 4).

3  Seine Tochter Anna Elisabeth Köpf (geb. Gruele, *1935), Ulm, sagte am 20. Dezember 2019 in einem Telefonat mit dem Verfasser, ihr Vater sei »ein Sohn zweiter Klasse« gewesen und hätte bis zu seiner Heirat 1935 mit Elisabeth Schäfer (1915–2007) in einer kargen Kammer wohnen müssen. Als Robert Scholl 1943 inhaftiert war, habe ihre Familie die Scholls mit Lebensmitteln versorgt, ihr Vater 1944 die Unterkunft im »Bruderhof« oberhalb der Wutachschlucht im Schwarzwald vermittelt, die Kündigung der Wohnung am Münsterplatz verhindert, im Ulmer Franziskanerkloster für die Familie beten lassen und Robert Scholl bei der Bürgermeisterwahl 1948 unterstützt. Obwohl beide Familien in Ulm lebten, wo Ernst Gruele bei der Firma Bosch als Schlosser arbeitete, hätten sie kaum Kontakt gehabt. Ihr Vater habe sich weiterhin gegenüber den Scholls »verpflichtet« gefühlt, sie seien aber gemieden worden. Lediglich Magdalene Scholl, die für ihren Vater wie eine leibliche Mutter war, habe die Verbindung aufrechtgehalten. Ernst Joachim Friedrich Gruele wurde am 31. März 1914 in Stuttgart geboren und verstarb am 3. Februar 1991 in Ulm. (Sterbeurkunde Standesamt Ulm Nr. 170/1991). Das Verschweigen Grueles, seiner Ehefrau, den Kindern Elisabeth und Heinz ging so weit, dass Manuel Aicher (*1960), jüngster Sohn von Inge Aicher-Scholl und Otl Aicher, von ihrer Existenz erst nach dem Tod seiner Mutter 1998 erfuhr. (Robert M. Zoske, Sehnsucht nach dem Lichte, S. 57 f., Anm. 340. Ich danke Elisabeth Köpf, Ulm, und Dr. Florian Kech, Frei-

burg, für die Kooperation. Siehe: Der Unterschlupf, Badische Zeitung, 30. November 2019, Magazin, S. 1 f.)

4 Johann Konrad Wilhelm Löhe, Berufs-Ordnung für die Diako-nissen des westfälischen Diakonissenhaus Sarepta [Bethel] bei Bielefeld, Manuskript, Bielefeld 1906, S. 3 f.

5 Ludwigsburg, 6. Februar 1917 (IfZ 2. 2., Band 5).

6 Der neue Conrady, Das große deutsche Gedichtbuch. Von den Anfängen bis zur Gegenwart, neu hg. und akt. von Karl Otto Conrady, Düsseldorf und Zürich 2000, S. 717. Strophe zwei 1919, erste Strophe und Vertonung 1922.

7 IfZ ZS/A 26, Band 4.

8 IfZ 6.15., Band 82.

9 Dieses und die beiden folgenden Zitate: Brief an Lisa Remppis, Ulm, 10. Januar 1940 (IfZ 6. 3., Band 70).

10 »[...] komme ich heim, sehe da Deine gedruckte Verlobungsan-zeige, so was Gedrucktes von einem meiner nächsten Menschen, da bin ich in einer solchen Verfassung, daß ich eigentlich nicht schreiben sollte.« (Brief an Lisa Remppis, München, 12. Juni 1942. IfZ 6. 3., Band 70) Remppis verlobte sich im Juni 1942 mit dem Architekturstudenten August Schlehe. Ihr letzter vorliegen-der Brief an Sophie datiert vom 23. Juni 1942 (IfZ 6. 11., Band 78); Sophie schrieb ihr noch am 17. Februar 1943 (IfZ 6. 3., Band 70).

11 Brief an Lisa Remppis, München, 12. Juni 1942 (IfZ 6. 3., Band 70).

12 »Rechenschaftsbericht gegeben von Stadtschultheiß Scholl, Forchtenberg«, 15. Dezember 1929 (IfZ 2. 2., Band 5).

13 Zit. n. Joachim C. Fest, S. 293 f.

14 Stadtarchiv Crailsheim, SO 2 Scholl-Grimminger-Sammlung.

15 otl aicher, innenseiten des kriegs, Frankfurt am Main 1985, S. 57.

16 Beide Legenden bei Barbara Beuys, Sophie Scholl, Biografie, München 2010, S. 38. »Biographische Notizen« Inge Scholls als Anlage zu einem Brief an Ricarda Huch vom 25. März 1947. (IfZ ZS/A 26, Band 4)

17  Der neue Conrady, S. 717.

18  IfZ 6.15, Band 82.

19  Wolfgang Schöllkopf, Hans Scholl und seine Frage nach verantwortbarem Glauben – Darstellung und Interpretation seiner
Zeit in Ulm (1932–1943), in: Ulm und Oberschwaben. Zeitschrift für Geschichte, Kunst und Kultur, Bd. 61, Ulm 2019,
S. 372–390.

20  IfZ ZS/A 26, Band 4.

21  wikipedia.org/wiki/Adolf_Hitler_als_Ehrenbürger. Auf der
Website sind rund 190 Orte aufgelistet, die Hitler zu ihrem Ehrenbürger machten. Ulm war mit unter den ersten.

22  Nach historischem Überblick zur Stadtgeschichte des Stadtar-
chivs Ulm (Günter Sanwald, Matthias Grotz: stadtarchiv_ulm.
de) und Alemannia Judaica Ulm: alemannia-judaica.de.

23  Richard Scheringer, Unter Soldaten, Bauern und Rebellen – Das
große Los, München 1979, hier: Köln 1988, S. 246 f.

24  Nach Scheringer war Hans Scholl 1937 ein »wütender Hitler-
gegner«. Tatsächlich wollte er, der sich freiwillig zur Kavallerie
gemeldet hatte, noch im Dezember 1937 Offizier der Wehrmacht werden. (Richard Scheringer, S. 291 f. Scholl: Brief an die
Eltern, Bad Cannstatt, 12. Dezember 1937. IfZ 4. 1., Band 44)
Zwei weitere Male rückte sich Scheringer in eine Nähe zum
Münchner Widerstand: »An einem Tag im Februar [1943] war
ich bei meiner Mutter in Münchsmünster. Gerade an diesem Tag
waren die Scholls bei uns. Sie sprachen sich lange mit Marianne
[seiner Frau] aus, sie hatten auch mit mir sprechen wollen. Als
ich heimkam, waren sie schon wieder fort.« (S. 354) Und: »In
diesen Tagen [im Februar 1943] kamen wir mit den Scholls wieder in nähere Berührung. Die Liesl kam zu uns als Kindergärtnerin.« (S. 353) Elisabeth Scholl war nur wenige Tage auf dem
Dürrnhof. Sie begann ihren Dienst am 18. Februar 1943 (Briefwechsel S. 92), wurde aber bereits am 27. Februar in Sippenhaft
genommen (Sippenhaft, S. 128). Sie wusste nichts vom Widerstand ihrer Geschwister.

KAPITEL 2. HITLERMÄDCHEN

1  Eva Moser, Otl Aicher, Gestalter, Ostfildern 2012, S. 115 ff. Die
   Kontakte Hans Scholls zu Eberhard Koebel (»tusk«) und Richard Scheringer, die zu dieser Zeit Kommunisten waren, wurden nicht erwähnt.

2  Robert Scholl, (o. O.), 31. Dezember 1960, an Dr. phil. Harald
   von Waldheim, Augsburg (IfZ 2.3, Band 6 II).

3  Barbara Beuys, S. 131. Am 17. Dezember 1937 schreibt Magda-
   lene Scholl an ihren Sohn Hans im Gefängnis auf dem offiziellen
   Briefpapier ihres Mannes mit der Anschrift Adolf-Hitler-Ring 139
   »R. SCHOLL, Wirtschaftstreuhänder, vereid. Bücherrevisor«
   (IfZ 4. 10., Band 53). Das Emblem des NSRB darauf zeigt einen
   Reichsadler mit Hakenkreuz, Waage und Schwert. Wolfgang
   Schöllkopfs Einschätzung, Scholl habe Hitlers Namen nicht in
   seinem Briefkopf sehen wollen, scheint daher nicht plausibel.

4  Folgende Angaben und Zitate: Thomas Kreutzer, Dr. Ferdinand
   Dietrich, Als Kreisleiter in Öhringen ein geistiger Brandstifter,
   in: Täter, Helfer, Trittbrettfahrer, NS-Belastete aus dem Norden
   des heutigen Baden-Württemberg«, hrsg. von Dr. Wolfgang
   Proske, Band 8, Gerstetten 2018, S. 136–158. Fritz Hartnagel
   schreibt am 20. September 1942 an Sophie Scholl, ihre Mutter
   möge sich doch wegen eines Gnadengesuchs für Robert Scholl
   an »den Kreisleiter von Öhringen« wenden, »der doch Deinen
   Vater gut kennt«. (Er hatte Hitler eine »Gottesgeißel« genannt
   und wurde wegen »Heimtücke« zu vier Monaten Haft verurteilt.) Thomas Hartnagel erläutert: »Ferdinand Dietrich [...]
   war trotz seiner hohen Funktion innerhalb der NSDAP ein per-
   sönlicher Freund von Robert Scholl bis zu dessen Tod.« (Sophie
   Scholl – Fritz Hartnagel, Damit wir uns nicht verlieren, Briefwechsel 1937–1943, hg. von Thomas Hartnagel, Frankfurt am
   Main 2005, S. 412) Der Dienstrang eines SA-Standartenführers
   entsprach in der Wehrmacht dem Offiziersrang eines Obersten,
   ein Oberbereichsleiter befand sich auf Position 21 von dreißig
   Dienstgraden der NSDAP.

5  Organisationsbuch der NSDAP, Hg.: Reichsorganisationsleiter der NSDAP, Dr. Robert Ley, München 1943, S. 130.

6  Dieses und das folgende Zitat: Brief an Dr. phil. Harald von Waldheim, Augsburg, o. O., 30. Dezember 1960 (IfZ 2. 3., Band 6 II).

7  Dies und die beiden folgenden Zitate: Vernehmung 18. Februar 1943.

8  Siehe: Robert M. Zoske, Flamme sein – Hans Scholl und die Weiße Rose«, München 2018, S. 18.

9  IfZ 3.22.I, Band 3.

10  Joachim C. Fest, S. 386 f. Ebenso: Hans-Ulrich Thamer, Adolf Hitler, S. 212 f., und Peter Longerich, Hitler, Kp. Hitlers Regime, Position 11428 f. (Kindle-Edition). Vgl. Volker Ulrich: »Eine besondere Anziehungskraft übte die SA auf jugendliche Arbeitslose aus [...]. Sie bot den in ihrer Lebensperspektive verunsicherten jungen Männern nicht nur ein Netz sozialer Betreuung [...], sondern zugleich ein Betätigungsfeld, in dem sie ihre Aggressivität ausleben konnten.« (Hitler, Band 1, Kp. 9, Der Shootingstar der deutschen Politik, Position 6074, Kindle-Edition)

11  Epheser 4,5.

12  IfZ 3.22., Band 35.

13  Ich danke Jud Newborn für den Nachweis.

14  Jugenddienstverordnung, März 1939, in: Arno Klönne, Jugendliche Opposition im »Dritten Reich«, Erfurt 2013, S. 18. Sophie Scholl hätte danach in das BDM-Werk für die 18- bis 21-Jährigen »Glaube und Schönheit« wechseln können, was aber nicht verpflichtend war.

15  1939, Rüdiger war BDM-Reichsreferentin in der Reichsjugendführung (RJF). Zit. nach: Arno Klönne, Jugend im Dritten Reich, Die Hitler-Jugend und ihre Gegner, Köln 2003, S. 87.

16  Barbara Beuys, S. 92.

17  Zur Karte: IfZ 4.18., Band 61, und ZS/A 26, Band 4. Zum Spruch: Goethes Werke: Vollständige Ausgabe letzter Hand,

Band 47. Goethe's nachgelassene Werke, siebenter Band, Stuttgart und Tübingen 1833, S. 41.

18  Der erste erhaltene Brief von Sophie datiert vom 16. Oktober 1936. Da vorher keine persönlichen, schriftlichen Zeugnisse
von ihr vorliegen, können nur Aussagen Dritter herangezogen
werden. Susanne Hirzel an Ricarda Huch, 14. August 1946 (IfZ
ZS/A 26, Band 4). Huchs Buch wurde erst 1998 von Wolfgang
Matthias Schwiedrzik herausgegeben: Ricarda Huch, In einem
Gedenkbuch zu sammeln, Bilder deutscher Widerstandskämpfer, Leipzig 1998.

19  Aus Susanne Hirzels Brief wird in dieser Biografie mehrfach zitiert. Er ist vollständig im Anhang abgedruckt.

20  IfZ 3.29., Band 42. Undatiert. Vermutlich aus den 1970er-Jahren.

21  So Anneliese Graf, die Schwester Willi Grafs, die übergangs-
weise vom 14. bis 18. Dezember 1942 bei den Geschwistern
Scholl in München wohnte. (Barbara Beuys, S. 390)

22  Von Fritz Hartnagel wollte Sophie wissen: »Glaubst Du nicht,
daß das Geschlecht könnte vom Geiste überwunden werden?«
(Ulm, 15. Dezember 1940, S. 246) In der Konsequenz bedeutete
diese als Frage formulierte Hoffnung eine Lösung der sexuellen
Orientierung vom biologischen Genus: Ausschlaggebend ist die
subjektive Selbstdefinition der Person, jede und jeder entschei-
det über sein Geschlecht selbst. Offen bleibt zudem, ob sich
hinter der für sie wünschens- und erstrebenswerten Indifferenz
der Geschlechter eine Sehnsucht nach gleichgeschlechtlicher
Liebe verbarg.

23  Vernehmung 18. Februar 1943. Zur Gruppengröße: Eine »Mädelgruppe« umfasste »etwa vier Mädelscharen«, von denen eine
aus »drei bis vier Mädelschaften« bestand, zu der jeweils »etwa
zehn Mädel« gehörten. Demnach gehörten zwischen hundertzwanzig und hundertsechzig Mädchen zu einer Mädelgruppe.
(Organisationsbuch der NSDAP, S. 442) Inge Scholl war zuletzt
sogar für einen »Mädelring« mit »drei bis fünf Mädelgruppen«
verantwortlich.

24 Susanne Hirzel, S. 49. Eva Amann nach Barbara Beuys, S. 123.

25 Wir Mädel singen, Liederbuch des Bundes Deutscher Mädel, hg. von der Reichsjugendführung, Wolfenbüttel und Berlin, 1937 und 1939 (2. erweiterte Ausgabe). BDM-Liedbuch 1937: S. 88 f., 1939: S. 96 f.

26 Text und Melodie: Arno Pardun, 1931 (volksliederarchiv.de/siehst-du-im-osten-das-morgenrot-volk-ans-gewehr). In den BDM-Liedbüchern (1937: S. 172, 1939: S. 181) fehlen die Antijudaismen. (»Deutschland erwache, ende die Not!«)

27 Die Legende um Luise erzählte Aicher-Scholl erstmals 1980 Hermann Vinke (Das kurze Leben der Sophie Scholl, a. a. O., S. 43). Von dort fand sie Eingang in weitere Publikationen. Nach Aicher-Scholl habe Sophie »immer wieder« gefragt: »Warum darf Luise, die blonde Haare und blaue Augen hat, nicht Mitglied sein, während ich mit meinen dunklen Haaren und dunklen Augen BDM-Mitglied bin.« Das habe sie »immer wieder« empört.

28 »Luise […] was adamant throughout her life that there was a significant dislike between the two of them.« (Hedley J. Williams, Luises Großneffe zweiten Grades, an Jud Newborn, 8. Januar 2018. Ich danke Jud Newborn herzlich für die Übermittlung der E-Mails.) Auch Nicole Strate, die Tochter Luises, stellt fest, dass Sophie Scholl nicht zum Freundeskreis ihrer Mutter gehört habe, wohl aber Susanne Hirzel. In späteren Jahren habe Luise stets, wenn das Gespräch auf Sophie kam, spontan reagiert: »›Die war ja in der Hitlerjugend.‹ Der Ton, in welchem sie diese Aussage machte, war weder neutral noch verständnisvoll, sondern knapp und barsch.« (E-Mail an den Verfasser, 4. Juni 2020. Ich danke Nicole Strate herzlich für die Korrespondenz.) Luise Nathan (1921–2009) entstammte nach der damaligen menschenverachtenden Rassenlehre einer »arisch-jüdischen Mischehe«: Ihre Mutter Margarete war evangelisch und nichtjüdischer Abstammung, der Vater August jüdischen Glaubens. Luise wurde evangelisch getauft und am 5. April 1936

in der Dreifaltigkeitskirche zu Ulm konfirmiert. (Nach: Das Schicksal der Ulmer Familie August, Margarete, Luise und Erich Nathan infolge des Nationalsozialismus. Eine Beschreibung basierend auf Tagebüchern, Briefen, Fotos und Dokumenten. Zusammengetragen und abgefasst von Nicole Strate. Bottmingen 2017, hier: 2018, S. 17/19/22. Susanne Hirzel, a. a. O., S. 24 f., (mit Foto von Luise und Susanne, S. 71/93 f.)

29  In zahlreichen Darstellungen des Lebens von Sophie Scholl wird in der Anekdote um Luise Nathan der Zeitpunkt ihrer ersten Entfremdung vom BDM gesehen. Die Publizistin Alice Schwarzer geht noch weiter: Der »offene Protest« Sophies gegen den »Ausschluss ihrer besten Freundin« aus dem BDM belege, »wie früh ihr Wille zum Widerstand« da gewesen sei. »Spätestens« seit diesem Ereignis sei das der Fall gewesen. (Ich würde es genauso wieder tun, in: EMMA, 1. März 2005) Anneliese Dorzback, geborene Wallersteiner, jene andere jüdische Klassenkameradin, für die sich Sophie angeblich eingesetzt hat, teilte 2019 Maren Gottschalk (Wie schwer ein Menschenleben wiegt, S. 76) mit, Sophie habe etwa 1934 für sie und Luise »einen eigenen ›Klub‹ gegründet«, in dem »6 oder 7 Mädchen« musizierten und »kleine Muetzchen« häkelten, die sie »stolz zur Schule am naechsten Tag« trugen, um zu zeigen, dass sie »zusammen gehoeren«. Nach »etwa 4 Wochen« habe der »Klub sofort ›aufgeloest‹ werden« müssen, da er »im 3. Reich nicht erlaubt« gewesen sei. Dem steht die Aussage von Nicole Strate, Luise Nathans Tochter, entgegen, dass ihre Mutter diesen »Klub« zeitlebens nie erwähnte, und sie ihr Verhältnis zu Sophie stets mit Distanz und Ablehnung verband: »Die war ja in der Hitlerjugend«. Das sei für sie »die wichtigste und einzige Erinnerung an Sophie Scholl«, die »nicht auf ihrer Seite« gestanden habe. Die »nachträgliche Wandlung von Sophie Scholl zum Widerstand« habe sie »nicht mehr mit ihr versöhnen können«. (E-Mail von Nicole Strate, 4. September 2020) Sophie vertrat zu der Zeit andere Werte als Luise. Während sie in der Hitlerjugend Karriere

machte, wurde die Familie Nathan perfide ausgegrenzt und gedemütigt. Zweifelhaft ist zudem das Verbot eines häuslichen Treffens von zwölf-, dreizehnjährigen Schülerinnen durch die Nationalsozialisten.

30 Nach Barbara Beuys, a. a. O., S. 114, bzw. Nicole Strate, a. a. O., S. 22.

31 Das Protokoll nennt fälschlicherweise »Herbst 1938«.

32 31. August 1937 (IfZ 1. 1., Band 1).

33 Die Anklageschrift vom 21. Februar 1943 gegen Hans Scholl nennt nur seine »vorübergehende Verhaftung« und die von Werner und Inge wegen »bündischer Umtriebe«. Elisabeth Hartnagel, geb. Scholl, bestätigte das gegenüber Maren Gottschalk (Schluss, jetzt werde ich etwas tun. Die Lebensgeschichte der Sophie Scholl, Weinheim, Basel 2016, S. 82, und Telefonat des Verfassers mit der Autorin am 17. April 2019). Beides widerspricht der Schilderung von Inge Aicher-Scholl, die Beamten hätten Sophie »versehentlich mitgenommen, weil sie sie für einen Jungen gehalten hatten«. (Hermann Vinke, Das kurze Leben der Sophie Scholl, Ravensburg 1980, S. 50)

34 Ausführlich in: Robert M. Zoske, Flamme sein! Hans Scholl und die Weiße Rose, München 2018.

35 Wenn wir singen, schweigt die Treue,/sie ist größer als das Lied,/ sie trägt schweigend unsre Fahne,/daß sie keiner schwanken sieht. ‖ Wenn wir stürmen, singt die Treue,/und ihr Singen zündet an,/Und wir glühen wie die Fahne,/daß ihr jeder folgen kann. (Susanne Hirzel, S. 103 f. Lied von Hans Baumann, BDM-Liedbuch 1937: S. 80, 1939: S. 86)

36 »Gott will kein Dach, Gott will kein Haus,/Wenn wir die Stuben lassen,/Er zieht mit uns zum Kampfe aus/Und segnet unser Hassen./Wir halten ihn im Sturmgebraus,/Wenn wir die Fahnen fassen. ‖ In unseren Fahnen lodert Gott,/Drum wir sie heilig nennen./Drum gegen Lug und Trug und Spott/Zum Sturme wir anrennen./Und der da fällt, der stirbt für Gott,/Zu dem wir uns

bekennen.« Zweite und dritte Strophe des fünfstrophigen Hymnus. (Der neue Conrady, S. 719)

37   Susanne Hirzel, S. 104. Briefwechsel März 1941, S. 266.

38   22. August 1956, Leserbrief an den Spiegel (spiegel.de/spiegel/print/d-43063741.html).

39   Ulrich Chaussy in: Chaussy/Gerd R. Ueberschär, »Es lebe die Freiheit«, S. 138. Inhaltlich ebenso Inge Scholl, Die Weiße Rose, S. 17. Hermann Vinke, Das kurze Leben der Sophie Scholl, S. 45. Alice Schwarzer in EMMA, 1. März 2005. Barbara Leisner, Sophie Scholl, S. 139 f. Richard Hanser, Deutschland zuliebe, S. 45. Susanne Breit-Keßler, Regionalbischöfin der Ev.-Luth. Kirche in Bayern, Predigt anlässlich der Fusion der Kirchengemeinden Offenbarung und Rogate zur Kirchengemeinde Sophie Scholl, München, S. 4. Und weitere. Barbara Beuys hingegen verneint korrekt einen »frühzeitigen Bruch« Sophies mit dem BDM (S. 147). Sie setzt den Zeitpunkt spät und zieht die Zeitspanne weit, da »endgültig der Trennungsstrich zu den braunen Machthabern […] besiegelt« worden sei, nämlich »mit dem Krieg« (S. 211).

40   Sophie Scholl, 10. November 1938, an Lisa Remppis (IfZ 6. 3., Band 70). Zwar räumte sie einen Konflikt ein: »Es ist z. Zt. wieder eine höchst unangenehme Sache im B. d. M. mit Annlis u. mir. Was endgültiges weiß ich noch nicht, man muß abwarten denn mit Humor kommt uns alles viel leichter vor. Weißt Du noch, wie das Jungmädel uns das Liedchen vorschmetterte?« Es handelt sich demnach aber um persönliche Animositäten zwischen Sophie und Annelies Kammerer. Die Erinnerung an den amüsanten Gesang des Jungmädels zeigt, dass es sich um kein schwerwiegendes Zerwürfnis mit dem BDM handelte – es war eher zum Lachen.

41   Stadtarchiv Crailsheim, So 2 Scholl-Grimminger-Sammlung.

42   Briefwechsel S. 266. Ich danke Catrin Fenkel, Gauting, für ihr unveröffentliches Manuskript aus den 1990er-Jahren.

## KAPITEL 3. KONFIRMANDIN

1 Ich danke PD Dr. Wolfgang Schöllkopf, landeskirchlicher Beauftragter für württembergische Kirchengeschichte, Ev. Theol. Fakultät der Eberhard Karls Universität Tübingen, für diese und weitere Informationen zum Konfirmandenunterricht.

2 Alle Angaben nach: Eberhard Mayer, Die evangelische Kirche in Ulm 1918–1945, Forschungen zur Geschichte der Stadt Ulm, hg. vom Stadtarchiv Ulm, Band 26, Ulm 1998, hier: S. 512 ff.

3 Mayer, S. 207, 234 Anm. 1061.

4 Gemeindeblatt, Neujahrsnummer 1933 (Mayer S. 176 f.).

5 Mayer, S. 282 f. (Faksimile).

6 Gemeindeblätter 11 A und 12 A/1934, 1 A und 2 A/1935 (Mayer, S. 329 f.).

7 Diese Deklaration war grundlegend und richtungsweisend für die evangelische Kirche und ihre Christinnen und Christen. Auch wenn sie primär eine kirchenpolitische und keine staatspolitische Verlautbarung war, musste sie doch als unüberhörbares Signal des Protestes, als Verweigerungshaltung, verstanden werden: Die Kirche Jesu Christi folgt nicht ergeben der nationalsozialistischen Reichskirchenregierung.

8 Gemeindeblatt 10/A1936 (Mayer, S. 370).

9 Konfirmationsbüchlein der evangelischen Kirche Württembergs. Nebst einem Anhang von Gebeten. Ausgabe von 1908, Stuttgart 1933. Das Heft ist eine Kombination aus dem Katechismus des württembergischen Reformators Johannes Brenz und Martin Luthers.

10 Jakobus 1,22.

11 Konfirmationsbüchlein, S. 22.

12 Susanne Hirzel, S. 181, ebenso in ihrem Schreiben an Ricarda Huch vom 14. August 1946 (IfZ ZS/A 26, Band 4).

13 Konfirmationsbüchlein, Frage 20, S. 7.

14 An Fritz Hartnagel, 29. Mai 1940, Briefwechsel S. 175 f.: Vgl. die Randprägung der vom Bundesfinanzministerium aufgelegten 20-Euro-Silbermünze zum 100. Geburtstag von Sophie Scholl.

15  Konfirmationsbüchlein, Fragen 32 und 34, S. 10.

16  An Fritz Hartnagel, 18. November 1942, Briefwechsel S. 431 f.

17  Konfirmationsbüchlein, Antwort auf Frage 54: »Hast du in deinem Christenlauf nicht auch eine Stärkung für deinen Glauben nötig?«, S. 15.

18  Barbara Beuys, S. 137. Maren Gottschalk »Schluss. Jetzt werde ich etwas tun«, S. 74 (ohne Farbangabe).

19  Susanne Hirzel, S. 64.

20  Konfirmationsbüchlein, S. 18.

21  18. November 1942, Briefwechsel S. 431 f.

22  Konfirmationsbüchlein, Frage 55, S. 15.

23  Brief Waldemar Gabriels vom 12. März 1942 (IfZ 6. 5., Band 72). Siehe Kapitel 8 »Briefpartnerin«.

24  Briefe Magdalene Scholls an Fritz Hartnagel, 25. Februar 1943 (Briefwechsel S. 467), und am 26. April an ihren Sohn Werner (IfZ 4. 10., Band 53).

25  Konfirmationsbüchlein, Frage 66, S. 17.

## KAPITEL 4. SCHÜLERIN

1  Tagebuch, 28. Mai 1937 (IfZ 6.15, Band 6).

2  An Fritz Hartnagel, Ulm, undatiert [Dezember 1938], S. 69.

3  Diese und die folgenden Aussagen von Inge Scholl: IfZ ZS/A 26, Band 4, 25. März 1947.

4  Klaus-Peter Schuster: Nationalsozialismus und »Entartete Kunst«, die »Kunststadt« München 1937. München 1998, S. 217.

5  Hans Scholl führte eine dj.1.11-Gruppe. »dj« stand hierbei für »Deutsche autonome Jungenschaft«, eine unter den Nationalsozialisten verbotene bündische Jugendverbindung. Viele ihrer Mitglieder verhielten sich vergleichsweise resistent gegenüber der nationalsozialistischen Politik, einige gingen sogar in den aktiven Widerstand.

6  Den Traum berichtet Else Gebel.

7  otl aicher, innensichten des kriegs, Frankfurt am Main 1985,

S. 57. Kleinschrift original. Aicher beschreibt ein Treffen im elsässischen Munster/Münster, das am Wochenende 14./15. März 1942 stattfand. Zu diesem Zeitpunkt trug Sophie keinen »Bubikopf« mehr.

8  Alle Zitate nach: Stadtarchiv Crailsheim, So 2 Scholl-Grimminger-Sammlung. Die frühesten Erinnerungen (Samstagbad, Ostern, Kinderhochzeit und Erntedankfeuer) sind in Kapitel 1 »Tochter« wiedergegeben.

9  gutenberg.spiegel.de/buch/legenden-176/1.

10  Das Gedicht stammt aus einem Brief Rilkes vom 7. Mai 1899 an Hugo Salus (marschler.at/worte-rilke-gedichte.htm).

11  »Mag ›Sieg! Sieg! Sieg‹ der tolle Tod/frohlocken flammenüberloht –/das Leben wird der Sieger sein,/weil Mütter mit dem Glorienschein/es auch in allertrübsten Tagen/unter dem Herzen tragen. ‖ Was atmet, es wird untergehn./Was wurzelt, wird im Wind verwehn./Was sternhell loht, versinkt in Nacht./Wie kommt's nur, daß man lebt und lacht?/Weil ewig Saat und Frucht und Segen/Mütter im Schoße hegen.« Unter der Überschrift »MÜTTER BESIEGEN DEN TOD« veröffentlichte die Leipziger Illustrierte Zeitung am 18. Mai 1941 zum Muttertag eine Schmuckseite mit zwei Gedichten von Alfred Müller-Hennig und der Abbildung zweier Plastiken des bulgarischen Bildhauers André Nikolov/Andrej Nikolow, die ein saugendes Kind an der Mutterbrust und den Kopf eines toten Kriegers, auf einem Stahlhelm ruhend, zeigen (Faksimile in Christoph Hünermann, Chronik 1941, S. 79). Der Dipl. Turn-, Sport- und Gymnastiklehrer Müller-Hennig war seit 1935/36 Beauftragter für Volkstanz im Fachamt I des Deutschen Reichsbundes für Leibesübungen und Reichsfachstellenleiter für Volkstanz in der Amtsleitung der NS-Kulturgemeinde. (Hanna Walsdorf, Bewegte Propaganda. Politische Instrumentalisierung von Volkstanz in den deutschen Diktaturen, Würzburg 2010, S. 85)

12  Wolfenbüttel und Berlin 1937: S. 47, 1939: S. 53.

13 »Die Studie ist vermutlich von Rodins Zeichnungen und Aquarellen inspiriert, die sehr erotisch ausfallen können.« (Dr. Karin Schick, Hamburger Kunsthalle, Leitung Sammlung Klassische Moderne, Mitteilung vom 31. März 2020)

14 10. Mai 1938, aus Ulm an Fritz Hartnagel, Briefwechsel S. 52.

15 Ulm, 19. Mai, 4. Juni, 16. September 1938, Juni 1939 (IfZ 6. 3., Band 70); 8. März 1940 an Fritz, Briefwechsel S. 150.

16 IfZ 6.15., Band 6, und Beuys S. 144.

17 25. März 1947 (IfZ ZS/A 26, Band 4).

18 10. Mai 1938, Brief an Fritz Hartnagel aus Ulm, Briefwechsel S. 51.

19 14. August 1946 (IfZ ZS/A 26, Band 4).

20 Inge Scholl, Die Weiße Rose, Frankfurt am Main 1955. Erweiterte Neuausgabe 1982, hier: 2009, S. 17 ff.

## Kapitel 5. Geliebte

1 Diese und die weiteren Angaben – wenn nicht anders gekennzeichnet – nach Briefwechsel Scholl-Hartnagel.

2 Mitte Januar 1938, S. 41.

3 Siehe Kapitel 1 »Tochter«.

4 Nach dem Krieg kommentierte Hausmann seine politische Gefügigkeit mit den süffisanten Worten, er sei »nicht begabt, ein Märtyrer zu sein«. (Manfred Hausmann: eine Würdigung des Schriftstellers nebst Biografie, Mannheim 1978, S. 98. Zit. nach Jörg Hannes Kuhn, S. 66, Anm. 216)

5 Sophie zitiert – offensichtlich auswendig – leicht fehlerhaft. Im Original heißt es: »[…] immerdar, wenn eins sich für sich selbst behält, und sich […]«. Lilofee – Eine dramatische Ballade, Berlin 1936, S. 36. 1928 (Berlin) lautete der Untertitel noch: »Ein Spiel von Liebe«.

6 Ausgabe Flensburg 1948, S. 106.

7 Sophie Scholl zu Susanne Hirzel im Dezember 1942 oder Januar 1943 (Hirzel S. 181 bzw. IfZ ZS/A 26, Band 4).

8 Pappe auf Pappe, um 1903, 40 × 52,5 cm, Verso: Bestätigung

von Otto Modersohn, 5. Juli 1923, Privatbesitz, Berlin (1996). Werkverzeichnis Nr. 399. Angaben nach: Paula Modersohn-Becker 1876–1907, Werkverzeichnis der Gemälde, im Auftrag der Paula Modersohn-Becker Stiftung hrsg. von Günter Busch und Wolfgang Werner, Bd. 2, München 1998, S. 281. In dem 734 Positionen umfassenden Verzeichnis (1897/98–1907) ist dies das einzige Gemälde, das einen Jungen und ein Mädchen zusammen zeigt. Die Darstellung befand sich bis Anfang der 1940er-Jahre in Worpswede im Besitz von Martha Vogeler, die Sophie und Lisa mehrfach besuchten. Ich danke Dr. Karin Schick, Hamburger Kunsthalle, für die Kooperation.

9 Brief von Lisa Remppis, Leonberg, 15. September 1938 (IfZ 6. 11., Band 78); von Sophie Scholl, Ulm, 16. September 1938 (IfZ 6. 3., Band 70).

10 Fritz Hartnagel hat den Brief mit »15. 8. 38« datiert. S. 54.

11 »Glaubst Du nicht, daß das Geschlecht könnte vom Geiste überwunden werden?« Ulm, 15. Dezember 1940, S. 246.

12 Ulm, Januar 1940, S. 141. Fritz bezieht sich am 28. Januar 1940 auf den Augustbrief Sophies aus Leonberg: »Du hast es mir ja damals von Leonberg geschrieben und im Sommer [1939] wieder in Heiligenhafen gesagt.« (Düsseldorf, S. 146)

13 Stuttgart, 11. Juni 1938 (IfZ 4. 2., Band 45).

14 Brief an die Schwester Inge, Ulm, 16. Juni 1938 (IfZ 6. 2., Band 69).

15 Renée Sintenis, hg. von Hanna Kiel, Berlin 1935, S. 104.

16 München, an die Eltern, 17. April 1939 (IfZ 4. 1., Band 44).

17 Sintenis, S. 7 f. Die folgenden Zitate ebd.

18 IfZ 6.15., Band 82.

19 Ulm, 6. Oktober 1938 und Brief ohne Datum, vermutlich November 1938 (IfZ 6. 3., Band 70).

20 Briefwechsel S. 65 f.

21 Ulm, 5. November 1938 (Stadtarchiv Crailsheim).

22 Zum Folgenden: Ingo Bergmann, 1938 – Das Novemberpogrom – seine Vorgeschichte und Folgen, Hg. Dokumentations-

zentrum Oberer Kuhberg e. V. (DZOK), Haus der Stadtgeschichte – Stadtarchiv Ulm, Ulm 2018, und Eberhard Mayer,
S. 426.

23 Urteilsspruch des Landgerichts Ulm vom 11. 12. 1946, Kls 4/46
(Ingo Bergmann, 1938, S. 27 und 31).

24 Ingo Bergmann, 1938, S. 35.

25 Eberhard Mayer, S. 429, Ingo Bergmann, Und erinnere dich
immer an mich – Gedenkbuch für die Ulmer Opfer des Holocaust (Hg. Stadt Ulm), Ulm 2009, S. 10 f., und Heinz Keil, Dokumentation über die Verfolgung der jüdischen Bürger von
Ulm. Hergestellt im Auftrag der Stadt Ulm, Ulm 1961, S. 2 ff.,
zit. nach Nicole Strate, Das Schicksal der Ulmer Familie […]
Nathan, a. a. O., S. 18.

26 Niederschrift über die Beratungen des Oberbürgermeisters mit
den Ratsherren am 12. Oktober 1938. (Faksimile, Ingo Bergmann, 1938, S. 36) Ingo Bergmanns Gedenkbuch enthält zwei-
hundertzwanzig Kurzbiografien von »Bürgerinnen und Bürgern
jüdischer Herkunft, die in Ulm geboren wurden oder sich zwischen dem 1. Januar 1933 und dem 24. April 1945 in Ulm aufgehalten haben und unter der Herrschaft des Nationalsozialismus deportiert wurden« (S. 24).

27 Eberhard Mayer, S. 430.

28 Ingo Bergmann, 1938, S. 30 (Faksimile).

29 Ich danke Dr. Jud Newborn, New York, sehr herzlich für die
Übermittlung seiner Telefonnotizen zum Gespräch mit Fred
Einstein vom September 2017. Nach Einsteins Aussage verließ
seine Familie Ulm erst im September 1939. Das Tagebuch der
Irene Einstein beim Dokumentationszentrum Oberer Kuhberg
in Ulm erklärt die freundschaftliche Beziehung ebenso wie das
Kennenlernen über eine Mietbeziehung: Scholls hatten eine Zeit
lang als Mieter im Haus Einsteins in der Olgastraße 81 gewohnt. – Nicola Wenge/Ingo Bergmann: Das Tagebuch der
Irene Einstein und seine Hintergründe, in: DZOK-Mitteilungen
52/2010, S. 5 f.

30 Brief von Robert an Magdalene Scholl, 16. November 1941 (IfZ 2. 2., Band 5).

31 Siehe Kapitel 2 »Hitlermädchen«.

32 Brief vom 6. Dezember 1938, zit. nach Eberhard Mayer, S. 424.

33 Hartnagel, S. 68, Remppis (IfZ 6. 3., Band 70), beide Schreiben vom 10. November 1938 aus Ulm.

34 An Lisa Remppis, Ulm, 10. November 1938 (IfZ 6. 3., Band 70). Sophies Abschrift entspricht dem Text in Manfred Hausmann, Jahre des Lebens. Gedichte. Berlin 1938, S. 14.

35 Ulm, 22. Dezember 1938, S. 70.

36 Vermutlich aus Düsseldorf, 3. Dezember 1939, S. 123.

37 Manfred Hausmann, Jahre des Lebens, S. 23.

38 Ulm, 25. Januar 1939, S. 72.

39 Augsburg, 2. Februar 1939, S. 74.

40 Ulm, 18. Februar 1939, S. 75.

41 Zell im Zillertal, 8. Mai 1939, S. 85. Es begann Sophies 19. Lebensjahr.

42 Ulm, 10. Mai 1939, S. 85.

43 Brief an Inge Scholl, Ulm, 21. Mai 1939 (IfZ 6. 2., Band 69). J. M. Barrie's Peter Pan & Wendy. Für kleine Leute erzählt von May Byron. Ins Deutsche übertragen von Hanspeter Nägele. Mit Zeichnungen von Sophie Scholl, München 1989.

44 Sophie über Susanne: Brief an Fritz Hartnagel, Ulm, 1. Februar 1940 (Stadtarchiv Crailsheim). Susanne über Sophie: Hirzel, S. 128 f.

45 Psalm 111,10/Sirach 1,14. Sprüche 1,7. Sirach 1,11. Sprüche 19,23.

46 Wir kannten nicht sein unerhörtes Haupt,
   darin die Augenäpfel reiften. Aber
   sein Torso glüht noch wie ein Kandelaber,
   in dem sein Schauen, nur zurückgeschraubt,
   sich hält und glänzt. Sonst könnte nicht der Bug
   der Brust dich blenden, und im leisen Drehen
   der Lenden könnte nicht ein Lächeln gehen

zu jener Mitte, die die Zeugung trug.
Sonst stünde dieser Stein entstellt und kurz
unter der Schultern durchsichtigem Sturz
und flimmerte nicht so wie Raubtierfelle;
und bräche nicht aus allen seinen Rändern
aus wie ein Stern: denn da ist keine Stelle,
die dich nicht sieht. Du mußt dein Leben ändern.
(1908 geschrieben. Sämtliche Werke. Band 1–6, Band 1, Wiesbaden und Frankfurt a. M. 1955–1966, S. 555–557. zeno.org/nid/20005534607)

47  Markus 1,15.

48  Der Umzug war am 28. Juni 1939. Brief von Inge an Hans, Ulm, 29. Juni 1939 (IfZ 4. 12., Band 55). Wolfgang Schöllkopf, Hans Scholl und seine Frage nach verantwortbarem Glauben. Barbara Benys, S. 197.

49  Sophie Scholl, Ulm, 29. Oktober 1939, S. 114.

50  Eine umfassende Darstellung mit zahlreichen Belegen bietet: Ferdinand Krogmann, Worpswede im Dritten Reich 1933–1945, Bremen 2011.

51  Abbildung eines Gobelins aus dem »Haus am Schluh« mit Hakenkreuz in: Krogmann, a. a. O., S. 152. Alle weiteren Angaben nach: Niedersächsisches Landesarchiv Abteilung Stade/Rep. 210 Nr. 2460 bzw. Abteilung Hannover, Signatur NLA HA, Nds. 720 Hannover, Acc. 2009/126 Nr. 08021 und Harro Jenss, Rena Noltenius, Martha Vogeler 1879–1961, Schriftenreihe Haus im Schluh, 2. überarbeitete Auflage, Worpswede 2017, S. 28 f. Im April 1942 wurde Martha Vogeler »aus der NSDAP entlassen«, da sie »dringend verdächtigt [sei], sich staatsfeindlich zu betätigen, und staatsschädigende Auslandsbeziehungen zu unterhalten«. Unter anderem verkaufte sie Zeichnungen ihres in Russland lebenden, geschiedenen Mannes Heinrich Vogeler, die rückseitig als Eigentum der kommunistischen »Roten Hilfe« gestempelt waren. Vogeler legte vergeblich Beschwerde ein. Nach dem Krieg stellte sie einen

»Antrag auf Entschädigung für Opfer der nationalsozialistischen Verfolgung«. Die Kammer wies ihren Antrag zurück, weil sie »der NS-Gewaltherrschaft <u>mehrfach</u> durch ihre Mitgliedschaft Vorschub geleistet« habe: »Jede Mitgliedschaft in der NSDAP oder einer ihrer Gliederungen« bedeute »grundsätzlich eine Vorschubleistung«. Dabei wiege »ein Eintritt vor oder gleich nach dem 30. 1. 1933 besonders schwer [...]«. (Bescheid vom 25. Mai 1955) Auch das Landgericht Stade lehnte am 29. Mai 1956 eine Entschädigung ab, glaubte nun aber Vogelers Schutzbehauptung, es habe sich bei ihrer Mitgliedschaft um eine »Tarnung« gehandelt. Die Beweisaufnahme habe »eindeutig ergeben«, dass in Worpswede »jedermann« wusste, »daß die Klägerin gegen den Nationalsozialismus eingestellt war und auch ihre Einstellung trotz ihrer Mitgliedschaft bei der NS-Frauenschaft und der NSDAP nicht geändert hat«. Sie habe sich in einer »allen bekannten stillen Gegnerschaft« befunden. 1964 einigten sich die Erbinnen Vogelers und das Land Niedersachen auf einen Vergleich: Den Töchtern wurden »wegen der Entziehung von Handzeichnungen« DM 5000 als »Schadensersatzbetrag« zuerkannt.

Dass die allenfalls lautlose Distanzierung Martha Vogelers vom Nationalsozialismus irgendeinen Einfluss auf die Ulmer Ausflügler hatte, ist nicht belegbar, zumal die jungen Besucher damals selber nicht oppositionell eingestellt waren. Insgesamt war Vogelers Verhalten sehr ambivalent: »Ohne Zweifel versuchte Martha, sich in der Zeit des ›Dritten Reiches‹ zu arrangieren [...]. Nicht zuletzt aus wirtschaftlichen Gründen machte sie Kompromisse und Konzessionen bei den Auftragsarbeiten und bei der Auswahl der Symbole und Gobelins einschließlich der Verwendung des Hakenkreuzes [...].«

(H. Jenss, R. Noltenius, a. a. O. Ich danke Dr. Harro Jenss, Worpswede, für die ausführlichen telefonischen Erläuterungen am 24. April 2020.)

52  Sophie Scholl, Ulm, 5. September 1939, S. 102. Das Kleid ent-

sprach, wie Fotos zeigen, der von Vogeler entworfenen »artgemäßen Volkstracht« (Krogmann, a. a. O., S. 244).

53  Worpswede (IfZ 6. 2., Band 69).

54  Brief an Karl von der Heydt, 16. Januar 1906, in: Die Briefe an Karl und Elisabeth von der Heydt, 1905–1922, hrsg. von Ingeborg Schnack und Renate Scharffenberg, Frankfurt am Main 1986, S. 46, zit. nach: Uwe M. Schneede und Kathrin Baumstark, Paula Modersohn-Becker, Der Weg in die Moderne, Hamburg 2017.

55  Aus: Es winkt zu Fühlung fast aus allen Dingen (1914), in: Die Gedichte, Frankfurt am Main, Leipzig 2006, S. 619, zit. nach Karin Schick, Das Bild als Kosmos. Zu einigen späten Werken von Paula Modersohn-Becker, in: Uwe M. Schneede, Kathrin Baumstark, S. 64. Kursiv original.

56  An Mathilde Becker, 19. Januar 1906, in: Paula Modersohn-Becker in Briefen und Tagebüchern, hrsg. von Günter Busch und Liselotte von Reinken, rev. und erw. Ausg., bearb. von Wolfgang Werner, Frankfurt am Main 2007, S. 516 f.; zit. nach Karin Schick, S. 68. Karin Schick beschreibt die spirituelle Dimension der Werke Modersohn-Beckers so: »In der Natur sah sie die göttliche Schöpferkraft am Wirken, einen umsichtigen Geist. In ihren Kompositionen suchte sie selbst eine Ordnung mit Struktur und Gliederung, eine sinnvolle Gestaltung, die in Schönheit, Schmuck und Glanz mündete – einen Kosmos im ursprünglichen Wortsinn.« (Ebd. S. 67) Ich danke Dr. Karin Schick, Leitung Sammlung Klassische Moderne, Hamburger Kunsthalle, herzlich für die Zusammenarbeit.

57  Brief an Rainer Maria Rilke, Weihnachten 1900, zit. nach Barbara Beuys, Paula Modersohn-Becker. Oder: Wenn die Kunst das Leben ist, München 2007, hier: Frankfurt am Main 2009, S. 171.

58  Brief an die Schwester Inge, Worpswede, 9. August 1939 (IfZ 6. 1., Band 69).

59  Alle genannten Werke befanden sich 1939 im Besitz der Hamburger Kunsthalle. Modersohn-Beckers »Bildnis der Bildhaue-

rin Clara Rilke-Westhoff« lagerte im Depot. Ich danke Dr. Ute Haug, Leitung Provenienzforschung und Sammlungsgeschichte der Hamburger Kunsthalle, für die Recherche.

60  Jean-Baptiste Regnault (Paris 1754–1829 Paris), »Freiheit oder Tod«, 1794/95, Öl auf Leinwand, 60x49,3 cm. Das Bild ist seit 1846 in Hamburg.

61  Briefe an die Schwestern Inge und Elisabeth, beide Ulm, 19. August 1939 (IfZ 6.2., Band 69).

62  J. M. Barrie's Peter Pan & Wendy, S. 49.

63  Der »King of Pop« Michael Jackson (1958–2009) nannte seine elf Quadratkilometer große, luxuriöse Ranch »Neverland«.

64  Sophie aus Worpswede, 9. August 1939 (IfZ 6.1., Band 69); Fritz aus München, 16. August 1939, S. 98.

65  Ulmer Tagblatt – Ulmer Sturm, 155. Jahrgang, Nr. 205, Titelseite (Stadtarchiv Ulm, Signatur G4 Chr. Beilagen Nr. 384 a).

66  Ebd., S. 3.

67  Ulmer Tagblatt – Ulmer Sturm, ebd., S. 5.

68  3. September 1939, bei Calw im Schwarzwald, S. 101. Der maskuline »Soffer« war der Spitzname für Sophie (nach Hartnagel, ebd.).

69  Tagebucheintrag vom 20. September 1939 (IfZ 4.1., Band 44 I).

70  Laut einer Notiz von Inge Scholl sagte ihr Sophies Biologielehrerin Dr. Else Fries Anfang August 1979 telefonisch, sie habe diese Geschichte von anderen gehört. (IfZ 3.29., Band 42) Bereits 1980 machte Hermann Vinke aus dieser Erzählung dritter Hand eine Tatsache. (Das kurze Leben der Sophie Scholl, S. 67)

71  Ulm, 5. September 1939, S. 102.

72  Calw, 13. September 1939 S. 105.

73  Ulm, 6. Oktober 1939, S. 111.

74  Calw, 27. September 1939, S. 110.

75  Ulm, 6. Oktober 1939, S. 112.

76  Vermutlich Düsseldorf, 25. Dezember 1939, S. 130.

77  Ulm, 6. Oktober 1939, S. 112.

78  Sophie an Fritz, 19. September und 9. November 1939

(S. 106/118). Hans Scholl, Sophie Scholl, Briefe und Aufzeichnungen, S. 337.

79  Brief Redens an Sophie Scholl, Köln-Nippes, 18. Mai 1939 (IfZ 6.14., Band 81).

80  Calw, 8. Oktober 1939, S. 113.

81  Ulm, 9. November 1939, S. 114.

82  Ulm, 6. Oktober 1939, S. 112.

83  Ulm, 29. Oktober 1939, S. 115.

84  Siehe: Wolfgang Schöllkopf, Hans Scholl und seine Frage nach verantwortbarem Glauben.

85  Im Verein mit Carl Muth arbeitete er auf ihre Übertritte zur katholischen Kirche hin: »Ich habe lange um diese [Scholl-]Leute gerungen […]. Inge hat mir erst neulich gestanden, sie vermutete hinter meinem Kommen immer den Versuch, sie zur Konversion zu treiben. Und im letzten Grund hatte sie auch recht. [… Ich bitte] Sie, helfen Sie, nicht um meinetwillen, sondern allein, damit ihre Seelen auch einmal die Freude des Friedens besitzen.« (Aicher an Carl Muth, 28. Dezember 1941, BayStabi Ana 390 II.A, zit. nach Babara Schüler, »Im Geiste der Gemordeten …«: Die »Weiße Rose« und ihre Wirkung in der Nachkriegszeit«, Paderborn, München, Wien, Zürich 2000, S. 127.) Ernst Redens Biograf Jörg Hannes Kuhn spricht von einem »massiven Einfluss des katholisch ›missionierenden‹ Otl Aichers, der gezielt auf eine Konversion [Redens] hinarbeitete« (E-Mail vom 8. Januar 2020).

86  Ulm, 9. November 1939, S. 118.

87  Ulm, 28. November 1939, S. 122.

88  Ulm, 11. Dezember 1939, S. 125, hier und im Folgenden.

89  Brief an Rose Nägele, München, 2. Mai 1941 (IfZ 4.7., Band 50).

90  Sophie am 5. Januar 1940 an Fritz: »Ich bin froh, daß Dich das Weihnachtspäckchen doch erreicht hat, wenn auch leider mit Verspätung.« S. 135.

91  Ulm, 10. Januar 1940 (IfZ 6. 3., Band 70).

92  Ulm (IfZ 6. 2., Band 69).

93   Ulm (IfZ 6. 3., Band 70).

94   Ulm, S. 150.

95   Ulm, 21. März 1940, S. 153.

96   Dieses Zitat und die folgenden Zitate: Ulm, 5. Januar 1940, S. 135 ff.

97   Brief vermutlich aus Düsseldorf, 12. Januar 1940, S. 139. »Liebe« zit. nach: Der neue Conrady, S. 753. Die Aufforderung der Schlusszeile variiert einen Satz aus der Bergpredigt Jesu: »Seid barmherzig, wie auch euer Vater barmherzig ist.« (Lukas 6,36)

98   Leonberg, 30. Oktober 1940 (IfZ 6. 11., Band 78).

99   Ulm, 15. Januar 1940, S. 141.

100  Ulm, 15. Januar 1940, S. 142. Versprechen: Fritz an Sophie, Wissant, 23. September 1940, S. 218.

101  An Lisa Remppis, Ulm, undatiert, aber vermutlich kurz nach den Herbstferien 1940 (IfZ 6. 3., Band 70), und an Fritz Hartnagel, Krauchenwies, 20. April 1941, S. 295.

102  Wissant, 27. Dezember 1940, S. 248 f.

103  Ulm, 6. Januar 1941, S. 251. Folgende Zitate ebd.

104  Hans Scholl und Ernst Reden waren am 2. Juni 1938 wegen Vergehens gegen den Homosexuellenparagrafen 175 angeklagt. Beide gestanden die Straftaten. Scholl wurde amnestiert, Reden zu drei Monaten Haft verurteilt. Der Inhalt des Strafverfahrens war in der Familie Scholl bekannt. (Siehe dazu: Jörg Hannes Kuhn, Im Schatten der Rose, Ernst Reden, Schöngeist und Lyriker – ein kurzes jungenschaftliches Leben, Leipzig 2020.)

105  Auch über den schwulen Ernst Reden schwieg sie, obwohl ein intensiver (Brief-)Kontakt bestand (siehe Jörg Hannes Kuhn).

106  Ulm, 12. Januar 1941, S. 254.

107  Ulm, 22. Januar 1941 S. 258.

108  Matthäus 5, 3.

109  Ulm, 9. November 1939, S. 117.

110  Ulm, 26. Dezember 1942, S. 439.

111  Ulm, 13. Januar 1940, S. 140 f. Der »Vorsommer« erzielte bis
     1944 eine Auflage von 175 000 Exemplaren, bis 1963 stieg die
     Zahl auf 219 000. (Deutsche Nationalbibliothek, dnb.de)

112  Vermutlich Düsseldorf, 4. Februar 1940, S. 148.

113  Ulm, 7. November 1940, S. 230.

114  Tagebuch, Blumberg, 12. Dezember 1941: »Gib Licht meinen
     Augen, oder ich entschlafe des Todes, und mein Feind könnte
     sagen, über den ward ich Herr.« (IfZ 6.15., Band 82) Die
     Übertragung mit »Gib Licht« ist vermutlich von Benno von
     Mechow. Hans Scholl, Sophie Scholl, Briefe und Aufzeichnun-
     gen, S. 341. Hans Scholl rühmte am 9. März 1941 gegenüber
     Sophie Mechows »überaus schöne ›Novelle auf Sizilien‹«, die
     »gegenwärtig fortlaufend in der ›Frankfurter‹ [Zeitung]« er-
     scheine. Das sei »eine Lektüre, die den Menschen aufbauen
     hilft«, es sei »so schön, daß man zu diesem Dichter ja sagen
     kann aus voller echter Begeisterung«. (IfZ 4.4., Band 47)

115  Karl Benno von Mechow, Vorsommer, Roman, München
     1934, S. 329–331.

116  Wissant, 19. September 1940, S. 216 f. Die folgenden Zitate ebd.

117  Wissant, 20. und 23. September 1940, S. 217 f.

118  Ulm, S. 222 f. Folgende Zitate ebd.

119  Ulm, 1. Oktober 1940 (IfZ 6.3., Band 70). Nachfolgendes
     Zitat ebd.

120  An Lisa Remppis, Ulm, undatiert, aber vermutlich kurz nach
     den Herbstferien 1940 (IfZ 6.3., Band 70).

121  Ulm, 21. Oktober 1940, S. 224, und 26. Oktober 1940,
     S. 227.

122  Ulm, 24. Oktober 1940, S. 225.

123  Wissant, 28. Oktober 1940, S. 227.

124  Ulm, 4. November 1940, S. 227 f. Folgende Zitate ebd.

125  Wissant, 28. Februar 1941, S. 265.

126  Hier und folgend: Ulm, 7. März 1941, S. 274.

127  Matthäus 7,1–5.

128  Hier und folgend: Münster, 16. März 1941, S. 282.

129 Wissant, 4. März 1941, S. 269.

130 Ulm, 8. März 1941, S. 276, und Stadtarchiv Crailsheim.

131 Ulm (IfZ 4. 12., Band 55).

132 Weimar, 1. November 1941, S. 330 f.

133 Weimar, 4. November 1941, S. 332.

134 Ebd.

135 Weimar, 1. November 1941, S. 331.

136 Blumberg, um den 1. November 1941 (IfZ 6.15., Band 82). Runde Klammer und Streichung original, eckige Klammer hinzugefügt.

137 Sexualität ist eine der beiden Verhaltensweisen, die Sophie Scholl mit dem Begriff »Sünde« in Verbindung bringt. Die andere ist die träge Tatenlosigkeit. (Brief an Lisa Remppis, München, 2. Februar 1943, IfZ 6. 3., Band 70, siehe Kapitel 10 »Rebellin«.)

138 Blumberg (IfZ 6.15., Band 82, die folgenden Tagebucheinträge ebd.). Augustinus: »Zu dir hin, o Gott, hast du uns erschaffen, und unruhig ist unser Herz, bis es ruht in dir.« (Bekenntnisse 1. Buch, 1. Kapitel.) Prophet: Exodus 33,18.

139 Blumberg, 4. November 1941 (IfZ 6.15., Band 82).

140 Brief an Sophie, Agram/Zagreb/Jugoslawien, 4. Mai 1941, S. 298 f.

141 Blumberg, 12. Dezember 1941 (IfZ 6.15., Band 82).

142 Blumberg, 12. Dezember 1941 (IfZ 6. 3., Band 70). Folgende Zitate ebd.

143 Ulm, 24. November 1940, S. 235.

144 Matthäus 6,19.

145 Weimar, 25. Dezember 1941, S. 341.

146 Im Zug zwischen Donaueschingen und Stuttgart, undatiert, vermutlich Sonntag, 11. Januar 1942, S. 343.

147 Weimar, 15. Januar 1942, S. 344: 1. Timotheus 4, 4.

148 23. Dezember 1942, S. 438.

149 Ulm, S. 439.

**KAPITEL 6. KINDERGÄRTNERIN**

1  Der neue Conrady, S. 716. Unterstrich im Original kursiv.

2  An Fritz, Ulm, 3. April 1940, S. 156.

3  März 1947, an Ricarda Huch (IfZ ZS/A 26, Band 4).

4  Ulm, 5. Juni 1940, an Fritz, während eines vierwöchigen Prak-
tikums im Rahmen ihrer Ausbildung im Fröbelseminar (S. 177).

5  Hirzel, S. 133.

6  IfZ 6.15., Band 82. Schweitzers Satz lautet genau: »Der ethische
Mensch fragt nicht, inwiefern dieses oder jenes Leben als wertvoll Anteilnahme verdient, und auch nicht, ob und inwieweit es
noch empfindungsfähig ist. Das Leben als solches ist ihm heilig.« (Gesammelte Werke in fünf Bänden, Band 2, S. 378, München o. J.) Nachfolgende Zitate: Albert Schweitzer, Die Ehrfurcht vor dem Leben, Grundtexte aus fünf Jahrzehnten, hg.
von Hans Walter Bähr, München 2013, S. 20. Die Hitler nach-
gesagten Worte sind nicht belegt.

7  Ulm, 9. April 1940, S. 160.

8  Ulm, 5. Juni 1940, S. 177.

9  S. 437.

10  Maria Reiners in »Wir Mädel singen«, erste (1937) und zweite
Auflage (1939), S. 2.

11  Ulm, 29. Mai 1940, S. 175 f., von Fritz Hartnagel datiert.

12  Ebd.

13  31. Dezember 1960, Ulm, an Harald von Waldheim, Augsburg
(IfZ 2. 3., Band 6 II). Siehe Kapitel 2 »Hitlermädchen«.

14  An Fritz Hartnagel, Ulm, 22. Juni 1940, S. 185. Tagebuch,
10. April 1941 (IfZ, 6.15., Band 82). An Lisa Remppis, Blumberg, 12. Februar 1942 (IfZ 6. 3., Band 70).

15  Ulm, 22. Juni 1940, an Fritz, S. 186, und Ulm, 5. Januar 1940,
S. 136. Ebenso an Lisa Remppis, Krauchenwies, 21. Juni 1941
(IfZ 6. 3., Band 70).

16  An Lisa Remppis, München, 2. Februar 1943 (IfZ 6. 3., Band 70).

17  Ulm, 15. Mai 1940 (IfZ 6. 2., Band 69).

18  Gelsenkirchen, 15. April 1940, S. 162.

19  Ulm, 16. Mai 1940, S. 166 ff. Die weiteren Zitate ebd.

20  Apostelgeschichte 5,29.

21  Nordöstliches Belgien, 18. Mai 1940, S. 168 f. Korrekt: Turnhout.

22  Ulm, 27. Mai 1940, S. 175.

23  O. U., an die Eltern, 11., 12. Juni und 21. Juli 1940 (IfZ 4. 1., Band 44 II).

24  Nordost-Frankreich, 8. Juni 1940, S. 180.

25  Ulm, 5. Juni 1940, Stadtarchiv Crailsheim.

26  Ebd.

27  Ulm, 17. Juni 1940, an Fritz, S. 182 ff.

28  Vgl. Johannes R. Bechers Sonett »Größe und Elend des Menschen«, in dem es heißt, der Mensch sei »Ein Wesen, das in sich vereint und trennt/Das menschlich Gute und das menschlich Böse«. (Des Menschen Elend und des Menschen Größe. Dichtung des Widerstands, Berlin, Weimar 1965).

29  Die folgenden Zitate: Ulm, 22. Juni 1940, S. 185 f. Exodus 17, 8–13.

30  Wissant bei Calais, 4. Juli 1940, S. 191.

31  Ulm, 28. Juni 1940, S. 189.

32  otl aicher, innenseiten, S. 62. Kleinschreibung original.

33  Zit. nach Joachim C. Fest, S. 909.

34  otl aicher, innenseiten, S. 57. Kleinschreibung original.

35  Jürgen Hillesheim, Elisabeth Michael, Lexikon nationalsozialistischer Dichter. Biographien – Analysen – Bibliographien, Würzburg 1993, S. 41–46.

36  Dieses und das folgende Zitat: Ulm, 28. Juni 1940, S. 189 f.

37  Wissant bei Calais, 30. Juli 1940, S. 194.

38  In ihrer Korrespondenz mit Lisa Remppis ging sie ab März 1942 von »Sofie« zu »Sophie« über, bei Fritz machte sie das ab August 1942.

39  Steeg in Tirol, 8. August 1940, S. 197.

40  IfZ 6.15., Band 82.

41  Wissant, 9. August 1940, S. 199.

42  Bad Dürrheim, 19. August 1940, S. 205. Folgende Zitate ebd.

43  Wissant, 3. September 1940, S. 209 f.

44  Ulm, 17. September 1940, S. 215.

45  Bad Dürrheim, 12. August 1940 (IfZ 6.15., Band 82).

46  Bad Dürrheim, 16. August 1940 (IfZ 6.15., Band 82).

47  Bad Dürrheim, an Fritz, 14. August 1940, S. 204, und an Inge, 22. August 1940 (IfZ 6. 2., Band 69).

48  Bad Dürrheim, an Inge, 22. August 1940 (IfZ 6. 2., Band 69). »Kann denn Liebe Sünde sein? Darf es niemand wissen, wenn man sich küsst, wenn man einmal alles vergisst vor Glück?« Text: Bruno Balz, Melodie: Lothar Brühne, aus dem Spielfilm »Der Blaufuchs« (1938, Altersfreigabe: 16 Jahre).

49  Bad Dürrheim, an Fritz, 14. August 1940, S. 203.

50  Bad Dürrheim, an Elisabeth, 15. August 1940 (IfZ 6. 2., Band 69).

51  Bad Dürrheim, an Fritz, 14. August 1940, S. 203, und an Inge, 22. August 1940 (IfZ 6. 2., Band 69).

52  Bad Dürrheim, 16. August 1940 (Stadtarchiv Crailsheim). Rainer Maria Rilke, Das Stundenbuch (Vom mönchischen Leben, Von der Pilgerschaft, Von der Armut und dem Tode). Erstdruck: Leipzig 1905.

53  Bad Dürrheim, 3. September 1940, S. 211.

54  Ulm, 17. September 1940, S. 215.

55  Leonberg, 12. September 1940, S. 214.

56  Versailles, an Inge, 1. August 1940 (IfZ 4. 1., Band 44 II). Hans Scholl – Sophie Scholl, Briefe und Aufzeichnungen, S. 47.

57  Ulm, »in der Schule [Fröbelseminar]«, 23. September 1940, S. 219 f. Folgende Zitate ebd.

58  Ulm, 7. November 1940, S. 230.

59  Ulm, 10. November 1940, Stadtarchiv Crailsheim. Folgende Zitate ebd.

60  Siehe Sophies Auseinandersetzung mit »Esprit dur – Cœur doux« in Kapitel 7 »Arbeitsmaid«.

61  Wissant, 17. und 18. November 1940, S. 233 f.

62  Ulm, 19. November 1940, Stadtarchiv Crailsheim. Folgende Zitate ebd.

63 Ulm, 24. November 1940, S. 235.

64 Matthäus 6,19 f.

65 Wissant, 25. November 1940, S. 236.

66 Klabund, Pjotr. Roman eines Zaren, Berlin 1923, S. 153.

67 Ulm, 25. November 1940, S. 238. Nachfolgende Zitate ebd.

68 Wissant, 6. Dezember 1940, S. 241.

69 Stadtarchiv Crailsheim. So 2 Scholl-Grimminger-Sammlung.

70 Wissant, 10. Dezember 1940, S. 342 f. Folgende Zitate ebd.

71 Ulm, 13. Dezember 1940 (IfZ 6.3., Band 70).

72 Ulm, 10. Dezember 1940, S. 244.

73 Ulm, 11. Dezember 1940, S. 244.

74 Krauchenwies, 1. Mai 1941 (IfZ 6. 3., Band 70).

75 Ulm, 15. Dezember 1940, S. 245 f. Folgende Zitate ebd.

76 Matthäus 6,24/Lukas 16,13.

77 Ulm, 13. Januar 1941, S. 254 ff. Journal d'un Curé de Campagne, Paris 1936; deutsch: Wien 1936.

78 Ulm, 13. Januar 1941, S. 255.

79 Vgl. den Brief an Fritz Hartnagel, Ulm, 9. November 1939, S. 118, und Genesis 18,19.

80 Ulm, 28. Februar 1941, S. 266.

81 Undatiert, vermutlich Anfang März 1941, S. 266 f.

82 Ulm, 21. Februar 1941, S. 262. Diese französischen Autoren rechnet man dem »Renouveau catholique« zu, einer philosophisch und theologisch weitgefächerten, konservativen Glaubensbewegung, die Gesellschaft und Kirche – gegen die rationalistische Weltsicht der Aufklärung – zu »ursprünglichen« christlichen Werten zurückführen wollte. Vermutlich hoffte Sophie, Fritz könne diese Bücher leichter in Frankreich erwerben.

83 Wissant, 28. Februar 1941, S. 263 f.

84 Katja Happe, Michael Mayer, Maja Peers (Bearb.): Die Verfolgung und Ermordung der europäischen Juden durch das nationalsozialistische Deutschland 1933–1945. Band 5: West- und Nordeuropa 1940–Juni 1942, München 2012, S. 33 f. Guus Meershoek: Der Widerstand in Amsterdam während der

deutschen Besatzung, in: Repression und Kriegsverbrechen. Beiträge zur nationalsozialistischen Gesundheits- und Sozialpolitik, Band 14, Göttingen 1997, S. 17.

85 Ulm, 7. März 1941, S. 274.

86 Flugblatt 3 forderte im Sommer 1942: »Opfert nicht einen Pfennig bei Strassensammlungen (auch wenn sie unter dem Deckmantel wohltätiger Zwecke durchgeführt werden). Denn dies ist nur eine Tarnung. In Wirklichkeit kommt das Ergebnis weder dem Roten Kreuz noch den Notleidenden zugute. [...] Gebt nichts für die Metall-, Spinnstoff- und andere Sammlungen!«

87 Wissant, 4. März 1941, S. 268.

88 Wissant, 9. März 1941, S. 277.

89 Wissant, 10. März 1941, S. 278.

90 Ulm, Stadtarchiv Crailsheim.

91 Ulm, 22. März 1941, S. 288 f.

92 Wissant, 6. März 1941, S. 272.

93 Ulm, 22. März 1941, S. 288 f.

94 Ebd.

95 Ulm, 1. Februar 1940, S. 260.

96 Dieses Zitat und die folgenden: Münster, 21., 22. und 29. März 1941, S. 286 ff.

97 Ulm, 23. März 1941, S. 290.

98 Münster, S. 290 f.

99 Journal von und für Franken. Fünften Bandes erstes Heft, Nürnberg 1792, S. 752 f.

100 Lukas 2,14. katholisch.de/aktuelles/aktuelle-artikel/blumen-und-ihre-bedeutung-fur-die-kirche.

101 Münster, 16. März 1941, S. 281, und 29. März 1941, S. 293.

102 Francis Jammes, Ma fille Bernadette, deutsch: Die kleine Bernhardine, übersetzt von Georg von der Vring, Hellerau 1927. Sophies unvollständige Übertragung liegt als Loseblattsammlung im Krauchenwies-Tagebuch (IfZ 6.15., Band 82. Lukas 2,7. Exodus 2,1–10).

## Kapitel 7. Arbeitsmaid

1 Sophie an Fritz, Ulm, 21. Januar 1941, S. 257.

2 Ihr »Reichsarbeits-Paß« verzeichnet: »Auf den Führer vereidigt am: 20. 4. 1941« (IfZ 1. 3., Band 3).

3 Edwin Ernst Weber berichtet von Interviews mit ehemaligen Krauchenwieser Arbeitsmaiden, die »überwiegend bis heute ein insgesamt positives Bild von ihrer RAD-Zeit bewahrt haben und die Tage [...] als mit die unbeschwertesten [ihres] Lebens erinnern«. Ruth Steinbach, die zur selben Zeit wie Sophie in Krauchenwies war, erinnert sich: »Ich sah sie selten lachen«, sie sei »so ernst« [...], sicher mit Widerstreben« dort gewesen. Die anderen Mädchen hingegen hätten »umso öfters« gelacht und seien »trotz Krieg meistens unbeschwert und fröhlich« gewesen. (Sophie Scholl und das weibliche Reichsarbeitslager Krauchenwies, in: Zeitschrift für Hohenzollerische Geschichte, Bd. 34, Sigmaringen 1998, S. 207–224, hier S. 212/217. Freiburger historische Bestände – digital/Albert-Ludwigs-Universität Freiburg http://dl.ub.uni-freiburg.de/diglit/zhg1998/0221)

4 Biographische Notizen, 25. März 1947 (IfZ ZS/A 26, Band 4).

5 Siehe Bildteil.

6 An Lisa Remppis, Krauchenwies, 13. April 1941 (IfZ 6. 3., Band 70).

7 Einen »Zeitroman« nennt ihn Mann selber (Der Zauberberg, S. 658 f.).

8 Leibnitz/Österreich, 7. Mai 1941, S. 301.

9 Krauchenwies, 27. April 1941 (IfZ 6. 2., Band 69), und Tagebuch, Krauchenwies, 1. Mai 1941 (IfZ 6.15., Band 82).

10 IfZ 6. 3., Band 70, und S. 303.

11 Krauchenwies, 10. April 1941 (IfZ 6.15., Band 82), und Brief an Lisa Remppis, 13. April 1941 (IfZ 6. 3., Band 70). Beim »Zauberberg« handelt es sich sehr wahrscheinlich um die zweibändige Ausgabe, die ihr Bruder Hans Anfang 1941 in der Buchhandlung L. Werner in München heimlich erworben hatte (Brief an die Eltern vom 24. Februar 1941, IfZ 4. 1., Bd. 44/II).

12  Der Zauberberg, S. 189, und Brief an Waldemar Gabriel, Ulm,
    5. November 1942 (IfZ 6. 5., Band 72).

13  Tagebuch, 10. April 1941 (IfZ 6.15., Band 82). Nachfolgende
    Zitate ebd.

14  Hans Scholl, Sophie Scholl, Briefe und Aufzeichnungen, S. 341.

15  »Musik, man muß einen harten Geist und ein weiches Herz
    haben. Der Regen, der die Erde weich macht. Ist der Regen um
    des Regens willen da? Oder um der Erde willen, die er zu lo-
    ckern hat, damit sie die Saat in sich aufnehme und zur Frucht
    bringe? Wie seltsam, die menschliche Seele in ihrer Freiheit [ist].
    Ein Gedanke, der nicht erfühlt, erlebt menschliche Wirklichkeit
    geworden ist, was ist er wert? Tot ist er. Ein Erlebnis, das in den
    Gefühlen stecken bleibt, ist wie ein von den Augen erfasstes
    Bild, das sich auf der Netzhaut festsetzt u. nicht weitergeleitet
    wird. Eines ist die Erklärung des andern, damit etwas mensch-
    liche Wirklichkeit und Ganzheit sei.« (In Blumberg oder Ulm
    geschrieben, undatiert, IfZ 6.15., Band 82.)

16  14. Januar 1942 (IfZ 6. 3., Band 70).

17  Undatiert, vermutlich Januar 1942 (IfZ 6.15., Band 82).

18  Jacques Maritain, »Réponse à Jean Cocteau«, Jean Cocteau,
    Jacques Maritain, Correspondance 1923–1963, Paris 1993,
    S. 336. Nach: Leigh Anne Casey, Jacques Maritain, »l'esprit dur
    et le cœur doux«: an assessment of his far-reaching and fragmen-
    ted legacy, including his contribution to Catholic-Jewish relations,
    as shown through Le paysan de la Garonne, Warwick 2014, S. 6,
    Anm. 4, und S. 61. Im Jahr 1966 nahm Maritain diese Formulie-
    rung in seinem Buch »Le Paysan de la Garonne« erneut auf.
    (wrap.warwick.ac.uk/66478/1/WRAP_THESIS_Casey_
    2014.pdf) Ich danke Barbara Geier für die Unterstützung.

19  Ulm, undatiert, vermutlich 3. Januar 1943, S. 444. Unterstrich
    original.

20  »Er hat den Schuldbrief getilgt, der mit seinen Forderungen
    gegen uns war, und hat ihn aufgehoben und an das Kreuz gehef-
    tet.« (Kolosser 2,14)

21  »Wenn jetzt Hitler daher käme, und ich eine Pistole hätte, würde ich ihn erschießen.« (Sophie Scholl Ende Dezember 1942 oder Januar 1943 [IfZ ZS/A 26, Band 4]. Zit. nach: Susanne Hirzel, a. a. O., S. 181.) Siehe Kapitel 10 »Rebellin«.

22  Edwin Ernst Weber, a. a. O., S. 210.

23  An Lisa Remppis, Krauchenwies, 27. April und 11. August 1941 (IfZ 6. 3., Band 70).

24  Tagebuch, Krauchenwies, 14. April 1941 (IfZ 6.15., Band 82).

25  Tagebuch, Krauchenwies, 20. April 1941 (IfZ 6.15., Band 82).

26  Hildegard Maus-Schüle, in: Manfred Beathalter, »Sophie Scholl war sich ihrer Sache sicher«, Südkurier, 9. März 2005, sowie Telefonate mit der Tochter Angelika Maus, Blumberg-Zollhaus, im Juli 2020.

27  Sie erkundigt sich am 12. Juli 1942 bei Hildegard Schüle nach deren Mutter, Großmutter und den Schwestern und: »Ich denke noch oft an die Abende, die ich bei Euch verbracht habe, u. an denen ich immer so reichlich bewirtet wurde.« (Privatbesitz Angelika Maus)

28  An die Schwester Elisabeth, 29. August 1941 (IfZ 6. 2., Band 69).

29  Krauchenwies, an Lisa Remppis, 23. August 1941 (IfZ 6. 3., Band 70).

30  Krauchenwies, an Werner Scholl, 27. August 1941 (IfZ 6. 2., Band 69).

31  Tagebuch, Krauchenwies, 11. April 1941 (IfZ 6.15., Band 82).

32  Krauchenwies, 13. April 1941 (IfZ 6.15., Band 82). Das Osterfest zu Hause hatte sie in ihrer Jahresarbeit für die Schule beschrieben. Siehe Kapitel 1 »Tochter«.

33  Krauchenwies, 1. Mai 1941 (IfZ 6. 3., Band 70).

34  Krauchenwies, 20. April 1941, S. 295 f.

35  Vukovar/Jugoslawien, 28. April 1941, S. 296.

36  An den Bruder Hans, Krauchenwies, 18. Mai 1941 (IfZ 6. 2., Band 69). James Jeans: »The Mysterious Universe«, 1930, deutsch 1931. Sophie schreibt »James Jeance«.

37  Krauchenwies, 23. Juni 1941 (IfZ 6. 2., Band 69).

38  Russland, Ort unbekannt, 19. Juli 1941, S. 316.

39  Nördlich von Smolensk, 1. August 1941, S. 318 f. Hartnagel erlebte Russland vollkommen anders als Hans Scholl, der ein Jahr später – von Rilke und Schmorell beeinflusst – die »endlose Ebene, […] wo jede Heimat aufhört«, enthusiastisch als Offenbarungsort erfuhr, in der er »nackt Gott gegenüber steht«. (Russlandtagebuch, 30. Juli 1942, IfZ 4.18., Band 61)

40  Nördlich von Smolensk, Russland, 24. Juli 1941, S. 317.

41  Nördlich von Smolensk, 8. August 1941, S. 319 f.

42  Thomas Karlauf, Stauffenberg – Porträt eines Attentäters, München 2019, S. 157, 160 f.

43  Krauchenwies (IfZ 6. 2., Band 69).

44  Reichsgesetzblatt 1. 85/1941, S. 463.

45  Krauchenwies, 11. August 1941 (IfZ 6. 3., Band 70).

46  Krauchenwies, 23. August 1941 (IfZ 6. 3., Band 70).

47  Krauchenwies, 7. September 1941 (IfZ 6. 2., Band 69).

48  Bei Smolensk, S. 327.

49  S. 328.

50  Hildegard Maus-Schüle, Freundin von Sophie aus Krauchenwies und Blumberg, in Manfred Beathalter, »Sophie Scholl war sich ihrer Sache sicher«, Südkurier, 9. März 2005.

51  Biographische Notizen, 27. März 1947 (IfZ ZS/A Band 4).

52  Folgende Angaben nach: Thorsten Mietzner, Zwischen Demokratie und Diktatur, in: Die Geschichte der Stadt Blumberg. Geschichte einer außergewöhnlichen Stadt. Hrsg. im Auftrag der Stadt Blumberg von Joachim Sturm, Vöhrenbach 1995, S. 195–231. Joachim Sturm, Sophie Scholl in Blumberg, ebd., S. 232–234. Bernhard Prillwitz, Blumberg, Die Reihe Archivbilder, Erfurt 2005. Wolf-Ingo Seidelmann, »Eisen schaffen für das kämpfende Heer!« Die Doggererz AG – ein Beitrag der Otto-Wolff-Gruppe und der saarländischen Stahlindustrie zur nationalsozialistischen Autarkie- und Rüstungspolitik auf der badischen Baar, Konstanz, München 2016. wikipedia.org/wiki/

Doggererz_AG. (Ich danke Bürgermeister Markus Keller, Sandra Zeller und Karin Schmelz, Stadtverwaltung Blumberg, für die freundliche Unterstützung.)

53 Faksimile Mitgliedskarte Sophie Scholl der Allgemeinen Ortskrankenkasse von 1942 bei Joachim Sturm (nach Bernhard Prillwitz), a. a. O., S. 233.

54 Biographische Notizen, 27. März 1947 (IfZ ZS/A Band 4).

55 Der Kindergarten für Berufstätige war beim Barackenlager für ledige Bergleute gegenüber dem Bahnhofsgebäude in Blumberg-Zollhaus untergebracht. Sophies Unterbringung ist beim Einwohnermeldeamt mit »Im Winkel 46«, einer Sammelunterkunft, verzeichnet. (Ich danke Bernhard Prillwitz, Blumberg.)

56 Brief an Otl Aicher, 6. November 1941 (IfZ 6. 6., Band 73).

57 Brief vom 20. November 1941 (IfZ 6. 2., Band 69). Viele Bergleute waren »unter Druck« nach Blumberg gekommen, darunter befanden sich viele »Vorbestrafte und Wehrunwürdige«, Menschen, die sich »irgendeines Verbrechens schuldig gemacht« hatten und »von der Staatsanwaltschaft gesucht« wurden. (Thorsten Mietzner, a. a. O., S. 206 f.) 1940 stellte der Oberstaatsanwalt in Koblenz fest: »Die Zustände im Erzbergwerk Blumberg haben ein außerordentliches Anschwellen der Kriminalität dort zur Folge gehabt.« (Ebd., S. 219)

58 Dies und die beiden folgenden Zitate: 5. November 1941 (IfZ 6. 1., Band 68).

59 Briefe an Lisa Remppis, 17. November und 8. Dezember 1941 (IfZ 6. 3., Band 70).

60 Brief an Otl Aicher, Dezember 1941 (IfZ 6. 6., Band 73). Zurückblickend meinte sie allerdings, sie müsse zu Hause in Ulm mehr arbeiten als in Blumberg. (Schreiben an Hildegard Schüle, 17. April 1942, Privatbesitz Angelika Maus)

61 Briefe an Lisa Remppis, 14. Januar 1942 (IfZ 6. 3., Band 70), und an die Mutter, 25. Februar 1943 (IfZ 6. 1., Band 68).

62 Thorsten Mietzner, a. a. O., S. 207.

63  Brief an Lisa Remppis, 22. Dezember 1941 und 14. Januar 1942
    (IfZ 6. 3., Band 70).

64  Brief an Lisa Remppis, 12. Dezember 1941 (IfZ 6. 3., Band 70).

65  das Windlicht – SPÄTWINTER 42. HEFT 3 (IfZ 9.29.,
    Band 123). Zitat und folgende: Ulm, 6. Januar 1943 (IfZ 4. 3.,
    Band 46).

66  das Windlicht – SPÄTWINTER 42. Heft 3, S. 1 ff. (IfZ 9.29.,
    Band 123).

67  Brief an Hans Scholl, o. O., 20. Januar 1942 (IfZ 6. 2., Band 69).
    Anfang Januar 1942 hatte sich Sophie Scholl in einem Buch bei
    Carl Muth »das Antlitz Christi vom Turiner Grabtuch«, wie er
    schreibt, angeschaut. Muth weiter an Otl Aicher: »Noch nie hat
    sich ein Betrachter in das große Bild [...] so vertieft, wie heute
    Sophie Scholl. Es hat mir Eindruck gemacht. Sie scheint ein sehr
    innerliches und ernstes Mädchen zu sein.« (Hans Scholl – So-
    phie Scholl, a. a. O., S. 319/IfZ 9. 8., Band 102)

68  Tagebuch vom 1. und 4. November 1941: »Nun sitze ich schon
    wieder bei Schüles. Eigentlich kam ich her, um nachher in der
    Kapelle zu spielen, oder bloß in der Kapelle zu sein. Ich würde so
    gern an Wunder glauben. Ich würde so gern glauben, daß ich
    durch das Gebet Kraft bekomme. Allein kann ich nichts.«
    (IfZ 6.15., Band 82) Bunt war die Kapelle aufgrund der farben-
    frohen ornamentalen Ausmalung der Karlsruher Künstlerin Jo-
    sefine Schaller (s. Bildteil) sowie der Glasfenster mit Szenen aus
    dem Leben Jesu und dem Besuch (»Heimsuchung«) der schwan-
    geren Maria bei ihrer Cousine Elisabeth, die Johannes den Täufer
    erwartet (Lukas 1,39–45). Schüles Wohnhaus und die Kapelle
    lagen in unmittelbarer Nachbarschaft zur Kindergartenbaracke.
    Hildegard Schüle erfuhr von Sophies Tod erst Monate nach ihrer
    Hinrichtung (Brief von Elisabeth Scholl an Schüle, 1. Juni 1943,
    und ihr Schreiben an Inge Scholl, 12. Juni 1943, Privatbesitz An-
    gelika Maus bzw. IfZ 8.2.I, Band 93/I). Ich danke Pfarrer Karl-
    heinz Brandl, Katholisches Pfarramt St. Andreas, Angelika Maus,

Tochter von Hildegard Maus-Schüle, und Bernhard Prillwitz für die Informationen und Materialien.

69  Sophie vergaß diese Notenblätter in der Kapelle und bat Hildegard Schüle, sie ihr nach Ulm nachzusenden, was auch geschah (Briefe vom 17. April, 30. Mai, 12. Juli 1942).

70  »Musikalisch klingt es sehr typisch für das, was in der Singebewegung der Zeit gerne gesungen wurde.«(IfZ 6.15., Band 82. Ich danke Kantor Jonas Kannenberg, Hamburg.)

71  Briefe an Lisa Remppis, [19.] März 1942, und die Mutter, 10. März 1942 (IfZ 6. 3., Band 70, und 6. 1., Band 68).

72  An Lisa Remppis, 22. Dezember 1941 (IfZ 6. 3., Band 70).

73  An Otl Aicher, 6. November 1941 (IfZ 6. 6., Band 73).

74  Blumberg, [19.] März 1942.

75  Siehe Kapitel 9 »Studentin«.

76  Weimar, 14. November 1941, S. 337.

77  An Magdalene Scholl, 16. November 1941. Die folgenden Zitate ebd. (IfZ 2. 2., Band 5).

78  Ingo Bergmann, Und erinnere dich immer an mich, Gedenkbuch für die Ulmer Opfer des Holocaust (Hg.: Stadt Ulm), 2009, S 19 ff./Eberhard Mayer, Evangelische Kirche in Ulm 1918–1945, S. 429 ff./Reichsgesetzblatt 1941, S. 547. »Die erste Deportation von 28 Ulmer Juden begann am 18. November 1941 mit einem ›Evakuierungsbescheid‹, der per unfreiem Einschreiben ausgehändigt wurde. Bis zum 25. November mussten die von der Deportation Betroffenen eine komplette Auflistung ihres Vermögens erstellen und beim Bürgermeisteramt abgeben. Am 28. November 1941 mussten sie sich mit dem detailliert vorgeschriebenen beschränkten Gepäck im Schwörhaus auf dem Weinhof melden. Ihr gesamtes übriges Eigentum wurde von der Gestapo beschlagnahmt und später versteigert. Danach wurden sie vom Ulmer Hauptbahnhof mit einem Zug nach Stuttgart und weiter in das Sammellager Killesberg gebracht. Dort wurden sie registriert, ihrer letzten Habseligkeiten beraubt und am 1. Dezember nach Riga transportiert.« Die nächsten Verschleppungen erfolgten am

26. April 1942 und 22. August 1942. (Bergmann, Und erinnere dich immer an mich, S. 21)

79 Der Brief liegt nicht vor, aber Fritz' Erwiderung vom 18. November 1941, Weimar, S. 338.

80 Im Briefabdruck des Buches »Hans Scholl, Sophie Scholl, Briefe und Aufzeichnungen« (S. 242 f.) fehlen die Streichungen und Korrekturen.

81 Zit. nach Barbara Beuys, S. 221 und 262 f.

82 Tagebuch, Blumberg, 1. November 1941 (IfZ 6.15., Band 82).

83 otl aicher, innenseiten des kriegs, S. 63. Kleinschrift original.

84 Blumberg, 12. Februar 1942 (IfZ 6.15., Band 82).

85 Blumberg, 12. Februar 1942 (IfZ 6. 3., Band 70). Weitere Zitate ebd.

86 Weimar, 18. Februar 1942, S. 346.

87 Thomas Hartnagel, S. 355, und Brief an Lisa Remppis, Blumberg, um den 20. März 1942 (IfZ 6. 3., Band 70).

88 Ulm, 5. April 1942 (IfZ 6. 3., Band 70).

## KAPITEL 8. BRIEFPARTNERIN

1 Sofern nicht anders zitiert, sind alle direkten und indirekten Zitate von Sophie Scholl und Waldemar Gabriel in diesem Kapitel aus den Briefen entnommen (IfZ 6. 5., Band 72 (Scholl)/ IfZ 6.14., Band 81 (Gabriel)).

2 IfZ 3.29., Band 42. Folgende Zitate ebd.

3 Elversberg, 20. Februar 1942 und 12. März 1943.

4 Gabriel war ab dem 17. Oktober in Ulm (Brief von Sophie Scholl an Lisa Remppis, 17. Oktober 1942 aus Ulm, IfZ 6. 3., Band 70).

5 Er schildert diese Episode, die vermutlich vor dem Russland-feldzug 1941 stattfand, am 28. Juni 1942.

6 Exodus 20,4.

7 1. Korinther 3,11.

8 Brief vom 18. April 1942.

9 Diese und weitere technische Angaben: Zentrale Personenkartei der Deutschen Dienststelle (WASt), Bundesarchivsignatur:

B 563/G-1329/57. Ich danke Andrea Mietle, Bundesarchiv Berlin, für die Recherche.

10 Brief vom 1. März 1942.

11 West-östlicher Divan, Kapitel 9, Suleika Nameh: Buch Suleika.

12 IfZ 6. 5., Band 72. Nachfolgende Zitate ebd. Am 28. Juni 1942 schilderte Gabriel dem »lieben Mädchen«, wie er ein »Sonderkommando, so 90 Mann« durch heftiges Artilleriefeuer des Gegners führen musste und am Anfang betete: »Lieber Gott, schenke mir das Leben dieser 90 Mann, mach, daß ich sie heil nach Haus bringe.« Es gelang, die »Leute blieben alle heil«.

13 Gabriel nennt fälschlicherweise Nietzsche als Urheber. Es ist aus Goethes »West-östlicher Divan«, Kapitel 11.

14 Johannes 14,26.

15 Hartnagel, S. 421 ff.

16 Das genaue Datum ergibt sich aus einem Brief Sophies an Lisa Remppis vom 17. Oktober 1942: »Ich habe heute einen Besuch, von dem ich Dir erzählte (Waldemar Gabriel); deshalb reicht es heut nicht zu mehr. Ich war gestern in München.« (IfZ 6.15., Band 70)

17 Ulm (IfZ 6. 5., Band 72). Den »Herbsttag auf der Alb« erwähnt Sophie erneut am 5. November. Weitere Zitate ebd.

18 Zitate aus dem »Michelangelo« (IfZ 9.30., Band 124).

19 Waldemar Gabriel, Oberleutnant der Reserve, wird am 1. Juni 1943 bei Schetleina, in der heutigen Republik Belarus (Weißrussland), durch Artilleriegeschosssplitter an Kopf und Brust verletzt. Er stirbt im Kriegslazarett 906 – ohne Ortsangabe – am 24. Juni 1943, um 02:30 Uhr. Er wurde achtundzwanzig Jahre alt. Sein Begräbnisplatz befindet sich auf der Sammelfriedhofsanlage Schatkowo bei Babrujsk in Belarus/Weißrussland, Block 22, Reihe 15, Grab Nr. 576. Auf der 4,5 Hektar großen Grabfläche liegen über 30 000 Gefallene aus den Gebieten Witebsk, Mogilev und Gomel, 4700 sind namentlich auf Stelen verzeichnet. Auf dem Pultstein vor dem Hochkreuz steht: »Mögen die Toten ihre Ruhe finden und zum Verbindungspfad

zwischen den Lebenden werden.« – Zentrale Personenkartei der Deutschen Dienststelle (WASt), Bundesarchivsignatur: B 563/ G-1329/57 und Volksbund Deutsche Kriegsgräberfürsorge (volksbund.de/kriegsgraeberstaette/schatkowo.html).

20  IfZ 6. 3., Band 70.

21  Brief an Waldemar Gabriel, Ulm, 25. Oktober 1942.

## KAPITEL 9. STUDENTIN

1  »Und bestimmt werde ich meinen Beruf als Kindergärtnerin nicht als Nothilfe betrachten, sondern mit ganzem Herzen ausüben.« (21. März 1941, an Lisa Remppis, Stadtarchiv Crailsheim. Die Datierung könnte auch »23. März« lauten.)

2  Ulm, 17. April 1942 (Privatbesitz Angelika Maus).

3  An Hildegard Schüle, München, 30. Mai 1942 (Privatbesitz Angelika Maus).

4  23. Juni 1942 (IfZ 6. 9., Band 76) und 17. Juni 1942 (IfZ 6.14., Band 81).

5  10. Mai 1942, Le Mans, S. 359 f.

6  In seinem Brief vom 21. August 1942 aus Russland (Nähe des Don) erwähnt Fritz, »gestern« sei es »ein viertel Jahr, daß wir in München voneinander Abschied nahmen« (Briefwechsel S. 394).

7  Briefwechsel S. 358.

8  wikipedia.org/wiki/Durchschnittsentgelt.

9  Briefwechsel S. 358 f. und S. 400.

10  München, 30. Mai 1942 (IfZ 6. 3., Band 70). Folgende Zitate ebd.

11  Der namenlose »Philosoph« war der zwangsweise pensionierte Justizbeamte Josef Furtmeier (1887–1969).

12  An die Eltern, Inge und Elisabeth, München, 6. Juni 1942 (IfZ 6. 3., Band 70).

13  Vernehmungen Hans Scholl, 20. Februar 1943/Schmorell, 25. Februar 1943.

14  Vernehmung Hans Scholl, 21. Februar 1943. Zu Flugblatt 2 erklärte er: »den zweiten Teil von ›Nicht über die Judenfrage …‹

an, hat Schmorell verfasst.« Zu Flugblatt 3: »[…] habe ich den ersten Teil bis ›höher und immer höher …‹, Schmorell den Rest verfasst.«

15 Vernehmung Schmorell, 25. Februar 1943.

16 München (Privatbesitz Angelika Maus).

17 München, 19. Juli 1942. Reproduziert ist das Gemälde »Stillleben, Tulpen und Äpfel«, Öl auf Leinwand, 58,5 × 42 cm, 1890–94, Chicago Art Institute. Der Titel auf Sophies Bildkarte ist falsch: »Flowers and Fruit, PAUL CÉZANNE, French, 1839–1906, Mr. and Mrs. Lewis Lorned [eigentl. Larned] Coburn Collection. The Art Institute of Chicago.« Sophie brachte die Karte nicht zur Post, sondern legte sie in das Buch der »Bekenntnisse« des Augustinus von Hippo. Dort fand sie Inge Aicher-Scholl zweiundfünfzig Jahre später. (IfZ 6. 5., Band 72, folgende Zitate ebd.) Ich danke Marc Trittmacher und Boris Wegert, Hamburg, für die Kooperation.

18 Die Abreise zur Frontfamulatur war vier Tage später, am Donnerstag, dem 23. Juli 1942. Willi Graf notiert in seinem Tagebuch: »Schon um 7 Uhr am Ostbahnhof. Verladen. Abfahrt erst um 11 Uhr. Unser Abteil ist gut. Ich fühle mich wohl, wir haben Platz und können reden.« (Willi Graf, Briefe und Aufzeichnungen, hg. von Anneliese Knoop-Graf und Inge Jens, Frankfurt am Main, 1988, S. 44)

19 Benediktenwandstraße 12 in der Münchner Menterschwaige.

20 Vernehmungen Hans Scholl, 18. Februar 1943 und 21. Februar 1943. Schmorell, 25. Februar 1943.

21 Tagebuch, 29. Juni 1942 (IfZ 6.15., Band 82). Folgende Zitate ebd.

22 Ostteil Donezbecken, 1. Juli 1942, S. 372.

23 Ostteil Donezbecken, 3. Juli 1942, S. 373 f.

24 Artemowsk, Ukraine, 13. Juli 1942, S. 377.

25 Artemowsk, Ukraine, 13. Juli 1942, S. 377 f.

26 Ostteil Donezbecken, 4. Juli 1942, S. 374 f.

27 Tagebuch (IfZ 6.15., Band 82).

28  Markus 4,3–9.

29  München (IfZ 6. 3., Band 70). Folgende Zitate ebd.

30  München, 12. Juli 1942 (Privatbesitz Angelika Maus).

31  Zu Datierung und Arbeitsbedingungen: Briefe an Fritz Hartna-
    gel von Anfang August 1942 (S. 397) und den Vater vom 22. Sep-
    tember 1942 (IfZ 6. 1., Band 68). Zur Firma: Wirtschaftsarchiv
    Baden-Württemberg (Signatur: A 9 Fi 1640, Laufzeit: 1945–
    1974). Im Landesarchiv Baden-Württemberg befinden sich
    Akten »Max Sternweiler-Erben«, welche das Wiedergutma-
    chungsverfahren dokumentieren. Die Situation 1942 schildert
    ein Schreiben der Landesplanungsgemeinschaft, 30. 05. 1942,
    S. 1. Das Spruchkammerverfahren 1947 endet mit der Einschät-
    zung: »Was die Behandlung der ausländischen Arbeiter im Be-
    trieb des Betroffenen anbelangt, […] kann als erwiesen angese-
    hen werden, dass die Fremdarbeiter gut behandelt worden und
    auch gut verpflegt worden sind.« (Spruch der Spruchkammer
    Ulm Stadt, 23. 12. 1947, Aktenzeichen 45/92/362, S. 15/12/1)
    Ich danke Gabriele Benning, Landesarchiv Baden-Württem-
    berg, Staatsarchiv Ludwigsburg, und Thorsten Maentel, Wirt-
    schaftsarchiv Baden-Württemberg, Schloss Hohenheim, für die
    freundliche Unterstützung.

32  Schreiben Landesplanungsgemeinschaft, 30. Mai 1942, S. 1.

33  Irena Scherbakowa, Heinrich-Böll-Stiftung (Hg.), Für immer
    gezeichnet. Die Geschichte der »Ostarbeiter« in Briefen, Erin-
    nerungen und Interviews, Berlin 2019.

34  Ulm, 14. August 1942, S. 265.

35  Ulm, 22. September 1942 (IfZ 6. 1., Band 68). Folgende Zitate
    ebd.

36  »Die restliche Zeit (bis Weihnachten) wurde ihm geschenkt, auf
    ein Gnadengesuch meiner beiden Brüder in Rußland, und mei-
    ner Mutter hin.« (Sophie Scholl an Hildegard Schüle, Ulm,
    25. Oktober 1942. Privatbesitz Angelika Maus)

37  Inge Jens, S. 330.

38  Der neunzehnjährige Werner Scholl wird im Oktober 1941 als

Sanitätssoldat zur Ostfront einberufen. Am 20. April 1944 bekommt der Obergefreite das Kriegsverdienstkreuz 2. Klasse verliehen. Vermutlich erhält er die Auszeichnung für seinen Einsatz bei der Fleckfieberbekämpfung. Seine letzte Nachricht erreicht die Familie aus Russland im Juni 1944. – Bundesarchiv, Abteilung Militärarchiv, Signatur RH 7/1182. Briefe an die Eltern vom 14. März und 12. April 1944 (IfZ 7. 1., Band 84). In den Akten des Bundesarchivs »liegt weder eine Vermisst- noch eine Todesmeldung der Truppe vor«. (Bundesarchiv Berlin, Schreiben vom 21. April 2020). Aus den Erkennungsmarkenverzeichnissen, den Veränderungsmeldungen der Wehrmacht und der Verleihungsdienststelle des Kriegsverdienstkreuzes ist zu entnehmen, dass Werner Scholl spätestens ab 14. Juli 1942 Angehöriger der 2. Sanitäts-Kompanie (motorisiert) der 35. Infanterie-Division war. Der Hauptverbandsplatz dieser Einheit lag 1944 bei Danino, in der Nähe von Smolensk, rund vierhundert Kilometer westlich von Moskau. (forum-der-wehrmacht.de/index.php?thread/53989-standorte-sanitätseinheiten/&pageNo = 5)

39  Willi Graf, Tagebuch, Eintrag vom 8. November 1942: »Jetzt bin ich seit zwei Tagen wieder in München […].« Briefe und Aufzeichnungen, S. 171. Welch gravierende Rolle diese Frontfamulatur für den Widerstand der jungen Soldaten hatte, zeigt Detlef Bald: Die »Weiße Rose«. Von der Front in den Widerstand, Berlin 2003, bearbeitete Neuauflage 2004.

40  1. August 1942, zwischen Dnjepr und Don, S. 383 f., und Westufer des Don, 16. August 1942, S. 391.

41  5. August 1942, zwischen Dnjepr und Don, S. 384.

42  6. August 1942, zwischen Dnjepr und Don, S. 386.

43  Tagebuch, 6. August 1942 (IfZ 6.15., Band 82).

44  Tagebuch, 9. August 1942 (IfZ 6.15., Band 82).

45  Hartnagel heiratete 1945 Sophies Schwester Elisabeth.

46  Am 28. Januar 1951 formulierte Aicher schriftlich einen Heiratsantrag an Inge Scholl; sie heirateten 1952. (IfZ 9. 1., Band 95)

47 Jörg Hannes Kuhn, Im Schatten der Rose, Ernst Reden, Schöngeist und Lyriker, Leipzig 2020, S. 193 ff. Der Autor spricht
von einer bürgerlichen »Fassade«, die Reden sich mithilfe Inge
Scholls aufbauen wollte.

48 Telefonische Information von Traute Lafrenz-Page 2018 an den
Verfasser.

49 Tagebuch, 9. August 1942 (IfZ 6.15., Band 82). Weitere Zitate
ebd.

50 Mit diesem »Gottesbeweis« verband Sophie zwei biblische Gedanken. Zum einen, dass Gott dem ersten Menschen den
»Odem des Lebens in seine Nase« blies und er so »ein lebendiges Wesen« wurde, und zum anderen, dass Gott die Welt nicht
nur schuf, sondern für sie fortwährend sorgt und ihren Bestand
garantiert. – Genesis 2,7 und 8,22.

51 16. August 1942, Westufer des Don, S. 389 f.

52 Apostelgeschichte 5,29.

## KAPITEL 10. REBELLIN

1 Vermutlich erhielt Inge die Todesnachricht durch die Familie
Reden aus Köln, eventuell auch durch einen vom Lazarett als
»unzustellbar« gekennzeichneten Rückläufer. Diesen Brief hatte
sie am 20. August an ihn gerichtet. Ich danke Jörg Hannes
Kuhn, Bad Münstereifel-Schönau, sehr herzlich für den Infor-
mationsaustausch und die zur Verfügung gestellten Materialien
über Ernst Reden. Siehe auch: Jörg Hannes Kuhn, Ernst Reden,
a. a. O., S. 299 ff. und S. 409, Anlage 38.

2 IfZ 3.29., Band 42. Reden versah seinen Militärdienst von 1935
bis 1937. Eine Inhaftierung im KZ Welzheim ist nicht nachweis-
bar, aber er war rund 6 ½ Monate in Untersuchungshaft in
Stuttgart-Bad Cannstatt, aber nicht wegen seiner angeblichen
»Kontrahaltung« zum »NS-Kult«, sondern wegen »bündischer
Umtriebe« und »Unzucht«. Jörg Hannes Kuhn führt aus, dass
»Ernst Reden – ganz zum Entsetzen seines virilen und despoti-
schen Vaters – eindeutig homosexuell war, was er auch nie ge-

leugnet hat. Sein Versuch, über Inge und eine mögliche Hochzeit eine bürgerliche Fassade aufzubauen, war zum Scheitern verurteilt, – was an ihm lag. Ihm schwebte die Ehe als Camouflage im Sinne Thomas Manns (und vieler anderer) vor.« (E-Mail an den Verfasser vom 30. August 2019).

3  E-Mail an den Verfasser, 5. Dezember 2019.

4  IfZ 6.14., Band 81. Es sind nur fünf Briefe und Karten Redens an Sophie erhalten. In seiner Korrespondenz mit Inge nimmt er aber zuweilen Bezug auf sie. Dieser Briefwechsel umfasst rund zweihundert Briefe, Post-, Ansichts- und Kunstpostkarten Redens. (IfZ 3. 10., Band 23) Von Inge Scholls Schreiben an Ernst Reden sind nur vier Briefe aus den Jahren 1940 bis 1942 erhalten (IfZ 3. 5., Band 18).

5  IfZ 3. 10., Band 23. Jörg Hannes Kuhn, Ernst Reden, S. 150.

6  Jörg Hannes Kuhn, Im Schatten der Rose. Ernst Reden, Schöngeist, Lyriker, Schriftsteller – ein kurzes jungenschaftliches Leben, Leipzig 2020 (https://nbn-resolving.org/urn:nbn:de:bsz:15-qucosa2-387351).

7  Geboren wurde Ernst Reden am 6. Juni 1914. Das Todesdatum des Oberfeldwebels datiert auf den 5. August 1942, als Ort ist der Hauptverbandsplatz Konotop in der Ukraine angegeben. (Datenblatt des Volksbunds Deutscher Kriegsgräberfürsorge/ Jörg Hannes Kuhn, Ernst Reden, a. a. O., S. 7)

8  Susanne Hirzel, S. 176.

9  Hans Hirzel, Im Umfeld der »Weißen Rose«, Erinnerungen an die Jahre 1942 bis 1945, Schnellroda 2014, S. 13 f.

10  Hans Hirzel, S. 12 f.

11  IfZ 6.15., Band 82.

12  Matthäus 5, 4 ff.

13  9. Oktober 1942, München-Solln, an Otl Aicher (IfZ 6. 6., Band 73).

14  Leipzig 1934.

15  Lukas 16, 19–31.

16  Robert M. Zoske, Sehnsucht nach dem Lichte, S. 340–345.

17  IfZ 6. 6., Band 73. Weitere Zitate ebd.

18  S. 419 ff. Alle folgenden Zitate ebd. Von den Briefen Sophies nach Stalingrad existieren nur die Rückläufer und zwei Entwürfe.

19  Thomas Karlauf, S. 162.

20  Paulus 8, 19.

21  Ulm, 7. November 1942, S. 424 f. Folgende Zitate ebd.

22  Ulm, 18. November 1942, S. 431. Folgendes Zitat ebd.

23  Bad Tölz, 22. März 1940 (IfZ 4.1, Band 44/I).

24  Ulm, 18. November 1942, S. 432. Folgende Zitate ebd.

25  »Wenn Christus nicht gelebt hätte und nicht gestorben wäre, gäbe es wirklich gar keinen Ausweg. Dann müsste alles Weinen grauenhaft sinnlos sein. Dann müsste man mit dem Kopf gegen die nächste Mauer rennen und sich den Schädel zertrümmern. So aber nicht.« (Russlandtagebuch, 28. August 1942. IfZ 4.18., Band 61)

26  Ulm, 19. November 1942, S. 433.

27  Das Wintersemester begann bereits am 2. November 1942. (Universität München, Vorlesungsverzeichnis für das Wintersemester 1942/43, München 1942, S. 9. https://epub.ub.uni-muenchen.de/836/1/vvz_lmu_1942-43_wise.pdf)

28  Alexander Schmorell sagte im Verhör, Grimminger habe die Widerstandsaktionen mit 500 RM finanziert (1. März 1943). Nach dem Krieg erklärte der gebürtige Crailsheimer, er habe bereits zuvor Geldmittel und Tausende Umschläge beschafft. Wie viel Reichsmark er insgesamt gab, ist unsicher, aber erst mit diesen Beträgen und den mehr als 1000 RM von Fritz Hartnagel konnten die Materialkosten des Widerstands bestritten werden. (Hannes Hartleitner/Giselher Technau, »Grimminger verrät seine Freunde nicht!« Alfred König und Berta Wagner, in: Widerstand – Scholl, Grimminger, hg. vom Weiße Rose – Arbeitskreis Crailsheim e. V., 2011, S. 37–42)

29  Die Vorlesungsverzeichnisse von 1942/43 bezeichnen Hubers Beauftragung mit »außerplanmäßiger Professor für Philoso-

phie, mit Lehrauftrag für experimentelle Psychologie, einschließlich Ton- und Musikpsychologie und psychologische
Volksliedkunde«. (a. a. O.)

30  Vernehmung Kurt Huber: »14. Mitgliedschaft a) bei der NSDAP.
a) seit 1.4.1940 Nr. 8282981 letzte Ortsgruppe Gräfelfing b) bei
welchen Gliederungen? b) [...] NSV. [Nationalsozialistische
Volkswohlfahrt]«. Jeder Aufnahmeantrag in die Partei musste
persönlich ausgefüllt und eigenhändig unterschrieben werden:
»Ich verspreche, als treuer Gefolgsmann des Führers, die Partei
mit allen meinen Kräften zu fördern.« Huber war nicht zuerst
Parteimitglied und dann Dissident. Binäre Denkstrukturen –
erst schlecht, dann gut – verfehlen die komplexe Wirklichkeit
der damaligen Zeit. Wie der Maler Emil Nolde war Huber ein
von Nazis verfolgter Nationalsozialist. Vgl. Hubers detailliertes
»Politisches Bekenntnis« vom 8. März 1943 (Bundesarchiv
R 3018 1704; auch in: Die Weiße Rose. Kurt Hubers letzte
Tage, hg. von Wolfgang Huber, S. 72–78) und sein Verteidi-
gungskonzept (ebd., S. 104–122, bes. S. 108 f. und 113 ff.). Zum
Aufnahmeverfahren: Junge Kämpfer, alte Opportunisten, Die
Mitglieder der NSDAP 1919–1945, hg. von Jürgen F. Falter,
Frankfurt/New York 2016, S. 35 und Aufnahmeantragsschein:
bundesarchiv.de/DE/Content/Virtuelle-Ausstellungen/Pg-Zum-
Mitgliedschaftswesen-Der-Nsdap/pg-zum-mitgliedschaftswe-
sen-der-nsdap.html. Vgl.: Wie wurde man Parteigenosse? Die
NSDAP und ihre Mitglieder, hg von Wolfgang Benz, Frankfurt
am Main 2009.

31  Vernehmung, 27. Februar 1943, Politisches Bekenntnis,
8. März 1943. Zur politischen Position Hubers ausführlich
Sönke Zankel, Widerstand von rechts, in: DIE WEISSE ROSE,
S. 41–51, und Mit Flugblättern, S. 143–181.

32  In München waren neben Harnack zugegen: »Prof. Huber, Alexander Schmorell, Hans Scholl, Willi Graf, die Freundin von
Hans Scholl«. (Falk Harnack, Es war nicht umsonst. Erinnerungen an die Münchener revolutionären Studenten (Oktober 1947)

[ergänzende Abschrift], IfZ 12.13., Band 225) Die Datierung der Treffen ist nicht eindeutig möglich. (Vernehmungen Falk Harnack, 30. März 1943, und Gisela Schertling, 29. März 1943) Inge Aicher-Scholl hat im Abdruck von Harnacks Bericht in ihrem Buch »Die Weiße Rose« (S. 147–163) die kritische Passage über den »Leichtsinn« der Münchner Studenten nicht veröffentlicht. Ein von Harnack für den 25. Februar in Berlin organisiertes Treffen zwischen seinem Vetter, dem widerständigen Theologen der Bekennenden Kirche Dietrich Bonhoeffer, und Hans Scholl gelang nicht mehr. (Falk Harnack, a. a. O.)

33  Brief von Sophie Scholl an Susanne Hirzel, München, 1. Dezember 1942, in dem sie ihren Besuch für den 3. Dezember in Stuttgart ankündigt. (IfZ 6. 5., Band 72)

34  Susanne Hirzel, Vom Ja zum Nein, S. 181.

35  Willi Graf, Briefe und Aufzeichnungen, hg. von Anneliese Knoop-Graf und Inge Jens, mit einer Einleitung von Walter Jens, Frankfurt am Main 1988 S. 84.

36  Willi Graf, S. 37. Weitere Angaben nach Vernehmungen Willi Graf, 19. Februar 1943 ff.

37  Brief an die Schwester Anneliese, 6. Juni 1942 (Willi Graf, S. 162.)

38  Gespräch mit Ulrich Chaussy, 15. Juli 1990, in: Chaussy, Ulrich/Ueberschär, Gerd R.: »Es lebe die Freiheit!« Die Geschichte der Weißen Rose und ihrer Mitglieder in Dokumenten und Berichten, Frankfurt am Main 2013, S. 132. Nächstes Zitat ebd. Weitere Angaben nach Vernehmung Christoph Probst, 20. Februar 1943.

39  Dieser Text ist der einzige direkte Beleg für die aktive Beteiligung Christoph Probsts am Widerstand; bei seiner Vernehmung bestritt er vehement jede Tatbeteiligung und distanzierte sich von Hans und Sophie Scholl. Christiane Moll sieht in Willi Grafs Tagebuchnotiz den »geistige[n] und politische[n] Gleichklang« Probsts mit den anderen, Thomas Mertz meint, er sei von da an »in die Diskussionen über die neuen Widerstandspla-

nungen voll mit einbezogen« gewesen. Probst lebte allerdings mit seiner Familie seit Anfang August nicht mehr in München, seit Dezember 1942 war er im rund hundert Kilometer entfernten Innsbruck stationiert. Nach Else Gebel sagte ihr Sophie, Probst sei in die Aktivitäten »nie mit einbezogen« worden. Er war tatsächlich, wie Maren Gottschalk feststellt, »weniger aktiv als ideell unterstützend«. (Schmorell / Probst, Gesammelte Briefe, S. 215. Christoph Probst, Ein Student der »Weißen Rose«, Trier 2020, S. 110. Erinnerungen Else Gebel, S. 357, Gottschalk, Wie schwer ein Menschleben wiegt, S. 253)

40  Zwischen Don und Stalingrad, 9. Dezember 1942, S. 434.

41  Zwischen Don und Stalingrad, 12. Dezember 1942, S. 437. Folgende Zitate ebd.

42  Zwischen Don und Stalingrad, 9. Dezember 1942, S. 434 f. Folgende Zitate ebd.

43  Ulm, 17. Dezember 1942 (IfZ 6. 3., Band 70).

44  Interview mit Kerstin Sonnenwald am 15. November 1996. August Schlehe bestätigte das am 11. Dezember 1996. Er habe seine Freundin »aus Leibeskräften […] verschiedentlich gebremst«, engen Kontakt zu Sophie zu pflegen. (Kerstin Sonnenwald, »Mit aller Liebe«. Die Beziehungen der Lisa Remppis zu Sophie und Hans Scholl, in: Nonne, Magd oder Ratsfrau. Frauenleben in Leonberg aus vier Jahrhunderten. Hg.: Stadt Leonberg, Stadtarchiv und Frauenbeauftragte, bearb. von Renate Dürr, Redaktion Bernadette Gramm, mit Unterstützung von Birgit Schneider, Beiträge zur Stadtgeschichte 6, Leonberg 1998, S. 215–227, 315–320, hier: S. 223.)

45  Ebd., S. 227. Er habe, so August Schlehe, Sophie »bis zu einem gewissen Grad den Rang abgelaufen«. (Interview vom 11. Dezember 1996, S. 221)

46  Ebd., S. 318, Anm. 52.

47  Vernehmung 20. Februar 1943. Sieben Monate nach dem Tod der Geschwister wollte August Schlehe nicht, dass seine Ehefrau Inge Scholl in Ulm besuchte. (Brief von Lisa Schlehe, geb. Remp-

pis, an Inge Scholl, Leonberg, 19. September 1943. IfZ 3. 11., Band 24)

48   innenseiten, S. 129–146.

49   Aicher vermutet in seinen »innenseiten« als Grund der Verhaftung »weil unsere Kleidung und haartracht freier aussah«; er macht keine Angabe über die Länge der Haft, nur, dass er »jeden tag zum verhör und in eine zelle zurück« musste. (S. 13 f.)

50   S. 133 f.

51   S. 135.

52   S. 140. »ein designer ist ein moralist. er lebt nicht leicht.« Zit. nach: eva moser, otl aicher, gestalter, S. 387. Dort belegt mit: Otl Aicher: hans gugelot, in: Hans Wichmann (Hrsg.), System-Design Bahnbrecher: Hans Gugelot 1920–1965, Basel und Boston 1987, S. 25.

53   S. 141.

54   S. 144.

55   Ebd.

56   S. 9 f.

57   Hermann Vinke, S. 147.

58   Bayerische Staatsbibliothek, Handschriftenabteilung, Nachlass Carl Muth; Ana 390. Zit. nach Barbara Schüler, »Im Geiste der Gemordeten …«: Die »Weiße Rose« und ihre Wirkung in der Nachkriegszeit, Paderborn, München, Wien, Zürich 2000, S. 249. Nachfolgende Zitate ebd.

59   In seinen *innenseiten* führte Aicher aus, der »wert eines menschen« zeige sich »an der würde seines todes. wie und wofür man stirbt, das ist man selbst«. Der Grafikdesigner starb 1991 im Alter von neunundsechzig Jahren an den Folgen eines von ihm mit seinem Mähtraktor verursachten Verkehrsunfalls. (innenseiten des kriegs, S. 132; eva moser, otl aicher, gestalter, Ostfildern 2012, S. 403).

60   Briefwechsel, S. 440 f.

61   Ruhe, Reinheit und Klarheit fand Sophie bei Johann Sebastian Bach. Schon 1940 hatte sie Lisa Remppis gefragt: »Spielst Du

noch gerne Bach?«, und ihrer Freundin erklärt: »Er bedeutet für mich immer mehr, ich finde, er ist der beste Erzieher. Andre berauschen, sie heben einen weg, in Gefühle. Bei Bach aber muß man größte Beherrschung zum Spiel, und Klarheit aufbringen; der Lohn ist, daß man dabei selbst klar, u. das schließt ja beherrscht ein, wird. Und dabei kann ich mir kaum Schöneres denken als seine Schönheit und Klarheit. Ich glaube, ich könnte ihn kaum mehr entbehren.« (Ulm, 10. Januar 1940. IfZ 6. 3., Band 70).

62 Ulm, 1. Januar 1943, S. 443. Folgende Zitate ebd.

63 Albert Kley, Erinnerungen an die befreundeten Geschwister Scholl, Textfragment, in: Günther Currle (Hg.): Viele Wege und ein Ziel – Albert Kley zum 100. Geburtstag, Geislingen an der Steige 2007, S. 8.

64 Die Theodicee, Erster Teil, 58, Übersetzung aus dem Französischen: Julius Heinrich von Kirchmann, 1879 (zeno.org).

65 Ulm, undatiert, aber sehr wahrscheinlich am 3. Januar 1943 verfasst, S. 444.

66 Friedrich Gundolf, dritte und letzte Strophe von »Schließ Aug und Ohr für eine Weil« (1931).

67 Susanne Zeller-Hirzel, in: Sibylle Bassler, Die Weiße Rose. Zeitzeugen erinnern sich, Reinbek bei Hamburg 2006, S. 220.

## Kapitel 11. Märtyrerin

1 »Ihr Ende schaut an …«, Evangelische Märtyrer des 20. Jahrhunderts, hg. von Harald Schultze und Andreas Kurschat unter Mitarbeit von Claudia Bendick, Leipzig 2006, zweite, erweiterte und verbesserte Auflage, ebd. 2008.

2 Inge Jens, S. 331 f. Albstadt-Margrethausen liegt etwa fünfzig Kilometer südlich von Tübingen. Geyer konzipierte ein 800 mal 1100 Zentimeter großes Chorfenster zum Messkanon der Kirche und zwei weitere kleinere Arbeiten (Annette Jansen-Winkeln, Künstler zwischen den Zeiten, Band 5: Wilhelm Geyer, Eitorf 2000, S. 115/160).

3  Robert M. Zoske, Sehnsucht nach dem Lichte, Exkurs 4: Der Maler Wilhelm Geyer, S. 267 f.

4  IfZ 6. 2., Band 69.

5  Brief aus München, 29. Januar 1943 (IfZ 6. 2., Band 69). Folgende Zitate ebd.

6  Tagebuch, 12. Januar 1943 (IfZ 6.15., Band 82).

7  Tagebuch, 13. Januar 1943 (IfZ 6.15., Band 82).

8  Petra Umlauf, Studentinnen an der LMU 1933–1945: Versuch einer Annäherung, in: Die Universität München im Dritten Reich – Aufsätze. Teil 1. Beiträge zur Geschichte der Ludwig-Maximilians-Universität München, Band 1, Hg. von Elisabeth Kraus, München 2006, S. 505–560, hier: S. 543 ff./Sönke Zankel, Mit Flugblättern, S. 357–366.

9  Wegen des Vorfalls telefonierte Himmler am 15. Januar 5 Minuten (einschließlich eines anderen Telefonats) mit Reichsleiter Martin Bormann. Seine Telefonbuchnotiz dazu lautet »Studentenwirbel in München«. Er untersagte – aufgrund der Anwesenheit ausländischer Gäste in München –, öffentliche Polizeimaßnahmen, beauftragte aber den Sicherheitsdienst (SD), die Urheber der Unruhe festzustellen. Der Widerspruch hatte in der NS-Führung zwar Aufsehen, aber keine Besorgnis erregt. (Hg. Matthias Uhl u. a., Die Organisation des Terrors – Der Dienstkalender Heinrich Himmlers 1943–1945, München 2020, S. 90 ff.)

10  Anwesenheitspflicht: Sönke Zankel, Mit Flugblättern, S. 357. Gisela Schertling: Zuschrift des Filmemachers Michael Verhoeven an die Süddeutsche Zeitung vom 29. Mai 2020: Gisela Schertling habe 1980 ihm gegenüber betont, dass nicht Sophie Scholl, sondern sie bei der Kundgebung war. (sueddeutsche.de/ muenchen/gauleiter-rede-im-jahr-1943-hans-scholls-freundin-protestiert-an-der-lmu-1.4921668). Jürgen Wittenstein: »Die Muenchner Studentenbewegung« (IfZ 12.13., Band 228). Anneliese Graf: Tagebuch Willi Graf, 13. Januar 1943, a. a. O., S. 99. Revolutionäres Potenzial: Vernehmung Sophie Scholl, 20. Februar 1943.

11  Vernehmung Kurt Huber, 27. Februar 1943.

12  Alexander Schmorell sprach von »einige[n] Tausend
    (ca. 2–3000)« Stück, nach Hans Scholl waren es »etwa 5000«,
    Sophie Scholl meinte, es seien »6000« gewesen. – Verneh-
    mungen Schmorell, 25. Februar 1943; Hans Scholl, 18. Fe-
    bruar 1943; Sophie Scholl, 20. Februar 1943. Willi Graf verließ
    »die Schollsche Wohnung«, als »etwa 2000 bis 2500 Flugblät-
    ter fertig gestellt« waren. Soviel er wisse, hätten die »Geschwis-
    ter Scholl und Schmorell […] weitere Flugblätter hergestellt,
    wieviel insgesamt«, vermöge er nicht zu sagen (Vernehmung
    Willi Graf, 19. Februar 1943).

13  München (IfZ 6. 6., Band 73).

14  Matthäus 6,2. 5. 16.

15  Urteilsbegründung vom 19. April 1943.

16  Vernehmung 18. Februar 1943.

17  Oberstaatsanwalt München I, am 5. Februar 1943 an den
    Reichsminister der Justiz, Berlin, und Geheime Staatspolizei,
    Staatspolizeileitstelle München, am selben Tag an das Reichssi-
    cherheitshauptamt, Berlin.

18  München, 29. Januar 1943, an den Bruder Werner (IfZ 6. 2.,
    Band 69) und München, 2. Februar 1943, an Lisa Remppis
    (IfZ 6. 3., Band 70, folgende Zitate ebd.).

19  Brief an Lisa Remppis, München, 2. Februar 1943 (IfZ 6. 3.,
    Band 70). Folgende Zitate ebd.

20  IfZ 4.18., Band 61.

21  Sexualität und Sünde: Tagebucheintrag Blumberg, um den
    1. November 1941 (IfZ 6.15., Band 82). Siehe Kapitel 7 »Ar-
    beitsmaid«. Hirzel: Kapitel 10 »Rebellin«.

22  Brief an Hildegard Schüle, 12. Juli 1942 (Privatbesitz Angelika
    Maus).

23  München, 2. Februar 1943. Folgende Zitate ebd., Unterstrei-
    chungen von »will« und »Dir« im Original. (IfZ 6. 3., Band 70)

24  Ulm, 10. Februar 1943, S. 448.

25  Ulm, 7. Februar 1943, S. 446.

26  Flugblatt verfasst von Kurt Huber, redigiert von Hans Scholl
    und Schmorell (Vernehmung Huber, 27. Februar 1943).

27  Unterstreichung original.

28  Von diesem Flugblatt wurden, so Alexander Schmorell, »etwa
    3000 Stück hergestellt«, nach Hans Scholl »2000«, Sophie
    Scholl meinte, es seien »insgesamt rund 3000« gewesen. Die
    Angaben von Hans Scholl stimmen mit seiner Aussage überein,
    er habe für den Versand der beiden letzten Blätter insgesamt
    5500 Briefmarken in verschiedenen Postämtern gekauft. (Ver-
    nehmungen Schmorell, 25. Februar 1943; Hans Scholl, 18. Fe-
    bruar 1943; Sophie Scholl, 20. Februar 1943). Willi Graf war
    zu Beginn der Herstellung von Flugblatt 6 am 12. Februar 1943
    zugegen, ging dann aber Ski fahren. Zwei Tage später beteiligte
    er sich daran, die Schriften versandfertig zu machen. »800 bis
    1000 Studenten« seien angeschrieben worden. Über die Höhe
    der Gesamtauflage machte er keine Angaben (Vernehmung,
    26. Februar 1943).

29  Flugblatt 5 wurde kurz nach dem 13. Januar 1943 (der
    470-Jahr-Feier der Ludwig-Maximilians-Universität im Deut-
    schen Museum) produziert, Flugblatt 6 ab dem 12. Feb-
    ruar 1943. Ort der Herstellung war die Wohnung von Hans und
    Sophie Scholl in der Franz-Joseph-Straße 13b, München-
    Schwabing (Vernehmungen Hans Scholl, 18. Februar 1943;
    Sophie Scholl, 20. Februar 1943; Schmorell, 25. Februar 1943;
    Graf, 26. Februar 1943; Schertling, 31. März 1943). Dass die
    Flugblätter 5 und 6 auch im Atelier in der Leopoldstr. 38a ver-
    vielfältigt wurden (so Inge Scholl, Die Weiße Rose, S. 48, und
    Hirzel, Susanne, Vom Ja zum Nein, S. 201, beide ohne Beleg),
    ist eher fraglich. Ich danke Thomas G. Kortenkamp, Hagen-
    bach, für den Informationsaustausch.

30  Sophie und er hätten sich Spritzen gegeben, um wachbleiben zu
    können. (Manfred Eickemeyer an Christian Petry, a. a. O.,
    S. 94). Infrage kommt etwa das seit 1938 in Deutschland produ-
    zierte Amphetamin »Pervitin« (»Panzerschokolade«, »Stuka-

Tabletten«), das in der Wehrmacht millionenfach zum Einsatz kam. Spekulativ bleibt, ob die Apathie der Geschwister bei ihrer Verhaftung durch den Hausmeister – ohne Gegenwehr oder Flucht – darauf zurückzuführen ist. (So Sönke Zankel, Mit Flugblättern, S. 405–415)

31 Vernehmung Hans Scholl, 20. Februar 1943, und Willi Graf, 26. Februar 1943. Jürgen Wittenstein erzählt, er habe einige Flugblätter zu Helmut Hartert nach Berlin gebracht. Aufgrund der Verhaftungen in München habe man aber von einer größeren Verteilung Abstand genommen. (Die Muenchner Studentenbewegung, IfZ 12.13., Band 228) Durch Traute Lafrenz gelangte ein Flugblatt nach Hamburg, das abgetippt und im kleinsten Kreis weitergereicht wurde. Dass daraus ein »Berliner« oder »Hamburger Zweig der Weißen Rose« entstand, ist ein Nachkriegsmythos (siehe dazu Robert M. Zoske, Flamme sein!, S. 113 und 143, bes. Anm. 179).

32 München, 16. Februar 1943, S. 453 ff.

33 1. Korinther 13, 5. 7.

34 S. 454 f.

35 S. 457.

36 Hans Hirzel, Im Umfeld, S. 16 f. Folgende Zitate ebd., S. 23, 26.

37 otl aicher, innenseiten, S. 153, und bei Hermann Vinke, S. 147.

38 Vernehmung Sophie Scholl, 18. Februar 1943: »Ausserdem besuchte uns gestern Nachmittag gegen 16 ½ Uhr der Freund oder Verehrer meiner Schwester Inge, Otto A i c h e r , aus Ulm, der mir mitteilte, er wolle heute ebenfalls nach Ulm fahren, um den Rest seines Urlaubes dortselbst zu verbringen.«

39 Laut den »innenseiten« wurde die Verabredung für »halb zwölf« vereinbart. Wenn diese Uhrzeit stimmt, hätte Hans Scholl noch genug Zeit gehabt, von der Universität zurück zum Treffen mit Aicher in die Studentenwohnung zu gehen.

40 otl aicher, innenseiten, S. 153.

41 otl aicher, innenseiten, S. 155.

42  Zahlenmäßige Erfassung durch die Gestapo und Vernehmungen Hans und Sophie Scholl, 18. und 19. Februar 1943.

43  Auszug aus den Ermittlungsakten, siehe Dokumente.

44  Theodor Körner: Leier und Schwert, Kapitel 16 und 35, gutenberg.de.

45  Erinnerungen Else Gebel, siehe Dokumente.

46  Vernehmung 20. Februar 1943.

47  In der Korrespondenz Scholl – Hartnagel gibt es zwar Zukunftsgedanken, aber keine Hochzeitspläne. Am 11. Januar 1942 hatte Fritz im Zug gegenüber Mitreisenden Sophie – sie war nicht dabei – als seine »Braut« bezeichnet. Er rechnete aber mit ihrem Widerspruch (S. 343), und nur um seinem Telegramm mit der »Bitte um Aufschiebung der Urteilsvollstreckung« am 27. Februar 1943 Nachdruck zu verleihen, nannte er sie dort gleichfalls seine »Braut«. Sophie und Fritz waren niemals offiziell verlobt noch Braut und Bräutigam.

48  Vernehmung 18. Februar 1943. Nach Else Gebel soll Sophie zu Mohr gesagt haben: »Sie täuschen sich, ich würde alles genau noch einmal so machen, denn nicht ich, sondern Sie haben die falsche Weltanschauung.« (Erinnerungen)

49  Vernehmung 20. Februar 1943.

50  Alard von Kittlitz, Die Todesstrafe ist abgeschafft. (Die Zeit, Nr. 21, 16. Mai 2019, S. 15)

51  Sönke Zankel, Vom Helden zum Hauptschuldigen – Der Mann, der die Geschwister Scholl festnahm, in: Die Universität München im Dritten Reich. Aufsätze. Teil 1. Hg. von Elisabeth Kraus, Beiträge zur Geschichte der Ludwig-Maximilians-Universität München für das Universitätsarchiv hg. von Hans-Michael Körner, Band 1. München 2006, S. 581–607, hier: S. 584. Ders., Mit Flugblättern, S. 461 f.

52  Volker Ullrich, Adolf Hitler, Die Jahre des Untergangs, 1939–1945, Biographie 2, Kindle-Edition, Position 8312. Vgl. Ian Kershaw: »Das Regime hatte [durch Stalingrad] einen schweren

Schlag erlitten. Aber es war von einem Zusammenbruch noch weit entfernt.« (Hitler 1936–1945, Band 2, Kindle-Edition, Position 13310) Für Joachim C. Fest begann der Erosionsprozess mit Stalingrad: »Der Glaube an Hitlers Überlegenheit« habe bei den verbündeten und neutralen Staaten »einen spürbaren Schlag erlitt[en]. Auch in Deutschland selber schwand zusehends das ohnehin kritisch gewordene Vertrauen in die Führungskunst Hitlers.« Fest zitiert aus einem Bericht des Sicherheitsdienstes (SD): »›Allgemein ist die Überzeugung vorhanden, daß Stalingrad einen Wendepunkt des Krieges bedeute … Die labilen Volksgenossen (sind) geneigt, im Fall von Stalingrad den Anfang vom Ende zu sehen.‹« (Hitler, Eine Biographie, S. 910) Ähnlich Hans-Ulrich Thamer und weiter: »In dem Maße, in dem der Führermythos zerbröckelte, wurden Verfolgung und Gewalt zur letzten Stütze des Regimes.« (Adolf Hitler, Biographie eines Diktators, a. a. O., S. 278) Das sechste Flugblatt der Widerstandsgruppe spricht Hitler aufgrund von Stalingrad jedwede politische oder militärische Fähigkeit ab und ruft zum Sturz des Regimes auf.

53 Fotokopie der Seite im Stadtarchiv Crailsheim. (So 2 Scholl-Grimminger-Sammlung)

54 Am 27. Februar 1943 regte darum Ministerialrat Dr. Mitschke an, »durch eine ausführliche Presseverlautbarung, am besten durch einen aus Kreisen der Dozentenschaft stammenden Artikel, über die Tat und die Person der Täter Aufklärung zu schaffen«. Zwei Tage später, am 1. März, wird auch der Reichsminister der Justiz Dr. Otto Georg Thierack informiert: »Herr Minister hatte ebenfalls davon Kenntnis erhalten, daß das Münchner Urteil in der Bevölkerung wenig verständnisvoll aufgenommen worden sei.« Er plädiert gleichfalls für eine Information der Presse: »Allerdings müßte diese Presseverlautbarung sehr vorsichtig gehalten sein, um der ausländischen Propaganda kein Material zu liefern.« (Aktenvermerke IV g 388/43, BA R 3001 147268)

55  Inge Neubert-Boonen war damals acht Jahre alt und lebte in
    München. Sie kann sich »noch gut an die Bestürzung erinnern«,
    die ihrer »Mutter einen großen Seufzer entlockte: ›Jetzt haben
    sie die hübschen jungen Geschwister umgebracht. Das hätte
    nicht geschehen dürfen.‹ Ich weiß sogar noch gut, welche Klei-
    dung meine Mutter an diesem Tag trug und in welcher Ecke des
    Wohnzimmers sie stand und längere Zeit verblieb. Ich getraute
    mich nicht aufzublicken, aber ich glaube, sie hatte Tränen im
    Gesicht. Ihre Ohnmacht und Verzweiflung ist mir bis heute ge-
    blieben.« (E-Mail an den Verfasser, 19. Mai 2020)
    Werner Petrenz hat andere Erinnerungen. Er war 1943 in der-
    selben Studentenkompanie wie Hans Scholl. Seine Kameraden
    und er waren auch »erschüttert«, aber aus anderem Grund als
    Neubert. Sie hätten sich gefragt, wie man nur so »töricht« sein
    konnte »und sich solch einer Gefahr aussetzen«. Dafür hätten
    sie »überhaupt kein Verständnis« gehabt. Sie erklärten es sich
    so: »Hans Scholl lebte in einer Traumwelt, in der er tatsächlich
    dachte, dass er in der Universität seine Meinung frei äußern
    dürfte. Vor allem aber konnten wir nicht fassen, dass er die an-
    dern mit ins Verderben riss.« Auch die Münchner Bürger hätten
    »nur sehr schlecht über die Weiße Rose gesprochen. […] Die
    meisten sagten: ›Schaut euch diese Bürschl an, studieren auf un-
    sere Kosten, während unsere Männer und Söhne an der Front
    kämpften – und jetzt wollen sie auch noch Revoluzzer sein.‹«
    (Interview mit Marc von Lüpke, 9. Mai 2020, »Das Geschrei
    der Russen ging mir durch Mark und Bein«, t-online.de. (t-on-
    line.de/nachrichten/wissen/geschichte/id_87828118/zweiter-
    weltkrieg-das-geschrei-der-russen-ging-mir-durch-mark-und-
    bein-.html))
56  Brief von Werner Scholl an Otl Aicher, Russland, 14. April 1943
    (IfZ 7. 3., Band 86). Am 21. Februar wird Hans Hirzel, am
    22. Susanne Hirzel verhaftet, am 24. Februar Alexander Schmo-
    rell, Kurt Huber am 27. Februar und am 2. März Eugen Grim-
    minger. Im Laufe des Monats nimmt die Gestapo weitere Mitwis-

ser und Beteiligte gefangen. Die Gerichtsverhandlung gegen die insgesamt vierzehn Angeklagten findet am 19. April 1943 statt.

57 Dienstkalender Himmler: »11:40 Uhr Start Lötzen | [...] 17:25 Uhr Ankunft München; Fahrt zum Hotel Vier Jahreszeiten | 18:00 Uhr Hofbräuhaus (Parteigründungsfeier)«, in: Die Organisation des Terrors, S. 160, und Volker Ullrich, Adolf Hitler, Die Jahre des Untergangs, Position 8605.

58 Lemberg, 23. Februar 1943, S. 458.

59 Ulm, 23. Februar 1943, S. 463 f. Folgende Zitate ebd.

60 Ulm, 25. Februar 1943, S. 466 f.

61 Zwei Monate später schilderte sie Werner die Szene fast identisch: »Vielleicht hörtest Du, wie ich zu Sofie sagte, aber gelt, Jesus, und wie sie zu mir fast befehlend sagte: ja – aber Du auch.« (Ostermontag 1943, 26. April. IfZ 4. 10., Band 53)

62 Brief an Hildegard Schüle, Ulm, 1. Juni 1943 (Privatbesitz Angelika Maus).

63 Inge Scholl schrieb: »Immer nur durch Tränen sehe ich der Sonne lieb' Gesicht.«

64 Eduard Mörike, Sämtliche Werke in zwei Bänden. Band 1, Gedichte, Ausgabe 1867, München 1967, S. 743–744 (www.zeno.org/nid/20005398754).

NACHSPIEL

1 Alle Angaben nach: Ricarda Huch, In einem Gedenkbuch zu sammeln, Bilder deutscher Widerstandskämpfer, hg. von Wolfgang Matthias Schwiedrzik, Leipzig 1998, und IfZ ZS/A 26, Band 4.

2 Ulm, 7. August 1946.

3 Ulm, 25. März 1947.

4 Unterstützt wurde sie dabei von Jürgen Wittenstein. Der Medizinstudent verfasste 1947 in enger Abstimmung mit Inge Scholl das dreißigseitige Vortragspapier »Die Muenchner Studentenbewegung«, in dem er auch seine Rolle im Widerstand herausstellte. Der damals Achtundzwanzigjährige hatte großes Inter-

esse, sich im Entnazifizierungsverfahren der Alliierten als nahen Vertrauten der Widerständler zu präsentieren, denn er hatte am 12. Dezember 1939, kurz nach dem Überfall auf Polen, die Aufnahme in die NSDAP beantragt. Er erwähnt das nicht direkt, sondern erklärt lediglich allgemein, »die überwiegende Mehrzahl« der Deutschen hätte sich »nur zu ihrem Schutze der Partei oder einer ihrer Gliederungen als Anwärter« angeschlossen. Das habe »nicht wenigen« das Leben gerettet. Für Wittenstein blieb es aber nicht bei einer Anwärterschaft. Er wurde am 1. Juni 1940 unter der Mitgliedsnummer 7 667 868 in die NSDAP, Ortsgruppe Beilstein, Gau Württemberg, aufgenommen (NSDAP-Mitgliederkartei | NSDAP-Gaukartei | BArch R 9361-IX KARTEI/49220435, Kasten 4922, Karte 435. Ich danke Torsten Zarwel, Bundesarchiv Berlin.) Wittensteins Ausführungen in »Die Muenchner Studentenbewegung« sind vielfach dramatisch glorifiziert, so etwa: »Die [Studenten-]Bewegung wuchs rapide.« – »Die ganze Stadt hielt den Atem an.« – »Am Morgen des 18. Februar 1943 flatterten vom obersten Stockwerk der Universität Tausende und Abertausende Flugblätter in den Lichthof.« Sophie Scholl wird ikonografisch überhöht: »Eine zauberhafte Kindlichkeit und eine tiefe, köstliche Reife sind in ihr einen seltenen Bund eingegangen, der sie zu einer Persönlichkeit von hohem, edlen Mass prägte.« – Sie sei »wie eine Schwester zu den jungen Russinnen« gewesen. – »Sophie [...] schmiegte sich in diesen [letzten] Tagen ganz an ihren Bruder an. Sie versuchte keine Verteidigung für sich selbst. Sie will alles so haben, wie er es will und haben wird [...].« Kurz vor der Hinrichtung sahen sie die Eltern »mit strahlendem Lächeln, als schaue sie in die Sonne«. Die Glaubwürdigkeit Wittensteins ist fraglich: Äußerte er sich 1947 nicht zu seiner Beteiligung an der Formulierung der Flugblätter, so behauptete der Mediziner 1964, er habe »jedes einzelne Flugblatt bis auf eines persönlich redigiert« (Brief an Auerbach, 7. September 1964, IfZ 12.13., Band 228) 1997 revidierte er einerseits seine Aussage: Er habe lediglich »zwei mal« mit Scholl gesprochen, »mehr ins Detail zu gehen« sei »sowieso [...] unmöglich« gewesen (Brief an Sönke Zankel, 18. Dezember 1997, Mit Flugblättern, S. 332), behauptete aber im selben Jahr, »the third and fourth [leaflet] were edited by me« (historyplace.com/pointsofview/whiterose2.htm). 2002 sprach er dann nur noch von einem Vorschlag, den ihm Hans Scholl gemacht habe (Detlef Bald, Die »Weiße Rose«, a.a.O., S. 46). Scholl hingegen hatte sich im Mai 1941 sehr kritisch über Wittenstein gegenüber Helmut Hartert geäußert. Der pflichtete ihm bei: »Deine Wut auf Wittenstein freut mich, wirklich!« (Brief vom 11. Mai, IfZ 4.15., Band 58) Der Historiker Christian Petry – ein Freund Wittensteins – erwähnt in einem Schreiben an den Verfasser (16. März 2018), in dem er die Aktivitäten Wittensteins während der NS-Zeit benennt, die angebliche Textbearbeitung der Flugblätter nicht. Aufgrund der Zweifel an Wittensteins Ausführungen können auch – wie bereits als Anmerkung 9 im Kapitel »Endspiel« 378 erwähnt – die angeblichen Worte Sophies im Gerichtssaal kaum Anspruch auf Authentizität erheben.

5   Nägele war von Inge Aicher-Scholl um eine Stellungnahme gebeten worden (IfZ 3.29., Band 42).

6   Günther Kirchberger, Die »Weiße Rose«. Studentischer Widerstand gegen Hitler in München, Hg.: Der Präsident der Ludwig-Maximilians-Universität Prof. Dr. Nikolaus Lobkowicz, München 1980, S. 3 und S. 57.

7   Lena Stolze (*1956) spielte in den beiden ersten Filmen die Hauptrolle, Julia Jentsch (*1978) im letzten.

8   In: »Der Bundespräsident erinnert an den 20. Juli 1944«, Pressemitteilung des Bundespräsidialamtes vom 19. Juli 2019.

9   Jörg Schallenberg, in: die tageszeitung, 22. Februar 2003 (judentum.net/geschichte/walhalla.htm).

10  Christian Petry, Studenten aufs Schafott, Die Weiße Rose und ihr Scheitern, München 1968.

11  Vgl. Christine Hikel, Sophies Schwester. Inge Scholl und die

Weiße Rose. Quellen und Darstellungen zur Zeitgeschichte, hg. vom Institut für Zeitgeschichte, Band 94, München 2012.

12 Sönke Zankel, Die WEISSE ROSE war nur der Anfang, Geschichte eines Widerstandskreises, Köln, Weimar, Wien 2006. Ders., Mit Flugblättern gegen Hitler, Der Widerstandskreis um Hans Scholl und Alexander Schmorell, Köln, Weimar, Wien 2008.

13 Tagebuch, um den 1. November 1941.

14 Herbst 1942 (IfZ 6.15., Band 82). Das Gedicht trägt die Überschrift: »Am ersten Maimorgen – Der Frühling«. Franz Schubert vertonte es um 1816.

15 Herbst 1942 (IfZ 6.15., Band 82). »Dies habe ich mit euch geredet, damit ihr in mir Frieden habt. In der Welt habt ihr Angst; aber seid getrost, ich habe die Welt überwunden.« (Johannes 16,33)

## EPILOG

1 Susanne Hirzel, Vom Ja zum Nein, S. 181, und Brief an Ricarda Huch, 14. August 1946 (IfZ ZS/A 26, Band 4).

2 Thomas Karlauf, Stauffenberg, Porträt eines Attentäters, München 2019, S. 186 ff., S. 218. Mit dieser Ansicht waren die beiden Offiziere nicht allein. Götz Aly hat gezeigt, dass die übergroße Mehrheit der Deutschen den nationalsozialistischen Staat bis weit in den Russlandkrieg hinein befürwortete. Der Historiker spricht von einer »Gefälligkeits«- und »Zustimmungsdiktatur«. Götz Aly, Hitlers Volksstaat. Raub, Rassenkrieg und nationaler Sozialismus, Frankfurt am Main, 2005, bes. S. 66 ff. Erneut in: Hilmar Klute, Straßenkampf: »Das war eine Zustimmungsdiktatur, Dreiviertel der deutschen Intelligenz hat da mitgemacht.« (Süddeutsche Zeitung, Nr. 142, 23. Juni 2020, S. 3)

3 Abschiedsworte Generalmajor Henning von Tresckows an Fabian von Schlabrendorff, bevor er sich nach dem gescheiterten Attentat gegen Hitler am 21. Juli 1944 das Leben nahm, in: Hans-Joachim Ramm, »… stets einem Höheren verantwortlich« – Christliche Grundüberzeugungen im innermilitärischen

Widerstand gegen Hitler, Neuhausen/Stuttgart 1996, S. 7 u. S. 200, dort zit. nach Fabian von Schlabrendorff, Offiziere gegen Hitler, Frankfurt am Main 1959, S. 154.

4 Wolfgang Benz, Im Widerstand – Größe und Scheitern der Opposition gegen Hitler, München 2018, S. 19.

5 Vgl. Schlusssatz von Flugblatt 4, dort: »Wir schweigen nicht, wir sind Euer böses Gewissen, die Weisse Rose lässt Euch keine Ruhe.«

# BILDNACHWEIS

Die Aufnahmen wurden – wenn nicht anders nachgewiesen – freundlicherweise zur Verfügung gestellt vom Stadtarchiv Crailsheim, Sammlung Hartnagel.

Einzelnachweise:

S. 2 oben: Kreisarchiv Hohenlohekreis. Fotograf: Johannes Lindenberger.
S. 4 oben: Stadtarchiv Ulm. Chr.Zb. 1934,4.22. Nr. 1, unten: Stadtarchiv Ulm, G 731 00550_S1552_2011.
S. 6: oben rechts: aus Susanne Hirzel, Vom Ja zu Nein, S. 53.
S. 7 unten: United States Holocaust Memorial, Museum Photo Archives, Fred Einstein, Washington D.C. Mit stetem Dank an Jud Newborn, New York.
S. 9 oben: Jörg Hannes Kuhn, Bad Münstereifel Schönau, unten: Nicole Strate, Das Schicksal der Ulmer Familie August, Margarete, Luise und Erich Nathan infolge des Nationalsozialismus. Eine Beschreibung basierend auf Tagebüchern, Briefen, Fotos und Dokumenten. Bottmingen/Schweiz 2017, S. 22.
S. 10: Aus Sophie Scholl – Fritz Hartnagel, Damit wir uns nicht verlieren, Briefwechsel 1937–1943, hg. von Thomas Hartnagel, Frankfurt am Main 2005, S. 264.
S. 11 oben: Angelika Maus, Blumberg-Zollhaus.
S. 12: Bernhard Prillwitz, Blumberg.
S. 13: George (Jürgen) Wittenstein / akg-images.
S. 14 oben: Bundesarchiv Berlin, Akte R 9361III/150350, unten: Bundesarchiv Berlin, Akte R 3001/80297.
S. 15 oben: Archiv der Ludwig-Maximilians-Universität, unten: Gedenkstätte Deutscher Widerstand.
Die Aufnahmen von Sophie Scholl an der Iller datierte Ernst Reden. Er notierte auf der Rückseite: »Sofie Sch. 26.6.38.« (Dank an Jörg Hannes Kuhn.)

# PERSONENREGISTER

Adlon, Percy 295
Aicher, Erika 110
Aicher, Otto 68, 110–111, 117, 149, 177, 179, 198, 214–216, 223, 230, 235, 257–260, 268, 278–279, 292, 401, 429
Aicher-Scholl, Inge *Siehe* Scholl, Inge
Anacker, Heinrich 32
Aquin, Thomas v. 133
Augustinus 131, 173, 184, 258
Bach, Johann Sebastian 63, 193, 209, 250, 429–430
Barlach, Ernst 86
Barrie, James Matthew 104
Baumann, Hans 56
Beck, Ludwig 293
Beethoven, Ludwig v. 208
Bernanos, Georges 165, 167, 242
Beuys, Barbara 296
Binding, Rudolf Georg 70

Bischoff, Adolf 14, 23
Bonhoeffer, Dietrich 7, 293
Bonnard, Pierre 104
Bormann, Martin 13, 282
Breithaupt, Franz 20, 22
Brueghel d. Ä., Pieter 272
Bunge, Hanns 21–22
Buonarotti, Michelangelo 215, 217
Camille Corot, Jean-Baptiste 103
Cézanne, Paul 224
Churchill, Winston 142
Claudel, Paul 167, 192
Claudius, Matthias 297
Cocteau, Jean 179
Corinth, Lovis 103
Courbet, Gustave 103–104
Cuhorst, Hermann 231
Degas, Edgar 103
Delp, Alfred 293
Dietrich, Ferdinand 29, 39, 92, 383

Dürer, Albrecht  73
Eckert, Wolfgang  295
Eckmann, Otto  104
Eickemeyer, Manfred  264–
    265, 433–434
Einstein, Fred  91
Einstein, Irene  91
Eisele, Adolf  110
Erzberger, Matthias  26
Freisler, Roland  15, 22
Frieß, Else  78
Fröbel, Friedrich  138
Futterknecht, Rolf  54, 118
Gabriel, Martha  202
Gabriel, Waldemar  65,
    201–210, 212–218, 220,
    223, 418
Galen, Clemens August Graf v.
    236
Gebel, Else  280–281, 352
Gebel, Willy  280
George, Stefan  111
Geyer, Wilhelm  262, 264–265
Giesler, Paul  13, 22, 267, 282,
    379
Gottschalk, Maren  296
Goebbels, Joseph  43, 280
Goerdeler, Carl Friedrich  293
Goethe, Johann Wolfgang v.
    46, 188, 208
Gogh, Vincent v.  101, 202
Graf, Anneliese  267
Graf, Willi  11, 231, 243,
    254–255, 267, 270, 280

Grimminger, Eugen  196–197,
    252, 425
Gruele, Ernst  25, 33, 380
Guardini, Romano  173
Guggenheimer, Jakob  44
Haecker, Theodor  241, 243,
    262, 274
Harder, Richard  268
Harnack, Arvid  253
Harnack, Falk  253
Hartnagel, Fritz  28, 56–57, 65,
    80–82, 84–85, 88–89, 92,
    95–98, 100–101, 107–117,
    119–121, 123–135, 137, 139,
    142–145, 147–150, 152–153,
    155–157, 159–161, 163–165,
    167–170, 172, 177, 180,
    183–186, 188, 193–196,
    199–200, 206, 210, 212,
    220–221, 223, 225–227,
    229–232, 235–236, 240–241,
    245–249, 251, 255–256, 263,
    268, 272–274, 276–277, 281,
    284–286
Hausmann, Manfred  69,
    81–82, 93, 95, 97, 115
Heisch, Marianne  36
Heiseler, Bernt v.  238
Heiseler, Henry v.  110–111
Helm, Artur  14
Hesse, Hermann  161
Heym, Georg  109, 238
Himmler, Heinrich  14, 43,
    267, 284, 377, 431

Hindenburg, Paul v. 35, 40

Hirzel, Hans 239–240, 252, 255, 270, 277

Hirzel, Susanne 47–48, 54–55, 62, 64, 66, 79, 98–100, 138, 206, 240, 253–254, 256, 263, 271, 362

Hitler, Adolf 14, 24, 27, 29, 35–36, 38, 45, 52, 57, 62, 81–82, 106, 138–139, 149, 175, 181, 229, 231, 245, 247, 260–261, 267, 293, 299–300

Hölderlin, Friedrich 88

Huber, Kurt 11, 140, 252, 259, 268, 426

Huch, Ricarda 47, 289, 362

Jammes, Francis 167, 173–174

Jeans, James 184

Kammerer, Annelies 66, 76–77, 82

Kappus, Theodor 61

Kiel, Hanna 86–87

Klee, Paul 255

Klein, August 21

Kley, Albert 262

Köglmaier, Max 21–22

Kolbe, Georg 77

Kollwitz, Käthe 86

Kreutzer, Thomas 39

Kuhn, Jörg Hannes 238

Lafrenz, Traute 192, 235, 284, 434

Lautz, Ernst 14

Leber, Elise 28

Leibniz, Gottfried Wilhelm 262

Leuschner, Wilhelm 293

Lösch-Berrsche, Maria 284

Manet, Edouard 103

Mann, Thomas 177–178

Maritain, Jacques 179

McCloy, John Jay 37

Mechow, Benno v. 120–121

Meiser, Hans 61

Menzel, Herybert 55

Meyer, Eduard 104

Modersohn-Becker, Paula 82, 86, 101–104, 118

Mohr, Robert 281

Moltke, Helmuth James Graf v. 293

Montessori, Maria 138

Mörike, Eduard 287

Müller-Hennig, Alfred 73

Munch, Edvard 86

Muth, Carl 128, 192, 207, 221, 243–244, 260, 265, 278–279, 401

Nägele, Eve 48, 292

Nägele, Hanspeter 98, 104, 252

Nägele, Rose 252, 292

Nathan, Luise 52, 386–388

Nolde, Emil 255

Oberlin, Johann Friedrich 138

Oehler, Gustav 43, 58–64

Orff, Carl 235

Osthof, Ursel  201, 203
Pascal, Blaise  184
Pestalozzi, Johann Heinrich
    138
Petry, Christian  296, 433–434,
    440
Probst, Angelika  235
Probst, Christoph  11, 14, 21,
    224, 231, 254–255, 267,
    277, 279, 282, 284, 427–428
Probst, Herta  255
Przywara, Erich  173
Radecki, Sigismund v.  221–
    222
Rathenau, Walther  27
Reden, Ernst  109–110, 118,
    235, 238–239, 402, 423–424
Regnault, Jean-Baptiste  104
Reichhart, Johann  283
Reiff, Erika  88
Rembrandt, Harmenszoon van
    Rijn  86
Remppis, Lisa  28, 34, 47, 56,
    76, 78, 82–83, 88–89, 92–93,
    95, 100, 113, 116–117, 123,
    130, 132–133, 137, 151,
    156, 164, 177, 179, 181–
    183, 188, 194, 200, 218,
    221, 223, 225, 227–228,
    231, 244, 256–257, 271–273
Renoir, Pierre-August  103–104
Rilke, Rainer Maria  48, 72,
    100, 102, 155, 255
Rosemund, Gustav  14

Rothemund, Marc  295
Rüdiger, Jutta  45
Rust, Otto  19
Scheringer, Richard  35–36,
    382
Schertling, Gisela  182, 235,
    267
Schirach, Baldur v.  43, 50
Schlehe, August  132, 257
Schmid, Jakob  280, 283, 349
Schmorell, Alexander  11,
    221–222, 224–225, 228,
    231, 234–236, 243, 252–
    253, 267, 270–271, 276
Scholl, Elisabeth  25, 29, 31,
    37, 53, 58, 80, 113, 155,
    220, 257, 287, 295
Scholl, Hans  11, 14, 17,
    20–21, 25, 37–38, 42–43, 46,
    49, 53–54, 58, 72, 80, 85, 95,
    98–99, 112, 118, 127, 142,
    145–146, 156, 184, 187–188,
    191–192, 202, 208, 215, 219,
    221–222, 224–225, 231, 233,
    235–236, 243, 249–255, 259,
    261, 264–265, 267–268,
    270–271, 277–280, 282, 284,
    286–287, 289–290, 292–293,
    295, 299–300
Scholl, Inge  25, 27, 30–31, 34,
    37, 42–43, 47, 50, 52–53, 58,
    66–68, 74, 78–80, 82, 88, 95,
    110–111, 117, 127, 137,
    172, 176–177, 189–190,

192, 197, 201–202, 210,
220, 235, 238–239, 265,
278, 287, 289–292

Scholl, Magdalene  21–22, 25,
29, 36, 44, 53, 73, 149, 197,
249, 276, 285, 287

Scholl, Robert  21–22, 25–26,
29, 33, 35–43, 58, 91–92,
100, 139, 141–142, 149,
175, 196–198, 230–231,
251–252, 276, 287

Scholl, Thilde  33

Scholl, Werner  37, 52–53,
58–59, 62–64, 76, 80, 82, 95,
98, 110, 117–118, 187, 224,
231, 235, 259, 421–422

Schubert, Franz  111

Schüle, Hildegard  182, 192,
219, 223, 228, 287, 415–416

Schulze-Boysen, Harro  253

Schwarz, Max  207–208

Schweitzer, Albert  138–139

Seidl, Ferdinand  21

Sertillanges, Antonin-Gilbert
167

Sintenis, Renée  86–88, 102,
261

Sisley, Alfred  103

Stauffenberg, Claus Schenk
Graf v.  187, 293, 300

Steinmeier, Frank-Walter  295

Sternweiler, Max  229, 448

Stier, Martin  14, 22

Stoecker, Adolf  92

Thierack, Otto Georg  22

Thurau, Charlotte  50, 80

Tregor, Nicolai  296

Treitschke, Heinrich v.  92

Tresckow, Henning v.  300–301

Verhoeven, Michael  295

Vogeler, Heinrich  101

Vogeler, Martha  101, 259,
397–398

Weinheber, Josef  136

Weiß, Franz  110

Werner, Karl August  19

Weyersberg, Albert  14–15,
17–23, 379

Widor, Charles-Marie  138

Williams, Hedley J.  52

Wittenstein, Jürgen  259, 267,
378, 434, 438–440

Wurm, Theophil  61, 92

Wüstenberg, Bruno  198

Zankel, Sönke  296

Ziegler, Adolf  67